劳动保障协理员
工作指南 （第2版）

中国就业培训技术指导中心　组织编写

中国劳动社会保障出版社

图书在版编目(CIP)数据

劳动保障协理员工作指南/中国就业培训技术指导中心组织编写. -- 2版. -- 北京：中国劳动社会保障出版社，2022

ISBN 978-7-5167-5215-9

Ⅰ.①劳… Ⅱ.①中… Ⅲ.①劳动就业-社会保障-工作-中国-指南 Ⅳ.①D669.2-62

中国版本图书馆 CIP 数据核字(2022)第 018315 号

中国劳动社会保障出版社出版发行

(北京市惠新东街1号 邮政编码：100029)

*

北京市艺辉印刷有限公司印刷装订 新华书店经销

787 毫米×1092 毫米 16 开本 23.25 印张 379 千字
2022 年 2 月第 2 版 2022 年 6 月第 2 次印刷

定价：72.00 元

读者服务部电话：(010) 64929211/84209101/64921644

营销中心电话：(010) 64962347

出版社网址：http://www.class.com.cn

版权专有 侵权必究

如有印装差错，请与本社联系调换：(010) 81211666

我社将与版权执法机关配合，大力打击盗印、销售和使用盗版图书活动，敬请广大读者协助举报，经查实将给予举报者奖励。

举报电话：(010) 64954652

编审委员会

主　　任：吴礼舵
副 主 任：章　谦　王　颖
委　　员：谈宇德　朴京爱　崔文凯　杨剑锋　许可林　李　敏

编写人员

主　　编：谈宇德　杨剑锋
执笔人员：王　力　任　莉　许可林　纪晓筠　李　敏　张惠新
　　　　　范　磊　隋　青　覃　超　薛长礼

前 言

《中华人民共和国国民经济和社会发展第十四个五年规划和 2035 年远景目标纲要》提出"加强基层公共就业创业服务平台建设"。为提高劳动保障协理员工作水平，提升基层就业创业公共服务平台服务能力，中国就业培训技术指导中心于 2019 年组织专家编写了《劳动保障协理员工作指南》（以下简称《指南》）。《指南》出版后受到了广大劳动保障协理员的欢迎，不仅为他们日常工作和学习提供了参考，也为 2020 年首届公共就业服务专项业务竞赛选手提供了很好的参考。

加强劳动保障协理员的队伍能力建设是落实《"十四五"就业促进规划》开展"就业服务基层基础能力提升计划"的一个重要抓手。为使《指南》更好地贴近劳动保障协理员日常培训和工作日常，我们组织专家对部分内容进行了修订和补充，在内容上力求体现基层公共就业创业服务平台工作实际，更新了政策法律法规内容，完善了业务流程等涉及经办协办的工作内容。在结构上优化内容模块，突出业务操作实践。《指南》将继续为劳动保障协理员公共就业服务专项业务竞赛选手提供学习和参考的依据。

本书在修订过程中得到江苏省徐州市劳动就业管理中心、江苏省南通市劳动就业管理中心、甘肃省白银市人力资源和社会保障局等单位的大力支持与协助,在此一并表示衷心的感谢。

中国就业培训技术指导中心

目 录
contents

第一部分　基层平台建设

第1节　基层平台建设 …………………… 3
一、基层平台建设原则 …………………… 4
二、基层平台的工作要素 ………………… 4
三、基层平台的任务职责 ………………… 7
四、基层平台标准化建设 ………………… 8

第2节　充分就业社区建设 …………… 9
一、充分就业 ……………………………… 9
二、充分就业社区建设 ………………… 11

第二部分　信息管理

第1节　信息采集 ……………………… 23
一、信息采集的基础知识 ……………… 23

二、人力资源信息采集 …………………………… 55
三、用人单位信息采集 …………………………… 67
第2节　信息处理 …………………………………… 73
一、信息处理的基础知识 ………………………… 73
二、信息处理的程序 ……………………………… 81
第3节　信息分析 …………………………………… 97
一、统计分析 ……………………………………… 97
二、工作总结 ……………………………………… 102

第三部分　就业创业服务

第1节　劳动就业基础知识 ………………………… 111
一、就业与失业 …………………………………… 111
二、就业服务 ……………………………………… 124
第2节　政策咨询服务 ……………………………… 129
一、政策咨询服务的相关知识 …………………… 129
二、就业创业扶持政策内容 ……………………… 136
第3节　就业援助 …………………………………… 146
一、就业援助基础知识 …………………………… 146
二、就业援助操作实务 …………………………… 150
第4节　职业指导与职业介绍 ……………………… 168
一、职业指导的基础知识 ………………………… 168
二、职业指导的操作实务 ………………………… 175
三、职业介绍基础知识 …………………………… 184
四、职业介绍操作实务 …………………………… 185

第 5 节　职业培训服务……………………… 190

一、职业培训的基础知识……………………… 190

二、职业培训的操作实务……………………… 195

三、创业培训的基础知识……………………… 198

四、组织创业培训……………………………… 200

五、马兰花创业培训项目……………………… 201

第 6 节　创业服务…………………………… 202

一、创业的基础知识…………………………… 202

二、创业服务的主要内容……………………… 210

三、创业担保贷款……………………………… 215

第 7 节　就业扶贫和乡村振兴……………… 218

一、就业扶贫的重要意义……………………… 219

二、党中央国务院高度重视就业扶贫工作…… 220

三、就业扶贫的主要做法……………………… 221

四、就业帮扶与乡村振兴战略有效衔接、有机融合…………………………………………… 223

第四部分　社会保险

第 1 节　社会保险概述……………………… 227

一、社会保险的概念、构成要素及分类……… 227

二、社会保险的主要特征……………………… 228

三、社会保险与社会保障的关系……………… 229

四、社会保险与商业保险的关系……………… 229

五、社会保险经办管理………………………… 231

第 2 节　社会保险的主要内容……………236
一、养老保险…………………………236
二、失业保险…………………………251
三、工伤保险…………………………255
四、医疗保险…………………………262
五、生育保险…………………………270

第五部分　退休人员社会化管理服务

第 1 节　退休人员社会化管理服务概述……275
一、退休人员社会化管理服务的概念…………275
二、退休人员社会化管理服务的意义…………275
第 2 节　退休人员社会化管理服务的形式……277
一、企业退休人员社会化管理服务的基本形式是社区管理………………………278
二、退休人员社会化管理服务的组织体系……278
第 3 节　退休人员社会化管理服务的内容和制度……………………………279
一、退休人员社会化管理服务的主要内容……279
二、开展退休人员社会化管理服务的四项基础工作………………………281
三、退休人员社会化管理服务的制度…………282
第 4 节　退休人员社会化管理服务的要求……283
一、退休人员社会化管理服务走访慰问………284
二、退休人员社会化管理服务统计管理………284
三、组织开展日常文体娱乐活动………………285

四、建立健康档案 ……………………… 287
五、特殊群体的管理服务 ………………… 289
六、养老护理服务和退休人员养老信息的发布
　　与维护管理 …………………………… 292

第5节　企业及政府部门对退休人员社会化
　　　　管理服务的责任 ………………… 299
一、企业在社会化管理服务工作中应承担的
　　责任 …………………………………… 299
二、各部门在社会化管理服务工作中的主要
　　职责 …………………………………… 299
三、建立适应市场经济要求的退休人员社会化
　　管理服务机制 ………………………… 300

第六部分　劳动维权

第1节　劳动关系 ………………………… 303
一、劳动关系的概念 ……………………… 303
二、劳动关系的特征 ……………………… 303
三、劳动关系的认定标准 ………………… 304
四、调整劳动关系的法律规范 …………… 305

第2节　劳动争议调解仲裁 ……………… 306
一、劳动争议调解仲裁法 ………………… 306
二、劳动争议调解 ………………………… 308
三、劳动仲裁 ……………………………… 309

第3节　劳动保障监察 …………………… 313
一、《劳动保障监察条例》概述 …………… 313

二、劳动保障监察机构、职责 …………… 313
三、劳动保障监察受理方式和范围 ………… 314
四、劳动保障监察的管辖 …………………… 315
五、劳动保障监察的程序 …………………… 315
第4节 相关法律法规 ………………………… 316
一、劳动法 …………………………………… 316
二、就业促进法 ……………………………… 318
三、社会保险法 ……………………………… 325
四、劳动合同法 ……………………………… 334

第七部分 综合服务

第1节 社会保障卡 …………………………… 345
一、社会保障卡应用的指导思想 …………… 345
二、社会保障卡的应用功能 ………………… 345
三、社会保障卡应用的发展趋势 …………… 346
第2节 人力资源社会保障服务系统
（12333）…………………………… 348
一、总体要求 ………………………………… 349
二、主要任务 ………………………………… 349
第3节 基层平台信息化建设 ………………… 351
一、基层平台信息化建设的目标 …………… 351
二、互联网+基层平台建设 ………………… 351
第4节 突发事件和信访 ……………………… 354
一、突发性事件 ……………………………… 354
二、信访 ……………………………………… 357

第一部分

基层平台建设

第1节 基层平台建设

近年来,随着我国人力资源和社会保障事业不断发展,服务领域不断拓宽,我国大部分地区已经建立起街道(乡镇)、社区(行政村)劳动就业社会保障公共服务平台(以下简称"基层平台")。许多地方将基层平台建设纳入当地公共服务基础建设统一规划,加强了政策支持和资金保障,着力解决面临的一些实际问题;有的地方还着重提高和发挥基层平台服务功能,加强基层平台能力建设,设立综合性服务场所和服务窗口,与市、区(县)、街道(乡镇)、社区(行政村)实现了信息联网,起到很好的示范作用。为进一步扩大就业规模、改善就业结构,提升公共就业服务水平,《中华人民共和国国民经济和社会发展第十四个五年规划和2035年远景目标纲要》提出"实施就业优先战略",强调"健全就业公共服务体系"。各地要健全覆盖城乡的就业公共服务体系,加强基层公共就业创业服务平台建设,为劳动者和企业免费提供政策咨询、职业介绍、用工指导等服务。《"十四五"就业促进规划》进一步明确要完善街道(乡镇)、社区(村)服务平台,构建覆盖城乡的公共就业服务网络,实施就业服务基层基础能力提升计划。

截至2020年底,我国共有基层平台服务网点约54.3万个,劳动保障协理员75.3万多名(详见表1-1)。基层平台的建立健全,为人力资源社会保障部门服务群众提供了重要的基础保障。

表1-1　　　　截至2020年底我国基层平台建设情况表

基层平台总数/个	基层平台工作人员数/人	街道服务所个数/个	街道劳动保障工作人员数/人	乡镇服务所个数/个	乡镇劳动保障工作人员数/人	社区服务站个数/个	社区劳动保障工作人员数/人	行政村服务站个数/个	行政村劳动保障工作人员数/人
543 521	753 574	8 988	50 056	27 971	107 622	96 960	148 130	409 602	447 766

一、基层平台建设原则

基层平台建设一般遵循以下原则。
1. 坚持公益性质,注重服务的公平性、可及性和均等化。
2. 坚持政府主办与购买服务相结合,充分利用社会资源参与公共服务。
3. 坚持统筹规划,整合现有公共服务资源,健全基层平台和网络。
4. 坚持属地管理,结合实际,因地制宜,循序渐进。

二、基层平台的工作要素

基层人力资源社会保障工作是指街道(乡镇)、社区(行政村)劳动就业社会保障工作机构依法开展公共就业创业服务、社会保障、劳动关系协调、劳动争议调解和劳动保障监察等方面的工作。主要包括以下五个要素。

1. 工作机构

基层劳动就业社会保障机构是人力资源社会保障部门面向社会基层服务的工作平台和窗口,是政府社会管理与公共服务体系的重要组成部分,是人力资源社会保障政策落实和工作落实的重要载体。

(1) 建立健全机构

我国大部分地区均建立健全了基层平台,大部分街道、乡镇都建立了劳动就业社会保障服务中心(所);大部分社区、行政村都设立劳动就业社会保障服务站;有的地方根据区域分布和服务人数等实际情况,在相近的乡镇或行政村建立了共用的服务平台和网络;劳动就业社会保障服务中心(所)所在的街道、乡镇已经建立了多功能公共服务平台的,一般都在其服务场所内设立了相应办事窗口。

(2) 规范机构名称

根据《关于印发进一步整合资源加强基层劳动就业社会保障公共服务平台和网络建设指导意见的通知》(人社部发〔2010〕22号)规定,街道、乡镇劳动就业社会保障公共服务机构统称为"××街道(乡、镇)劳动就业社会保障服务中心(所)",社区、行政村劳动就业社会保障公共服务网络统称为"××社区(村)劳动就业社会保障服务站"。

2. 工作人员

（1）人员基本配备

根据《关于印发进一步整合资源加强基层劳动就业社会保障公共服务平台和网络建设指导意见的通知》（人社部发〔2010〕22号）规定，基层平台根据辖区内服务对象数量，综合考虑辖区内就业人口、用人单位数量、辖区面积、工作任务量、经济社会发展水平等因素，配置了相应的工作人员。一般情况下，街道、乡镇劳动就业社会保障公共服务平台每6 000名左右服务对象应配置一名工作人员。

社区、行政村劳动就业社会保障公共服务站点一般应与其他公共服务项目整合资源，统筹推进建设，通过政府购买服务方式来实现。社区、行政村可以设置特定公益性岗位、聘用专职协理员，也可以由居委会、村委会的工作人员兼职开展相关工作，按完成任务数量、质量给予相应报酬。服务人口较多的城市社区，还可以建立与街道劳动就业社会保障服务平台类似的专门机构，工作人员可由街道服务机构派出。

（2）优化人员结构

各地区结合实际，制定基层平台人员聘用资格标准，不断改进和完善聘用办法。采取公开招聘形式吸纳高校毕业生，充实基层劳动就业社会保障公共服务队伍；鼓励"三支一扶"、大学生村官、西部志愿者等人员，专职或兼职从事基层人力资源社会保障服务工作。

（3）加强岗位培训

强化定岗、定向培训，努力实现基层平台工作人员一岗多责、一专多能。要注重培训质量，增强培训的针对性和实效性，组织开展工作人员业务提升培训，切实提高工作人员的业务素质、操作技能和服务水平。

根据2018年人力资源社会保障部、国家发展改革委、财政部联合印发的《关于推进全方位公共就业服务的指导意见》（人社部发〔2018〕77号）文件精神，要进一步合理配备公共就业服务机构专业服务和管理人员结构，继续加强劳动保障协理员的专业化队伍建设，完善工资待遇等激励保障措施。实施公共就业服务工作人员能力提升专项培训计划，定期组织示范培训和业务轮训，支持有条件的高等院校、职业学校（含技工院校）开设相关学科专业。《"十四五"就业促进规划》中明确提出要实施提升就业服务质量工程，组建就业专家服务团，开展服务下乡、巡回指导等活动，引导专业力量下沉。

3. 工作场所

工作场所建设要以满足工作需要、方便群众和经济实用为原则，综合考虑服务对象数量、地理交通、服务半径、功能内容等因素，合理建立、建设固定的工作场所。

基层平台的场所建设总体应坚持以人为本、规范统一、经济实用的原则，统筹兼顾，合理确定建设规模，规范配置设施设备，符合节能环保、公共卫生与消防安全等要求。

（1）场所要求

1）服务中心（所）。服务中心（所）应建有一站式服务大厅和专门的人社服务窗口。服务窗口应悬挂服务指示牌。对建有独立一站式服务大厅的服务中心（所），可划分为服务大厅、业务支持区和办公区三个功能区。

①服务大厅：应设置柜台服务和等候休息区域，可设置自助服务区域。供服务对象实际使用的面积应大于工作人员使用的面积。

②业务支持区：应设置就业创业指导室、职业技能培训室、劳动争议调解室、档案室、会议室等。

③办公区：应设置工作人员办公室、文印室等。

2）服务站。推进服务站与社区（行政村）公共综合服务站共建共享，确保服务站在社区（行政村）公共综合服务站设有专门的服务窗口。服务窗口应悬挂服务指示牌。

（2）设备要求

1）服务中心（所）一般应配置以下几种设备。

①办公服务设备（计算机、打印机、传真机、电话、桌椅）。

②资料存放设备（资料柜、档案柜）。

③信息发布终端（电子显示屏或液晶显示器、一体机）。

④信息网络设备（集线架、路由器）。

⑤宣传设备（公示栏、宣传资料架）。

⑥接待设备（等候休息椅）。

2）服务站一般应配置以下几种设备。

①办公服务设备（计算机、打印机、电话、桌椅）。

②资料存放设备（资料柜、档案柜）。

③信息发布终端（电子显示屏或液晶显示器、一体机）。
④信息网络设备（集线架、路由器）。
⑤宣传设备（公示栏、宣传资料架）。

4. 工作经费

基层平台工作经费、人员经费、项目经费尽量纳入同级财政预算，确保工作人员享有合理的工资待遇。

5. 工作制度

建立健全基础管理、就业服务、创业扶持、社会保障、劳动维权等工作制度和服务流程，并上墙公示，增加工作透明度，主动接受群众监督，树立良好的形象。为了确保服务质量，要建立首位（问）负责制度、限时办结制度、一次性告知制度、监督投诉制度和绩效考核制度等。

三、基层平台的任务职责

1. 基础管理

组织开展辖区内人员信息和单位信息采集、调查和统计工作，建立基础台账，实行动态管理。人员信息主要包括人员基本信息、城乡失业人员动态跟踪服务信息、离校未就业高校毕业生信息、扶持创业人员信息、城乡居民基本养老保险个人账户权益信息等；单位信息主要包括单位空岗信息、培训信息和劳动合同备案信息等。

2. 就业服务

负责辖区内失业登记受理、离校未就业高校毕业生实名制就业服务、就业困难人员认定、就业援助、社区公益性岗位补贴和社会保险补贴申请受理、灵活就业社会保险补贴申请受理、招聘服务、职业指导、职业介绍和推荐职业技能培训等。

3. 创业扶持

主要包括创业服务和培训、个人创业担保贷款申请受理和城乡创业扶持引导补贴申请受理等。

4. 社会保障

协助社会保险经办机构做好辖区内社会保障服务，主要包括：社会保险信息查询、全民参保登记调查、城乡居民基本养老保险办理、企业离退休人员社会化管理、社会保障卡数据采集与发放、社会保障卡功能检测和密码修改等服务。

5. 劳动维权

负责辖区内简单劳资纠纷调解工作、劳动保障监察举报投诉传递、劳动保障监察书面审查、劳动保障监察"三色预警"、用人单位人力资源社会保障信息采集、劳动争议调解和劳动合同备案等工作。

四、基层平台标准化建设

2018年人力资源社会保障部、国家发展改革委、财政部联合印发的《关于推进全方位公共就业服务的指导意见》（人社部发〔2018〕77号）提出，各地不仅要建立健全公共就业服务标准体系，完善设施设备、人员配备等指导性标准，还要统一公共就业服务视觉识别系统，统一核心业务流程和规范，逐项编制通俗易懂的办事指南，系统梳理并公开必须到现场办理的事项目录。因此，各地在建立健全基层平台建设的基础上，也加强了基层平台的标准化建设。多年来，各地在基层平台标准化建设方面，做了很多有益的探索。如江苏省人社厅制定了《江苏省人社基层平台建设标准和服务规范》（以下简称《规范》），并于2017年在全省推广实施，每年进行修订完善，到2020年，全省所有街道（乡镇）、社区（村）人社基层平台达到《规范》建设要求，全面建成覆盖城乡基层的15分钟标准化基层人社服务网络，实现服务设施有效改善、服务功能全面拓展、服务能力显著提升，能够充分满足城乡民众的人社服务需求。又如河南省人社厅也制定了《河南省公共就业创业业务经办规程及办理流程（试行）》，并于2018年在全省推广实施，全面提升就业创业服务能力。

江苏省基层平台建设早，起步快，成效显著，具有较强的借鉴意义，现将江苏省基层平台建设项目情况介绍如下。

1. 建设原则

坚持公益性质，注重服务的公平性、可及性与均等化；坚持政府主办与购买服务相结合，充分利用社会资源参与公共服务；坚持城乡统筹规划，整合现有公共服务资源。健全基层平台；坚持属地管理，结合实际，因地制宜，循序渐进。

2. 承担职能

《规范》制定了全省劳动就业社会保障公共服务基层平台的硬件设施建设的统一

标准，规范了基础管理、就业服务、创业扶持、社会保障、劳动维权等人社基层平台重要经办业务，同时，对人社基层平台的信息应用和服务保障等方面也予以规范。

3. 建设任务

（1）标准化推进平台硬件建设

服务标识标牌实现清晰统一，服务场地场所实现合理布局，服务设施设备实现配备齐全。

（2）标准化提供人社公共服务

人社服务范围实现全面覆盖，人社服务项目实现全面下沉，人社服务流程实现全面规范。

（3）标准化开展数据信息应用

基础数据信息实现标准化采集，政策服务信息实现标准化发布，信息系统软件实现标准化操作。

（4）标准化打造优质服务队伍

基层工作人员数量实现充分配置，基层工作人员结构实现不断优化，基层工作人员经费实现有效保障。

第2节 充分就业社区建设

一、充分就业

1. 充分就业的概念

充分就业是一个有多重含义的经济术语，它的概念是英国经济学家 J. M. 凯恩斯在《就业、利息和货币通论》一书中提出的，指在某一工资水平之下，所有愿意接受工作的人，都获得了就业机会。充分就业也称作完全就业，是经济学中的一个假设，指的是除了正常的暂时不就业（如工作转换等），所有人都找到合适的职位，没有浪费现象。但在充分就业情况下，仍然会存在摩擦性失业和结构性失业。充分就业与一定的失业率并存，通常把失业率等于自然失业率时的就业水平称为充分就业。

2. 充分就业的内涵

（1）充分就业指凡是愿意并有能力工作的人都得到一个较为满意的就业岗位。与之相对应，失业是指愿意并有能力工作的人没有得到就业岗位。那些虽然有就业愿望，但由于才能得不到发挥，或由于兴趣、爱好、工资、保险福利及人际关系等原因自愿放弃就业机会而造成失业的人，严格意义上不被视为真正的失业，通常叫作自愿失业；那些处在法定劳动年龄段两端（16~60岁）之外的人口不认为是失业人口。

（2）充分就业者在工作岗位上能够做到有效率地工作，人力资源能够得到优化配置，也就是通常说的几个人的工作几个人干，如果两个人的工作三个人干，也被认为是有一个人失业，这就是经济学家通常说的"隐性失业人口"或"潜在过剩人口"。

（3）充分就业并不是人人都有就业岗位，在充分就业状态下仍然存在一定数量的结构性失业和摩擦性失业，即因技术进步、产业结构、劳动年龄和需求偏好变化而引起的职业转换过程中的暂时性失业，这种失业具有一定的自然合理性，属于劳动力人口的正常流动，是优化人力资源配置的动态调整过程，是经济发展和社会进步的需要，充分就业被认为是人力资源有效配置的优化状态。

（4）充分就业无论是在理论上还是在事实上都被认为是存在自然失业率的就业状态，自然失业率是长期均衡的失业率或充分就业的失业率，这时的经济运行周期处在高涨或繁荣阶段，失业补助、社会救济、福利开支、社会保障、生活水平、心理状况、人口规模、运行质态、社会认同等，都被认为是可以接受的状态。

（5）现代市场经济运行中实际失业率若大大高于自然失业率，则表明有效需求不足和市场疲软，经济运行质量有待改进和提升。实际失业率接近或等于零则不可能，实际上是客观存在的失业人口或过剩人口在非效率性过度就业状态下被"隐性失业人口"或"潜在过剩人口"所掩盖，不仅在事实上没能解决失业人口问题，反而又长期损失了经济和社会发展的应有效率。

3. 充分就业的意义

充分就业既是微观居民家庭实现收入最大化所追求的理性预期，也是宏观政府调控的首要政策目标。充分就业的重大意义和终极目的价值在于以下几个方面。

（1）权利保证

在充分就业状态下，每个劳动者都找到了所期望的就业岗位，劳动者在就业岗位上证明自身所拥有的自主决策、自愿选择、自由流动、自动就业和自我发展的真实权利。劳动者的可行能力得到了体现、证明和运用，其自身的内在需求偏好获得满足，有可能实现符合个人意愿的全面发展。

（2）经济支撑

在充分就业状态下，劳动者个人有了可靠的工作保障，找到了稳定的收入来源，居民家庭能够实现收入最大化，有可能实现个人或居民家庭在各个方面的最大化发展。

（3）精神满足

充分就业状态下的劳动者在找到就业岗位的同时，也找到了自己的社会归属，其心理将不再因失业而被扭曲，原有的失业心理也会得到及时矫正，对未来将不再徘徊、彷徨和迷惘，就业者有了自己期望的社会定位，证明了自己的社会价值，其精神需求会得到满足。

（4）和谐发展

充分就业状态下包括人力资源在内的所有社会资源都得到了最优化配置，实际经济产出 GDP 接近或等于潜在产出，经济运行曲线处在生产可能性曲线的边缘附近，经济周期处在繁荣和高涨阶段，国民经济蛋糕已经做到最大，即使收入分配比例保持不变，个人家庭收入和政府财政收入也都会获得相应增长，人口发展、经济增长和社会进步处在健康运行状态。

二、充分就业社区建设

1. 充分就业社区总体要求

（1）充分就业社区的标准

2006 年，原劳动和社会保障部下发《关于开展创建充分就业社区试点工作的通知》（劳社部函〔2006〕59 号），在全国启动创建充分就业社区试点工作，并指出试点社区要实现三个目标。

1）社区内有劳动能力和就业愿望的劳动者总体就业达到较高比例，登记失业人员和持再就业优惠证人员基本实现就业，就业困难人员得到有效援助，零就业家庭基本消除。

2) 各项再就业扶持政策得到全面落实，就业渠道畅通，自主创业的环境宽松，社区内劳动力资源得到充分开发和利用。

3) 失业人员基本生活有保障，有劳动能力和就业愿望的劳动者均被组织在积极的就业准备活动中。

(2) 充分就业社区考核指标

在充分就业社区考核中，考核指标一般由核心指标、保障指标、辅助指标三个层次构成。

1) 核心指标主要包括：辖区有劳动能力和就业愿望人员的就业率、失业人员再就业率、就业困难人员再就业率、零就业家庭就业率等，在条件成熟时，劳动合同签订率、社会保险参保率等反映就业质量的指标也应列为核心指标。核心指标实行一票否决制，一项指标未完成即取消充分就业社区申报资格。

2) 保障指标主要包括：就业实名制管理、失业人员再就业培训、新增社区就业岗位、落实促进就业扶持政策、社区平台建设、劳动保障网格化管理等指标。

3) 辅助指标主要包括：就业政策知晓率、失业人员管理指标的实现率、上级交办任务完成情况等指标。

(3) 充分就业社区建设的主要内容

创建充分就业社区的主要工作内容包括强化基础管理、促进就业扶持政策在基层全面贯彻落实、大力开发社区就业岗位、开展社区就业援助、加强基层平台建设等。

1) 强化基础管理。完成辖区人力资源情况调查摸底，分类建立健全工作台账和数据库，实行信息化动态管理，准确反映个体变化情况，建立就业困难群体的就业援助跟踪服务制度。

2) 促进就业扶持政策在基层全面贯彻落实。学习、宣传、掌握就业扶持政策内容、有关标准和实操要求，协助做好就业创业证的发放工作，保证公益性岗位补贴和社会保险补贴、灵活就业人员的社会保险补贴、创业担保贷款等政策真正落实到位。

3) 大力开发社区就业岗位。包括社区管理岗位、公益性服务岗位（如社区治安、公共管理等）、环境管理与物业管理岗位（如保安、保洁、保绿、保养等）、便民利民服务岗位（如送水、送报、家电维修、快餐、理发、家政等）、辖区用人单位岗位。

4) 开展社区就业援助。促进零就业家庭和困难群体就业是当前充分就业社区建设的首要任务。劳动保障协理员要不断完善申报登记和动态管理服务制度，协助落实就业援助政策、开发公益性岗位安置就业困难人员，开展分类帮扶，提供有针对性援助服务。

5) 加强基层平台建设。人力资源社会保障部《关于进一步加强基层平台就业工作若干问题的意见》（人社部发〔2010〕37号）进一步明确基层平台任务职责，对加强基层平台工作人员队伍建设、培训、经费保障提出要求：各地应根据统筹城乡就业工作的需要，综合考虑辖区内的就业人口、辖区面积、经济社会发展水平，特别是新成长劳动力、高校毕业生、登记失业人员、就业困难人员、农村富余劳动力等人员的就业服务需求，合理配置基层平台工作人员。各地要根据就业政策和工作要求的变化情况，制定培训规划，加强对基层平台就业工作人员的政策、业务和服务技能等培训。原则上对新上岗的人员要集中开展培训，对现有人员定期进行岗位培训。各级人力资源社会保障部门要积极完善保障措施，为基层平台工作人员拓宽职业生涯发展通道，注重从基层平台队伍中培养选拔优秀人员。各地要以满足当地就业工作需要、保证公益性就业服务和就业援助的提供为原则，保证基层平台开展就业工作的工作经费、人员经费和项目经费。采取政府购买服务、费随事转、以奖代补等多种方式，按照社区、行政村完成就业任务的数量、质量给予经费支持。对国家级充分就业社区和省（区、市）充分就业星级社区给予重点扶持。要全面实施基层平台就业援助工作专项绩效考核，建立健全基层平台及工作人员就业援助工作奖惩激励机制。

2. 国家级充分就业社区和省级充分就业星级社区的发展历程及认定程序

2006年3月，按照中央提出构建小康社会实现比较充分就业目标的要求，劳动和社会保障部在辽宁省沈阳市召开了创建充分就业社区活动座谈会，总结各地自2003年以来开展创建充分就业社区活动的经验，并在全国进行了推广。2006年，国务院印发了《关于加强和改进社区服务工作的建议》，明确要求挖掘社区就业潜力，提高就业稳定性。2007年原劳动和社会保障部又印发了《关于全面推进零就业家庭就业援助工作的通知》（劳社部发〔2007〕24号），将促进零就业家庭和就业困难人员就业作为创建充分就业社区的重要内容和检查验收考核指标。在人社部统一部署下，各地开展了省（区、市）级星级充分就业社区、市级充分就业社区的创建工作。

2010年4月,为巩固和扩展充分就业社区建设活动成果,提升就业服务工作水平,人社部下发了《关于做好申报认定国家级充分就业示范社区和省(区、市)充分就业星级社区的通知》(人社厅函〔2010〕165号),按照"严格标准、保证质量,分级实施、强化责任,程序公正、公开透明"的原则,全面启动创建国家级充分就业示范社区和省(区、市)充分就业星级社区工作,明确创建核心指标和每两年组织一批国家级充分就业示范社区申报认定和定期复查、动态管理的工作安排,并于2010年当年认定了第一批100个国家级充分就业社区;2012年,组织认定了第二批100个国家级充分就业示范社区;2014年,组织推荐认定了第三批充分就业社区200个;2016年,继续开展了第四批国家级充分就业社区推荐认定工作,认定了194个国家级充分就业社区。各省的充分就业社区共有4个级别,即国家级充分就业社区、省(区、市)级星级社区、省(区、市)级充分就业社区、地市级充分就业社区。截至目前,全国共计认定4批594个国家级充分就业社区,4504个省(区、市)充分就业星级社区,分别占基层平台社区总数的0.6%和4.7%。

2021年,启动了第五批国家级充分就业社区的推荐认定工作。实践表明,国家级充分就业社区和省(区、市)星级充分就业社区起到了示范带头作用,成为推动就业工作的重要抓手,实现充分就业的重要途径和基础保障。组织推荐认定国家级充分就业社区,能够更好地发挥社区平台在提供服务、落实政策、掌握信息等方面的基础作用,为提高就业服务水平、加强就业失业管理、稳定就业局势夯实了基础,对强化基层就业工作、提高就业服务管理水平、加强基层基础建设起到了明显的推动作用。

附:

国家级充分就业社区的认定指标体系

一、核心指标

1. 登记失业人员就业率

辖区内在法定劳动年龄内,有劳动能力、处于无业状态且有就业要求的失业人员实现就业人数与登记失业总人数之比。

登记失业人员就业率＝(登记失业人员实现就业人数÷登记失业总人数)×100%

登记失业人员实现就业人数是指：单位招用+自谋职业+申报灵活就业+公益性岗位就业+其他形式就业人数总和。

2. 就业困难人员就业率

辖区内认定就业困难人员实现就业人数与认定就业困难人员数之比。

就业困难人员就业率＝(认定就业困难人员实现就业人数÷认定就业困难人员数)×100%

认定就业困难人员实现就业人数是指：单位招用+自谋职业+申报灵活就业+公益性岗位就业+其他形式就业人数总和。

3. 零就业家庭帮扶情况

零就业家庭是指城镇家庭中，所有法定劳动年龄内、具有劳动能力和就业愿望的家庭成员均处于失业状态，且无经营性、投资性收入的家庭。

建立健全零就业家庭申报认定制度，规范审核认定程序，建立专门台账，及时接受零就业家庭的就业援助申请。实施公益性岗位援助，多种扶持措施并举。对零就业家庭等困难群体的援助，应多渠道、有针对性地开发适合他们的就业岗位，为零就业家庭人员提供职业介绍、职业培训等就业服务和公益性岗位援助，通过多种形式帮扶他们实现就业，确保零就业家庭动态清零。

二、业务工作指标

1. 劳动力资源调查和动态跟踪情况

（1）劳动力资源调查

全面摸清辖区内劳动力资源的总量、结构、分布及培训、就业等情况，掌握劳动力的基本信息，建立健全人力资源市场信息网络，实现省（自治区、直辖市）、市、区（县）、街道（乡镇）、社区（行政村）五级联网，为制定促进就业和创业政策提供科学依据。

通过入户调查、电话访问、窗口接待等形式，全面掌握本辖区内劳动力资源基本信息，做到人员底数、个人基本情况、家庭状况、求职意向、培训愿望、就业去向"六清"，并建立台账。

（2）劳动力资源动态跟踪

对辖区内新增劳动力、人员减少及人员信息变化情况及时录入劳动力资源库，做到人员情况动态跟踪，人员信息动态维护。

2. 失业登记情况

对本辖区内，在法定劳动年龄内、有劳动能力、有就业要求、处于无业状态的城镇常住人员办理失业登记，建立专门台账，及时、准确地记录劳动者就业与失业变动情况，并做好相应统计工作。

对登记失业人员每季度进行一次跟踪服务，掌握失业人员的基本情况、就业意愿、就业状况等信息，并更新准确，及时上报各类统计报表。

3. 离校未就业高校毕业生登记情况

（1）宣传公告

充分利用各种媒体和服务场所的显示屏、公告栏等，将实名登记调查的目的、内容、时间和方式等进行宣传和公告，让辖区内离校未就业高校毕业生及其家庭事先了解，以获得对调查登记工作的配合和支持。

（2）调查核实

通过上门入户、电话联系等方式，对辖区内高校毕业生的毕业证、身份证、户口簿、联系方式等基本信息，以及就业状况、就业意愿、服务需求等情况进行调查核实。

（3）登记入库

完成调查任务后，辖区内离校未就业高校毕业生实名调查相关信息，统一报送至街道（乡镇）人力资源社会保障服务中心（所），由其对调查表中各项信息的完整性、逻辑性和准确性进行核实，并录入省级信息系统。

4. 政策咨询和协助落实情况

（1）政策咨询

为辖区内服务对象提供政策咨询服务，对其提出的有关人力资源社会保障政策方面的问题进行解答，告知政策内容、操作程序及有关规定。

（2）协助政策落实

主动帮助符合条件的登记失业人员落实社保补贴、岗位补贴、税收扶持等政策。对自主创业人员，主动帮助其落实创业担保贷款和贴息、创业补贴、税费减免、场租减免等政策。政策落实情况应及时在就业创业证上标注和记载。对申请享受税收扶持政策的，要按规定及时在就业创业证上标注"企业吸纳税收政策""自主创业税收政策"。对已缴纳全额培训费且经培训后合格的失业人员，在领取相应的培训证书后主动帮助其落实培训补贴和技能鉴定补贴。

5. 职业指导和职业介绍情况

（1）职业指导

向辖区内求职者和用人单位提供国家有关人力资源社会保障的法律法规政策、就业形势、人力资源市场状况咨询；帮助求职者了解职业状况，掌握求职方法，确定择业方向，增强择业能力；根据求职者的情况提供相关职业培训信息；开展对求职者职业素质测评；对辖区内未就业高校毕业生、女性、残疾人、少数民族人员及退役军人等就业群体提供专门的职业指导服务；对准备从事个体经营或开办私营企业的人员提供创业咨询服务；对辖区内用人单位提供招聘方法、确定用人条件和标准等方面的用人指导。

（2）职业介绍

收集辖区内空岗信息，并通过公告、短信、网络等形式及时发布；对已进行求职登记的失业人员，为其推荐合适岗位，被单位录用的，及时办理就业登记手续；对两次以上反馈求职未成功者，及时调整职业指导和职业介绍方案，并进行跟踪服务。

6. 创业扶持情况

做好创业政策宣传和咨询工作；摸清辖区内失业人员创业意向，做好创业引导；推荐创业培训，跟踪结业情况；为自主创业人员做好创业担保贷款初审及跟踪服务，建立创业扶持台账。

7. 推荐培训情况

了解、记录辖区登记失业人员求职需求和培训意愿，推荐其参加职业技能培训，并跟踪记录培训与结业情况。

8. 就业援助情况

对就业困难人员实施就业援助，为高校毕业生、农村转移劳动力等重点群体提供针对性服务；动态掌握辖区内就业困难家庭的情况，信息内容完整，工作机制健全。

社区（行政村）内登记失业人员走访率达到100%，其中对登记的失业人员每半年跟踪走访不少于1次，对登记的就业困难对象每季度跟踪走访不少于1次。实时为就业困难家庭和未就业高校毕业生做好重点跟踪管理，开展多样化的就业推荐，包括就业宣传、就业互助、就业招聘等活动，并做好记载。

9. 就业备案情况

收集并登记就业备案情况，掌握辖区登记失业人员单位就业、创业、灵活就业的动态变化。

10. 其他业务工作情况

适时组织开展多样化的社区就业推荐活动，包括政策宣传、就业互助、就业招聘等活动，并做到有资料、有记载、有成果；协助做好社区退休人员社会化管理服务工作。

3. 各地创建充分就业社区的主要做法及认定程序

多年来，各地通过建立近期目标、中长期规划，建立组织领导体系、目标责任体系，细化创建标准、规范认定程序和考核评估标准，建立激励机制和动态管理机制等，形成了一整套较为完善的长效工作机制，做到"创建有标准、考核有内容、验收有依据"，使创建工作步入规范化、常态化、制度化，有力推动了就业援助服务、强化了基层平台建设、提高了就业服务管理水平、促进更加充分就业和更高质量就业。

省星级充分就业社区创建的主要做法

（1）建立领导小组，部门联动，形成齐抓共管格局

各地将充分就业社区工作纳入就业工作整体规划，还将充分就业相关指标纳入年度就业目标考核范围。并成立工作领导小组，制定了工作目标和主要任务。如北京市2011年将"实现城乡充分就业"纳入《北京市"十二五"时期就业促进规划》，依托就业工作领导小组，32个部门共同参与创建，同时，市、各区（县）根据管理职能分级对全市各区（县）申报充分就业区（县）、充分就业街道（乡镇）、社区（村）进行评估，形成上下协同、部门联动、齐抓共管的格局。

（2）因地制宜细化和完善创建标准及考核评估标准

各地在国家认定标准的基础上，根据新形势及自身特点，将创业服务、创业担保贷款服务、信息化建设、高校毕业生就业和农村劳动力转移就业、调查失业率等列入创建指标体系，并将标准细化为若干大项和小项，实行百分评分制，提高了创建水平和质量，也使考核标准更具可操作性。如北京市深入开展了《创建充分就业地区指标体系研究》，拟定了《北京市充分就业地区评价试行办法》，以实现"服务对象满意、服务过程高效、服务质量精细"为目标，结合区域特点与个性化特征制定了特色指标体系，包括人力资源开发、就业政策与服务、就业机会、就业质量等4方面16个二级指标，再延伸到包括充分就业社区（村）、充分就业街道（乡镇）、

充分就业区（县）、充分就业市的四级指标体系，形成了具有首都特色的充分就业地区评价标准；湖南省出台了省级星级社区的认定考核表，3大类34个评分指标，将高校毕业生就业服务率、网络信息系统使用情况、稳定就业情况等指标纳入考核范围。

（3）规范认定程序，确保认定公开公正

各地按照人社部规定的程序开展认定工作。年初，各省人社厅下达各市充分就业示范社区创建目标任务，各市年底前，根据本地创建工作开展情况，按照申报评估数择优上报正式参加评估的社区名单，并对争创社区在公共就业服务网站和新闻媒体进行公示，公示内容包括充分就业示范社区创建评估标准、监督电话、举报邮箱等。最后由各省组织人员或委托第三方对各地申报社区进行评估，对达到标准的社区予以命名并给予奖励。例如，上海市召开了全市评审会议，由市和各区人社部门的负责同志组成评委会，采取路演的形式，听取各候选社区的创建工作情况，并予以评分。吉林省召开国家级充分就业社区推荐评审会，邀请专家咨询委员会成员和各市州就业服务局代表担任评委。

（4）建立激励机制，提高社区创建积极性

充分就业社区工作开展以来，各地通过协调财政，积极争取专项资金或列入就业专项资金、年度预算、政府购买服务、表彰奖励等形式，实行奖励机制，有效提高了社区参与创建的积极性。补助金额从1万元到10万元不等，采取了国家级、省级星级、省级不同级别奖励不同金额。例如，北京市每年评选30个市级充分就业示范社区（村）、20个市级充分就业示范街道（乡镇），分别给予5万元、10万元的工作奖励经费，并颁发标识牌；江苏省"十二五"期间在全省开展"充分就业示范社区"创建工作，实现15%以上的社区达到省级"充分就业示范社区"标准，并给予达标社区5万元的工作奖励经费，同时开展全省优秀劳动保障协理员评选活动。

（5）建立动态评估机制和退出机制，巩固创建成果

各地按照人社部加强动态管理的要求，结合听、查、看、问的方法，通过明察暗访、随机抽查、群众监督、自评与互评相结合，引入第三方评价等多种形式对已认定社区进行复查，加强了监督检查，建立了对不达标的社区取消其充分就业社区资格，并通报全省的制度。如北京市制定了《充分就业地区动态管理试行办法》，采取重点检查与日常随机抽查、定量比对与定性分析相结给予认定和备案。吉林、安徽、江西、甘肃等地方采取听取汇报、不定期暗访、查看台账、入户走访、问卷调

查、设立意见箱等形式进行评估验收，对不合格的社区取消其资格。陕西、甘肃实行逐级检查督查，街道每月检查、区县每季度检查、市县两级还可通过不定期访问、召开居民座谈会、检查工作台账等方式辅助检查。

（6）加大宣传，提高社会认知度，营造全社会共同参与的氛围

许多省市通过传统媒体、移动终端网络、微博微信等形式，宣传充分就业社区的典型经验，让全社会了解充分就业社区创建工作，共同参与。另外，各地组织召开创建充分就业社区现场经验交流会的形式，学习经验，带动更多社区参与创建，整体带动本地区创建水平与创建质量的提升。

（7）充分就业社区创建工作的延伸和拓展

部分省市在开展充分就业社区创建工作时，努力打造充分就业社区创建的升级版，例如，重庆市南岸区《印发创建充分就业区实施方案》，分阶段完成创建工作，第一阶段努力建成"体面型充分就业区"，即基本实现充分就业，就业、保障工作各项指标达到全市领先；第二阶段建成"和谐型"充分就业区，即各项工作指标达到全国平均水平；第三阶段建成"幸福型"充分就业区，即实现各项工作指标全国领先。还有部分省市、先后推进了充分就业行政村的创建工作，并根据自身条件和特点，以点带面，将创建范围扩大到充分就业街道、充分就业区（县）、充分就业城市，将充分就业工作不断向纵深推进。制定充分就业行政村、街道、区县及城市创建标准、申报程序、考核评估办法，建立奖励机制。在农村就业的载体认定时是围绕以"转移就业"为重点制定考核标准，主要包括农村基层平台建设、农村劳动力资源调查及数据库建设、农村劳动力转移就业、输出的组织和后续跟踪服务、农村劳动力技能培训、创业培训和创业服务等指标，有力地促进了农村劳动力转移就业。如广东认定了省级转移就业工作示范县，江苏认定了充分转移就业乡镇。少数地区开始探索"更高质量就业"载体建设，如浙江认定了高质量就业社区（村），吉林认定了高质量就业示范行政村。

第二部分

信息管理

第1节 信息采集

一、信息采集的基础知识

1. 信息采集的概念、原则、渠道和实施步骤

（1）信息采集的概念

信息采集是指按照一定的原则，采取多种方法，把大量的、零散的、有参考价值的情况进行收集，使之成为可加工的素材。

信息采集的范畴是非常宽泛的，几乎涵盖人们生活的方方面面。例如，摄影记者拍摄新闻照片，工业生产中收集产品原材料的来源、价格、供应量等信息，基层劳动保障协理员了解辖区人力资源和用人单位信息等都属于信息采集的范畴。

信息采集是信息处理的第一个环节，也是以后处理工作的基础。信息采集的质量决定信息处理的质量。信息采集方法是否科学直接影响信息的质量。

（2）信息采集的原则

信息采集有以下七个原则，这些原则是保证信息采集质量最基本的要求。

1) 针对性原则。信息采集工作具有很强的针对性。针对性是决定信息价值高低的一个关键性因素，劳动保障协理员应围绕人力资源社会保障的中心工作采集相关信息，必须着眼于解决实际问题，时刻关注我们正在做的、亟待去做的工作中的问题，针对这些问题的有效解决来采集信息。

2) 可靠性原则。可靠性原则是指采集的信息必须是真实对象或环境所产生的，必须保证信息来源是可靠的，必须保证采集的信息能反映真实的状况。同时，信息采集过程中的程序要合法。劳动保障协理员在采集信息时必须坚持实事求是、一切从实际出发的原则，不夸大，不缩小，如实反映情况。

3) 完整性原则。完整性原则是指采集的信息在内容上必须完整无缺。信息采集必须按照一定的标准要求，采集反映事物全貌的信息。劳动保障协理员在采集信息时要按照事物的发展变化过程进行长期、连续地跟踪采集，使信息不断深化，同时，要考虑其他因素，使信息完整、全面、系统。

4）实时性原则。实时性原则是指能及时获取所需的信息，一般有三层含义：一是指信息自发生到被采集的时间间隔越短就越及时，最快的是信息采集与信息发生同步；二是指在执行某一任务急需某一信息时能够很快采集到所需信息；三是指采集某一任务所需的全部信息所花去的时间，花的时间越少采集速度越快。劳动保障协理员在信息采集时必须有强烈的时间观念，及时采集和传递信息。

5）准确性原则。准确性原则是指采集到的信息与应用目标和工作需求的关联程度比较高，采集到的信息表达准确，属于采集目的范畴之内，相对于企业或组织来说具有适用性，是有价值的。关联程度越高、适应性越强，就越准确。

6）易用性原则。易用性原则是指采集到的信息按照一定的形式表示，以便于使用。

7）经济性原则。劳动保障协理员在采集信息时必须注意方式方法，注意节约人力、物力、财力，力争用最少的人力、物力、财力取得最佳的调查效果。

(3) 信息采集的渠道和实施步骤

1) 信息采集的渠道。信息采集的渠道可分为常规渠道采集和非常规渠道采集。

①常规渠道采集。常规渠道采集即通过行政渠道、业务渠道、团体渠道和网络渠道采集信息。行政渠道常用行政手段自下而上层层采集。这样做能在一定程度上保证信息的真实性，但中间环节多，比较费时间。其他渠道多采用主辅式，即以一条渠道为主、其他渠道为辅的方式采集，这样可以相互补充、印证，比较准确可靠。

②非常规渠道采集。非常规渠道采集即通过参观访问、实地调查、组织座谈会、讨论会、洽谈会、咨询会等方式进行采集。

比如，对于比较突出的事件或"老大难"问题的了解和处理，通常利用实地调查法收集信息，这种采集方法收集信息用时短、获得的材料比较真实可靠，但要注意处理好中间环节，或事先打招呼，或事后通报调查结果。

再如，对于众说纷纭、是非难定的人或事，人们通常通过组织座谈会的方式采集信息，这样可以不直接找当事人或单位，而是通过当事人或单位的"左邻右舍"，即第三方了解情况、收集信息。使用这种方式时要谨防偏听偏信，以免采集到的信息失真。

2) 信息采集的实施步骤如下。

①通过信息检索采集信息的步骤。通过信息检索获取信息主要分为五个步骤。

a. 掌握信息检索的方法。信息检索的方法主要有手工检索和网络信息检索。手工检索是一种传统的检索方法，不需要特殊的设备，用户根据所检索的对象，利用相关的检索工具就可进行。其特点是比较简单、灵活、容易掌握，缺点是费时、费力。网络信息检索方法是信息检索技术发展的新趋势。做好网络信息检索首先要选择检索引擎或数据库，目前常用的中文检索引擎有百度、搜狗等，常用的文献检索数据库有中国学术期刊全文数据库（CNKI）等。其次要选择恰当的关键词，选择一个好的关键词是搜索成功的关键。最后是使用多个关键词来提高检索率。

b. 信息浏览。就是将搜集到的信息翻阅一遍，通过浏览，使自己对搜索的信息有初步的认识或大致的了解，为信息筛选打下基础。

c. 信息筛选。就是在浏览的基础上，根据调查目的的需要，将数量众多的信息分为必用、应用、可用（或备用）、不用等几个部分。筛选的关键在于善于比较，要选取那些有代表性的信息。筛选的顺序，可以是先从大量信息中筛选出可用信息，再从可用信息中筛选出应用信息，最后从应用信息中筛选出必用信息；也可以是从大量信息中先选取必用信息，再扩大范围选取应用信息，然后再扩大范围选取可用（或备用）信息，最后剩下的就是不用的信息。

d. 信息阅读。阅读是人们获取信息的主要途径。阅读一般可分为泛读和精读两个阶段，它们在认读、理解、联想、评价等方面都有不同的要求。

e. 记录信息。就是把通过阅读寻找到的有价值的信息资料记录下来，以供分析研究之用。记录是摘取信息的最后一道工序，信息检索的结果通过这一道工序表现出来。

②通过实地观察采集信息的步骤。实地观察获取信息一般包括四个步骤。

a. 确定观察内容。内容的确定一般包括三个方面：一是情景条件，即被观察者的环境及其背景，包括自然条件和社会环境两个方面；二是人物活动，即被观察者的行为，包括工作、学习、生活、言谈举止，以及社会行为造成的后果等；三是人际关系，即观察各类人之间的关系如何，有没有形成非正式群体等。

b. 选择观察位置。观察位置的选择包括方位和距离两个因素。方位，即指观察者如何面对被观察者。距离，即指观察者和被观察者之间的远近。确定距离的标准是要保证被观察的现象能够清晰地落在观察者的视野内，保证被观察者保持常态、不受干扰。

c. 进行实地观察。有了比较明确的观察内容和观察位置后，就可以进入实地观察阶段。在实地观察过程中要注意做好观察记录。记录的方法主要有三种：一是同步记录，即在观察的同时做详尽的记录，这是丢失信息较少的一种记录方法；二是事后追记，即在观察以后补充记录。若同步记录引起被观察者的反感，则可采取事后追记的方法；三是卡片记录，即预先制好插片卡或表格等记录工具，在观察时及时向卡片上画记号，这种方法可以提高观察记录的速度和质量，而且有利于分类整理和对观察结果进行定量分析。

d. 整理观察资料。即对记录内容进行整理，包括校核、分类和汇总，目的是使观察记录的内容完整、清楚、准确。

2. 信息采集的常用方法

信息采集的常用方法主要有询问法、报告法、登记法、观察和实验法等。

（1）询问法

询问法也叫采访法，是由调查者事先拟订出具体的调研提纲，通过访问、电话、邮寄、网络等方式向被调查者询问需要调查的问题，根据被调查者的答复来采集有关信息资料。这种调查方法主要包括访问调查法、电话调查法、邮寄调查法、计算机网络调查法等。

1）访问调查法。访问调查法又叫访员调查法，这种方法是派访问者直接向被调查者当面询问所拟调查事项，以获得所需资料的一种最常见的调查方式。这种方式比较机动灵活，不受时间、地点的限制，具有回答率高、能深入了解情况、可以直接观察被调查者的反应等优点，能得到更真实、具体、深入的资料。但是这种方法也存在花费人力、物力、财力的成本比较高，资料受调查者主观偏见的影响大等缺点。

如果通过召开会议集中进行询问调查，那么调查效果与会议组织者的组织能力、业务水平和工作能力有很大关系。采取这种调查方法，被调查者容易产生从众心理，对调查效果影响也较大。

2）电话调查法。电话调查法是调查者通过电话同被调查者进行语言交流，从而获取信息的一种收集资料的方法。随着电话的普及，电话调查的应用也越来越广泛。采取这种方法进行调查的主要优点为收集资料快、成本低、有利于分类。其主要缺点为只限于简单问题的询问，难以深入交谈；被调查人的年龄、收入、身份、家庭情况等个人情况不便询问；照片、图像无法利用等。

目前电话调查多采用计算机辅助式的方法，即调查的问卷、答案都由计算机显示、整个调查的过程，包括电话拨号、调查记录、数据处理等也都借助于计算机来完成。

3) 邮寄调查法。邮寄调查法是调查者把事先设计好的调查问卷或表格，通过邮寄或宣传媒体等方式送至被调查者手中，要求被调查者自行填妥，然后将调查表寄回或投放到指定收集点的一种调查方法。调查者和被调查者没有直接的语言交流，信息传递完全依赖于调查表。其优点为调查范围大、成本低、被调查者有充分时间独立思考问题。其缺点为所用时间长、受被调查人文化程度限制、问卷回收率低等，有些调查单位通常采用有奖、有酬的方式加以弥补。

调查的问卷或表格发放方式有邮寄、宣传媒介传送和专门场所分发三种。

4) 计算机网络调查法。随着现代信息技术的发展，计算机网络技术已经被广泛引入信息采集领域，各种组织机构根据调查目的可以通过计算机网络系统进行快速方便的调查。

(2) 报告法

报告法是基层单位根据上级的要求，以各种原始记录与核算资料为基础，搜集各种资料后，逐级上报给有关部门。现行的统计报表制度就是采用这种方法搜集资料的。

(3) 登记法

登记法是由有关的组织机构发出通告，规定当事人在某事发生后到该机构进行登记，填写所需登记的信息。例如，就业失业登记、人口的出生和死亡的统计等都采取登记法。

(4) 观察和实验法

观察和实验法是调查者通过直接观察和实验获取信息的一种方法。无论是派员现场调查，还是利用仪器进行现场观测、测量，都视为观察和实验法。观察和实验法可以保证资料的准确性，但由于需要花费较多的人力、物力和时间，故在应用上受很大的限制。一般分为直接观察法、空间遥感统计调查法和实验法三种。

1) 直接观察法。直接观察法是指就被调查者的行动和意识，调查者边观察边记录以收集信息的方法。即训练有素的观察员或调查者到重要地点（如超市、繁华地段的过街天桥等），利用感觉器官或设置一定的仪器，观测和记录被调查者的行为和举动。由于调查者不是强行介入的，被调查者无须任何反应，因而常常能够在被观察者不觉察的情况下获得信息资料。

2) 空间遥感统计调查法。空间遥感统计调查法是观察调查法的一种，也称卫星遥感统计调查，它是现代高科技用于统计调查的一种方法。具体地说，它是依靠现代测量手段，以地理信息系统和全球定位系统为基础，再根据不同的调查对象，加载不同的卫星遥感信息，最后经过计算机处理，得到所需的图形及调查数据的一种调查方法。例如，我国通过卫星遥感技术对地面农作物进行观测来估计农作物产量等。

3) 实验法。实验法是一种特殊的观察调查方法，它是在特定的实验场所，对调查对象进行实验以取得所需资料的一种调查方法。根据场所的不同，实验法可分为在室内进行的室内实验法和在市场或外部进行的市场实验法。

以上信息采集的常用方法是从不同角度对信息采集调查方法进行的分类，在实际工作中，各种分类方法不是相互排斥，而是交叉使用的。例如，派出专人访问，与收到邮寄调查表的被调查者进行深入交谈，或在电话调查中发现线索再派专人出访等。具体采取哪种方法，要根据调查目的与任务以及调查对象的特点来决定。

3. 入户调查的方法步骤

入户调查方法是指访问者有计划地通过与受访者直接交谈获取社会信息的方法。劳动保障协理员通过入户调查，可更清楚地了解、核实辖区内失业人员的失业原因、家庭状况、就业创业意愿、职业技能水平等情况，是全面、准确掌握辖区失业人员基本情况等信息的基本方法。

(1) 入户介绍的方法

做好入户介绍非常重要，它关系到能否完成访问任务。入户介绍的方法有以下几种。

1) 由受访者的熟人或朋友介绍。可以确保调查人员不被拒访，也能使调查人员很快同受访者营造出一种良好的访问气氛。

2) 持单位介绍信或证明。持单位介绍信或证明、工作牌证，以街道或社区名义入户，有助于受访者同意接受访问，从而减少调查人员被拒访的可能。

3) 自我介绍。即通过调查人员自我身份介绍和入户调查目的说明，取得受访者的同意和配合，从而进行调查的一种方式。恰当的自我介绍是顺利进行调查的关键环节。

(2) 营造访谈气氛的方法

调查人员与受访者之间建立一种和谐的交流气氛是很重要的。营造调查人员与受访者之间良好的交谈气氛，应做好以下几点。

1）了解受访者。每个人都有与他人交往的感情需要，有表现自我价值的欲望，希望被他人尊重和理解。调查人员在访谈前最好对受访者有一个基本的了解，尽量了解他的优点、特长。在访谈时，要尽量通过语音、语调、表情和动作，传达对受访者友好、尊重的情感，注意满足受访者的心理需要。受访者心理满足时，会感到与调查人员交谈是愉快的，就会愿意配合其工作。

2）与受访者建立认同感。在正式调查前与受访者谈一些双方熟悉的话题，如某场体育比赛等，使受访者感到与调查人员有共同语言，使访谈在一种平等的、倾心交谈的气氛中进行，受访者就会愿意吐露心声。

3）以受访者关心的事为话题。大部分人都喜欢讨论自己熟悉的话题，这是打破僵局的有效途径。调查人员在自我介绍后，不要急于提问，而是要从受访者的兴趣入手，谈一些他感兴趣的事，这样会使谈话更顺利。

4）真诚关心受访者。调查人员进行访问时，受访者可能正被一些烦恼和不如意的事所困扰。这时，调查人员如果对受访者表示关心和同情，会赢得受访者的好感，同时，能拉近彼此的距离。

5）发现受访者的优点。一般人都喜欢别人发现自己的优点。当调查人员诚恳地对受访者的优点表示赞扬时，受访者会对调查人员产生兴趣和好感，当然，与受访者的距离也会因此拉近，这是与受访者建立和睦关系的有效途径。但是，这个方法一定要运用自然、态度诚恳，不要勉强为之。

（3）入户提问技巧

调查人员提问时，语速要缓慢，语音要清楚，以确保受访者能够听清或理解调查人员提出的问题。有时，为了使受访者能够听懂，一个问题往往需要提问多次。提问技巧如下。

1）发问

①放慢节奏。要注意调节访问节奏以适应受访者。例如，年长者可能需要更多的时间思考，因此，调查人员要缓慢而清楚地读出问题，同时给受访者留出思考的时间。

②把握主题。调查人员要适时、礼貌地打断受访者不相关的话题，以便把握主题。为了有效防止受访者回答离题，在访问一开始就要注意不离开主题。

③问题的措辞。调查过程中调查人员要始终使用问卷上的语句，不能改变问卷

上的措辞，也不要多加解释，但允许重复问题。

④提问的方式。调查人员应用明确、坦率、中立的方式提出全部问题。在对话时，要做出适当的反应；在访问中，要表现出对受访者的回答有兴趣。

⑤开放式问题的提问。开放式问题主要用来收集更深入的答案，调查人员在提问时，要鼓励受访者坦率表达自己的态度，并使用追问技巧以得到"深层"的信息。下面几点可能阻碍开放式问题提问的顺利进行。

a. 调查人员过分礼貌或害羞，可能会阻止受访者表达自己的真实想法。

b. 受访者可能难以用语言表达自己的想法。

c. 受访者可能不愿意发表看上去不合逻辑，或者不合乎自己设想的观点。

调查人员在提问时，要鼓励受访者坦率表明自己的态度，并使用追问技巧得到"深层"的信息。

2）追问。在发问过程中，调查人员可以采用追问的方法，追问是一种提问技巧。追问能鼓励受访者表达自己对某一问题的观点，若受访者需要这方面的帮助，调查人员可使用追问语句，如："还有别的吗？""还有其他原因吗？""请再告诉我一些这方面的内容。""我对你所说的一切原因和观点都感兴趣，请告诉我一点你自己的观点。"直至得到受访者对某一问题的全部答案。追问开放性问题时，不要使用暗示性的语言，调查人员必须保持中立的立场。在结束追问前，调查人员不要自认为已经了解到答案，从而停止追问。

当调查人员想转换到下一个题目时，应使用"否定"或"终止"性的方法。例如，在受访者回答问题过程中不应使用"就这些吗""没有别的要说吗"这样的用语，否则会妨碍受访者进一步思考问题。

调查人员必须避免提示受访者，或提醒受访者对某一问题的可能想法。特别要注意的是，如果调查人员用自己的语言重复受访者的答案，就可能已经作出了提示。

3）澄清。当受访者的回答含糊其词、模棱两可，或者回答内容前后矛盾、不能自圆其说，或者回答过于笼统、很不准确时，调查人员需要加以澄清，要求受访者对他的回答作出详细解释，从而确切了解受访者真正要表达的思想，直到受访者用确切的语言作出肯定的回答。澄清含糊答案时，调查人员不要暗示或用自己的想法去诱导受访者，而应使用非引导性、起澄清作用的语言提问，如"您说的究竟是什么意思""您这样说的理由有哪些""请解释一下您的意思"等。

4）避免引导性提问。访问时禁止使用引导性发问。调查人员可能会在不知不觉中引导受访者，特别是当受访者觉得问题不好回答或回答支支吾吾时，调查人员更容易这样做。在实际调查中，调查人员要尽量避免这种情况的发生，让受访者独自作出回答，即使受访者没有理解提出的问题或表达不出自己的观点或想法时，也不要引导受访者。

5）提高应答率。应答率是指成功的受访者占全部样本的比例。应答率过低会降低样本的代表性，这样的调查结果未必能反映总体的真实情况，从而影响整个调查的质量，所以，调查人员要十分注意提高应答率。

①应答率低主要有以下原因。

a. 受访者不回答问题。

b. 受访者在度假、出差或因其他原因不在家。

c. 受访者生病或由于其他原因暂时不能接受访问。

d. 受访者拒访。

e. 受访者的住所无人居住或者已被拆除。

②提高应答率的具体措施如下。

a. 持续回访。调查人员可以在每个星期的不同日子或每一天中的不同时段前去访问，或每次经过该住所时尝试访问。在访问期间分散访问时间，会增加调查人员遇见受访者的机会。

b. 整个访问期间不能间断工作。某些调查的访问期会延续若干星期，充分利用这段时间便能增加调查人员找到受访者的机会。需要注意的是：调查人员在访问一开始就应力争访问每一个住户，这样就不会错过可能影响应答率的受访者。

c. 小心观察。若一次不能接触受访者，调查人员可通过小心观察，寻找有关受访者家庭成员的线索。

d. 保持良好的工作态度。愉快、自信和随和的态度能鼓励受访者投入访问，有时调查人员锲而不舍的工作态度也会感动受访者。

e. 努力说服受访者接受访问。当发现受访者不合作时，最好再尝试一下。若受访者对接受访问显得勉强，调查人员应在受访者明确拒访前就离开现场，这样，调查人员在更合适的时间进行回访，可能会访问成功。受访者拒访大都是由于初访给了他某种压力，某些拒绝访问的受访者可能会接受另一位调查人员的访问。

③详细记录无应答问卷的原因。调查人员必须详细记录未能接触受访者的原因。若能做好记录，主持调查单位便能计算出该调查人员的准确应答率。

（4）控制访谈过程的方法

访问过程的控制是指调查人员通过对语言即提问的控制和对动作、表情等非语言的控制，来掌握、引导访问过程。

1) 语言控制。即提问控制。对提问的控制要注意以下几个方面。

①提问的方式。提问的方式多种多样，或开门见山，或投石问路，或顺藤摸瓜，或借题发挥，或旁敲侧击，或循循善诱等，目的都是激起受访者谈话的兴趣。不管采用何种方式，都应顺其自然、随机应变，使访谈在友好、平等的气氛中进行。

②题目转换。调查人员在提问过程中，由一个问题转向另一个问题时，有时受访者因心理准备不足会产生困惑，所以调查人员应尽力使这种转变不露痕迹。此外，在访问过程中受访者有时回答会跑题，这时需要调查人员进行引导性提问，使回答回到主题上来。在转换话题时，调查人员切忌粗鲁地打断对方谈话。

③对问题的追问。当受访者对问题不理解或没有把握，以一个含糊不清或一般性的答案作为回答，或回答内容前后矛盾，残缺不全、不够完整时，需要进行追问。通常，调查人员应尽量与受访者保持和谐的交谈气氛，但如果不激起对方反感就不能得到必需的资料时，使用引起反感的追问是允许的，也是必要的。

追问主要有三种形式：一是直接追问，即调查人员重复提出问题或直截了当地要求受访者对提出的问题再作思考。二是迂回追问，即调查人员通过询问其他相关联的问题，最后获得未回答或回答不全问题的答案。对于遗忘、记忆不清的问题，以及敏感、威胁性问题宜采用迂回追问的方式。三是反感追问，对于说谎的受访者宜使用反感追问。

④合乎时宜地插话提问。合乎时宜地插话提问也是一种比较好的语言控制技巧，例如，插几句鼓励或表示满意的话、提出一些补充问题帮助回忆等。有的插话与提问则完全是为了消除受访者的疑虑和疲劳，这要求调查人员善于捕捉时机。

提问时调查人员应始终保持中立态度，把握访问的方向及主题，同时要根据访问对象的特点灵活掌握问题的表述与语气。

2) 非语言控制。在访问中，除了通过语言交流外，调查人员还可以通过自己的表情与动作，即非语言交流，对访问过程进行控制。例如，当受访者跑题时，访问者可以通过送水或其他方式打断他，然后再自然地重新开始谈话。非语言控制包括表情、目光、动作等的控制。表情是传达思想感情的一种重要方式。在访问中，调查人员自始至终要使自己的表情有礼貌、谦虚、亲切、诚恳、耐心。目光是访问中重要的非语言交流方式,通过目光的交流既可观察对方的表情,又不至于引起对方的不快。调查人员还可以通过自己的动作来表达一定的思想感情,以达到控制访谈过程的目的。

总之,调查人员巧妙地运用提问、引导、追问等语言方式以及表情和动作等非语言方式使访问双方的互动过程变成情感交流过程,从而顺利获得所需信息。

(5) 结束访问的方法

结束访问也是访问活动的环节之一,有时比开始访问还困难。例如,当受访者意犹未尽,仍有兴趣,似乎还有许多重要的话要说时,调查人员结束访问会显得不礼貌。

需要结束访问的情况有:一是受访者疲劳或厌倦时;二是受访者直接或间接表达结束访问的意愿时;三是良好的交流气氛被破坏,受访者难以合作时,都应尽快结束访问。受访者接受调查访问付出了劳动和时间,调查人员应在访问结束之时向对方表示诚挚的谢意。

调查人员在结束访问时应注意以下几点。

1) 如果可以,离开前,给受访者一个事先准备好的礼物。

2) 离开前,给受访者一个最后提问的机会。

3) 必须感谢受访者。应该告诉受访者,正在进行的调查需要依靠人们的友好合作,让受访者感到自己花时间被访问是值得的,使他感到调查人员喜欢和他谈话,从而为回访开启方便之门(调查人员可能需要返回记录忘了询问的内容,要随时为回访做好准备),让每位受访者感到愿意再次合作。

4) 离开现场时,要表现得彬彬有礼,为受访者关好房门,对受访者及其家人说再见,对送出门的受访者说"请留步,多谢!"等。

(6) 调查日志编写的方法

入户调查访问的目的就是要获得资料。在调查访问中,资料是由调查人员记录而来的。因此,做好调查访问记录是非常重要的一个环节,并且需要一些特殊的技巧。

调查日志,就是以日为单位的访问调查情况的客观记录。日志的"日"表明以某年某月某日为记录标志;日志的"志"表明以事实为依据,尽可能客观地记录被调查对象的相关情况。

在访问中应选择恰当的记录方式。调查日志的记录方式一般有结构式访问记录与无结构式访问记录两种。

1）结构式访问记录比较简单，只需要按规定的记录方式，把受访者的答案记录在事先设计好的表格、问卷上即可。

2）无结构式访问记录又分为当场记录与事后记录两种。

①当场记录。当场记录即边访问边记录，但需征得受访者的同意。当场记录可利用速记法或缩写符号等逐字逐句记录，待访问结束后，应马上整理译出。当场记录能保证访问资料的完整，但若只顾记录，则会丧失受访者的表情、动作等所表达出的信息，并且会影响双方的交谈。因此可以采用重点记录法，即调查人员经过判断和筛选后将认为有意义的话记录下来。这样可避免逐句记录的缺陷，但往往由于掺入了主观成分，随意性较大。如果受访者同意或条件允许的情况下，可采用录音，或者采用两个访问者为一组，一位交谈、一位记录的方法。当场记录的优点是忘了可以当场再问，从而保证了资料的完整与客观；缺点是受访者多数都不喜欢谈话被记录或录音，另外，边访问边记录会分散调查人员的注意力及改变受访者的情绪，影响访问的速度和效果。

②事后记录。事后记录即在访问之后靠回忆进行记录。这种记录方式对访谈过程没有影响，不会破坏调查人员与受访者的互动性，可以提高访谈的保密性。但事后记录会因调查人员的记忆误差或个人偏向使资料受到损失。

上述记录方式各有利弊，调查人员应在访问中权衡轻重，采用比较适当的记录方式。一般访问记录的内容应包括受访者的谈话、重要表情、手势、谈话环境、时间，以及对受访者的语言表达能力、参与态度的评价等。

总之，做好调查日志一般应遵守以下原则。

a. 要有受访者的完整资料。包括个人、家庭、其他关系人或机构的基本资料。

b. 要有选择地记录。记录时应作出取舍，应选择客观的、事实的、有助于作出判断的内容进行记录。

c. 要简明扼要。注重对具体的、客观性的事件进行记录，内容要简练、准确。

d. 要有基本要件。记录中应有记录的基本要件，包括时间、地点、人名、机构名称和相关事实过程等资料。

（7）对待拒访者的方法

调查人员有时会遇到受访者拒绝提供访问所需的资料，或者完全拒绝接受访问的情况。受访者是否愿意在调查中合作，很大程度上取决于调查人员给受访者留下的最初印象。调查人员应适当地对受访者做自我介绍,并保证对受访者提供的资料保密。

在实际访问中,受访者不愿合作的原因多种多样,调查人员应对具体情况做具体分析,并采取一定访谈技巧来克服这些困难。即使最终遭到拒访,对受访者仍要以礼相待。因为受访者没有任何义务协助调查,指责受访者既有失风度,也会妨碍今后工作的进行。

(8) 入户调查的程序

1) 入户访问的基本步骤。入户访问主要分为五个步骤:访问准备→入户访问→控制访问→结束访问→访谈记录。

①访问准备。访问准备一般有以下几个步骤。

a. 设计访问提纲。访问提纲一般包括:调查目的、调查题目和反映调查内容的访谈问题。如果是结构性访问,必须设计统一的访问问卷;如果是非结构性访问,必须把与研究假设紧密相关的主要项目和问题列出。

b. 选择并了解访问对象。访问对象的选择服从于访问内容的需要。一般来说,既要找有代表性的,又要找那些熟悉情况的人。确定了访问对象后,就要尽可能充分地了解受访者,这对于顺利进入访问,与调查人员建立良好的交谈氛围,获取更多真实可靠的信息大有好处。

c. 拟订访问实施计划。计划内容一般包括受访者应如何安排、走访方式、访问的时间和地点等,对可能出现的问题也要事先作出预估并提出应对方法。

d. 准备相应的工具。一类是普通的工具,如笔、纸等;另一类是特殊的工具,如调查表格、调查说明书、问卷等。

②入户访问。入户访问一般有以下几个步骤。

a. 敲门。调查人员在敲门时要十分注意敲门时的轻重缓急,最好富有节奏,声音和次数适中。敲门声太小、次数太少,受访者可能听不到敲门声,同时也说明调查人员可能信心不足;敲门声太急、太大或次数太多,会使受访者反感,从而不利于访问,甚至被拒访。

b. 自我介绍。调查人员给受访者留下的初次印象极为重要。受访者最先注意的是调查人员的外表,这就要求调查人员穿着简朴、自然、整洁。受访者是否给予合作,访问能否成功,在很大程度上取决于调查人员的自我介绍,以及与受访者之间的和睦关系。调查人员的自我介绍很关键,如果调查人员表现得自信、坦然,受访者会乐意接受访问；如果表现得紧张、拘束，受访者就可能不愿接受访问。自我介绍的内容包括个人身份、来访目的等。要建立融洽的关系，使受访者在接受访问时不受约束，这种友好的气氛在自我介绍时就已开始营造。

  c. 进门。门口不是进行谈话的场所，受访者很容易在门口说"不行"而拒访。为此，调查人员进门前的介绍通常应简短，只要能让自己进入室内就足够了。在受访者门口，调查人员不要直接要求准许访问，而应暗示要求受访者合作。例如，不要问"我可以进来吗？"这样的问题，因为受访者很容易说"不行"。而应说"我想进来和你谈谈这个问题。"说完，立即提出一个问题，这样做便可以防止因受访者提问而导致拒访。

  d. 回答受访者的问题。调查人员需要了解受访者的心理活动。大多数受访者会感到访问是新鲜的、突然的，访问开始时，受访者不知道调查人员要问什么问题，也不知道自己能否从容地表达自己的观点。一旦受访者能够理解，他就会作出更合作和更坦率的反应。调查人员要让受访者清楚访问是保密的，并感觉到调查人员是友好的，是准备倾听自己意见的。

  有时受访者在接受访问前不会提出任何问题，但在调查人员自我介绍，或在开始访问时，有些受访者会询问一些情况，比如，"您怎么正好选中我？""这个调查究竟是关于什么内容的？""为什么要进行这项调查？"等。调查人员应随时准备友善地回答受访者提出的任何问题。

  e. 缩短与受访者的距离。入户的技巧之一是使受访者在接受访问时不受约束，在一种友好的气氛中进行访谈。调查人员在接触受访者时，必须使受访者了解调查的目的，并通过自己的语言和热情让受访者感到调查的重要性。

  在访问的开端，有些受访者会出现不合作的现象，如拒绝回答问题等，对于这些情况，调查人员应尽快缩短与受访者的距离。常用的方法有自然接近法、求同接近法和友好接近法。自然接近法是在某种共同的活动中接近对方；求同接近法是在寻求与受访者的共同语言中接近对方；友好接近法是从关怀、帮助受访者入手来联络感情、建立信任。

  ③控制访问。控制访问包括对提问的控制和对非语言的控制。

  a. 对提问的控制。提问的方式多种多样，但不管哪种提问方式都要顺其自然、随机应变，使访谈在友好、平等的气氛中进行。在提问中要及时地进行题目的转换，切忌粗鲁地打断对方的谈话。

b. 对非语言的控制。在访问中，除了通过语言来交流信息外，双方还存在非语言的交流。非语言控制包括表情、目光、动作、姿态等。表情是传递感情的一种重要方式，在访问中一定要始终使自己的表情有礼貌、谦虚、诚恳、耐心。

④结束访问。结束访问时应把握两个原则：适可而止和把握住结束谈话的时机。访谈结束的技巧如下。

a. 注意提问的方式，如"我想再问您最后一个问题，就是……""您还有什么要说的"，以此表示访谈将要结束。

b. 直接说明访谈结束，如"今天我们就谈这些"。

c. 结束时最重要的是表示感谢。

d. 就后续的联系做好交代。

⑤访谈记录。访谈记录就是根据访问调查题目所列问题，将受访者回答问题的情况，按照结构性或非结构性的记录方式，如实、准确地记录下，以供分析使用。

结构性访问的记录比较简单，只需按规定的记录方式，把被访问者的答案记录在事先设计好的表格、问卷上就可以了。非结构性访问记录方式分当场记录和事后记录。

2）安排和组织访问程序

①访问预约。初次接触受访者时，他可能无暇接受访问。这时，不要试图说服受访者勉强接受访问，而应与其约一个适当的时间，届时受访者会从容而专心地接受访问。一旦约定了访问时间，调查人员应保证按时赴约。另外，调查人员应尽可能耐心地对待失约的受访者。

②组织访问。访问时，没有第三者在场是最理想的。但是，受访者的家里可能有许多人，这时，若没有适合的房间专门用于访问，调查人员可以选择房间里一个比较安静、方便的角落进行访问，这样，可以确保受访者专心回答问题。调查人员应设法与受访者对面而坐，并靠近受访者。受访者中可能有生理残疾者，调查人员要想办法配合残疾者的特殊情况对其进行访问。

4. 问卷调查的方法步骤

问卷调查是我们人力资源社会保障工作常用的一种简便且有效的获取相关信息资料的方法。它是将需调查了解的问题以设问的方式设计成表格，由被调查者填写，最终由组织调查的单位或机构收集汇总、分析研究，为开展下一步工作奠定基础。

（1）问卷的常用类型

1）按问卷的结构和答题方式划分。按结构和答题方式可将问卷划分为标准型问卷、自由型问卷和半自由型问卷。

①标准型问卷。标准型问卷又称封闭型问卷，是指把所有的调查问题和每个问题可能有的答案罗列在问卷之中，问题的提法、顺序以及回答的方式等都是统一的，被调查者只需作出判断和选择，并按要求用简单统一的符号表示就能完成的问卷。这类问卷的优点是格式整齐，回答方便，便于统计分析；缺点是不便于对问题进行深入了解，对被调查者而言，回答问题有一定的限制。标准型问卷的出题形式为选择题、判断题。

②自由型问卷。自由型问卷又称开放型问卷，是指问题无统一结构，被调查者可以自由发挥回答问题的问卷。这类问卷的优点是被调查者可以自由作答，对问题的调查更加深入；缺点是调查结果不便统计，综合处理比较困难。自由型问卷的出题形式为问答题。

③半自由型问卷。半自由型问卷又称综合型问卷，是指将标准型和自由型两种类型的问卷融合在一起设计的问卷。这类问卷既易于统计和综合处理，又可得到有一定深度的答案。

2）按问卷的填答方式划分。按问卷的填答方式可将问卷划分为自填问卷和访问问卷。自填问卷即由被调查者自己填答的问卷；而访问问卷则是由调查人员根据被调查者的口头回答来填写的问卷。这两种问卷的不同点是问卷直接面对的对象是不同的。自填问卷直接面对被调查者，而访问问卷则直接面对调查人员，正是由于这种差别，使得两种问卷在具体形式、设计要求等方面都有所不同。相同点是结构相同，如两者都由封面信、指导语、问题和答案及其他资料等内容构成。

自填问卷可分为邮寄问卷和发送问卷两种。邮寄问卷是通过邮局把问卷寄到被调查者手中，被调查者填写完后，仍通过邮局寄回。发送问卷则由调查人员或其他人员将问卷送到被调查者手中，被调查者填完后，再由调查人员逐一收回。当然也有采取邮寄和发送相结合的情况。

（2）问卷的基本结构

问卷的结构一般包括封面信、指导语、问题和答案、其他资料等几个部分。

1）封面信。封面信即一封致被调查者的信，其作用在于向被调查者介绍和说明调查人员的身份及调查的内容、目的、意义等，一般印在问卷的封面或封二上。封面信的篇幅虽然短小，但在整个问卷调查中却具有举足轻重的作用。因为，能否说服每一位被调查者参与到调查中来，能否让他们如实地填写问卷，能否让他们把填好的问卷寄回来等，在很大程度上都取决于封面信的效果。在封面信中，应注意以下问题。

①说明调查者的身份，包括联系人姓名、单位、地址、电话号码、邮政编码等，这样能体现出调查的正规性，消除被调查者的疑虑。

②说明调查的大致内容和进行这项调查的目的。对调查内容既不能含糊其词，也不能谈得过于详细。通常的做法是用一句话概括出调查内容的范围。对于调查的目的，则应尽可能说明其对于整个社会，甚至每一个人的实际意义。对调查目的的说明，是封面信中一项十分重要的内容，要尽可能作出恰当、合理的解释。目的叙述得当，有利于调动被调查者的积极性和责任心。

③说明调查对象的选取方法和对调查结果保密的措施。对于来访和调查，大部分人都会存在一定的戒心。为了消除被调查者的这种戒心，应该在封面信中做一些必要的说明。例如，"我们按照科学的方法挑选一部分居民作为全市居民的代表，您是其中的一位。本调查以不记名的方式进行，同时，根据《中华人民共和国统计法》的有关规定，我们将对统计资料保密。所有个人资料均以统计方式出现。"

④在信的结尾处，一定要真诚地感谢被调查者的合作与帮助等。

2）指导语。指导语即用来指导被调查者如何填写问卷的说明。指导语的内容应简明易懂。指导语有卷头指导语和卷中指导语两种。前者一般以"填表说明"的形式出现在封面信之后、调查问题页之前，其作用是对填表的要求、方法、注意事项等做一个详细的说明。后者一般是针对某些较特殊或较复杂的问题所作出的特定说明。总之，问卷中每一个有可能成为被调查者填写问卷障碍的地方，都需要给予某种指导。

3）问题和答案。问题和答案是问卷的主体。从内容上看，问题可以分为三类。

①有关被调查者个人背景资料的问题。如年龄、性别、文化程度、职业、婚姻状况、家庭人口、收入等。

②有关行为的问题。如"您是何时失业的？""您是什么时候到现在单位工作的？"等。

③有关态度、意见、看法的问题。如"您是否赞成目前灵活就业社会保险补贴的方法？""您认为应该如何帮助就业困难人员实现就业？"等。

答案是与问题相对应的。对于开放式问题，不要提供具体答案，由被调查者自由填答。对于封闭式问题，答案要具有穷尽性和互斥性。答案的穷尽性是指答案包括了所有可能的情况。答案的互斥性是指答案互相之间不能交叉、重叠或相互包含。

4）其他资料。除了上述内容以外，问卷还包括一些其他资料，如问卷的名称、编号，问卷发放及回收日期，调查员、审核员姓名，被调查者住址，以及问题的预编码等。

（3）问卷中问题和答案的设计方法

问题和答案是问卷中的主要内容，对它们的设计也是问卷设计工作中最重要的部分。

1）问题形式的设计方法。问卷中的问题在形式上可分为开放式和封闭式两大类。

①开放式问题。开放式问题即指不需要提供具体答案而由被调查者自由填答的问题。所以，开放式问题形式很简单，在设计时，只需留出一块空白即可。唯一需要考虑的是应根据问题的内容、样本的文化程度、研究的目的来预留空白的大小。开放式问题的优点是被调查者可以自由地按自己的方式表达意见，不受限制，因而调查人员所得到的资料往往比较生动、丰富。但是，其缺点也是显而易见的，如要求回答者具有较高的知识水平和文字表达能力、填写问卷所花费的时间和精力较多、只能进行定性分析、难以进行定量处理和分析等。

②封闭式问题。封闭式问题即指在给出题目的同时，还提供若干个答案选项。封闭式问题也包括只需简单回答的填空。其形式有以下几种。

  a. 填空式。即在问题后面画一条短横线，让被调查者填答。通常只需填数字。

  b. 是否式。即提供的答案只有"是"和"否"两个，让被调查者选择其一。

  c. 单项或多项选择式。被调查者可根据自己的情况从被选项中选一项或几项。

  d. 矩阵式。即将同一类型的若干问题集中在一起，构成系列问题的表达方式。

  e. 表格式。表格式是矩阵式的一种变体。

封闭式问题的优缺点与开放式问题相反，其优点是被调查者填写十分方便，对文字表达能力也没有过高要求，所得的资料特别适于定量分析；缺点是不如开放式问题生动、丰富，所获资料缺乏自主性和表现力。

2）问题的语言和提问方式的设计方法。要设计出含义清楚、简明易懂的问题，必须注意语言的使用。设计调查问题时有关语言表达和提问方式有以下几条常用规则。

①尽量用简单的语言,不要使用专业术语或行话,也要避免使用抽象概念。

②问题要尽量简短,使被调查者很快看完,并减少产生含糊不清的可能。

③避免双重含义的问题。

④问题不能带有倾向性,不能对被调查者产生诱导。

⑤不要使用否定形式提问。因为用否定形式提问容易使被调查者产生误解,所以在问卷设计中应避免使用否定形式提问。

⑥不直接问敏感性的问题。敏感性的问题是指与个人关系密切或涉及私人生活的问题,这种问题容易引起人们本能的防卫心理,从而拒绝回答。

3)相依问题的设计方法。在问卷调查中,经常遇到这样的情况,某个问题只适用于部分调查对象,但不确定某个被调查者是否需要回答这个问题,这种情况要依据该被调查者对前面某个问题的回答结果而定,这样的问题称为相依问题。而用来鉴别被调查者对调查问卷中的问题是否具备回答资格而设置的问题称为过滤问题。

相依问题的格式设计要注意两点:一是它要用方框与过滤问题隔开;二是要用箭头将相依问题方框与过滤问题中的适当答案相联系。

4)问题的数量和次序的设计方法。一般来说,问卷越短越好,越长越不利于调查。对于一般的被调查者,通常一份问卷中所包含的问题数量应限制在 20 分钟内能顺利完成为宜,最多不要超过 30 分钟,否则容易引起被调查者心理上的厌烦和畏难情绪。

问题次序的设计是否合理,不仅会影响到问卷资料的准确性,还可能影响到调查的顺利进行。其基本原则如下。

①时间顺序。可以由近到远,也可以由远到近地排列问题。切忌远近交叉,前后跳跃,那样容易打乱被调查者的思路。

②内容顺序。先易后难,由浅入深,先问行为事实方面的问题,后问观念态度方面的问题。

③类别顺序。同类性质问题编排在一起,使被调查者思路清晰,分类回答问题。

④开放式问题放在最后询问。

5)答案的设计方法。关于答案的设计,要注意以下两个方面。

①要保证答案具有穷尽性和互斥性。穷尽性指的是答案包括了所有可能的情况;互斥性是指答案与答案之间不能相互重叠或相互包含。

②要先根据研究目的的需要来确定同一事物的相应变量,因为它会表现出各种不同的特征,然后再根据特征来决定答案的形式。

(4) 设计调查问卷的主要步骤

要设计一份调查问卷应先做一段时间的探索性工作,然后根据探索结果设计问卷初稿,问卷初稿经过试用和修改后,最后形成正式的问卷。

1) 了解基本情况。设计调查问卷,首先必须先摸底,熟悉和了解一些基本情况,以便对各种问题的提法和可能的回答有一个初步的、感性的认识。探索性工作最常见的方式,就是问卷的设计者亲自进行一段时间的非结构式访问,即围绕着所要研究的问题,以自然融洽的方式同各种各样的对象交谈。通过这种交谈,常常可以避免在设计问卷时出现许多有偏差的问题,也可以避免设计出不符合客观实际的答案。

2) 设计问卷初稿。经过调查摸底以后,在对所要询问的各种问题及其可能的答案有了初步认识的情况下,就可以动手设计问卷初稿了。在实际设计工作中,有以下两种具体的设计方法。

①卡片法。首先,根据探索性工作所了解的情况,把每一个问题与答案一一写在卡片上;其次,根据其内容性质进行分类,并将各类别中的问题按合适的询问顺序排列;最后,根据问卷整体的逻辑结构排出各类问题的前后顺序,使之成为一个完整有序的整体,形成问卷的初稿。

②框图法。首先,根据研究假设和所需资料的内容,画出整个问卷的各个部分及前后顺序的框图;其次,具体地写出每一部分中的问题及答案,并排列好这些问题的顺序;最后,根据便于阅读和填答的原则,对所有问题进行检查、调整和补充,形成问卷初稿。

以上两种方法的区别在于前者是从具体问题开始,然后到部分,最后到整体;而后者则相反,先从总体结构开始,然后到部分,最后到具体问题。其中,卡片法容易着手进行,尤其是在调整问题的前后顺序和修改问题方面十分方便,但由于问题分散在一张张卡片上,所以难以从整体上进行安排和修改。因此,对这两种方法应扬长避短,根据实际情况结合使用。

3) 试用和修改。试用和修改这一环节在问卷设计过程中至关重要,时间再紧也不可以忽略。因为问卷设计中所出现的任何一点不足或缺陷都将在调查的问卷资料中留下印记，有时甚至造成难以弥补的损失。试用和修改问卷初稿的具体方法有以下两种。

①客观检验法。即将问卷初稿打印成若干份，然后从被调查对象中抽取一小部分，用问卷初稿进行试调查，最后检查和分析试调查的结果，若发现问题和缺陷即进行修改。可从试调查结果中的以下几个方面对问卷初稿进行检查和分析。

a. 回收率。如果问卷回收率较低，如60%以下，则说明问卷设计中可能存在较大的问题。当然，仅凭问卷回收率高也并不能说明问卷设计没问题，还需要检查其他方面。

b. 有效回收率。即扣除废卷后的回收率，该项指标比回收率更能反映问卷初稿的质量。

c. 填答错误。填答错误主要有两种情况，一种是填答内容的错误，如答非所问。这是由于被调查者对问题含义不理解或误解造成的。对于这种情况，一定要仔细检查提问的用语是否准确、清晰，含义是否明确、具体。另一种是填答方式的错误，这主要是由于问题形式过于复杂、指导语不明确等原因所致。

d. 填答不完整。问卷填答不完整主要有两种情况，一种是问卷中某几个问题被调查者普遍未作回答；另一种是从某个问题开始，后面部分问题被调查者都未回答。对于前一种情况，就要仔细检查这几个问题，分析出被调查者未作回答的原因，然后改进；对于后一种情况，则要仔细检查中断部分的问题，分析出被调查者"卡壳"的原因。

②主观评价法。主观评价法是将设计好的问卷初稿分别送给该研究领域的专家、研究人员及有代表性的被调查者，请他们阅读和分析，让他们根据自己的认识和经验对问卷进行测评，指出不妥之处。

除了某些小型调查采用主观评价法外，大部分调查往往采用客观检验法。当然，同时采用两种方法进行试用效果更好。

（5）实施问卷调查的基本程序

问卷的设计是实施问卷调查的关键步骤，但这不意味着优秀的问卷就能圆满地实现社会调查的目的。要成功实施问卷调查，应按照以下程序进行。

1）确定调查对象。确定调查对象，即分析单位。调查对象是问卷分发的点，这些点如何确定呢？一般来说，要使用抽样的方法。抽样方法很多，使用不同的抽样方法获得调查对象的代表性有较大差异，对问卷的信度和效度也有很大影响。

问卷调查属于一种统计调查，它往往是由样本来推论总体的。总体的异质性是选取抽样方法时需要考虑的首要问题。异质性很低的总体，因其个体间的差异不大，可采用随机数字法抽取调查样本。如果总体的异质性很高，则必须采用分层随机抽样的方法以确定调查样本。在实际调查对象的确定工作中，往往采用分层随机抽样的方法。因为用这种方法所确定的样本更能代表异质性高的总体特征。分层随机抽样的步骤如下。

①确定研究总体的个体数量。

②确定调查总体的个体数量。

③确定调查对象数量（样本量）。经验表明：100人以下的总体，样本占总体的50%以上；100~1 000人的总体，样本为20%~50%；1 000~5 000人的总体，样本为10%~30%；5 000~10 000人的总体，样本为3%~15%；1万~10万人的总体，样本为1%~5%。

④确定分层指标。根据调查目的，指标分层可按年龄、性别、政治面貌等来划分。

⑤确定各层样本量。其计算公式为：各层样本量 = $\dfrac{各层总体量}{总体数量} \times 100\%$

⑥确定调查对象。首先写出各层样本框（各层调查总体名单），并予以编号，然后根据随机数字表确定各个调查对象。

2）分发问卷。分发问卷的方式对问卷调查实施有效控制有重要作用，所以不能忽视问卷分发工作。问卷分发有以下三种形式。

①利用通信媒介分发，如通过报刊分发问卷。这种分发问卷形式对问卷质量和回收率很难保障。但是，它有分布面广、节省人力和物力等特点，所以是一种值得深入研究的分发形式。

②利用组织分发。利用组织分发是经常采用的问卷分发形式。通过组织关系对问卷的分发、回收进行控制。这种问卷分发形式的效果常常取决于该组织对这项工作的重视程度。所以，在问卷分发工作开始前，有必要召开各分发组织中直接参与人员的联席会议。

③跟踪式分发。调查人员直接深入调查现场，将问卷直接交给被调查者，并指导被调查者填写的过程称为跟踪式分发。这种分发方式受调查人员直接控制，问卷

填写质量和回收率有了可靠的保证。而且调查人员可对被调查者进行面访，同时，又可对填写的问卷进行效度和信度的评价。这种分发方式既适用于少量样本的问卷调查，也适用于需要在现场对问卷质量进行评估的调查。

3）回收问卷。问卷的分发形式决定回收形式。利用通信媒体和组织分发问卷的方式需要采用间接回收方式，跟踪式分发问卷的方式可采用直接回收方式。

4）整理、审查问卷。整理问卷的主要任务是将问卷按样本编号进行排列。如果需要分层统计的话，则需按分层顺序排列问卷。

审查问卷是一项细致的工作，需要抽取废卷并对问卷回收率和问卷有效率进行统计。

存在以下几种情况的问卷，可做废卷处理。

①不易辨别填写人回答意向的问卷。如无法识别填写人填写的标志与选择答案的对应关系。

②对关键问题出现矛盾的回答。对关键问题出现了矛盾的回答说明填写信度低。

③对问题的回答少于 2/3 的问卷。对问题的回答少于 2/3 的问卷无法说明填卷人的整体状况。

④对于自然变量（如性别等）不予填写的问卷。对于自然变量不予填写的问卷无法表明一个确定的被调查对象的状态。

在问卷调查中，常常发现问卷中的个别问题没有得到回答，此时不能将该问卷作为废卷处理，因为这是常事，为满足统计上数量的整合要求，必须予以特别处理。一般来说，我们常常给予未回答问题以"0"或"9"的编码。

（6）问卷回收率分析

问卷的回收率对问卷调查的信度影响很大，一般来说，回收率低于 70%，则问卷调查结论的可靠性较低。

问卷的回收率计算公式为：

$$问卷回收率 = \frac{回收有效问卷数}{发放问卷数} \times 100\%$$

从问卷的回收率计算公式可以看出，问卷回收率取决于两项数据，一项是问卷的发放数量，另一项是有效问卷的回收数量。因此，回收数量高不等于回收率高。

提高问卷的回收率有两种方法，一种是对问卷的分发实施有效控制，另一种是有意扩大样本量。后一种方法不值得提倡，因为，这种方法对于提高问卷填写质量不会产生多大影响，还会增加统计分析的工作量。

问卷设计的质量是影响问卷回收率的重要因素之一。问卷的设计要适应被调查者的情况。在市级问卷调查中，一份好的问卷能引起被调查者的极大兴趣和认真填写的强烈欲望，从而保证了问卷的高信度和高效度。可能影响被调查者填写问卷欲望的情况有以下几个。

1）问卷的印刷质量差。被调查者看到这样的问卷后，会对调查产生"不规范""不重要""调查随意性大"的感觉。

2）问卷的语言生硬，犹如向被调查者下达指令一般。面对这样的问卷，被调查者只会感受到"这是调查者的需要"，而不能感受到"这也是被调查者的需要"，这种感受往往导致"拒填"或"不负责任的填写"情况的发生。

3）问卷中的提问距被调查者所了解的实际问题较远，这也是影响填写质量的原因。多数被调查者最关心和熟悉周围的情况，所以问卷中的提问应尽量将调查问题化解为被调查者能够具体可见的问题。

4）问卷分发、回收的组织工作不到位。例如，没有问卷分发、回收的具体负责人，没有问卷填写的指导人等。

案例

春节后外出务工人员就业状况调查问卷

为了解农村劳动力外出务工情况，为政府研判就业形势和制定政策提供参考依据，我们组织开展本次调查。我们郑重承诺，对于您所提供的资料我们完全保密。请根据实际情况填写。多谢合作！

人力资源社会保障部
××年×月×日

1. 您的家乡（户籍地）是_____省。
2. 您的户口是：①农村户口　②城镇户口
3. 您的性别是：①男　②女
4. 您的出生年份：_____年（示例：1983年）。
5. 您的受教育情况：

①初中及以下 ②高中（中专/技校/职高） ③大专 ④大学本科及以上

6. 您是否有技术技能等级证书？

①有初级证书 ②有中级证书 ③有高级证书 ④没有证书，但有一定技能

⑤没有证书也没有技能

7. 春节前，您属于以下哪种就业情况？

①省内务工 ②省外务工_____省

③没有外出务工（选③项，请跳过8~10题）

8. 您节前的工作属于哪个行业？

①采矿业 ②建筑业 ③制造业 ④批发零售业 ⑤住宿餐饮业

⑥交通运输、仓储和邮政业 ⑦居民服务和其他服务业

⑧其他（请注明）_____

8.1 如果从事制造业，具体是以下哪类？

①纺织服装、皮革制造业 ②木材加工、家具制造业

③金属冶炼和压延加工、金属制品业 ④设备制造业 ⑤汽车制造业

⑥计算机、通信和其他电子设备制造业 ⑦食品加工业 ⑧其他制造业

9. 您节前就业形式属于哪类？

①单位（企业）就业 ②个体户 ③家庭雇工（全职），如当保姆等

④打零工、灵活就业 ⑤其他

9.1 您是否有从事以下工作？（最多可选3项）

①开网约车 ②外卖送餐 ③快递物流 ④网约家政服务 ⑤网络主播

⑥电商 ⑦没有从事上述工作

10. 您节前月均工资水平是：

①2 000元以下 ②2 001~3 000元 ③3 001~4 000元 ④4 001~5 000元

⑤5 001~7 000元 ⑥7 001~10 000元 ⑦10 000元以上

11. 您春节前返乡的时间和往年比有提前吗？

①提前了，单位提前放假歇工 ②提前了，因个人原因提前回家 ③没提前

④延后了 ⑤春节没有回家

12. 您返乡的原因是：

①回家过年访亲 ②返乡就业创业，谋求更好的发展

③方便照顾家庭，主动返乡 ④丢了工作，先回家看看

⑤在外工作拿的少，没有前景、压力大，想看看家附近有没有更好选择

13. 您现在的就业状况是：

①已有工作，A 省内务工　B 省外务工（选①已有工作的答题至 17 题后，跳过 18~25 题）

②正在找工作（跳过 14~17 题，从第 18 题继续答题，并跳过 25 题）

③准备创业（从第 26 题开始答题）

④暂不准备找工作（从第 25 题开始继续答题）

⑤其他情况（请说明）_____

14. 您是回到春节前的工作单位上班吗？

①是　②不是（选②跳至第 15 题）

14.1 如果是回到节前单位，您的返岗时间（按农历时间）有什么变化？

①没有变化　②提前了　③推迟了，单位比去年晚开工

④推迟了，因个人原因晚点返岗

15. 与去年节后相比，您现在的工资有什么变化？

①提高了　②差不多　③没提高，还降了点　④目前没到岗，还不清楚

16. 与去年节后相比，您现在每天的工作时间/工作量有什么变化？

①增加了　②没增加　③减少了　④目前没到岗，还不清楚

17. 您对当前的工作满意吗？

①很满意　②比较满意　③一般满意　④不太满意　⑤很不满意

18. 如果您正在找工作，属于以下哪类状况？

①有工作机会，但是对工资、环境和前景不满意，想再找找

②有工作机会，但工时太长或距离远，不能照顾家庭，去不了

③没有工作机会

19. 您希望找以下哪类工作？

①单位（企业）就业　②个体户　③家庭雇工（全职），如当保姆等

④打零工、灵活就业　⑤其他

19.1 您是否打算从事以下工作？

①开网约车　②外卖送餐　③快递物流　④网约家政服务　⑤直播　⑥电商

⑦不想从事上述工作

20. 您期望的工资水平是：

①2 000元以下　②2 001~3 000元　③3 001~4 000元　④4 001~5 000元　⑤5 001~7 000元　⑥7 001~10 000元　⑦10 000元以上

21. 您主要通过什么方式找工作（最多可选3项）？

①参加招聘会　②到招聘网站上找　③拜托亲戚朋友介绍　④政府部门帮忙　⑤依靠工头、中介介绍　⑥其他

22. 您觉得今年工作（比去年）好找吗？

①不好找　②差不多　③好找些　④不好说

22.1 今年工作不好找的原因是：

①自己以前干的行业现在不景气，招聘企业和岗位少了

②工资太低，不好干

③工资还可以，但其他方面不好，不愿干

④岗位文化和技能水平要求太高，自己不合适

⑤自己缺乏工作经验，企业不愿意要

⑥其他原因（请说明）_____

23. 您觉得目前找工作中突出困难有哪些（最多可选3项）？

①不知道到哪里去找需要的就业信息

②能上岗的都是短期工，找不到可以长期干的正规工作

③自己以前干的行业现在不景气，招聘企业和岗位少了

④自己年龄大，企业不愿意要

⑤自己经验少，技能水平低，企业不愿意要

⑥其他

24. 您估计找到工作大约需要多长时间？

①7天内　②半个月内　③一个月内　④一个月以上

25. 您暂时不工作的原因是（已有工作和正在找工作的，不答此题）：

①找不到工作，不想找了　②休息休养、照顾家里　③参加培训或学习　④其他（请说明）_____

26. 您在求职就业或创业方面存在哪些困难？

27. 您对政府部门促进劳动者就业方面有什么建议？

5. 拟订和实施信息采集工作方案

信息采集工作方案是指按照信息采集的要求，明确目标任务、通过相关方式方法制定获取所需信息具体措施步骤的计划安排。

（1）拟订信息采集工作方案

1）信息采集工作方案的基本要素。主要包括工作目标、工作任务、工作步骤、工作措施、组织领导、工作要求等。

①工作目标。工作目标是一项工作预期要达到的结果，是确定其他基本要素的基础。

②工作任务。工作任务是对工作目标的分解和细化。依据一项工作的目标，结合完成工作的主观条件和客观条件，确定该项工作的任务。

③工作步骤。按照工作的目标、任务和完成时限要求，科学地划分工作步骤，确定每一阶段的时间长短、阶段性目标任务等。

④工作措施。工作措施是完成工作任务目标的具体办法。工作措施往往具有很强的针对性和时效性。

⑤组织管理。组织管理是工作人员分工、责任机制、沟通协调等的总和。

⑥工作要求。工作要求是工作过程中要遵循的原则、工作要达到的标准等。

2）了解和熟悉方案内容。要拟订信息采集工作方案，首先要了解和熟悉信息采集工作方案的内容，主要是了解信息采集的具体目标、采集的对象和单位、采集的内容、采集的工具、方案实施的时间、采集的地域、采集的方式方法、采集人员的组织、采集经费的计划、采集工作的安排等。

①了解采集具体目标。可以从三个方面来了解采集信息所要达到的具体目标：一是通过采集要解决什么问题；二是解决到什么程度；三是要达到什么效果。另外，要确定是了解基本情况，还是要进一步探究因果关系；是要进行工作研究，还是要提出政策性建议等。

②了解采集对象和单位。采集对象是根据采集目标而确定的需要进行调查的某个社会经济现象的总体。采集单位是所要调查的社会经济现象总体中的个体，即采集对象中一个一个的具体单位。

③了解采集内容。了解采集内容主要是了解采集的指标体系。

④了解采集工具。采集工具根据采集的内容不同而有所差异。常见的采集工具有表格、问卷、各种量表和卡片等。另外，对采集过程中使用的物质手段，如照相

机、录音机、摄像机等,也应提前做好安排和准备。

⑤了解方案实施的时间。了解方案实施的时间就是要了解采集过程在什么时间进行,需要多少时间完成等。

⑥了解采集的地域。了解采集的地域就是要了解在什么地区采集信息,在多大范围内采集信息。

⑦了解采集的方式方法。了解采集方式方法的具体内容、程序和要求等。

⑧了解采集人员的组织。除了个人单独进行的信息采集工作外,还要了解方案中人员的选择、培训和组织的问题。

⑨了解采集经费的计划。信息采集工作都需要一定的经费,要了解方案中如何筹集和使用经费,如何用最少的经费获得最大的成果。

⑩了解采集工作的安排。主要是了解任务和时间的安排。

3)做好信息采集前的准备工作。要与被采集对象和单位提前沟通,告知采集的内容和流程;做好采集工具的准备工作;经费的筹集和落实;组建信息采集的队伍,根据信息采集的目标要求选择合适的人员并明确责任和分工,对相关人员进行培训。

(2)实施信息采集工作方案

实施信息采集工作方案的步骤是:布置工作任务、实施信息采集、跟踪工作进度、总结采集工作情况。

1)布置工作任务。按照信息采集方案的要求和人员的责任分工,具体布置工作人员信息采集的任务,明确任务、明确时限、明确进度,做到责任明确、工作到人。

2)实施信息采集

①收集信息。收集信息是实施信息采集方案工作中最重要的阶段,它的任务是利用各种信息采集的方法收集有关信息,按照信息采集方案的内容和要求,系统、客观、准确地获得信息。

②整理信息。整理信息包括鉴别信息和对信息的分类。鉴别信息就是对采集的信息进行全面的审核,区分真伪,取其精华、去其糟粕,消除信息中的假、错、缺、冗现象,以保证信息的真实、准确和完整性。采集信息的分类是根据采集目的和原则,对采集信息进行分门别类的归纳,使之条理化、系统化,并以集中、简明的方式反映采集对象的总体情况。

③研究信息。研究信息主要包括对信息进行统计分析和理论分析。统计分析,

就是运用统计学原理和方法来研究采集信息的数量关系,揭示事物发展的规模、水平、结构和比例,说明事物的发展方向和速度等问题。理论分析,就是运用逻辑方法和与调查课题有关的各门学科的理论,对整理后的信息和统计分析的数据进行思维加工。统计分析是对事物进行定量分析,理论分析是对事物进行定性分析。

3)跟踪工作进度。要根据信息采集方案对信息采集工作进展情况进行督促和检查。对未能按照进度要求和采集工作存在问题的采集人员要及时进行指导,帮助分析原因,提出整改意见,使信息采集工作及时到位,确保信息采集工作按时、保质地完成。

4)总结采集工作情况。对采集工作的情况进行总结是信息采集工作的最后阶段。这一阶段的主要任务是形成信息采集报告、信息采集结果的评估和信息采集结果的应用。

6. 组织实施调查活动

在信息采集的众多方式中,调查是最常用的方法之一。

(1)调查方案的主要内容

调查方案是对调查过程按时间顺序或逻辑关系进行的总体安排。调查方案的内容是对调查全过程的分步骤、分阶段细则的描述,主要包括调查目的和内容、调查对象和范围、调查方法、调查的组织安排。

1)调查目的和内容。调查目的就是阐明通过调查所要达到的具体结果。调查目的可从三个方面考虑。首先是研究成果的目标,即通过调查要解决什么问题,解决到什么程度。其次是成果形式的目标,即调查成果用什么形式来反映,是写调查报告还是学术论文,是口头汇报还是专门汇集成册供人参考。最后是社会作用的目标,即这次调查能起到什么社会作用,是供领导决策参考,还是影响社会舆论。

调查内容是指为了达到调查目的而需要调查的内容。通常,在调查方案中,对调查内容只做总体的概括,具体调查项目需要通过拟订详细的调查提纲反映出来,如果是问卷调查,在问卷中应反映出具体的调查项目。

2)调查对象和范围。调查对象是指调查研究的分析单位,调查范围是指在时间和空间上的周围界限。

确定调查对象和范围,实际上就是决定在多大的时空界限内,采用什么方式向谁调查,即调查、分析的单位是个人、组织还是群体,调查采用的是普查、抽样调查还是典型调查。到底把调查研究规定在什么范围内,确定什么为调查单位,一要取决于调查课题，二要取决于调查力量。

3）调查方法。调查方法主要包括收集资料和研究资料的方法。

收集资料的方法一般有文献法、访谈法、问卷法、观察法和量表法等。

研究资料的方法有定量方法和定性方法。定量方法包括统计分析法和电子计算机处理资料法。定性方法就是理论分析法，也叫思维加工，主要包括比较分析、因果分析、"结构–功能"分析。

调查方法的确定不但取决于调查课题和目的要求，还取决于调查的对象与范围。

4）调查的组织安排。调查的组织安排有四项内容，即人员组成、任务分工、时间安排和经费及物质保障。这些内容都须在调查方案中加以明确。

①人员组成。人员组成应该要满足调查方案的要求，根据调查规模、调查任务、调查时限、调查内容和调查经费的需要，选择合适的人员。规模较大或比较重大的调查经常由一个团队共同完成，且要有一名有责任心、懂业务的人担任负责人。

②任务分工。任务分工包括调查课题组的任务分工和工作分工。小规模的调查研究靠自己的力量就能完成，较大规模的课题则必须有其他单位配合。在调查过程中，调查团队中成员间还要注意保持联系，随时掌握各个分工任务的进展情况。

③时间安排。调查工作都有时间期限，要按照总的要求，将工作任务和时间合理地分配到调查过程的各个阶段，最好能制定出详细的日程安排表，这样调查工作才能有条不紊地进行。

④经费及物质保障。调查研究所需的经费包括外出调查的差旅费、调查报表印刷费、劳务费、调查对象的礼品费，以及电子计算机的使用费等。调查研究所需的设备包括照相机、录音机、计算机等，这些都应在调查之前准备好。

（2）调查方案可行性研究的方法

对调查方案进行可行性研究有多种方法，常用的有以下三种方法。

1）逻辑分析。逻辑分析就是运用逻辑方法来检验调查方案设计的可行性。例如，调查内容是某地区人口的城乡结构，而设计出的调查项目却是"农业人口"和"非农业人口"，这样调查出来的数据是不能说明问题的。因为农业人口和农村人口是两个不同的概念，同样，城镇人口和非农业人口也是两个不同的概念。农村人口和城镇人口是按居住地域划分的，农业人口和非农业人口则是按行业类别划分的，它们的内涵和外延都有很大的差别。上述设计违背了逻辑上的同一律，因而，对于调查所要说明的问题是无效的、不可行的。

2）经验判断。经验判断就是用以往的实践经验来判断调查方案的可行性。例如，根据以往的经验，在调查方法的设计上，对文化程度较低的调查对象，不宜采用书面问卷调查法；在调查时间的设计上，到农村调查，一般不应选择在农忙季节进行；在调查范围的设计上，如果人力、财力、物力不足，就不宜选点过远、分布过广等。这些都是根据调查工作的经验总结出来的。总之，调查方案初步设计出来后，可先向有经验的人员请教，让他们根据以往的经验对调查方案的可行性做一些初步判断。

3）试验调查。试验调查就是通过小规模的实地调查来检验调查设计的方案是否合理可行，并根据试调查结果来修改和完善原设计的调查方案。例如，问卷调查，即把设计好的问卷在小范围内请具有代表性的人试填，并根据试填的结果来修改和完善原设计的问卷。

试验调查的实施应注意以下几个方面。

①选择适当的试验调查对象。试验调查的对象要力求规模较小、数量较少、类型较多、代表性较强，要努力保证试点单位的自然状态，否则就会失去试验调查的意义。

②组织精干的调查队伍。调查的领导者、组织者和调查方案的设计者必须亲自参加试验调查，同时要选派若干有经验的调查人员做试验调查的骨干。只有这样，才能及时发现和解决调查设计中的问题，为实际调查积累和总结经验。此外，还应选派少量缺乏经验的调查人员参加，以便发现他们在调查过程中可能发生的各种问题。

③采用灵活的调查方法。试验调查应采用灵活机动的方法进行。书面调查法不适合，可改为访问调查法；集体访谈不成功，可进行个别访问；设计的调查项目不合适，可按照实际情况进行修改；安排日程不合理，可以根据实际需要进行调整。总之，要灵活采用各种方法达到目的。

④进行多点的对比调查。对于比较复杂的调查课题，试验调查不应该只在一个点上试验，而应采取多点对比的方法进行调查。可以是同方案的重复对比，也可以是不同方案的多点对比，或是不同方案的先后对比或交叉对比。

(3) 开展调查工作的程序

组织开展调查工作的程序如下。

1）制定调查提纲。劳动保障协理员要根据调查目的，准备好详细的调查提纲和问题。如进行标准化访问，必须熟悉统一设计的问卷；进行非标准化访问，应把粗线条的访问提纲具体为各种访谈问题。

2）确定调查对象。要选准调查的具体对象，并尽可能充分地了解被调查者。调查对象的选择要服从调查内容的需要。

3）确定调查时间、地点。调查时间的选择应因人而异，一般来说，最佳调查时间是被调查者工作、劳动、家务不太繁忙，而且心情比较舒畅的时间。调查地点或场所的选择，应以有利于被调查者准确回答问题和畅所欲言为原则。

4）做好调查前的准备工作。要与被调查对象和单位提前沟通，告知调查的内容和流程；要做好调查工具的准备工作；要做好经费的筹集和落实；要组建调查的队伍；根据调查的目标要求选择合适的人员并明确责任的分工，对相关人员进行培训。

5）实施调查

①布置任务。按照调查方案的要求和人员的责任分工，具体布置工作人员的调查任务，明确任务、明确时限、明确进度，做到责任明确、工作到人。

②进行调查。根据确定的调查方法、范围、对象和任务，组织相关人员进行调查。在调查时要做好记录，记录要及时、全面、真实。对记录模糊之处，可以用不同的记录方式相互印证，如把文字记录和录音相互印证。无法印证的，可进行再次调查。

③跟踪进度。要根据调查方案对调查工作进展情况进行督促和检查。对未能按照进度要求和调查工作存在问题的调查人员要及时进行指导，帮助其分析原因，提出整改意见，使调查工作及时到位，确保信息调查工作按时、保质地完成。

6）总结调查情况。调查完成后要对调查的整体工作情况进行总结，分析不足、总结经验、培育典型，形成调查报告，向有关方面反馈调查结果。

二、人力资源信息采集

1. 人力资源的概念

（1）人力资源的界定

1）人力资源的定义。人力资源又称劳动力资源或劳动力，指在一个国家或地区中，处于劳动年龄、未到劳动年龄和超过劳动年龄但具有劳动能力的人口之和。或者表述为一个国家或地区的总人口中减去丧失劳动能力人口之后的人口。具有劳动能力的人，不是泛指一切具有一定脑力和体力的人，而是指能独立参加社会劳动、推动整个经济和社会发展的人。所以，人力资源既包括劳动年龄内具有劳动能力的人口，也包括劳动年龄外参加社会劳动的人口。

2）人力资源的特征。人力资源是一种特殊且重要的资源，是各种生产力要素中最具有活力和弹性的部分，它具有以下几个基本特征。

①生物性。与其他任何资源不同，人力资源属于人类自身所有，存在于活的人体中，与人的生理特征、基因遗传等密切相关，具有生物性。

②时代性。人力资源的数量、质量及人力资源素质的提高，即人力资源的形成受时代条件的制约，具有时代性。

③能动性。人力资源的能动性是指人力资源是体力与智力的结合，具有主观能动性和不断开发的潜力。

④商品性。人力资源的商品性是指它和其他商品一样具有使用价值和价值，但它是一种特殊的商品，其价值和使用价值不同于普通商品。

⑤时效性。人力资源的时效性是指人力资源如果长期不用，就会荒废和退化。

⑥连续性。人力资源开发的连续性（或持续性）是指人力资源是可以不断开发的资源，不仅人力资源的使用过程是开发的过程，培训、积累、创造过程也是开发的过程。

⑦再生性。人力资源是可再生资源，通过人口总体内各个个体的不断替换更新和劳动力的"消耗→生产→再消耗→再生产"的过程实现其再生。人力资源的再生性受生物规律、人类自身意识和意志的支配，还受人类文明发展活动的影响及新技术革命的制约。

3）人力资源的构成。人力资源的构成和合理使用对社会经济发展起到极大的推动作用。其构成可按人力资源的数量结构、利用状态、文化程度、年龄、城乡、性别等分组。

人力资源的数量结构包括下列几个部分。

①处于劳动年龄段之内、正在从事社会劳动的人口，它占据人力资源的大部分，可称为"适龄就业人口"。

②已经超过劳动年龄、还在继续从事社会劳动的人口，即"老年劳动者"或"老年就业人口"。

③处于劳动年龄段之内、具有劳动能力并要求参加社会劳动的人口，可称为"求业人口"，即"失业人口"。

④处于劳动年龄段之内、正在从事学习的人口，即"就学人口"。

⑤处于劳动年龄段之内、正在从事家务劳动的人口，即"家务劳动人口"。

⑥处于劳动年龄段之内、正在军队服役的人口，即"军队服役人口"。

⑦处于劳动年龄段之内的其他人口，即"其他人口"。

在这七部分中，前三部分是经济活动人口，即现实的社会劳动供给，这是直接的、已经开发的人力资源，构成了就业者或"就业人口"的总体。后四部分并未构成社会劳动供给，它们是间接的、尚未开发的、处于潜在形态的人力资源。

（2）就业人员的界定

1）就业人员的定义。就业人员是指在法定劳动年龄内，从事一定的社会经济活动，并取得合法劳动报酬或经营收入的人员。其中，劳动报酬达到和超过当地最低工资标准的，为充分就业；劳动时间少于法定工作时间，且劳动报酬低于当地最低工资标准、高于城市居民最低生活标准，本人愿意从事更多工作的，为不充分就业。

2）就业人员的分类如下。

①按组织机构类型划分，可分为机关、事业单位、企业、社会团体和其他组织机构。

企业按经济类型划分，可分为内资企业、港澳台投资企业、国外投资企业和其他四大类，而内资企业又包括国有全资、集体全资、股份合作、联营、有限责任（公司）、股份有限（公司）、私有和其他内资，见表2-1。

表2-1　　　　　　　　　　企业经济类型分类表

企业类别	类目	
内资	国有全资	
	集体全资	
	股份合作	
	联营	国有联营
		集体联营
		国有与集体联营
		其他联营
	有限责任（公司）	国有独资（公司）
		其他有限责任（公司）
	股份有限（公司）	

续表

企业类别	类目	
内资	私有	私有独资
		私有合伙
		私营有限责任（公司）
		私营股份有限（公司）
		个体经营
		其他私有
	其他内资	
港、澳、台投资	内地和港、澳、台合资	
	内地和港、澳、台合作	
	港、澳、台独资	
	港、澳、台投资股份有限（公司）	
	其他港、澳、台投资	
国外投资	中外合资	
	中外合作	
	外资	
	国外投资股份有限（公司）	
	其他国外投资	
其他		

②按就业去向划分，可分为单位就业、自主创业、灵活就业、劳务输出就业、公益岗位就业等就业人员。

③按产业划分，可分为第一、第二、第三产业从业人员（见表2-2）。

第一产业包括农、林、牧、渔业。

第二产业包括采矿业、制造业、电力、燃气及水的生产和供应业、建筑业。

第三产业范围最广，也最复杂，包括除第一、第二产业以外的其他行业。

表2-2　　　　　　　　　　　　产业分类

三大产业分类	《国民经济行业分类》（GB/T 4754—2017）		
	门类	大类	名称
第一产业	A		农、林、牧、渔业
		01	农业
		02	林业
		03	畜牧业
		04	渔业

续表

三大产业分类	《国民经济行业分类》(GB/T 4754—2017)		
	门类	大类	名称
第二产业	B		采矿业
		06	煤炭开采和洗选业
		07	石油和天然气开采业
		08	黑色金属矿采选业
		09	有色金属矿采选业
		10	非金属矿采选业
		12	其他采矿业
	C		制造业
		13	农副食品加工业
		14	食品制造业
		15	酒、饮料和精制茶制造业
		16	烟草制品业
		17	纺织业
		18	纺织服装、服饰业
		19	皮革、毛皮、羽毛及其制品和制鞋业
		20	木材加工和木、竹、藤、棕、草制品业
		21	家具制造业
		22	造纸和纸制品业
		23	印刷和记录媒介复制业
		24	文教、工美、体育和娱乐用品制造业
		25	石油、煤炭及其他燃料加工业
		26	化学原料和化学制品制造业
		27	医药制造业
		28	化学纤维制造业
		29	橡胶和塑料制品业
		30	非金属矿物制品业
		31	黑色金属冶炼和压延加工业
		32	有色金属冶炼和压延加工业
		33	金属制品业
		34	通用设备制造业
		35	专用设备制造业
		36	汽车制造业
		37	铁路、船舶、航空航天和其他运输设备制造业

续表

三大产业分类	《国民经济行业分类》（GB/T 4754—2017）		
	门类	大类	名称
第二产业		38	电气机械和器材制造业
		39	计算机、通信和其他电子设备制造业
		40	仪器仪表制造业
		41	其他制造业
		42	废弃资源综合利用业
	D		电力、热力、燃气及水生产和供应业
		44	电力、热力生产和供应业
		45	燃气生产和供应业
		46	水的生产和供应业
	E		建筑业
		47	房屋建筑业
		48	土木工程建筑业
		49	建筑安装业
		50	建筑装饰、装修和其他建筑业
第三产业（服务业）	A	05	农、林、牧、渔专业及辅助性活动
	B	11	开采专业及辅助性活动
	C	43	金属制品、机械和设备修理业
	F		批发和零售业
		51	批发业
		52	零售业
	G		交通运输、仓储和邮政业
		53	铁路运输业
		54	道路运输业
		55	水上运输业
		56	航空运输业
		57	管道运输业
		58	多式联运和运输代理业
		59	装卸搬运和仓储业
		60	邮政业
	H		住宿和餐饮业
		61	住宿业
		62	餐饮业
	I		信息传输、软件和信息技术服务业

续表

三大产业分类	《国民经济行业分类》(GB/T 4754—2017)		
	门类	大类	名称
第三产业（服务业）		63	电信、广播电视和卫星传输服务
		64	互联网和相关服务
		65	软件和信息技术服务业
	J		金融业
		66	货币金融服务
		67	资本市场服务
		68	保险业
		69	其他金融业
	K		房地产业
		70	房地产业
	L		租赁和商务服务业
		71	租赁业
		72	商务服务业
	M		科学研究和技术服务业
		73	研究和试验发展
		74	专业技术服务业
		75	科技推广和应用服务
	N		水利、环境和公共设施管理业
		76	水利管理业
		77	生态保护和环境治理业
		78	公共设施管理业
		79	土地管理业
	O		居民服务、修理和其他服务业
		80	居民服务业
		81	机动车、电子产品和日用产品修理业
		82	其他服务业
	P		教育
		83	教育
	Q		卫生和社会工作
		84	卫生
		85	社会工作
	R		文化、体育和娱乐业
		86	新闻和出版业

续表

三大产业分类	《国民经济行业分类》（GB/T 4754—2017）		
	门类	大类	名称
第三产业（服务业）		87	广播、电视、电影和影视录音制作业
		88	文化艺术业
		89	体育
		90	娱乐业
	S		公共管理、社会保障和社会组织
		91	中国共产党机关
		92	国家机构
		93	人民政协、民主党派
		94	社会保障
		95	群众团体、社会团体和其他成员组织
		96	基层群众自治组织及其他组织
	T		国际组织
		97	国际组织

（3）失业人员的界定

1）失业人员的定义。失业人员是指在法定劳动年龄内，有工作能力，无业且要求就业而未能就业的人员。其中，虽然从事一定的社会劳动，但劳动报酬低于当地城市居民最低生活保障标准的，视同失业。

2）失业人员的分类方式。

①按就业经历划分。可分为就业转失业人员、没有就业经历（新成长劳动力）的失业人员。就业转失业人员是指新登记的失业人员中从就业状态转为失业状态的人员。没有就业经历（新成长劳动力）的失业人员是指年满16周岁，有劳动能力，从未从事有较为固定收入的工作、当前有就业可能并正在寻找工作的人员，包括未能升学的初高中毕（肄）业生、各类大专院校的毕（结）业生、复员转业退伍军人等。

②按城乡划分。可分为城镇失业人员、农村失业人员。城镇失业人员是指有城镇户口，在劳动年龄内，有劳动能力，无业且要求就业的人员。农村失业人员是指因失去土地或需从第一产业转移到第二、第三产业就业而纳入当地就业服务机构进行失业管理的人员。

③按是否进行失业登记划分。可分为登记失业人员、未登记失业人员。登记失业人员是指失去工作并在当地人力资源社会保障部门所属的就业服务机构进行失业登记的人员。未登记失业人员是指失去工作但没有在当地人力资源社会保障部门所

属的就业服务机构进行登记的人员。

④按是否享受社会保障（简称"社保"）待遇划分。可分为享受社保（失业保险金、城市最低生活水平保障金）失业人员、未享受社保失业人员。享受社保失业人员是指正在领取失业保险金或其家庭享受城市最低生活保障（简称"低保"）的失业人员。未享受社保失业人员是指未参加失业保险，或者不享受低保的失业人员，也包括参加了失业保险但因个人辞职或企业破产而领取了解除劳动关系自谋职业的一次性安置费、领取了解除劳动合同的经济补偿金，但不享受失业保险待遇或低保的失业人员。

⑤按年龄划分。可分为大龄失业人员、小龄失业人员。也可按设定的年龄具体划分，如25周岁以下、35周岁以下等。

⑥按困难程度划分。可分为一家多人失业人员、单亲失业人员、零就业家庭、残疾失业人员。

⑦按性别划分。可分为男性失业人员和女性失业人员。

⑧按文化程度划分。可分为初中及以下学历失业人员、高中（中专、技校）学历失业人员、大专（高职）学历失业人员、本科学历失业人员、研究生及以上学历失业人员。

2. 人力资源信息采集内容

基层平台对辖区内人力资源相关信息的采集主要有：就业人员统计，失业人员统计，就业专项资金使用情况统计，公共就业人才服务工作情况统计，就业援助情况统计，离校未就业高校毕业生情况统计，人力资源社会保障街道（乡镇）、社区（行政村）工作平台统计和农村劳动力转移就业情况统计等。

（1）就业人员统计

主要指标有：城镇新增就业人数、城镇累计新就业人数、失业人员实现再就业人数、就业困难人员实现就业人数等。

（2）失业人员统计

主要指标有：登记失业人员本期新增人数、就业转失业人数、高校毕业生、残疾人、登记失业人员期末实有人数、长期失业者等。

（3）就业专项资金使用情况统计

主要指标有：就业技能培训、劳动预备制培训生活费补贴、创业培训补贴、企业在职职工岗位技能培训补贴、职业技能鉴定补贴、就业困难人员社会保险补贴、高校毕业生社会保险补贴、公益性岗位补贴、就业见习补贴、求职创业补贴、就业创业服务补助、高技能人才培养补助等。

（4）公共就业人才服务工作情况统计

主要指标有：公共就业和人才交流服务机构个数、公共就业和人才交流服务机构工作人员数、专职工作人员数量、登记招聘人数、登记求职人数、应届高校毕业生、农村转移劳动者、建档立卡贫困人员、职业指导人次、职业介绍人次、创业服务人次、代理保管人事档案人数、管理流动党员人数等。

（5）就业援助情况统计

主要指标有：就业困难人员数、就业救助对象、安置的公益性岗位人数、零就业家庭户数、实现就业的零就业家庭成员人数、消除零就业家庭户数、实现就业的零就业家庭成员人数。

（6）离校未就业高校毕业生情况统计

主要指标有：未就业应届高校毕业生人数以及其实现就业人数、新增入伍人数、新增升学人数、新增出国（境）人数、参加就业见习人数、参加职业培训人数、正在求职人数、自愿暂不就业人数等。

（7）人力资源社会保障街道（乡镇）社区（行政村）工作平台统计

主要指标有：街道个数、乡镇个数、社区个数、行政村个数、建立劳动保障工作机构街道（乡镇）个数、街道（乡镇）劳动保障工作人员数及有编制工作人员数、配备劳动保障工作人员社区（行政村）个数、社区（行政村）配备劳动保障工作人员数和专职工作人员等。

（8）农村劳动力转移就业情况统计

主要指标有：农村劳动力外出就业人数、返乡人数、非农就业人数、在企业就业人数、自主创业人数、行政村总人口、劳动力人数等。

3. 信息采集程序

信息采集的程序主要有：社区人力资源信息采集、农村人力资源信息采集、就业信息采集和社区就业情况统计等程序。

（1）社区人力资源信息采集的程序

社区人力资源信息采集的程序，可根据社区掌握居民基本情况的不同，采用不同的步骤。

1）对新成立的社区。对于新成立的社区，大批量采集社区居民基本情况信息是必不可少的一项重要工作。采集中，可以重点针对人力资源的信息加以采集。采集步骤如下。

①绘制平面图。绘制全部社区居民居住平面图，按楼层、单元、门牌号顺序编号，以便采集一户，标注一户。防止有漏访或重复入户情况的发生。

②确定采集项目。确定采集的项目主要是确定信息采集的项目、内容、途径，准备好要填写的表卡、问卷等资料。

③入户采集信息。工作人员可采取包楼包片的方法，入户进行信息采集。

④整理采集信息。收回信息采集的表卡、问卷，做好信息采集原始记录，为信息整理做好准备工作。

2) 对非新成立社区。对于已经掌握大量居民基本情况的社区，可通过现有的公安部门户籍管理档案资料、身份证办理档案资料、人口普查档案资料、失业人员登记档案资料、人力资源调查档案资料、失业人员普查资料等，对社区内人力资源情况进行分类采集、调查核实。在日常工作中，要求对社区内就业困难人员、零就业家庭成员、社区内新增人力资源等情况入户重新核实，实行重点动态跟踪，所以，在日常管理服务和动态跟踪服务的同时可以采集变化了的信息。

（2）农村人力资源信息采集的程序

我国农村劳动力流动有其客观必然性，信息采集人员要努力掌握其规律，及时采集、发布农村劳动力供求信息，引导农村劳动力顺畅、合理、适度流动。通常信息采集操作程序有以下几个步骤。

1) 确定农村人力资源信息采集方案。农村人力资源信息采集方案包括采集的对象、内容、方法、时间等。例如，以可能或实际参加社会劳动的农业户口人员为采集对象，以"农村人力资源个人基本信息表"为采集内容，以行政村为单位入户调查。

2) 行政村入户调查。要做好调查前的前期培训工作，对入户调查的村干部或信息员进行全面培训。要深入到每一户被调查家庭，充分核实家庭成员目前的就业状况，确保调查覆盖到位，基础数据真实可靠。集中调查采集应选择在农闲季节、外出务工人员集中返乡等符合农村特点的时间。日常采集要注重调查、核实困难家庭、求职登记人员及外出务工人员等重点人员的信息变化。

3) 数据录入。将采集的原始信息录入信息管理系统。

4) 信息汇总。汇总时要边分析、边汇总，确保不出现逻辑性的数据错误。汇总后要由部门领导复核，单位领导审定，然后才能发布或上报。

(3) 就业信息采集的程序

1) 明确采集目的，熟悉采集表格内容，确定采集时点。

2) 根据现有档案资料，准确登记失业人员姓名、联系电话和家庭住址等基本情况，以备上门核实之用。

3) 采集信息。对失业人员、就业困难人员（城镇零就业家庭成员、低保户和低保边缘户、残疾人等）、社区内新增人力资源（高校毕业生、复转军人、未继续升学的初中等学历的人员、刑解释放人员等）人员的就业情况通过入户、问卷、登记等方式进行采集，摸清其就业状况，实行动态跟踪管理。

4) 按不同的分类、要求等收集、登记、保存采集信息的原始记录，为信息整理、反馈做好准备。

(4) 社区就业情况统计程序

1) 了解内容要求。了解统计的内容和要求主要以上级下发的统计文件为依据，掌握统计项目、统计周期、统计指标和填写说明等。

2) 进行信息采集。信息采集可以从相关管理台账中收集、汇总有关数据，也可以通过全面调查、重点调查、典型调查或抽样调查等方式完成，通过采集信息收集有关数据。

3) 统计相关数据。对采集的相关信息进行整理分析，按要求完成相关统计工作。统计时要做到统计口径一致，计算方法统一，信息分类和编码符合标准，并按规定项目和内容填写报表。社区就业情况统计主要涉及辖区就业人数、增减变化情况、就业渠道、群体分类等。

4) 上报统计报表。在完成相关数据的统计工作后，要仔细核对有关数据，准确无误后，按要求和程序上报报表。

■ **注意事项**

1. 就业情况统计反映的各种数据是各级政府制定就业扶持政策的原始依据。基层劳动就业社会保障统计工作必须做到真实准确，严禁弄虚作假。

2. 报表上报前必须注明报表人、部门负责人、单位负责人以及报出日期、联系电话等。

3. 报表汇总上报后，原始信息采集的数据和下级报表原则上应保留三年备查。

三、用人单位信息采集

1. 用人单位概述

（1）用人单位定义

用人单位是指具有用人权利能力和用人行为能力，运用劳动力组织生产劳动，且向劳动者支付工资等劳动报酬的单位，包括企业和个体工商户、国家机关、事业单位、社会团体、职业中介机构、职业技能培训机构和职业技能鉴定机构、无营业执照或者已被依法吊销营业执照且有劳动用工行为的组织或个人。

（2）中小企业划型标准

工业和信息化部、国家统计局、国家发展改革委、财政部印发了《关于印发中小企业划型标准规定的通知》（工信部联企业〔2011〕300号），按照不同行业的特点，根据企业的从业人数、销售额、资产总额等为指标，制定了《中小企业划型标准规定》。具体各行业的标准如下。

1）农、林、牧、渔业。营业收入20 000万元以下的为中小微型企业。其中，营业收入500万元及以上的为中型企业，营业收入50万元及以上的为小型企业，营业收入50万元以下的为微型企业。

2）工业。从业人员1 000人以下或营业收入40 000万元以下的为中小微型企业。其中，从业人员300人及以上，且营业收入2 000万元及以上的为中型企业；从业人员20人及以上，且营业收入300万元及以上的为小型企业；从业人员20人以下或营业收入300万元以下的为微型企业。

3）建筑业。营业收入80 000万元以下或资产总额80 000万元以下的为中小微型企业。其中，营业收入6 000万元及以上，且资产总额5 000万元及以上的为中型企业；营业收入300万元及以上，且资产总额300万元及以上的为小型企业；营业收入300万元以下或资产总额300万元以下的为微型企业。

4）批发业。从业人员200人以下或营业收入40 000万元以下的为中小微型企业。其中，从业人员20人及以上，且营业收入5 000万元及以上的为中型企业；从业人员5人及以上，且营业收入1 000万元及以上的为小型企业；从业人员5人以下或营业收入1 000万元以下的为微型企业。

5）零售业。从业人员300人以下或营业收入20 000万元以下的为中小微型企业。其中，从业人员50人及以上，且营业收入500万元及以上的为中型企业；从业人员10人及以上，且营业收入100万元及以上的为小型企业；从业人员10人以下或营业收入100万元以下的为微型企业。

6）交通运输业。从业人员1 000人以下或营业收入30 000万元以下的为中小微型企业。其中，从业人员300人及以上，且营业收入3 000万元及以上的为中型企业；从业人员20人及以上，且营业收入200万元及以上的为小型企业；从业人员20人以下或营业收入200万元以下的为微型企业。

7）仓储业。从业人员200人以下或营业收入30 000万元以下的为中小微型企业。其中，从业人员100人及以上，且营业收入1 000万元及以上的为中型企业；从业人员20人及以上，且营业收入100万元及以上的为小型企业；从业人员20人以下或营业收入100万元以下的为微型企业。

8）邮政业。从业人员1 000人以下或营业收入30 000万元以下的为中小微型企业。其中，从业人员300人及以上，且营业收入2 000万元及以上的为中型企业；从业人员20人及以上，且营业收入100万元及以上的为小型企业；从业人员20人以下或营业收入100万元以下的为微型企业。

9）住宿业。从业人员300人以下或营业收入10 000万元以下的为中小微型企业。其中，从业人员100人及以上，且营业收入2 000万元及以上的为中型企业；从业人员10人及以上，且营业收入100万元及以上的为小型企业；从业人员10人以下或营业收入100万元以下的为微型企业。

10）餐饮业。从业人员300人以下或营业收入10 000万元以下的为中小微型企业。其中，从业人员100人及以上，且营业收入2 000万元及以上的为中型企业；从业人员10人及以上，且营业收入100万元及以上的为小型企业；从业人员10人以下或营业收入100万元以下的为微型企业。

11）信息传输业。从业人员2 000人以下或营业收入100 000万元以下的为中小微型企业。其中，从业人员100人及以上，且营业收入1 000万元及以上的为中型企业；从业人员10人及以上，且营业收入100万元及以上的为小型企业；从业人员10人以下或营业收入100万元以下的为微型企业。

12）软件和信息技术服务业。从业人员300人以下或营业收入10 000万元以下的为中小微型企业。其中，从业人员100人及以上，且营业收入1 000万元及以上的为中型企业；从业人员10人及以上，且营业收入50万元及以上的为小型企业；从业人员 10 人以下或营业收入 50 万元以下的为微型企业。

13）房地产开发经营。营业收入 200 000 万元以下或资产总额 10 000 万元以下的为中小微型企业。其中，营业收入 1 000 万元及以上，且资产总额 5 000 万元及以上的为中型企业；营业收入 100 万元及以上，且资产总额 2 000 万元及以上的为小型企业；营业收入 100 万元以下或资产总额 2 000 万元以下的为微型企业。

14）物业管理。从业人员 1 000 人以下或营业收入 5 000 万元以下的为中小微型企业。其中，从业人员 300 人及以上，且营业收入 1 000 万元及以上的为中型企业；从业人员 100 人及以上，且营业收入 500 万元及以上的为小型企业；从业人员 100 人以下或营业收入 500 万元以下的为微型企业。

15）租赁和商务服务业。从业人员 300 人以下或资产总额 120 000 万元以下的为中小微型企业。其中，从业人员 100 人及以上，且资产总额 8 000 万元及以上的为中型企业；从业人员 10 人及以上，且资产总额 100 万元及以上的为小型企业；从业人员 10 人以下或资产总额 100 万元以下的为微型企业。

16）其他未列明行业。从业人员 300 人以下的为中小微型企业。其中，从业人员 100 人及以上的为中型企业，从业人员 10 人及以上的为小型企业，从业人员 10 人以下的为微型企业。

2. 信息采集内容

（1）采集用人单位信息的基本内容

根据人力资源社会保障部发布的《劳动保障监察管理信息系统基础指标集与代码》，采集辖区用人单位人力资源社会保障的主要信息应包括以下七大类的内容。

1）用人单位基本信息。包括单位编号、社会保险登记证编码、组织机构代码、单位名称、工商营业执照种类、工商营业执照号码、工商登记有效期限、法定代表人（负责人）、法定代表人联系电话、单位类型、经济类型、注册资本、登记注册类型、注册地址、人力资源负责人、人力资源负责人联系电话、办公地址、邮政编码、单位状态（用人单位经营活动所处的状态）、传真、电子邮箱、机构类别（指由人力资源社会保障部门认定的，从事职业介绍、职业技能培训等活动的机构的类别）、监控级别（指根据用人单位守法情况，劳动保障监察机构对用人单位实施监察的监控级别）等。

2）用人单位劳动用工信息。包括从业人员总数（指在用人单位工作并取得劳动报酬的人员数，包括在职职工、离退休返聘人员、兼职人员等）、女职工人数、本地城镇职工人数、农民工人数、返聘人数、残疾人数、使用劳务派遣人数、使用实习生人数、台港澳职工人数、劳务派遣人数、外籍职工人数、兼职人数、已办理"外国人就业许可证"人数、特殊工种岗位数、特殊工种持证人数、缴纳工资保障金的金额、是否组建工会、是否缴纳工资保障金、劳务派遣单位名称等。

3）用人单位制定内部劳动保障规章制度信息。包括是否建立职工名册、是否制定内部劳动管理规章制度等。

4）用人单位与劳动者订立书面劳动合同信息。包括已订立书面劳动合同人数、应订立书面劳动合同人数、是否订立集体劳动合同、未订立书面劳动合同人数等。

5）用人单位遵守工作时间和休息休假规定信息。包括实行标准工时制度的职工数（指在用人单位中实行标准工时制度的职工数，标准工时制度指每天工作时间8小时，每周工作时间40小时）、实行不定时工时制度的职工数（指针对因生产特点、工作特殊需要或职责范围的关系，无法按标准工作时间衡量或需要机动作业的职工所采用的一种工时制度）、实行综合计算工时制度的职工数（指针对工作性质需连续作业或受季节及自然条件限制的部分职工，采用的以周、月、季、年等为周期综合计算工作时间的一种工时制度，但其周或日平均工作时间应与法定标准工作时间基本相同）、是否执行带薪年休假制度、实施特殊工时制度是否经批准（特殊工时制度包括不定时工时制度、综合计算工时制度等特殊工时制度）、实行特殊工时的岗位数等。

6）用人单位支付劳动者工资和执行最低工资标准信息。包括是否建立工资支付台账、最低月工资、是否按规定支付加班工资、每月是否按时足额发放工资、非全日制用工小时最低工资、上年度职工月平均工资等。

7）用人单位参加各项社会保险和缴纳社会保险费信息。包括单位参保缴费状态、未参保人数、单位累计欠缴金额、参保人数、险种类型等。

（2）获取规模以下用人单位人力资源社会保障统计数据方法

要从本地区实际出发，因地制宜，分类指导，不断拓宽统计渠道，采取灵活多样、科学有效的统计方法，摸清规模以下单位人力资源社会保障情况。

1）通过人力资源社会保障行政记录获取统计数据。行政记录是客观反映人力资源社会保障情况的有效途径。通过企业年检、劳动用工登记、人力资源社会保障专项检查、集体合同审查、社会保险参保缴费登记等多种途径，获取规模以下单位人力资源社会保障情况数据，全面掌握规模以下单位就业、培训、社会保险和劳动关系等人力资源社会保障情况。

2）通过抽样调查获取统计数据。在对规模以下单位难以进行全面统计调查的情况下，可以采用抽样调查等方法，通过科学推算获取总体的统计数据。在抽样调查过程中，要对不同经济类型和不同行业的规模以下单位进行分组，采取简单随机抽样、对称等距抽样等抽样方法，按照一定的抽样比例进行统计调查。规模以下单位数量少于 10 000 户的城市，抽样比例不得低于 10%；多于 10 000 户的城市，抽样比例不得低于 1%。

3）通过基层平台获取统计数据。开展统计工作是基层平台的一项重要职能。要健全统计指标体系，规范统计业务流程，明确统计工作的任务和要求。基层平台要逐步摸清本辖区内就业、失业人员和规模以下单位的情况，建立起就业、失业人员和企业基本情况统计台账。通过劳动保障协理员入户或深入企业开展问卷调查等方式，了解本地区规模以下单位的人力资源社会保障情况。

4）通过"金保工程"获取统计数据。"金保工程"是获取人力资源社会保障统计数据的重要渠道。要以"金保工程"建设为契机，全面提升人力资源社会保障统计工作的信息化水平。针对规模以下单位人力资源社会保障统计工作的特殊性，统筹考虑"金保工程"数据库建设，健全基础信息指标体系，规范指标名称，统一指标定义，将企业用工、劳动合同签订和工资支付等情况纳入"金保工程"业务流程中。在完善相关指标体系和工作流程的同时，要及时更新数据库资料，实时反映情况，为人力资源社会保障决策提供数据支持。

3. 信息采集程序

对用人单位实施信息采集的程序步骤是：制定方案→熟悉要求→获取信息→做好记录→整理信息→填报报表→整理归档。

（1）制定方案

调查方案应包括调查时点、调查期限、调查步骤、调查项目、调查要求等。

（2）熟悉要求

熟悉要求主要是指熟练掌握统计指标的口径、范围，明确统计任务和要求，主要统计指标包括企业基本情况、劳动用工、职业培训、劳动合同签订、工资支付、工时休假、劳动关系、社会保险参保与缴费等，要统一口径、统一计算方法。同时要掌握规模以下企业划分标准，掌握统计口径，明确统计任务。

（3）获取信息

1）通过现场调查获取信息。通过入户或深入企业，采取"看""问""算"等各种形式，查看原始记录、统计台账，了解本地区规模以下单位就业、培训、社会保险和劳动关系等人力资源社会保障情况。具体采集的流程如下。

①采集人员向用人单位说明调查的目的和内容。

②要求用人单位出示、提供相关证件和资料，如营业执照、员工花名册、劳动合同书、工资发放表、社保登记缴费单等。

③根据用人单位提供的相关资料依次逐栏核实，填写信息采集登记表。

④用人单位经办人员审阅签字，并加盖用人单位印章。

⑤由采集人员签字确认。

2）从日常工作中获取信息。通过从有关部门获得企业年检、劳动保障专项检查、劳动用工情况检查、社会保险参保缴费登记等有关数据，通过开展为单位提供就业、社会保险服务、政策落实服务等工作，获取规模以下单位人力资源社会保障情况数据。

（4）做好记录

无论是现场调查的数据，还是日常工作获取的信息，都要详细记录，记录内容要全面、真实。

（5）整理信息

整理信息主要是对获取的原始记录进行整理、核对，相互印证是否有错误。在此基础上按一定的分类加以汇总，建立统计台账。

（6）填报报表

按报表规定的统计项目、内容、填写说明等填写报表，并及时按程序上报。

（7）整理归档

按立卷内容、程序和要求归档。

第 2 节 信息处理

一、信息处理的基础知识

信息处理就是根据统计工作的需要，对所采集的信息进行科学的校核、分类和汇总，使信息系统化、条理化的过程。通过信息处理，可以揭示现象的总体特征及其规律，为进一步的统计分析奠定基础。

1. 信息校核的原则

信息校核的原则一般包括完整性、准确性和及时性原则。

（1）完整性原则

对采集的信息校核要完整，不能有遗漏和重复。

（2）准确性原则

调查数据不能有逻辑错误或计算错误。

（3）及时性原则

对调查数据的校核时间不能滞后，要具有时效性。

2. 信息分类的原则

信息分类的原则一般包括科学性、完备性和不相容性原则。

（1）科学性原则

全面分析、研究现象的本质，明确现象的属性及内部差别，正确选择分组标志与划分各组界限。

（2）完备性原则

采用同一标志进行分组，总体应包括全部组成单位。例如，采用"经济类型"这个标志对企业分组，企业这个总体除包括内资企业外，还包括港澳台投资企业、国外投资企业和其他企业。

（3）不相容性原则

采用同一标志进行分组，不符合标志属性的单位不能纳入总体。例如，采用"经济类型"这个标志对企业分组，企业可分为内资企业、港澳台投资企业、国外投资企业和其他四大类，而"生产型企业""服务型企业"不符合"经济类型"标志属性，就不能纳入总体。

3. 基础台账和统计报表

（1）常用台账的种类

社区建立的台账一般可分为两大类：一类是各类人员的基础管理台账。如社区人力资源总体情况台账、登记失业人员台账、就业困难人员台账、退休人员台账等，录入这些人员台账信息时，可以按姓氏笔画、汉语拼音字母等加以排列，以便查用。另一类是反映各项工作情况的台账。如就业服务情况台账、跟踪回访记录台账、用工需求台账、求职登记台账、职业培训信息台账、政策落实情况台账等。

台账建立应科学合理，简便实用，不是越多越好。台账应反映辖区各类人员的总体情况、重点对象分类管理情况，重点对象分类管理应随着工作重点的变化而变化。如近年来对登记失业的高校毕业生、复转军人、失地农民、农民工等群体特别关注，因此，应根据要求对这些群体建立分类台账。特别强调，台账不仅要能反映"时点"情况，还要准确反映个体变化情况、动态管理情况及跟踪服务情况。既要能反映结果，还要能反映过程管理情况，体现对服务对象记录一生、跟踪一生、服务一生的情况。反映总体情况与分类管理情况的台账之间有一定的关联性，在不同台账中对同一特定个体的管理应遵循一定的规律性，可以相同的登记号、编号等多种方式建立统一识别代码。目前，国家对台账的种类、项目、内容、样式等没有统一规定，各地根据实际需要建立台账，因此差异很大。有的地区已经在全省或全市进行统一规范，有的地区还没有统一，由基层平台自行建立。

（2）统计指标和统计报表的结构、种类

1）统计指标。统计指标是反映统计总体数量特征的概念和数值，一般由指标名称和指标数值两个基本部分组成。例如，2011年我国国内生产总值471 564亿元，进出口总值36 421亿美元等，"国内生产总值""进出口总值"就是指标名称，后面相应的数值就是指标数值。这些指标数值是通过对总体各单元进行调查，然后进行综合汇总和计算得到的，用来反映总体数量特征的概念和具体数值。

统计指标具有综合性、数量性和具体性的特点。按其反映现象的内容不同分为数量指标和质量指标。数量指标是反映总体现象规模大小和数量多少的统计指标，如从业人员数、失业人员数等。质量指标是指用相应的数量指标进行对比所得到的表明对比关系的统计指标，如人口出生率、平均工资等。按其表现形式不同分为绝对数指标、相对数指标和平均数指标。绝对数指标反映现象的总规模和总水平，如劳动力总数、工资总额等。相对数指标反映现象之间的对比关系，如人口比例、就业结构等。平均数指标反映现象总体内部各单位的一般水平，也可以反映发展的平均水平和平均速度，如年均失业率、平均工龄、平均增长率等。

单个统计指标只反映总体某一个数量特征，说明某一侧面的情况。统计指标体系则是由一系列相互联系、相互补充的统计指标所组成的有机整体，用以反映客观现象各方面相互依存、相互制约的关系，这种关系就构成统计指标之间的逻辑关系。例如，失业人员总数、失业人员已就业人数、其他原因减少人数和期末实有失业人数这四个指标可以构成一个统计指标体系，它们之间的逻辑关系是：

期末实有失业人数＝失业人员总数－失业人员已就业人数－其他原因减少人数

2）统计报表的结构。统计报表的结构一般包括以下三个方面。

①报表目录。报表目录包括统计报表的表号、名称、报告期别、填报单位、统计范围、报送日期、报送方式等项目。填报单位必须遵照报表目录中的有关内容进行报表的填报和报送。

②报表表式。报表表式是报表的主体部分，主要包括表名、主栏项目、宾栏指标、补充资料、填报单位签章、填报人签名和报送日期等。填报单位必须按照表式制作报表，尽可能提供表式中所要求填报的资料，并及时上报。

③填表说明。填表说明的形式一般有两种：一种是在列完所有表式后，在报表表式的最后列出每一张报表的填表说明；另一种是在每一张报表表式的后面附上相应的填表说明。填表说明一般包括指标解释、注意事项、平衡公式、调查方案等。

3）统计报表的种类

①按调查范围的不同，统计报表可分为全面报表和非全面报表。全面报表要求每一个调查单位填报，非全面报表只要求调查对象的部分单位填报。

②按报表报送周期的不同，统计报表可分为日报、旬报、月报、季报、半年报和年报等。

③按报表报送方式的不同，统计报表可分为电子报表、电信报表和邮寄报表。电子报表是通过电子网络系统传送报表资料；电信报表有电报、电话、传真等，主

要用于缺乏电子网络报送报表的地区；邮寄报表一般适用于调查周期较长、指标较多的报表。

④按填报单位的不同，统计报表可分为基层报表和综合报表。基层报表由基层单位（如街道、社区劳动就业社会保障工作机构）填报，综合报表由主管部门（如人力资源社会保障局）和国家统计部门填报。

4. 信息处理的常用方法

信息处理的常用方法一般分为信息系统处理、电子台账记录和手工台账记录三种方式。

（1）信息系统处理

为更好地做好对失业人员的动态跟踪服务工作，很多地方都开发了信息系统。一般包括以下几个功能模块。

1）信息记载。信息记载一般包括基本信息记载、服务信息记载和跟踪信息记载三部分。

①基本信息记载。一般记载失业人员的基本情况和就业失业状况，通过对基本信息的记载全面了解失业人员基本信息。

②服务信息记载。主要记载工作人员对失业人员的服务信息，如推荐培训情况、职业指导情况、职业介绍情况，以及失业人员享受就业扶持政策情况等。

③跟踪信息记载。主要记载工作人员对辖区失业人员的跟踪回访情况，如跟踪回访时间、服务内容、服务结果等。

2）信息查询。将失业人员的各类信息记载到信息系统后，输入该失业人员的姓名和公民身份号码后，就能很直观地查询到该失业人员的一些信息，包括个人基本信息、家庭成员信息、失业登记信息、就业登记信息、就业困难人员认定信息、享受失业保险待遇信息、求职登记信息、推荐反馈信息、职业指导信息、享受灵活就业社保补贴信息、享受公益性岗位补贴和社保补贴信息、享受创业担保贷款及贴息信息、培训信息、跟踪服务信息等。

3）台账自动生成。各种基础信息记载后，信息系统就能按照需求生成各类台账，台账的自动生成能减轻基层平台工作人员的工作量，提高工作效率。

4）自动汇总统计。各种基础信息记载后，信息系统同样能按照需求进行统计汇总，如辖区失业人员数、就业困难人员数、充分就业人员数、推荐介绍数等，也可生成预制的统计报表。

(2) 电子台账记录

借助计算机网络系统或 Excel 等软件工具实现手工台账电子化，方便对信息的汇总、查询和统计。下面以 Excel 软件的使用为例，说明电子台账的建立。

Excel 的一个很强大的功能就是管理数据清单，数据清单就是包含相关数据的一系列工作数据行，用户可以像使用数据库一样使用数据清单，数据清单中的行对应数据库中的记录，列对应字段，列标对应数据库中的字段名称；因此实际上，可以将数据清单看做一个数据库，它由 Excel 创建并存储在 Excel 工作表中。

一般将失业人员跟踪和服务信息（见图 2-1）分为个人基本信息和服务信息。为了管理和使用方便，可以对主要信息项进行不同的分类。

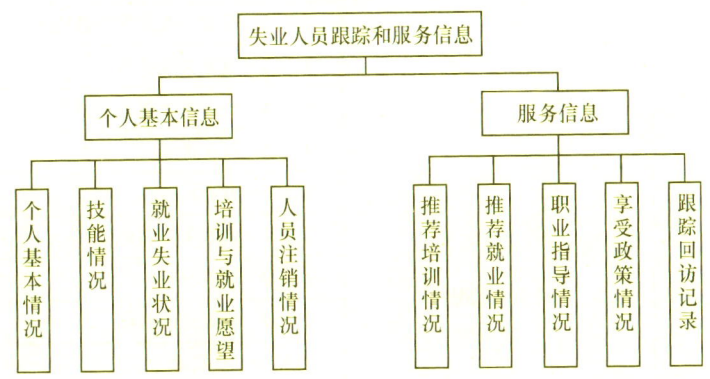

图 2-1 失业人员跟踪和服务信息

个人基本信息包括个人基本情况、技能情况、就业失业状况、培训与就业愿望、人员注销情况五部分；服务信息包括推荐培训情况、推荐就业情况、职业指导情况、享受政策情况、跟踪回访记录五部分。

下面以某市为例，将主要信息项分成三级指标，详见表 2-3。

表 2-3　　　　　　　某市失业人员跟踪和服务信息指标列表

一级指标	二级指标	三级指标
1. 基本情况	1.1 个人基本情况	1.1.1 公民身份号码
		1.1.2 姓名
		1.1.3 性别
		1.1.4 年龄
		1.1.5 文化程度
		1.1.6 婚姻状况

续表

一级指标	二级指标	三级指标	
1. 基本情况	1.1 个人基本情况	1.1.7	户籍地址
		1.1.8	居住地址
		1.1.9	联系人
		1.1.10	联系电话
		1.1.11	人员类别
		1.1.12	邮编
	1.2 技能情况	1.2.1	技能名称
		1.2.2	技能等级
	1.3 就业失业状况	1.3.1	失业时间
		1.3.2	享受失业保险待遇情况
		1.3.3	就业失业状态
		1.3.4	失业暂无就业愿望原因
		1.3.5	就业类型
		1.3.6	就业形式
		1.3.7	就业单位名称
		1.3.8	就业时间
		1.3.9	就业岗位名称
		1.3.10	月收入
		1.3.11	是否签订合同
		1.3.12	是否缴纳保险
		1.3.13	就业困难人员认定时间
		1.3.14	就业困难人员认定机构
		1.3.15	申请困难对象时间
		1.3.16	困难类别
	1.4 培训与就业愿望	1.4.1	培训意愿
		1.4.2	就业愿望
	1.5 人员注销情况	1.5.1	注销类别
		1.5.2	注销原因
2. 服务情况	2.1 推荐培训情况	2.1.1	培训时间
		2.1.2	培训项目
		2.1.3	培训类别
		2.1.4	培训机构名称
		2.1.5	证书情况

续表

一级指标	二级指标	三级指标	
2. 服务情况	2.2 推荐就业情况	2.2.1	推荐就业时间
		2.2.2	推荐岗位名称
		2.2.3	推荐单位名称
		2.2.4	推荐结果
	2.3 职业指导情况	2.3.1	指导时间
		2.3.2	指导内容
		2.3.3	指导结果
	2.4 享受政策情况	2.4.1	享受时间
		2.4.2	享受类别
	2.5 跟踪回访情况	2.5.1	服务时间
		2.5.2	服务内容
		2.5.3	服务结果

可将这些三级指标项目内容按一定规律和要求输入 Excel 工作表中形成基础台账，构建数据清单，便于工作人员据此进行日后的管理和操作。

（3）手工台账记录

手工台账常指手工制作信息管理台账。

1）信息管理台账的作用。信息管理台账主要有以下三方面的作用。一是提高资料的准确性。即通过将原始记录的资料登记到信息管理台账，可以及时发现和解决原始记录中可能存在的问题，提高资料的准确性。二是系统积累资料。通过编制信息管理台账，可以系统地积累统计资料，避免资料遗失，便于对有关资料进行对比分析。三是为编报统计报表做准备。编制信息管理台账，可以把资料的整理汇总工作分散在平时进行，为及时、准确地编报统计报表做好准备。

2）设计管理台账的基本要求。设计管理台账的基本要求主要有以下几点：一是台账应设计成由纵横交叉的线条组成的长方形表格，长与宽之间保持适当的比例。二是台账表格的上下两端应以粗线绘制，表内纵横线以细线绘制，表格的左右两端一般不画线，采用"开口式"。三是台账表格栏目可分为主栏和宾栏。主栏一般列于首栏并横向排列。主栏项目根据管理和服务的需要设计。宾栏一般列于表的左边。宾栏项目一般为个人姓名，填写时将个人信息横向填入与主栏项目相对应的栏目内。四是台账标题和主栏项目名称应简明扼要，简练而准确地表达出台账资料的内容。五是台账各纵列如需合计时，一般应将合计栏列在最后一行。六是台账栏目如果较多，应当按顺序编号。主栏部分分别编以"1、2、3、…"序号。宾栏编号应与原始记录如登记表的编号一致，便于检索和查找。七是台账表格下方应设计填表说明，包括填表范围、指标解释、填表方式、统计指标之间的逻辑关系等要求。

3）填写信息管理台账的基本要求。填写信息管理台账的基本要求有以下三方面。

①分类建账。信息管理台账一般可分为基础台账和业务台账。基础台账主要全面记录管理对象的基础信息，如城镇失业人员台账全面记录失业人员的基础信息。业务台账分类记录管理对象某方面的信息，如就业困难对象台账记录失业人员中的就业困难人员的特殊情况，技能培训管理台账记录失业人员参加职业技能培训的情况。编制管理台账要在全面记录管理对象基础信息的同时，根据管理和服务活动的需要，分别编制各类业务台账，以便具体记录管理对象的信息及变化情况。

②完整记录。编制各类业务管理台账，应当完整记录管理对象各方面的信息情况。台账设立的项目应涵盖所有内容，不能有遗漏。例如，编制失业人员就业安置台账，设立的就业再就业渠道项目应包括本地单位吸纳、劳务输出、公益性岗位就业、自谋职业和自主创业、灵活就业和其他，才能够完整记录失业人员的就业再就业渠道的情况。

③便于填写。管理台账主要由基层劳动保障工作人员来填写，项目内容应简明易懂，填写方式应简便易行，便于填写和汇总分析。

4）确定管理台账标题。标题应根据设计台账的具体目的和内容确定，一般包括管理对象、管理内容，如"城乡人力资源基本情况台账""城镇就业困难人员台账""城镇零就业家庭台账""灵活就业人员基本情况台账""就业援助情况台账""农村贫困户劳动力台账""外来流动就业人员台账""企业退休人员社会化管理重点帮扶台账""特殊群体来信、来访、投诉登记处理台账"等。

5）编制管理台账项目。编制管理台账的项目是设计台账的重要内容，劳动保障协理员要根据台账管理的具体要求，合理设计台账项目。例如，就业困难人员台账项目一般可分为四个部分：一是个人的基本情况，包括学历、技能、参加培训项目、经济收入来源、就业意向等情况；二是家庭情况，包括家庭成员就业情况和家庭经济状况等；三是失业和就业情况，失业情况主要包括失业时间、认定就业困难人员时间等，就业情况主要包括单位就业、劳务输出、公益性岗位就业、灵活就业、自谋职业和自主创业、劳动合同期限等情况；四是跟踪服务情况，主要包括对基本情况、家庭情况、就业和失业状况的变化情况、享受就业扶持政策情况、缴纳社会保险情况以及定期回访记录等情况进行记录。

6) 修订与完善台账内容。设计编制的管理台账在应用一段时间后，可以针对台账类型、内容、项目等予以检验，看其是否能够满足实际工作需要。在工作过程中，可以适当增加或减少台账的内容与项目，不断完善基本台账。即工作人员在完成对辖区内调查对象的调查摸底、开展各项服务后，将相关信息登录到各类纸质台账中，以便于今后的管理工作。

二、信息处理的程序

信息处理的程序主要包括：信息校核和分类程序，信息动态管理程序，识读、填写台账和统计报表程序，汇总统计报表程序等。

1. 信息校核和分类程序

（1）信息校核的程序

信息校核的程序一般包括完备性检查，逻辑检查和计算检查，检查后订正。

1) 完备性检查。检查应调查的单位或个体是否有遗漏，所有调查项目或指标是否填写齐全，调查表是否有缺报或缺份。

2) 逻辑检查和计算检查。检查调查数据能否真实反映客观实际情况应采用逻辑检查和计算检查：一是检查数据是否符合逻辑，内容是否合理，各项目或数字之间有无相互矛盾的现象；二是检查调查表中的各项数据在计算方法和计算结果上有无错误。

3) 检查后订正。信息校核后改正有差错的地方，对于调查表有缺报、缺份或缺项等情况，应及时补报或补充调查；对于可以肯定的错误，要及时更正并通知调查单位或个人；对于存有疑问的数据要进行复核，查出的错误应及时更正；对于错误现象较多的调查表，应重新填写。

（2）信息分类的程序

信息分类的程序一般包括确定分组的类型和选择分组标志。

1) 确定分组的类型。每个现象作为总体单位都具有许多属性和特征,这些属性和特征称为标志。根据统计或研究的需要,按某一标志进行分组,可以将总体区分为性质不同的组成部分,同时也将性质相同或相近的不同总体单位组合在一起,构成一个组。对总体进行分组,需要先确定分组的类型。

一是对总体只按一个标志进行分组称为简单分组。例如,某社区失业人员按性别分组,只分为男、女两个组。

二是在对总体按某一标志分组的基础上,再按另一标志进一步分组称为复合分组。

2) 选择分组标志。反映总体属性差异的标志称为品质标志,"所有制"这个标志反映不同企业在生产资料占有上的共同属性。选择品质标志分组,可以确定统计或研究的特定对象。反映总体数量差异的标志称为数量标志,如"年龄"这个标志反映人口在生命时间上的数量差异。按数量标志分组,可以划分各组界限,将总体划分为数量差异的若干组,反映总体内部结构和差异。

2. 信息动态管理的程序

(1) 动态管理人力资源和用人单位基本信息的程序

动态管理人力资源和用人单位基本信息的程序为:收集→整理→存储→应用→反馈。

1) 收集。通过填写登记表、调查、访问等方式,广泛收集人力资源和用人单位基础情况及变动情况。

2) 整理。按人力资源社会保障管理的需要,对收集的信息进行分类,例如,对收集的人员信息按新增失业人员情况、失业人员享受就业扶持政策情况、退休人员变动情况等分类,同时校核信息的真实性。

3) 存储。通过建立纸质个人档案和电子档案,健全各类管理台账和基本信息库,对整理后的信息进行存储。

4) 应用。通过填写人力资源社会保障统计报表、编写信息简报、撰写工作总结等方式,及时准确地应用存储的信息。

5) 反馈。根据信息利用的效果和差异反应,及时对存储的信息数据进行调整和修订,如实反映服务对象的情况变化。

■注意事项

原始记录是人力资源社会保障信息动态管理的基础，应做到记录的广泛性、真实性和经常性，内容应简明易懂，便于填写。台账和统计报表应如实反映人员信息的实际情况，不得伪造篡改，要及时编制和上报，及时、准确地反映信息的变化情况。

（2）对失业人员进行动态跟踪管理的信息系统操作程序

按照业务工作的要求，信息系统对失业人员进行动态跟踪管理的程序一般分为：记载失业人员登记情况→记载入户调查情况→记载就业服务情况→记载动态回访情况→实时查询汇总信息五大步骤。

1）进行失业人员登记，建立基础信息库。劳动保障协理员首先要对辖区失业人员进行摸清底数，只有底数清，才能做到情况明，才能开展有针对性的就业服务。因此，对新建的劳动就业和社会保障服务站，劳动保障协理员的第一步工作就是摸清辖区的失业人员，填写失业人员登记表，并将登记表中的有关内容输入信息系统，建立起辖区失业人员信息库，如图2-2所示。

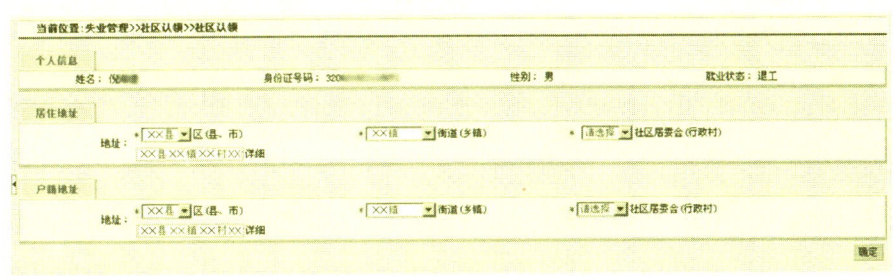

图2-2 失业人员认领界面

在我国，大部分地区办理失业登记是在户籍地的就业服务机构，这些办理机构有些在市、区（县）公共就业人才服务机构，有的在街道（乡镇）劳动就业社会保障服务中心（所），还有少部分地区直接在社区（村）劳动就业社会保障服务站就可以办理失业登记。因此对已建的或已经开展过失业人员登记的劳动就业社会保障服务站，就可以直接借助纵横贯通的就业服务信息网络，将辖区新增加的失业人员进行登记。

例如，某市失业人员 A 是在 B 街道劳动就业社会保障服务所办理的失业登记，而他的户籍地是 B 街道的 C 社区，居住地是 D 街道的 E 社区。如果该市对失业人员管理制度是按照"户籍地管理和服务"的，那么当 B 街道劳动保障协理员将失业人员 A 的失业登记信息输入了信息系统后，系统会将失业人员 A 的信息自动划到 C 社区，他将接受 C 社区劳动就业社会保障服务机构的服务；如果该市对失业人员管理制度是按照"户籍地登记、居住地管理"的，那么当 B 街道劳动保障协理员将失业人员 A 的失业登记信息输入了信息系统后，系统会将失业人员 A 的信息自动划到 D 街道的 E 社区，他将接受 E 社区劳动就业社会保障服务机构的服务，如图 2-3 所示。

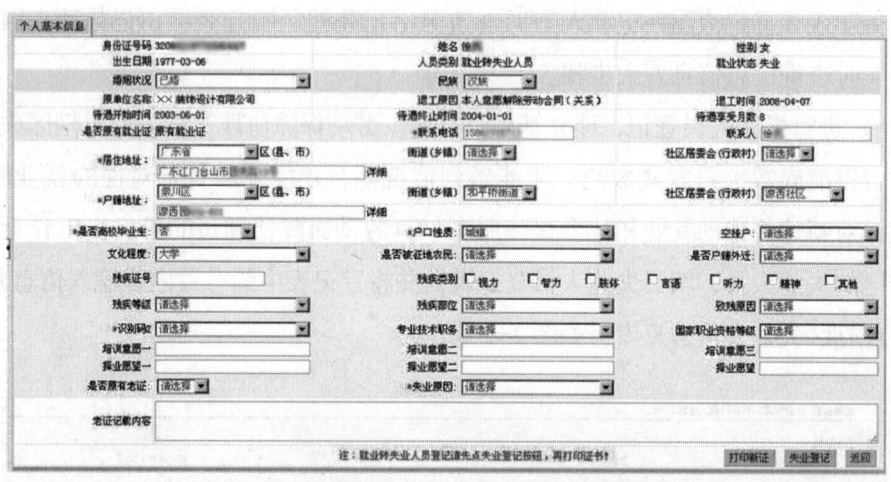

图 2-3　失业登记界面（注意户籍地址和居住地址）

2) 开展入户调查，记载调查情况。劳动就业社会保障服务站通过信息系统建立起辖区失业人员信息库后，要组织开展对失业人员的入户调查，劳动保障协理员要根据失业人员跟踪登记表的要求，逐一上门摸清失业人员的基本情况、技能情况、就业和失业状况、就业和培训愿望等，并填写登记表，入户调查后要将调查信息完整输入到信息系统中，如图 2-4 所示。

3) 开展针对服务，记载服务情况。劳动保障协理员在组织开展对失业人员的入户调查后，要根据失业人员的不同情况开展有针对性的就业服务，并在信息系统中做相应的记载。例如，推荐培训需记录失业人员参加培训的时间、培训项目、培训类别、培训机构名称以及取得证书情况；推荐就业需记录推荐时间、推荐岗位、推荐就业单位、推荐结果及收入福利情况；职业指导需记录指导时间、指导内容

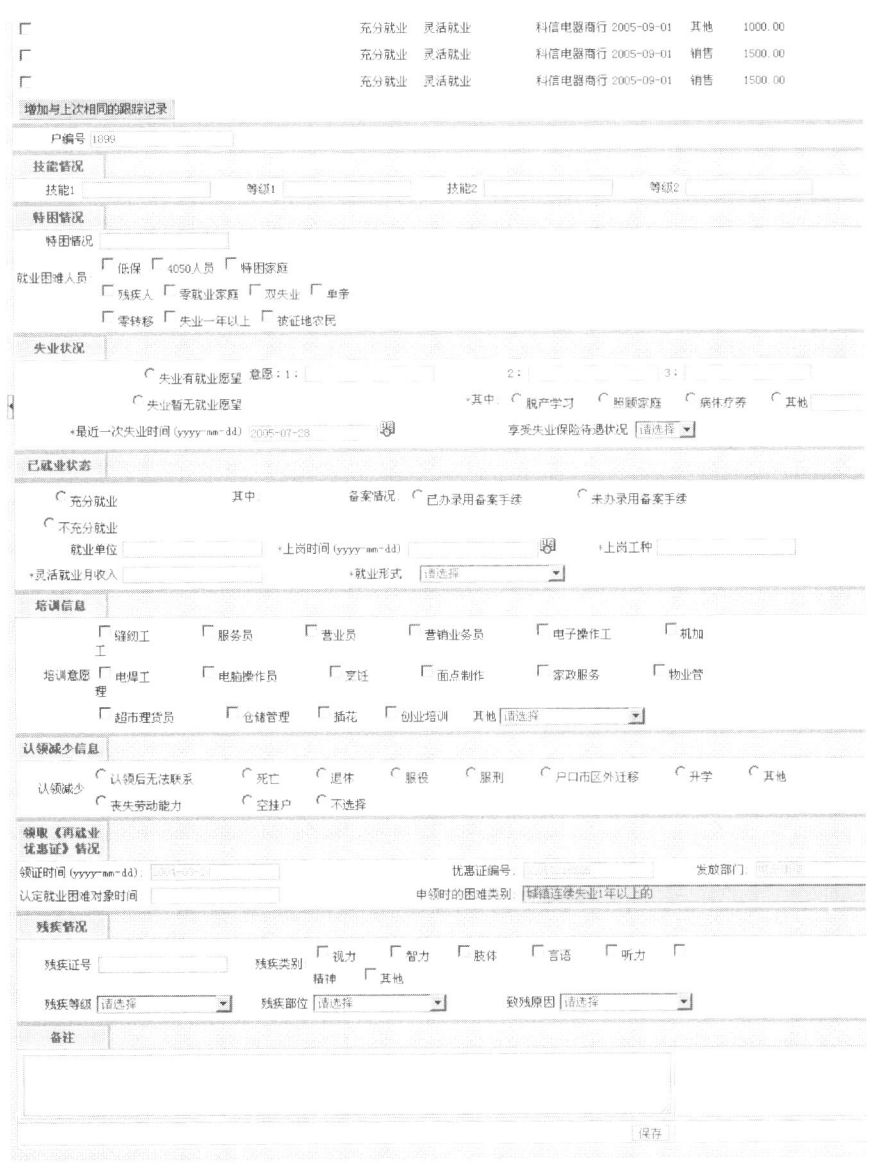

图 2-4 失业人员跟踪登记表录入的主界面

和指导人情况；享受政策需记录失业人员享受创业担保贷款、税费减免、社保补贴、岗位补贴、创业奖励、鉴定补贴、培训补贴、免费职介等情况的时间和金额，如图 2-5 所示。

4）开展动态回访，及时更新信息。劳动保障协理员要动态了解辖区失业人员的情况，就要做到勤走访，特别是对辖区的零就业家庭等就业困难人员，要做到月月跟踪，出现一户，消灭一户，稳定一户。因此，劳动保障协理员在开展动态回访后，

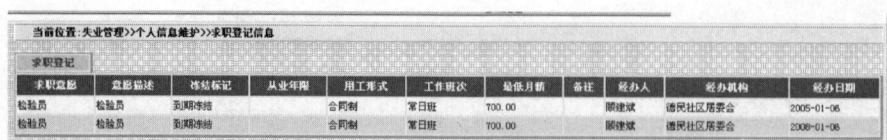

图 2-5　职业介绍记载界面

要将回访信息及时输入信息系统,如图 2-6 至图 2-9 所示。

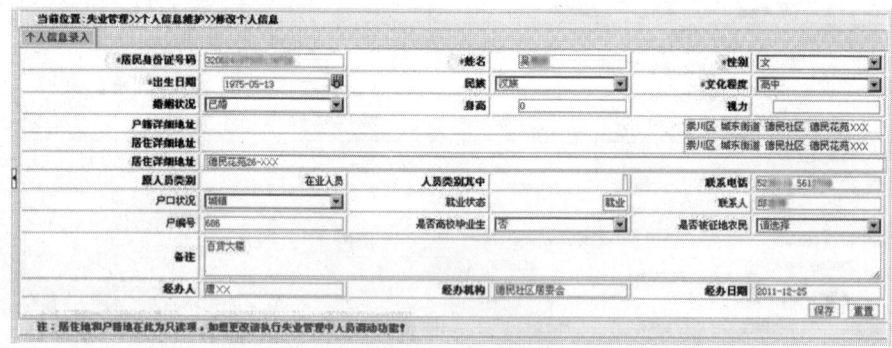

图 2-6　失业人员个人信息维护界面

图 2-7　跟踪服务信息界面

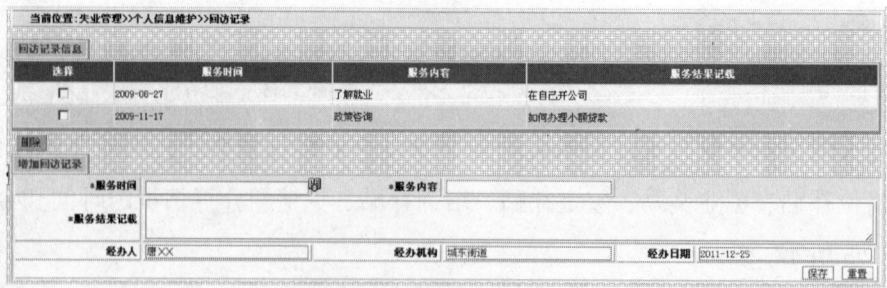

图 2-8　回访记录界面

图 2-9 人员减少界面

一是输入失业人员基础信息的变更情况,主要是记载信息变更时间和变更内容,如学历变化、联系电话变化等。

二是记载劳动保障协理员的回访日志,记载其服务的时间、内容和服务的结果。

三是对退休、死亡、户口迁出丧失劳动能力等做人员减少处理。

5) 实时查询汇总,了解总体情况。劳动保障协理员将失业人员的各类信息及时记载到信息系统后,只要输入失业人员的公民身份号码,就能看到其个人基本信息、家庭成员信息、失业登记信息、就业登记信息、就业困难人员认定信息、享受失业保险待遇信息、求职登记信息、推荐反馈信息、职业指导信息、享受灵活就业社保补贴信息、享受公益性岗位补贴和社保补贴信息、享受创业担保贷款信息、培训信息、跟踪服务信息等一系列情况,而这些信息均和市、区(县)、街道(乡镇)三级就业服务机构业务系统的信息互联互通,互为补充,以此达到对服务对象"跟踪一生、记载一生、服务一生"的目的。不仅如此,系统还能根据某地对服务对象跟踪服务频率的要求,查询到辖区跟踪服务人数应跟踪而未跟踪人数等信息。例如,某地要求对有就业愿望的失业人员要 3 个月跟踪一次,劳动保障协理员可利用信息系统选择相应的选项,查询到自己对这类服务对象应跟踪而未跟踪的人员清单。

(3) 人力资源社会保障信息系统进行信息管理的操作程序

人力资源社会保障信息系统是为人力资源社会保障各项业务工作提供信息技术支持的计算机系统,它是整个人力资源社会保障体系的技术支撑,涉及人力资源社会保障体系各个层面,贯穿人力资源社会保障工作各个环节。

近年来,由于基层平台处于人力资源社会保障工作的前沿阵地,大部分地区根据各自实际开发了基层劳动就业社会保障信息系统,涉及劳动就业、退休人员社会化管理、劳动关系协调、社会保险等业务范围,使信息资源在传递、检索、分析、利用等各环节,实现了科学化、自动化。具体程序如下。

1) 信息输入。主要是输入各项业务采集的基础数据。例如,在职业介绍系统中,要输入单位的基本信息、单位的岗位信息、求职者的求职信息;在职业培训系统中，要输入培训机构的基本信息、培训项目信息、有培训意愿人员的信息等。在输入这些基础信息的同时，计算机信息系统会根据规则对所输入的信息进行校核。如校核人员公民身份号码是否符合规则，数据之间是否有逻辑错误等。信息输入的项目内容可根据国家和省、市有关业务规定设置。例如，根据《全国招聘信息公共服务数据指标规范》，某用人单位信息须包含以下内容，详见表2-4、图2-10。

表2-4　　　　　　　　　　　用人单位信息表

序号	指标名称	指标编码	指标类型	指标长度	必录项标识	代码标识	指标释义
1	单位编号	AAB001	N	20	Y		指公共就业人才服务机构在信息系统中为用人单位编制的本地唯一识别号码
2	单位名称	AAB004	C	100	Y		指用人单位在工商部门注册的名称
3	组织机构代码	AAB003	C	9	此两项必录一项		指采用国家质量技术监督部门颁发的《中华人民共和国组织机构代码证》中的代码
4	工商营业执照号码	AAB007	C	20			指用人单位的工商营业执照号码
5	所属行业	AAB022	C	6	Y	Y	指用人单位所属的国民经济行业类别
6	单位类型	AAB019	C	2	Y	Y	指用人单位的单位类型
7	经济类型	AAB020	C	3	Y	Y	指用人单位按单位所有制性质和经营方式划分的类别
8	注册资金	AAB049	N	20			指用人单位在工商部门注册等记的注册资金额度
9	人员规模	AAB056	C	3		Y	指用人单位的人员规模
10	所属地区行政区划	AAB301	C	6	Y	Y	指用人单位所在地的行政区划代码
11	单位地址	AAE006	C	100	Y		指用人单位在组织机构代码证、工商营业执照或批准文书上登记的详细地址
12	邮政编码	AAE007	C	6			指用人单位通信地址的邮政编码
13	法定代表人	AAB013	C	50			指用人单位的法定代表人在公安户籍管理部门登记注册的姓名
14	法定代表人电话	AAB015	C	20			指用人单位法定代表人的电话号码
15	联系人	AAE004	C	50	Y		指用人单位的联系人的姓名

续表

序号	指标名称	指标编码	指标类型	指标长度	必录项标识	代码标识	指标释义
16	联系电话	AAE005	C	20			指用人单位联系人的电话号码
17	联系手机	AAE15A	C	50			指用人单位联系人的手机号码
18	传真电话	AAE387	C	20			指用人单位的传真电话号码
19	电子邮箱	AAE159	C	30			指用人单位的电子邮箱地址
20	单位网站	AAE392	C	30			指用人单位在互联网上的网站地址
21	单位简介	ACB115	C	1 000			指用人单位的职能、经营范围、发展史等简要介绍
22	公开联系方式标识	ACB116	C	1	Y	Y	指用人单位的联系方式是否在平台上公开发布
23	报送来源（组织机构代码）	AAB091	C	9	Y		指报送机构的组织机构代码。该指标信息来源于机构信息表
24	原始网页地址（URL）	ACE760	C	200			指该单位信息在报送网站上的URL地址

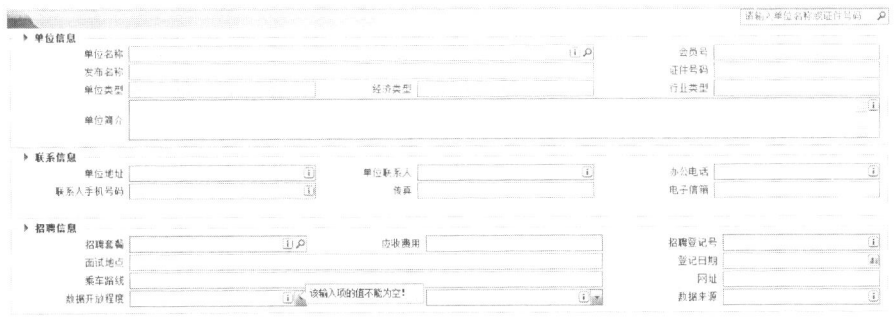

图 2-10　输入用人单位信息的系统程序页面

2）信息处理。计算机信息管理系统会对用户所输入的信息进行加工处理。例如，按照某地规定，享受灵活就业社保补贴的人员，必须符合以下条件：一是办理了失业登记；二是被认定为就业困难人员；三是以个人名义缴纳了社会保险；四是在街道办理了灵活就业人员备案就业登记。当社区劳动保障协理员接受了辖区就业困难人员灵活就业社保补贴的申请，并将此人的公民身份号码和其申报的有关基础信息输入了信息系统，此时，信息系统就会按照规则对所输入的信息与整个数据库中的其他已存信息进行关联比较。比如会自动到失业人员库中查找此人信息，判断是否领取过就业创业证，是否被认定为就业困难人员；会自动查找此人是否是以个人名义缴纳了社会保险，以及缴纳的险种项目、缴纳的金额等；会自动到就业登记库中查找此人是否办理过灵活就业登记等。通过综合比较，系统会自动判断此人能否享受灵活就业社保补贴，以及补贴的项目和金额等，并打印出业务处理单，如图2-11所示。

存　根

_____兹有灵活就业人员×××，居民身份证号码xxxxxxxxxxxxxxxxxx，农行卡号为xxxxxxxxxxxxxxxxxx，于20××年××月××日到港闸区陈桥街道河口村社区劳动保障服务所（站）申报城镇就业困难人员灵活就业社保补贴，拟申请补贴金1052.4元，其中，养老6个月，1026.6元，医疗0个月，0元，工伤6个月，25.8元，生育0个月，0元。

经办人（签字）：
灵活就业人员（签字）：
20××年××月××日

反　馈　单

_____兹有灵活就业人员×××，居民身份证号码xxxxxxxxxxxxxxxxxx，农行卡号为xxxxxxxxxxxxxxxxxx，于20××年××月××日到港闸区陈桥街道河口村社区劳动保障服务所（站）申报城镇就业困难人员灵活就业社保补贴，拟申请补贴金1052.4元，其中，养老6个月，1026.6元，医疗0个月，0元，工伤6个月，25.8元，生育0个月，0元。

注：请认真阅读以下五点说明，并按要求及时进行相关处理，否则后果自负。
1. 就业系统显示申报人是15位身份证号码，而银行系统记载该人已以18位身份证号码办理过有关业务，申报人必须到就业系统将身份证号码更改为18位身份证号码。
2. 就业系统显示申报人是18位身份证号码，而银行系统记载该人已以15位身份证号码办理过有关业务，申报人必须到银行系统将身份证号码升级为18位身份证号码。
3. 就业系统显示申报人的身份证号码或姓名与银行系统记载的信息不一致时，根据不同情况分别予以处理：
　　（1）如果是农行系统正确而就业系统错误，申报人须凭相关证件更正就业系统信息；
　　（2）如果就业系统正确，而农行系统错误，申报人须凭劳动保障服务所审核、就管中心盖章后的证明到农行卡部更改。
4. 享受人的卡遗失，必须到原发卡机构办理挂失手续，重新办卡后到社区登记新卡号。
5. 灵活就业社保补贴发放日期由市统一规定。

经办人（签字）：
灵活就业人员（签字）：
20××年××月××日

图2-11　业务处理单（灵活就业人员享受补贴情况反馈）

3）信息查询。信息查询是信息管理系统的必备内容，劳动保障协理员可根据业务需求查询、汇总和打印所需要的各类信息。例如，当劳动保障协理员将采集的辖区失业人员的基本信息全部输入信息系统后，可根据要求自动组合查询到辖区失业人员全部信息、辖区就业困难人员信息、辖区就业困难人员中双失业人员信息等。优秀的管理信息系统既可以进行单选查询，也可以进行复合查询；既可以查询本辖区本业务范围内的信息，也可以根据授权查询跨业务范围内的其他人力资源社会保障信息，如图 2-12 至图 2-14 所示。

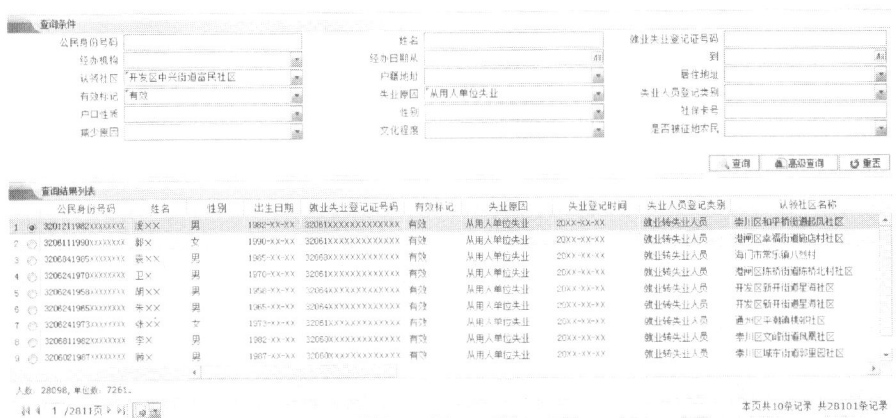

图 2-12 ××××社区失业人员信息查询

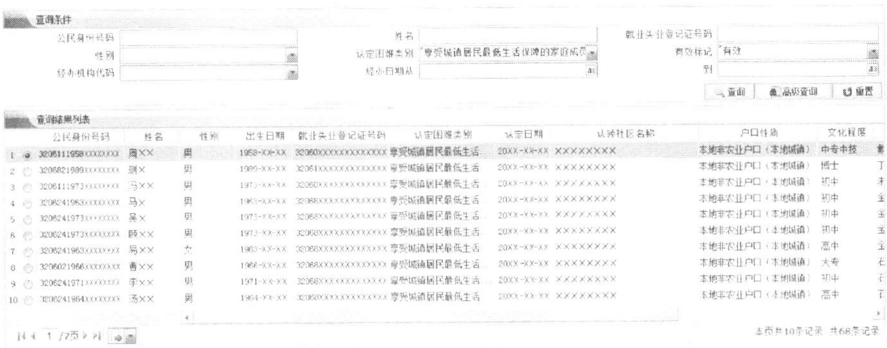

图 2-13 ××××社区就业困难人员信息查询

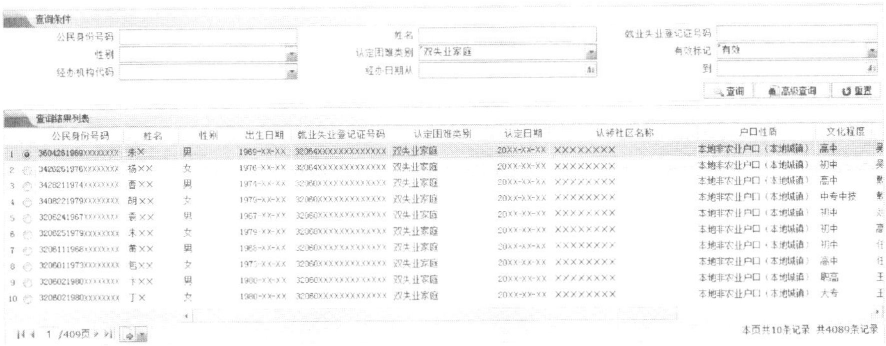

图 2-14 ××××社区双失业人员信息查询

4）信息汇总。信息管理系统既可以对业务数据进行汇总求和，也可以对业务工作量进行求和统计。例如，当劳动保障协理员输入了辖区申请灵活就业人员的基础信息后，信息系统会根据当地规定自动对数据进行校核处理，并自动产生辖区申请享受灵活就业社保补贴人员的汇总表，如图 2-15 所示。再如，就业服务机构也可以通过信息系统，自动汇总出一段时间内下属各级就业服务机构的业务工作情况，以便进行绩效考核，如图 2-16 所示。

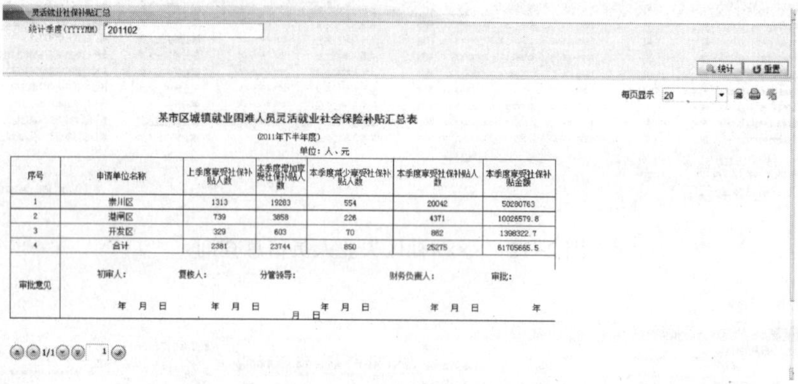

某市区城镇就业困难人员灵活就业社会保险补贴汇总表

(2011年下半年度)

单位：人、元

序号	申请单位名称	上季度享受社保补贴人数	本季度增加享受社保补贴人数	本季度减少享受社保补贴人数	本季度享受社保补贴人数	本季度享受社保补贴金额
1	崇川区	1313	19283	554	20042	50280763
2	港闸区	739	3858	226	4371	10026579.8
3	开发区	329	603	70	862	1398322.7
4	合计	2381	23744	850	25275	61705665.5
审批意见	初审人： 年 月 日	复核人： 年 月 日	分管领导： 年 月 日		财务负责人： 年 月 日	审批： 年 月 日

图 2-15　辖区申请享受灵活就业社保补贴人员的汇总表

5）信息传输。基层平台涉及的业务涵盖人力资源社会保障业务的方方面面，要处理的信息量大面广，因此，信息传输是信息管理系统的必备功能，具体功能包括以下内容。

①单一业务传输。例如，社区的失业人员因为居住地的变化要搬到另一个社区，劳动保障协理员可以在信息系统中进行信息传递，如图 2-17 所示。

②横向业务传输。例如，用人单位到所属劳动就业管理机构为所录用的失业人员办理了录用备案手续，该劳动就业服务机构将此录用单位和人员信息输入信息系统的同时，也需将此信息传递给同级保险机构，以便他们能及时督促用人单位为新录用人员缴纳社会保险，如图 2-18 所示。

③纵向业务传输。例如，就业创业证信息、公共招聘信息、劳动监察信息、统计报表信息、重点企业的失业监测信息等，各地信息系统都通过信息专线进行信息上传和下达。

④跨部门传输。主要是指人力资源社会保障信息系统与外部门之间的信息传递。例如，招聘信息系统和高校、工会、妇联、共青团之间实现信息互联共享。

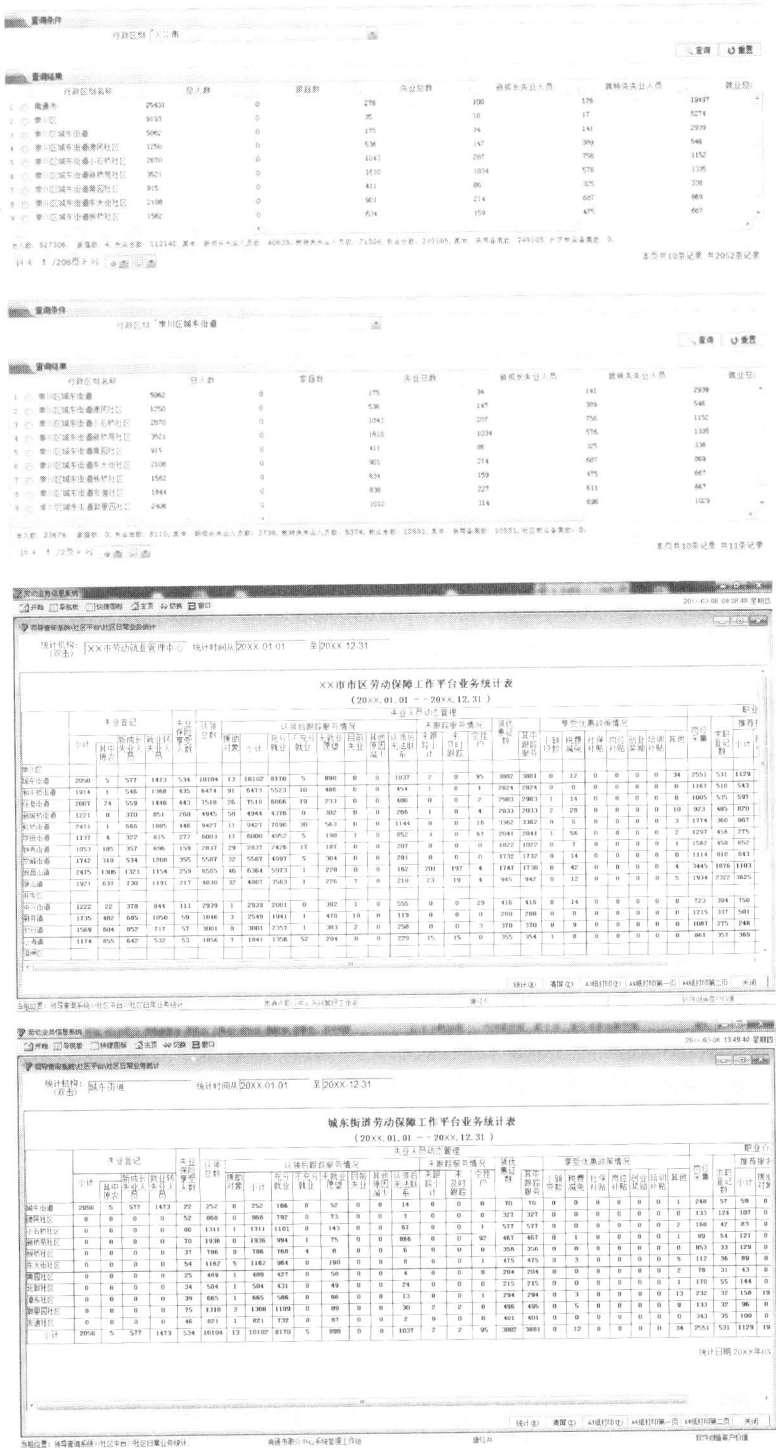

图 2-16 某区下属各街道业务工作情况

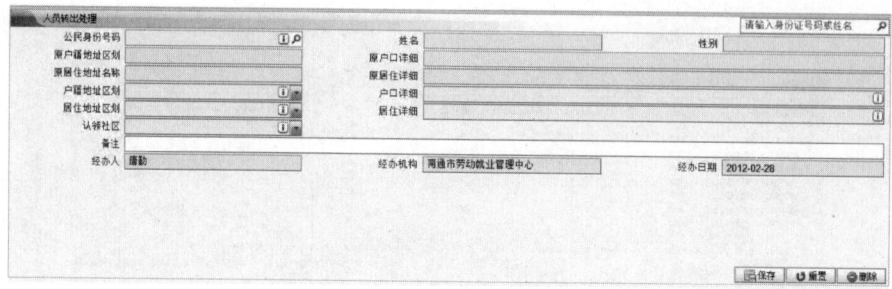

图 2-17　失业人员转移界面

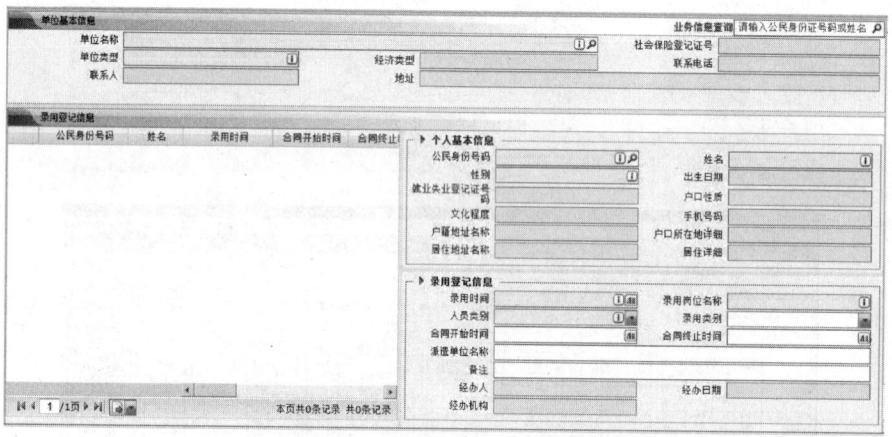

图 2-18　单位新录用人员登记信息界面

6）分析反馈。信息系统还可以根据管理需要，借助信息分析的专用软件，对数据库内的信息进行分析，产生图表和分析报告。例如，生成某市历年失业率的走势分析图，对享受公益性岗位补贴人员的性别、年龄、就业困难类别等情况进行分析，对某街道下属各社区推荐就业岗位的情况进行对比分析等。

3. 识读、填写台账和统计报表的程序

（1）识读、填写台账的程序

1）了解台账项目内容。台账表式的主栏项目一般位于首栏并横行排列，宾栏指标和数据对应主栏项目填写。填报人员应认真了解台账项目的内容，如实填写相关信息。

2）了解台账填表说明。填表说明位于台账表式下方，一般包括填表范围、项目解释、填写方式等要求。填报人员应认真了解填表说明和要求，正确填写台账内容。

3）对应栏目，填写原始记录。台账内容来自原始记录的信息。填报人员填写台账时要认真对应相关栏目，按台账填表要求，及时选用和填写原始记录的相关信息情况。

（2）识读、填写统计报表的程序

1）了解统计报表的统计口径。统计报表列出的统计指标一般比较多，指标的统计口径都有特定的含义解释，如"城镇登记失业人员情况表"中的"本期新登记的失业人数""本期登记失业人员就业人数""期末实有登记失业人数"等指标均有特定的解释。填报人员必须按照规定的统计口径进行填报。

2）了解统计报表的栏目关系。统计报表中的栏目关系是指各宾栏数据之间的平衡关系。认真了解统计报表的栏目关系，可以帮助填报人员理解表内各指标之间的关系，同时利用表中各指标之间的平衡关系对统计数据进行校核。

3）全面填报统计报表内容。统计报表的表式还包括填表说明、补充资料、填报单位签章、填报人员签名、填报日期等内容。填报人员必须按表式内容要求，全面提供表式中所要求填报的资料，并及时上报。

> **■ 注意事项**
>
> 　　台账和统计报表必须如实反映人力资源社会保障的活动情况，各项数据应真实可靠。必须根据核实的数据填报台账和统计报表，不得以任何方式弄虚作假。
>
> 　　填报人员应当按照规定的台账和统计报表格式内容填写，全面、完整地填报相关资料，不得漏编、漏报。
>
> 　　台账和统计报表所提供的信息具有很强的时效性，填报人员必须按时间要求及时填写和按时上报，才能使信息有效发挥作用。

4. 汇总统计报表程序

（1）常规人力资源社会保障报表种类

按业务类别划分，常规报表分为：综合报表，如城镇劳动力供给情况表、培训就业工作情况报表、城镇登记人员情况表、就业再就业工作进展情况表等；社会保障工作情况报表、企业退休人员社会化管理服务情况表、劳动关系工作情况报表、劳动监察工作情况报表等。按报告周期划分，常规报表分为：年报表、半年报表、季报表、月报表等。

(2) 上报统计报表的要求

1) 确定专人负责填报各类报表。

2) 填报人员要熟知填表说明（指标解释），认真、详细填制各类报表。

3) 填报人员要写出简要的报表说明和分析（一般包括基本情况分析、存在的问题和建议等）。

4) 填报人员填写完毕后，交主管领导审核、签字、盖章后方能上报。

5) 各类统计报表要按期填写、按时上报。

(3) 汇总统计报表程序

1) 收集报表。按期收集基层报表。填报报表的基层单位必须在规定期限内上报报表，不能漏报、缺报。

2) 校核报表。校核报表时，首先，检查报表指标是否按规定的统计口径填写，是否有漏填和错栏情况。其次，检查表内各宾栏数据是否平衡，可以利用表内平衡公式进行校核。对照上期报表检查本期报表数据变化情况，对数据变化幅度较大的，要求基层填报单位作出说明。最后，检查报表内容是否完整，是否按表式内容要求填报。

3) 过录表汇总。制作与统计报表指标栏目一致的过录表，将每个基层单位的报表数据平行填入过录表相应栏目，用合计栏对所有基层单位填报的数据进行计算汇总，再对汇总后的数据进行校核。

4) 填写综合报表。根据过录表汇总数据填写综合报表，按填报要求完整填写所有内容，并按时上报。

第3节 信息分析

一、统计分析

1. 统计分析基础知识

（1）统计分析的内容

统计分析常指对收集到的有关数据资料进行整理归类并解释的过程。统计分析是统计工作中统计设计、资料收集、整理汇总、统计分析、信息反馈5个阶段中最关键的一步。所以，劳动保障协理员在基层劳动就业社会保障工作实践中必须学会做统计分析，积极地为领导决策服务。

（2）统计分析的特点

统计分析是统计活动的深化阶段和深化过程。通过搜集、汇总、计算统计数据来反映事物的面貌与发展规律，运用统计分析可以透过现象表面的数量特征认识其内在的数量规律性，揭示其本质特征。统计分析具有如下几个特点。

1）实证性。统计分析是从现实出发收集数据，通过次序、频数等直观、浅显的量化数字及简明的图表表现出来，一切分析结论和所揭示的规律都应源于现实并为事实所证明。

2）数量性。统计分析是以反映现象的大量统计数据为依据进行的定量分析。即通过数字揭示事物在特定时间、特定方面的数量特征，帮助人们对事物进行定量乃至定性分析，从而做出正确的决策。

3）多样性。统计分析的对象和目的差异，决定了统计分析形式的多样和多样分析方法。

4）科学性。统计分析方法以数学为基础，具有严密的结构，需要遵循特定的程序和规范，从确立选题、提出假设、进行抽样、具体实施，一直到分析解释数据，得出结论，都须符合一定的逻辑和标准。

5）可重复性。可重复性是衡量研究质量与水平高低的一个客观尺度，用统计分析方法进行的研究皆是可重复的。从课题的选取、抽样的设计，到数据的收集与处理，皆可在相同的条件下进行重复，并能对研究所得的结果进行验证。

(3) 统计分析的常用方法

1) 比较分析法。比较分析法是统计分析中最常用的方法。比较的基本形式有两种，即绝对差异的比较和相对差异的比较。绝对差异是比较双方数据相减的结果，相对差异是比较双方数据相除的结果，比较分析就是对绝对数与相对数的比较分析。比较分析应注意对比双方在指标定义、总体范围、计算公式等比较的基础方面所应具有的一致性，即可比性。对比的双方如果可比性小或没有可比性，比较分析的意义将减弱，甚至完全失去意义。

比较分析法常用计算公式如下。

① 和计划比较，说明计划的执行情况，包括计划执行的结果和计划执行进度。

$$计划完成超额（差额）数 = 本期实际完成额 - 本期计划完成额$$

$$计划完成相对指标 = \frac{本期实际完成额}{本期计划完成额} \times 100\%$$

$$计划执行进度 = \frac{期初至目前实际累计完成额}{本期计划完成额} \times 100\%$$

② 和过去比较，说明变化、进步情况，是一种动态比较。

$$增减量 = 报告期数量 - 基期数量$$

$$发展速度 = \frac{报告期数量}{基期数量} \times 100\%$$

③ 和同行（同类）比较，说明所处的水平、地位，主要说明空间差异。

$$差异量 = 甲总体某一特征值 - 乙总体同类特征值$$

$$比较相对数 = \frac{甲总体某一特征值}{乙总体同类特征值} \times 100\%$$

2) 结构分析法。结构分析又称分组分析，是以一定的统计分组为基础，对数据进行分类汇总及计算构成百分比，从而获得反映总体内部构成的结构性数据。结构分析是对现象总体内部构成进行分析，是描述总体现象特征的重要手段。例如，红光社区失业人员构成表（见表2-5）。

2. 统计分析报告

统计分析报告就是指运用统计资料和统计分析方法，以独特的表达方法和结构特点，表现所研究事物本质和规律性的一种应用文章。统计分析报告是在统计分

表 2-5　　　　　　　　　　红光社区失业人员构成表

合计	占比/%
就业转失业人员	36.4
新成长失业人员	63.6
其中：高校毕业生	22.0

析研究过程中所形成的论点、论据、结论的集中表现；不同于一般的总结报告、议论文、叙述文和说明文，统计分析报告是运用统计资料和统计方法、数字与文字相结合，对客观事物进行分析研究结果的表现。

(1) 统计分析报告的类型

由于统计分析报告的内容和作用不同，统计分析报告的类型主要有以下几种。

1) 统计公报。统计公报是政府统计机构通过报刊向社会公众公布一个年度国民经济和社会发展情况的统计分析报告。

2) 进度统计分析报告。进度统计分析报告主要是以定期报表为依据，反映社会经济的发展情况，分析其影响和形成的原因。如月度分析、季度分析和年度分析。从时间上看，它可分为定期和不定期的、期中和期末的统计分析报告；从内容上看，它又可分为专题和综合统计分析报告。进度统计分析报告必须讲求时效，力求内容短小精悍，结构简单规范，看后一目了然。

3) 综合统计分析报告。综合统计分析报告是从客观的角度，利用大量丰富的统计资料，对国民经济和社会发展的规模、水平、结构和比例关系、经济效益以及发展变化状况，进行综合分析研究所形成的一种统计分析报告。

4) 专题统计分析报告。专题统计分析报告是对社会经济现象的某一方面或某一问题进行专门的、深入研究的一种分析报告。它的目标集中，内容单一，不像综合分析报告那样，要反映事物的全貌。正因为如此，专题统计分析报告更要求突破时间和空间的限制，根据领导和社会公众的需要灵活选题，做到重点突出，认识深刻。

5) 典型调查报告。典型调查报告是根据调查的目的、要求，有意识地选择少数有代表性的单位深入实际调查后所写成的报告。深入实际进行调查研究，是各级领导、各部门了解情况、指导工作经常采用的一种工作方法，习惯上称为"解剖麻雀"，统计上叫作典型调查。

(2) 统计分析报告的结构

统计分析报告属于应用文体，基本表达方式是以事实来叙述，让数字说话，在阐述中议论，在议论中分析。在表现事物时，不是用夸张、虚构、想象等手法，而是用较少的文字、精确的数据、言简意赅、精练准确地表达丰富的内涵。

统计分析报告在结构上的突出特点是脉络清晰、层次分明。一般是先摆数据、事实，进行各种科学的分析，进而揭明问题，亮出观点，最后有针对性地提出建议、办法和措施。统计分析报告的行文，通常是先后有序，主次分明，详略得当，联系紧密，做到统计资料与基本观点统一，结构形式与文章内容统一，数据、情况、问题和建议融为一体。统计分析报告通常包括标题、开头、主体和结尾4个部分。

1）标题。标题应直接反映出文章的基本精神和主要内容，标题必须具有高度的概括性，用较少的文字集中、准确地进行表达。

2）开头。开头的任务是提出问题，说明所要分析问题和基本情况。把所分析问题的基本情况交代清楚，使人一看就能知道报告所述事物总的面貌和特点及所涉及的主要方面，也是表达作者观点的主要部分。开头采用什么样的写法要根据统计分析的目的、种类、内容和读者对象等情况来决定。

3）主体。主体的任务是分析问题，用数据和事实说明和阐述观点，把开头部分提出的所要分析的问题进行符合逻辑地、实事求是地分析。写好主体部分的关键是组织安排好材料，安排主体内容的结构有三种：一是纵式结构，即按时间的先后顺序安排材料，反映事物发展的阶段性；二是横式结构，即按事物的构成来安排材料，把构成整体的各个部分逐一展开，分别予以分析和说明；三是交叉式结构，即纵式结构和横式结构的结合，可以纵式为主中间穿插横式，也可以横式为主中间穿插纵式，常用于较复杂的统计分析报告。

4）结尾。结尾的任务是解决问题。对全文进行总结，得出结论，提出解决问题的建议和对策。这部分内容要与前面提出的问题密切联系。建议和措施不是凭空想象、闭门造车的，而是要通过深入群众调查研究，针对问题提出合理的、切实可行的建议和措施。结尾应帮助读者加深认识，明确题旨，引发思考。

（3）撰写统计分析报告的基本要求

撰写统计分析报告的基本要求主要有：选题准确、资料可靠、时效性强、主题突出等。

1）选题准确。选准课题是统计分析报告的首要任务。要达到这一要求，必须要选好课题的内容，使所选课题能够紧密结合当前经济社会形势，配合上级部门的中心任务，反映方针、政策的执行情况和效果，对人力资源社会保障工作的决策能起积极的作用。选准课题还必须要做到经常深入实际，深入群众，了解情况；经常了解党政领导的意图和工作动向；走访有关主管部门；研究统计资料；加强理论学习，阅读报刊；讨论研究，发挥集体智慧。

课题一般应围绕以下重点来选定：一是选领导关心的问题，特别是领导亲自出的题目；二是选与中心工作、全局性工作有密切联系的课题；三是选本职工作中带有苗头性、动向性、突发性问题的课题；四是选本职工作出现的新情况、新问题、新经验的题目。

2）资料可靠。统计分析报告必须以统计资料为依据，准确可靠的资料是统计数据质量在统计信息客观真实性方面的体现，是统计数据使用者的首选。要做到资料准确可靠，应注意以下三点：一是对统计资料的内容、对象、范围、特点等要有清楚明确的认识。二是对各种统计指标、比率数字的实际含义及计算方法等要清楚明白。三是必须明确资料的来源。

3）时效性强。简单地说，时效性强就是要求反映情况及时，不能等时过境迁再反映。时效性是统计数据质量在统计信息时间价值上的体现，是对统计数据形成和提供的高速度、快节奏、强效率的要求，是统计分析的生命。

4）主题突出。主题是统计分析报告的中心思想或基本论点。它像一根红线贯穿全文，是文章的灵魂与统帅。统计分析报告要根据统计研究的任务，抓住要解决的主要矛盾及矛盾的主要方面，开展分析工作。内容要紧扣主题，从统计资料反映的相关现象中，抓住重点问题，突出主题思想加以阐述。

(4) 撰写统计分析报告的步骤

撰写统计分析报告一般包括5个步骤：选定题目、拟订分析提纲、收集整理资料、进行分析研究、撰写统计分析报告。

1）选定题目。选定题目，是指通过对客观现象的观察，或通过对统计资料的初步分析，选择出所要研究的对象，确定研究目的和范围，规划主题思想和基本内容。选定题目对于统计分析具有十分重要的意义。一个好的选题既体现了分析者的知识水平和业务素质，又可以体现统计分析价值所在。

2）拟订分析提纲。拟订分析提纲就是对调查分析课题内容的具体化，它包括：分析目的和要求，从哪些方面进行分析，分析指标体系，分析所需的资料以及资料来源取得的方式，分析所用的方法，分析结果的表达形式等。

3）收集整理资料。收集整理资料，就是根据统计分析的要求，组织收集符合要求的统计资料进行整理。选择资料时要注意资料的可信度、一致性、计量水平。

4)进行分析研究。在掌握丰富资料的基础上,运用统计分析方法,进行系统周密的分析研究,并归纳分析结果,找出事物的规律,这是统计分析工作的中心环节。

5)撰写统计分析报告。统计分析报告是对统计分析过程及结论进行表述的文章,是统计分析最终成果的主要表现形式。通过使用典型的事例、确凿的数据、简练的辞藻、生动的语言来说明问题。要与写其他文章一样,必须经过反复修改,做到用词恰当,符合实际,检查观点是否符合政策,材料是否真实可靠,文章结构是否严密,文字是否言简意赅,表达是否准确得当。只有这样,才能写出好的统计分析报告。

二、工作总结

1. 工作总结的基本知识

工作总结是对一定时期内的工作进行总结、分析和研究,肯定成绩,找出问题,得出经验教训,摸索事物的发展规律,用于指导下一阶段工作的一种书面文体。它所要解决和回答的中心问题,不是某一时期要做什么、如何去做、做到什么程度,而是对某种或某类工作实施结果的评价和总结。工作总结是做好各项工作的重要环节。通过对一定时期内工作的总结可以全面、系统地了解以往的工作情况;可以正确认识以往工作中的优缺点;可以明确下一步工作的方向,少走弯路,少犯错误,提高工作效益。

(1)工作总结的种类

根据不同的分类标准,工作总结可分为以下不同的种类。

1)按内容划分。可分为思想工作总结、业务工作总结、学习工作总结等。

2)按范围划分。可分为地区工作总结、部门工作总结、单位工作总结、个人工作总结等。

3)按时间划分。可分为月度工作总结、季度工作总结、年度工作总结等。

4)按性质划分。可分为综合性工作总结和专题性工作总结等。

(2)工作总结的特点

工作总结是对所做工作进行分析、归纳和概括并作出具体结论的一种文体。其主要特点有以下几点。

1）客观性。工作总结是对过去工作的回顾、检查和评价，这决定了工作总结有很强的客观性特征。它是以自身的实践活动为依据的，所列举的事例和数据都必须完全可靠，确凿无误，任何夸大、缩小、随意杜撰、歪曲事实的做法都会使总结失去应有的价值。

2）经验性。工作总结是从理论的高度总结概括经验教训，总结出的经验教训对今后的工作有着重要的指导作用。这一特性要求工作总结必须按照实践是检验真理的唯一标准的原则，正确地反映客观事物的本来面目，找出正反两方面的经验，得出规律性认识，这样才能达到总结的目的。

3）指导性。通过工作总结，进一步检查评估过去工作的成绩与不足，分析不足的原因，吸取经验教训，指导今后的工作，取得更好的成绩。同时，总结也是制订工作、学习等计划的标准、依据和重要参考。

（3）工作总结的内容

工作的情况不同，总结的内容也就不同。一般来说，工作总结的内容包括以下几个方面。

1）基本情况。即工作情况的简略介绍，主要包括工作的主客观条件、有利和不利条件，以及工作的过程情况和工作数据等。

2）成绩和不足。这是总结的中心内容。总结的目的就是要肯定成绩，找出不足。成绩有哪些，有多大，表现在哪些方面，是怎样取得的；不足之处表现在哪些方面，是什么性质的，怎样产生的，都应讲清楚。

3）经验和教训。做过一件事，总会有经验和教训。为便于今后的工作，需对以往工作的经验和教训进行分析、研究、概括、集中，并上升到理论的高度来认识。

4）今后的打算。根据今后的工作任务和要求，汲取前一时期工作的经验和教训，明确努力方向，提出改进措施等。

（4）工作总结的结构

1）标题。工作总结的标题最常见的是由单位名称、时间、主要内容和文种组成，即直接写明是什么单位、什么事项、什么时间的工作总结就行，如"××街道人力资源社会保障服务中心2017年年终工作总结"。若标题下或文末有单位署名，标题可省略单位名称或总结者姓名等。

2）正文。正文一般分为两个部分：开头和主体。开头可交代总结的目的和总结的主要内容，或介绍单位的基本情况，或简明扼要地介绍所取得的成绩，或概括说明指导思想以及在什么形势下作的总结，不管以何种方式开头，都应简练，使总结很快进入主体。主体是总结的主要部分，是总结的重点和中心，内容包括工作（活动）的情况与做法，取得的成绩与存在的问题，工作开展的体会与建议，今后的打算和努力的方向等。

3）署名。如果总结的标题中没有写明总结者或总结单位，就要在正文右下方写明总结者姓名或单位名称。

4）日期。即在署名的下面写明总结的具体时间。

2. 撰写工作总结的步骤

撰写工作总结一般有收集基本情况、分析研究资料和撰写总结报告三个步骤。

（1）收集基本情况

收集基本情况，就是将有关本地区、本部门、本单位工作或个人工作的各类现存资料，如文件、工作日志、会议记录、工作计划安排、大事记和统计表等收集汇总，以供撰写工作总结需要。

（2）分析研究资料

分析研究资料，就是把收集到的资料认真进行梳理、检查、核实、分析、研究、归纳、提炼，使之条理化、系统化，上升到理性认识高度，肯定成绩，得出经验，找出教训，摸索规律，明确发展方向，以指导、推动今后的工作。总结的对象是过去做过的工作或完成的某项任务，进行总结时，要通过调查研究，努力掌握全面情况和了解整个工作过程，这样才能进行全面总结，避免以偏概全。

（3）撰写总结报告

撰写工作总结要用第一人称，即从本单位、本部门或本人的角度来撰写。表达方式以叙述、议论为主，说明为辅，可以夹叙夹议。

1）分条列目。每个条目就是一个事项，或者说明一项工作的成绩，或者证实一条经验的成立。要做到有理有据、有血有肉，有观点、有论据，由观点统帅论据事实，由论据事实说明观点，做到观点与材料的统一。

2）点面结合。要突出重点，不要面面俱到。对重点内容要进行深入细致的分析，谈成绩要写清怎么做的，为什么这样做，效果如何，经验是什么；谈存在的问题，要写清是什么问题，为什么会出现这种问题，其性质是什么，解决问题的方案是什么。对一般问题可简略带过。

3）就事论理。主要是抓住有关政策及上级工作要求，提高总结的理论深度。把从事实材料中筛选出来的经验性、理论性、系统性的认识,同有关政策和理论原则相对照,看哪些是对的,哪些是错的并加以分析使主题深化,从根本上避免出现"全、浅、杂、散"等情况。要求文字简明,用例确凿,判断准确。

4)理顺全篇。总结初稿写出后,不是总结就完成了。还需反复修改、仔细斟酌,补全遗漏,对事实材料必须认真核对后,才能定稿。

3. 撰写工作总结的注意事项

(1)一定要实事求是,成绩不夸大,缺点不缩小,更不能弄虚作假。这是分析、得出教训的基础。

(2)条理要清楚。总结是写给人看的,条理不清,人们就看不下去,即使看了也不知其所以然,也就达不到总结的目的。

(3)要剪裁得体,详略适宜。材料有本质的、有现象的、有重要的、有次要的,写作时要去芜存菁。总结中的问题要有主次、详略之分。

案例

××市2020年度人力资源和社会保障工作总结及2021年工作计划

今年来,在市委、市政府的坚强领导下,积极应对新冠肺炎疫情,紧紧围绕"人才优先、民生为本"这一工作主线,着力抓好疫情防控期间人社各项工作,有力促进企业复工复产,扎实做好"六稳""六保"工作任务,加快健全多层次社会保障体系,切实加强人事人才工作,积极构建和谐劳动关系,坚定信心、攻坚克难,为服务全市经济及各项事业发展做出积极贡献。现将一年来的工作总结如下:

一、2020年以来工作开展情况

(一)**全力促进就业创业,就业局势持续稳定。一是积极促进各类群体就业**。今年以来,全市城镇新增就业11.25万人,失业人员再就业9.27万人,帮扶就业困难人员就业2.4万人,开发就业见习岗位1.22万个,城镇登记失业率控制在5%以内。**二是持续开展创业服务**。全市返乡创业3.1万人,新增各类创业实体13 670个,带动就业5.1万人,新增创业贷款16.2亿元。认真开展创业服务年活动,全面落实创业担保贷款、创业带动就业、创业培训补贴等多项鼓励支持政策。鼓励引导更多的返乡农民工、高校毕业生等群体创业,回乡创业。**三是帮助返乡务工人员就地就近**

就业。为保障受新冠肺炎疫情影响返乡务工人员就业，在公共招聘网和在线举办"2020年春风行动大型人才暨用工网络招聘会"。同时在本地互联网媒介发布企业用工信息，共为1000余家企业发布招聘信息，提供岗位8.5万个。

（二）**强化稳就业保居民就业工作**。**一是加强就失业动态监测**。开展失业动态监测活动，进一步优化监测企业样本，精准分析监测企业用工岗位变化情况为"稳就业、保居民就业"工作提供数据信息保障。**二是精准发布岗位信息**。加大线上线下就业服务力度，开展针对性送岗上门，促进贫困劳动者实现就业。**三是落实稳岗返还政策**。按照上级文件规定，全面贯彻稳岗返还和降低失业保险费率政策。**四是大力开发扶贫就业岗位**。通过扶贫车间和公益性岗位帮助贫困户实现就近就地就业，让贫困户通过劳动实现增收。**五是持续开展职业技能提升行动**。坚持以需求为导向，适应人民群众就业创业需要，面向企业职工、就业重点全体、建档立卡贫困劳动力大力开展职业技能培训。

（三）**深入推进就业扶贫工程**。**一是积极开展建档立卡劳动者技能培训**。筛选一批符合建档立卡劳动者实际需求的培训项目，开展送培训下乡技能培训。今年以来，共开设60期技能扶贫培训班，培训建档立卡贫困劳动者1.5万人。**二是鼓励各类企业实体吸纳就业困难人员就业**。严格按照《就业资金管理办法》要求，对补贴资金的发放进行监管，确保资金使用安全。全年为715家企业吸纳就业困难人员近1.6万人，发放补贴资金7 800万元。**三是大力开发公益岗位**。通过政府购买服务的形式，开发扶贫、社会管理、就业社保等服务性公益岗位，同时，大力扶持农村保洁、治安、护路、文明交通、扶残助残、养老护理等公益岗位，共计安置21 581人上岗。

（四）**社会保障体系不断完善**。**一是社会保险覆盖面进一步扩大**。进一步扩大社会保险覆盖面，全市城镇职工养老、失业、工伤、城乡居民养老保险参保人数分别达22.6万人、24.8万人、30.23万人、124.29万人。**二是推进机关事业单位养老保险制度改革**。全市机关事业单位养老保险参保5.6万人，为1.2万名机关事业单位退休人员按时足额发放养老金，发放养老金88 620万元。**三是落实社保减负政策**。阶段性降低社会保险费率，将企业职工养老保险单位缴费率由20%降至16%，失业保险由1%降至0.5%。2020年2月至10月累计为符合减免条件的单位减免企业职工养老保险4.1亿元，减免失业保险1.1亿元，有效降低了企业用工成本，助力企业发展。

（五）**劳动关系更加和谐稳定**。**一是完善配套政策体系**。按照"预防为主、源头治理、动态管理、应急处置相结合"的原则，配套制定并完善了劳动合同、劳务派遣、工作时间、企业工资、监察执法、调解仲裁等方面的系列规范性文件和政策措施，确保了政策体系更具周延性、协同性和针对性。**二是解决农民工工资拖欠问题。**不断加大对建筑施工、交通、水利等领域工程项目的监督管理，严格项目审批程序，强化建设项目资金监管，落实"两全三制"等管理制度，确保从源头上杜绝拖欠工资问题。**三是强化劳动人事争议仲裁。**加快推进劳动人事争议调解仲裁信息化、仲裁院标准化和基层调解组织规范化建设，进一步完善劳动人事争议多元化处理机制。

二、下步工作打算

（一）**做好就业创业工作。一是抓好就业政策落实。**坚持把稳就业摆在更加突出位置，做好"六稳"工作、落实"六保"任务，确保国家、省和市涉企惠企政策落地落实，确保全市就业形势总体稳定、持续向好。**二是大力推进全民创业。**推进创业服务年活动，全面落实鼓励全民创业各项政策，优化创业环境，完善服务体系，鼓励引导更多的返乡农民工、高校毕业生等群体创业，掀起大众创业、万众创新热潮。**三是促进各类群体就业。**坚持就业优先战略，实施更加积极的就业政策，统筹推进城乡就业援助制度，重点做好高校毕业生、农村富余劳动力和退役士兵等群体就业工作。

（二）**完善社会保障体系。一是加大社会保险扩面。**以私营企业、灵活就业人员、非公有制经济组织从业人员和农民工为重点，扩大社会保险覆盖面。全面完成各项社会保险扩面征缴目标任务。**二是提高社会保险待遇水平。**全面做好机关企事业退休人员和城乡居民养老金调整工作，逐步提高社会保险待遇水平，及时足额支付各项社会保险待遇。

（三）**构建和谐劳动关系。一是维护农民工合法权益。**首先提高农民工的法制观念和依法维权意识，要教育农民工怎么保护自己的权益，一旦受到损害，通过正当的、合法的救助渠道维护自己的合法权益。全面推行工资支付"月结月清"制度，保证农民工工资按月足额支付，提高和落实最低工资标准，保证农民工的劳动所得。**二是提高仲裁案件办理效果。**在具体办案中，坚持以事实为依据，以《劳动合同法》《劳动争议调解仲裁法》及相关法律法规为准绳，严把办案质量关。提升案件处理能力，确保仲裁结案率达到100%。**三是加大劳动保障监察执法力度。**以维护劳动者合法权益为主线，深入扎实开展日常监察执法，持续推进治欠保支工作，确保农民工合法权益不受侵害。

第三部分

就业创业服务

第1节 劳动就业基础知识

一、就业与失业

1. 就业

（1）就业的概念

就业是指在法定劳动年龄内具有劳动能力的人员，依法从事获得相应的劳动报酬或经营收入的社会经济活动。

就业人员是指在法定劳动年龄内从事一定的社会经济活动，并取得合法劳动报酬或经营收入的人员。

根据国际劳工组织统计协会规定的通用标准，凡是在规定的年龄之内（各国可根据国情自行确定），具有下列情况之一的都属于就业。

1）在规定的时间内从事有报酬的劳动。

2）有职业而临时由于疾病、事故、劳动争议、休假、旷工或气候不良、设备损坏临时停工等原因而没有工作。

3）雇主和自谋职业人员（包括协助家庭经营企业或工厂）从事正常工作时间的1/3以上，即使没拿报酬，也属于就业。

而童工、不以获得收入或营利为目的的公益劳动、家务劳动等情况不属于就业范畴。

（2）就业的特征

就业的实质是劳动者通过一定组织形式实现与生产资料的结合。其特征主要表现在以下几个方面。

1）劳动者必须在法定年龄阶段内就业。我国目前的法定劳动年龄范围是：男16~60周岁，女干部16~55周岁，女工人16~50周岁。

2）劳动者必须以获得经营收入或工资报酬为直接目的。

3）劳动者必须愿意而且有能力完成一定的社会经济工作，而不是义务劳动，并能够取得相应的报酬。

4) 劳动者可以向雇主出售自己的劳动,也可以直接自我雇用。

5) 劳动者的工作行为,必须是合法的行为。即这种劳动是得到社会承认的职业,并且是合法的劳动。

6) 随着社会经济的发展,如果劳动者取得的收入低于某一标准,也不能计入就业范围,而是要计入失业范围。例如,从事一定社会劳动,但劳动报酬低于最低生活保障标准的,视同失业。

(3) 就业的主要形式

就业形式是指按照劳动力与其他生产要素之间不同结合方式所划分的就业具体形式。

1) 按照劳动关系的不同。可分为正规就业和非正规就业。

①正规就业是指在正规部门(或经济组织)就业,并签订劳动合同,其权利和义务有法律保障的就业形式。在我国,正规就业主要是指劳动者在各类经济组织从业,并签订劳动合同的就业形式,以及在国家机关、事业单位、社团组织、非企业单位正式从业的就业形式。

②非正规就业是指无固定场所、无固定雇主和服务对象、无固定劳动关系、无稳定收入、无社会保障的小规模经营的就业形式。可以分为在非正规部门(或经济组织)中就业和在正规部门(或经济组织)中非正规就业,如临时工、小时工、季节工、分包生产或服务项目等就业形式。

2) 按照劳动时间的不同。可划分为全日制就业和非全日制就业。非全日制就业是指劳动者在同一用人单位一般平均每日工作时间不超过4个小时,每周工作时间累计不超过24小时,以小时工作时间支付劳动报酬的就业形式。

3) 按照就业组织和管理形式的不同。按照就业组织和管理形式不同,还可分为灵活就业、弹性就业、自谋职业和境外就业等。

①灵活就业。是指在劳动时间、收入报酬、工作场地、保险福利、劳动关系等方面不同于建立在工业化和现代企业制度基础上的、传统的主流就业方式的各种就业形式的总称。

②弹性就业。是指不限时间、不限收入、不限场所的灵活多样的就业形式。它是相对于全日制就业形式而言的。

③自谋职业。是指劳动者自主从事或开展生产经营实现就业的行为。它是相对

于国家、企业安置就业而言的。

④境外就业。是指中国公民与境外雇主签订劳动合同，在境外提供劳动并获取劳动报酬的就业形式。

（4）就业方针

就业方针是指党和国家在不同历史时期制定有关就业问题的重大指导原则，是制定就业政策的基本准绳。1980年，中共中央确定了"在国家统筹规划和指导下，实行劳动部门介绍就业、自愿组织起来就业和自谋职业相结合"的"三结合"就业方针，打破了"统包统配"的就业制度，为劳动者打开了就业门路，拓宽了就业渠道。

随着市场经济的发展，面对新时期的形势和任务，我国又适时提出了新时期就业方针，即"劳动者自主择业、市场调节就业、政府促进就业和鼓励创业"。"劳动者自主择业"是指充分调动劳动者的主动性和能动性，促进他们发挥就业潜能和提高职业技能，依靠自身努力，自谋职业和自主创业，尽快实现就业。"市场调节就业"是指充分发挥人力资源市场在促进就业中的基础性作用，引导人力资源合理流动和就业，实现用人单位和劳动者的双向选择。"政府促进就业"是指充分发挥政府在促进就业中的重要职责，通过发展经济和调整产业结构，实施积极就业政策，增加就业岗位；通过规范人力资源市场，维护公平就业；通过完善公共就业服务和加强职业教育培训，创造就业条件；通过就业援助，帮助困难群体实现就业。"鼓励创业"是指不断优化创业环境，加快形成有利于劳动者参与创业的政策环境，畅通创业通道，激发全社会支持创业、参与创业的积极性，不断增强创业带动就业能力。

（5）就业优先战略

党的十九大报告明确提出："就业是最大的民生。要坚持就业优先战略和积极就业政策，实现更高质量和更充分就业。"

就业是最大的民生，也是经济发展最基本的支撑。坚持实施就业优先战略，全面提升劳动者就业创业能力，实现比较充分和高质量的就业，是培育经济发展新动能、推动经济转型升级的内在要求，对发挥人的创造能力、促进群众增收和保障基本生活、适应人们对自身价值的追求具有十分重要的意义。实施就业优先战略和人才优先发展战略，把实施积极的就业政策摆在更加突出的位置，贯彻劳动者自主就业、市场调节就业、政府促进就业和鼓励创业的方针，不断提升劳动者素质，强化各类政策协同机制、优化社会资本带动机制、完善就业创业服务机制、健全劳动关系协调机制、构建就业形势综合监测机制,实现比较充分和更高质量的就业,为全面建成小康社会提供强大支撑。坚持就业优先战略,既要以大众创业、万众创新和新动能培育带动就业,也要保护和改造提升能带动就业的传统动能,引导劳动密集型企业向中西部和东北地区转移,大力发展制造业和服务业,通过创造多样化需求带动就业,在新旧动能接续转换中促进就业。

(6) 特殊群体就业扶持政策

特殊群体就业扶持政策主要是指根据国家有关政策,对高校毕业生、就业困难人员、妇女、残疾人和农村劳动力等不同身份人员实施就业帮扶的措施。

1) 高校毕业生就业涉及千家万户的切身利益,关系到国家经济发展的后劲和当前的社会稳定,解决好高校毕业生就业问题,是当前就业的重点工作。党中央、国务院高度重视高校毕业生就业工作,明确要求将高校毕业生就业摆在当前就业工作的首位,制定出台了一系列促进高校毕业生就业的政策措施,鼓励高校毕业生多渠道就业。

2) 就业困难人员缺乏足够的市场竞争力,在市场就业中处于不利地位。因此,发挥政府职能作用,采取有针对性、形式多样的援助措施,为就业困难人员提供援助,改善和提高其市场竞争能力,是推动公平就业的重要内容。为就业困难人员提供专项的、优惠的政策扶持和有针对性的就业援助,是国家积极就业政策的一项基本要求,也是公共就业服务提高效能和发挥作用的重要体现。《就业促进法》要求各级人民政府建立健全就业援助制度,采取税费减免、贷款贴息、社会保险补贴、岗位补贴等办法,通过公益性岗位安置等途径,对就业困难人员实行优先扶持和重点帮助。

3) 妇女是国家富强、民族振兴、社会和谐、人民幸福、城乡文明伟大实践中的一支重要力量,是我国人力资源的重要组成部分。妇女实现就业,既是妇女获得经济资源的重要前提,也是妇女实现自尊、自立、自强的物质基础。目前,我国已基本形成了以宪法为依据,以《妇女权益保障法》《劳动法》《就业促进法》为保障,以女职工劳动保护特别规定、女职工禁忌劳动范围的规定、女职工劳动保健工作规定等为手段的一整套保障妇女劳动权益和促进妇女就业的法规体系,有效地维护了妇女的劳动就业权益。

4) 残疾人就业作为就业工作的重要组成部分,一直受到国家的高度重视。我国在《宪法》《劳动法》《就业促进法》《残疾人保障法》《残疾人就业条例》等法律、法规中都有专门条款保障残疾人就业的合法权益。同时，针对残疾人就业，我国在资金、减免税收等方面也制定了相应的扶持政策。

5）农村劳动力转移就业是扩大农村劳动力就业门路，解决农村劳动力供需矛盾，增加农民收入的有效手段。改革开放以来，农民的就业领域大大地拓宽了，农村劳动力转移就业由此产生并迅速发展。目前，形成了农村劳动力就地就近就业、自主创业和异地转移就业三个转移就业的渠道。

（7）就业登记

根据《人力资源社会保障部关于修改〈就业服务与就业管理规定〉的决定》（人社部令第23号）规定：劳动者被用人单位招用的，由用人单位为劳动者办理就业登记。劳动者从事个体经营或灵活就业的，由本人在街道、乡镇公共就业服务机构办理就业登记。

1）就业登记的范围。就业登记的范围包括下列人员。

①被用人单位招用的劳动者。

②从事个体经营、自主创业或灵活就业的劳动者。

2）就业登记的主要内容。包括劳动者个人信息、就业类型、就业时间、就业单位，以及订立、终止或者解除劳动合同情况等。就业登记的具体内容和所需材料由省级人力资源社会保障行政部门规定。

用人单位招用劳动者，办理用工登记的主要内容包括用人单位信息、劳动者个人信息、就业类型、就业时间、订立劳动合同情况等。

劳动者从事个体经营、自主创业和灵活就业人员的，办理就业登记的主要内容包括就业地点、时间、工作内容、收入情况等。

3）办理就业登记的基本程序。办理就业登记一般包括以下程序。

①受理申请。受理机构负责受理申请办理就业登记人员和单位的申请，热情接待并对其说明办理的对象、条件、程序、提交的证明和材料等，实行一次性告知。

②指导填表。受理机构对前来办理自主申报就业人员发放《自主申报就业登记表》（见表3-1），对单位为劳动者办理就业登记的发放《单位用工登记表》（见表3-2），指导其按照规定如实填写，做到真实、准确、全面、完整。要求书写规范，字迹工整清晰，表述内容无歧义。

表3-1　　　　　　　　　　××××市自主申报就业登记表

姓名		性别		身份证号码	
就业困难人员类别				就业创业证编号	
自主申报就业信息					
灵活就业单位（地点）					
是否持有营业执照		□是　□否		营业执照工商注册号	
岗位名称				就业类别	□灵活就业　□个体经营 □自主创业　□公益岗位
灵活就业开始时间				灵活就业终止时间	
备注：					
本人签名		年　月　日		基层就业服务机构审核意见	年　月　日

注：外地户籍人员在常住地自主申报就业时，请在备注栏注明。

表3-2　　　　　　　　　　×××市用工人员登记表

姓名		身份证号			
民族		性别		文化程度	
出生日期		政治面貌		户口性质	照片
就业创业证号					
就业人员类别				是否就业困难对象	
合同类别	固定期限（　）　无固定期限（　）　完成一定工作任务为期限（　）				
户籍详细地址				联系电话	
居住地详细地址					
用工登记备案内容					
单位经济类型				从业工种（岗位）	
备案日期				录用日期	
合同起始时间				合同终止时间	
单位经办人				经办人电话	
参保情况	□养老保险　□医疗保险　□失业保险　□工伤保险　□生育保险				
单位经办人				经办人电话	
用工单位意见	（章） 年　月　日			就业管理服务机构备案意见	（章） 年　月　日

注：本表由公共就业服务机构签署意见后存入本人档案。

③资料审核。受理机构对申请人提供的有关资料进行认真审核，特别是所填写的内容要和所提供的材料保持一致。

对用人单位办理录用备案和就业登记的，需审核用人单位的相关证明和被单位录用人员的相关证明；对从事个体经营和灵活就业的申请办理就业登记的人员需审核其身份证明、就业创业证、工商营业执照、灵活就业证明等相关材料。

对审核符合条件的上报登记办理机构，对不符合条件的告知其原因。

④办理登记。对审核符合条件的已持有就业创业证的人员，记载此次相关信息。对未持有就业创业证的人员记载相关信息并发放就业创业证。

⑤告知服务。办理机构要将办理就业登记的有关信息向劳动者的户籍地或居住地的基层平台进行反馈，同时告知申请人《就业创业证》的使用范围、相关就业扶持政策、公共就业人才服务项目的内容和申请程序等。

⑥动态记录。持有就业创业证的劳动者在个人基本情况（包括户籍和常住地址情况、学历情况、职业资格和专业技术职务情况等）、就业与失业状态等发生变化时，发证机构应核定就业创业证和相关证明材料，办理相应的信息变更。

2. 失业

（1）失业的概念

失业是指在法定劳动年龄内的劳动者有劳动能力和就业要求，目前没有工作的一种状态。

一般来说，我国的失业人员指的是登记失业人员。即在法定劳动年龄内，有劳动能力、有就业要求、处于无业状态进行了失业登记的城镇常住人员，主要包括初次失业人员和就业转失业人员。初次失业人员是指从未就业、目前正以某种方式寻找工作的人员，包括年满16周岁及以上的各类学校毕业生中未能升学、参军、被单位录用的人员及农村转移劳动力等其他从未有就业经历的人员。就业转失业人员是指原已就业、但因各种原因又失去工作，目前正以某种方式寻找工作的人员，包括因劳动合同期满或企业倒闭等原因而失去工作、现又面临再就业问题的失业职工，以及失业的个体、私营等企业的从业人员。

（2）失业的特征

失业是市场经济不可避免的产物。从理论上讲，失业是劳动力与生产资料相分离的一种状态，劳动者失去了运用生产资料进行生产活动的机会，从而也失去了获得劳动报酬的机会。其主要特征表现在以下几方面。

1）劳动者要在法定劳动年龄内。不在法定劳动年龄内的人员，虽有劳动能力和就业要求，也不算失业人员。

2）劳动者要有劳动能力。即具有从事正常社会劳动的行为能力，虽在法定劳动年龄内，但不具备相应的劳动能力的人员，不是失业人员。如精神病人、完全伤残不能从事任何社会劳动的人员。

3）劳动者要有就业要求。即有工作要求，但受客观因素影响尚未实现就业。目前虽无工作，但没有就业要求的人员不是失业人员。

4）虽然劳动者从事一定的社会劳动，但劳动报酬低于当地城市居民最低生活保障标准的，按照我国的现行规定视同为失业。

(3) 失业的主要类型

失业有很多类型，通常是按照失业的成因分为两类：一类是非自愿失业，另一类是自愿失业。

1）非自愿失业。非自愿失业主要有以下几种类型。

①摩擦性失业。摩擦性失业是指由于劳动者在要求就业和获得工作岗位之间存在时间差异而导致的失业。例如，刚进入劳动力市场、正在寻找工作或与雇主洽谈中，或者由于劳动者或用人单位各自的需求发生变化，而使劳动者处于工作变换甚至职业变换状态。它的性质上是过渡性或短期性的，持续时间不长。造成摩擦性失业的主要原因有两个方面：一是劳动力市场的动态属性；二是信息的不完善、不对称性，产生了使求职者与拥有空缺岗位的用人单位之间相互寻找、洽谈所需要的时间。

②结构性失业。结构性失业是指由于劳动者的技能结构与现有的就业岗位技能结构错位，造成失业与岗位空缺并存的一种失业现象。结构性失业的产生不是由于劳动力供求总量失衡，而是由于劳动力内部结构失衡。造成结构性失业的主要原因是技术革命、产业结构调整、产品结构调整等。这一时期，随着新技术的产生、应用，新兴产业、行业出现，替代老的生产技术，一些传统产业被淘汰，产业工人行业性的结构出现大调整，或者更新换代，生产工艺发生变化，职工的传统技能落后，需要拥有新技能的工人来代替。

③季节性失业。季节性失业是指由于季节性的生产或市场的季节性变化等原因而引起生产对劳动力的需求出现季节性波动，从而造成失业。造成季节性失业的主要原因有两个方面：一是一些行业由于受生产条件、气候条件的影响具有季节性的特点，造成对劳动力的需求随季节变化而变动，如农业、旅游业、航运业等；二是

一些行业的产品需求受购买习惯、社会风俗的影响，会产生季节性变化，如服装业、制鞋业和节日商品生产企业等，从而影响劳动力需求，造成季节性失业。

④周期性失业。周期性失业是指由于经济周期或经济波动引起人力资源市场供求失衡所造成的失业。造成周期性失业的主要原因是总量需求不足。由于经济运行具有周期波动性，当处于经济周期的低谷，经济萧条，生产萎缩，对劳动力需求不足，造成劳动力供给大于劳动力需求，造成失业。周期性失业的成因及造成的经济和社会影响相当复杂，因此是宏观经济分析的重要课题。

⑤隐性失业。隐性失业是指经济部门中存在边际劳动生产力等于或小于零的现象。即所雇用的员工从事不能充分发挥其能力的工作或从事劳动生产率低于他能达到的标准的工作，也称在职失业。造成隐性失业的主要原因是在经济过程中，劳动力要素与其他生产要素构成失衡，劳动力供应超过了有效需求。

2）自愿失业。自愿失业是指虽然有就业愿望，但由于才能得不到发挥或兴趣、爱好、工资、保险福利及人际关系等原因而自愿放弃就业机会而造成的失业。自愿失业者通常被认为是丧失信心者，需要给予帮助。

（4）失业登记

为贯彻党中央、国务院关于稳就业的决策部署，落实《国务院关于进一步做好稳就业工作的意见》要求，切实做好失业登记工作，强化失业人员就业服务，人力资源社会保障部办公厅出台了《关于进一步做好失业登记工作强化失业人员就业服务的通知》（人社厅发〔2020〕3号）文件，明确失业登记对象："劳动年龄内、有劳动能力、有就业要求、处于无业状态的城乡劳动者，可在户籍地或常住地办理失业登记。本通知所指劳动年龄为年满16周岁（含）至依法享受基本养老保险待遇。在内地（大陆）就业后失业的香港特别行政区、澳门特别行政区居民中的中国公民和台湾地区居民可参照执行。"进一步规范失业登记受理审核："劳动者持本人有效身份证件，填写《失业人员登记表》（见表3-3），提供个人基本信息和失业原因，并由本人对填写信息真实性作出书面承诺。其中，内地（大陆）居民的有效身份证件指劳动者的居民身份证或社会保障卡；港澳台居民的有效身份证件指港澳台居民居住证或社会保障卡、港澳居民来往内地通行证。"各地可采取劳动者书面承诺的方式，在7个工作日内办结失业登记，以适当方式主动反馈办理结果；要求不得以人户分离、户籍不在本地等为由不予受理。目前，各地均采用线下与线上相结合的方式受理劳动者失业登记申请。线下渠道主要包括公共就业服务机构，以及受县级以上人社部门委托承担残疾劳动者失业登记工作的残疾人就业服务机构。线上渠道包括各地对外办理失业登记服务的网站、手机客户端、微信等应用平台，以及依托全国人力资源社会保障政务服务平台开设的失业登记全国统一服务入口。

表3-3　　　　　　　　　　　　　失业人员登记表

个人基本信息							
姓名*		性别*		民族*		政治面貌	
学历*		健康状况*				失业时间*	年　月
证件类型*		证件号*					
户籍地址*	省（区/市）　市（州）　县（区）　　　　　　　　　　（详细地址）						
常住地址*	省（区/市）　市（州）　县（区）　　　　　　　　　　（详细地址）						
职业（工种）资格及等级或专业技术职务名称及级别	1						
	2						
	3						
联系方式	手机*				固定电话		
	电子邮件				其他		
登记失业地*	□户籍地址　　□常住地址						
失业原因*	□年满16周岁，从各类学校毕业、肄业 □被企业解除或终止劳动关系 □企业破产倒闭终止劳动关系 □从机关事业单位被辞退解聘 □从各类单位辞职 □私营企业、民办非企业业主停业、破产 □终止从事个体工商户			□承包土地被征用等情况 □从事一定收入的劳动，但月收入低于当地最低生活保障标准 □退出公益性岗位 □军人退出现役且未纳入国家统一安置 □刑满释放、假释、监外执行 □其他：＿＿＿＿＿（请填写）			
是否申领失业保险金*	□是　　□否						
求职意向	1		2		3		
其他需说明的事项							

本人承诺填报的以上内容均真实、准确、有效，如与实际情况不一致，本人愿意承担相应责任，同时纳入人社信用记录。

申请人（签字）：
年　月　日

相关说明：
1. 标记"＊"的为必填项。
2. 如健康状况为残疾，需注明伤残等级。
3. 劳动者通过失业登记服务全国统一入口申请办理失业登记，将填写此表。上述信息将下发至各地，由登记失业地公共就业服务机构为劳动者办理失业登记。

1) 失业登记的范围。

①年满 16 周岁，从各类学校毕业、肄业的。

②从企业、机关、事业单位等各类用人单位失业的。

③个体工商户业主或私营企业业主停业、破产停止经营的。

④承包土地被征用，符合当地规定条件的。

⑤军人退出现役且未纳入国家统一安置的。

⑥刑满释放、假释、监外执行的。

⑦各地确定的其他失业人员。

2) 登记失业人员出现下列情形之一的，由公共就业服务机构注销其失业登记。

①被用人单位录用的。

②从事个体经营或创办企业，并领取工商营业执照的。

③已从事有稳定收入的劳动，并且月收入不低于当地最低工资标准的。

④已享受基本养老保险待遇的。

⑤完全丧失劳动能力的。

⑥入学、服兵役、移居境外的。

⑦被判刑收监执行的。

⑧终止就业要求或拒绝接受公共就业服务的。

⑨连续 6 个月未与公共就业服务机构联系的。

⑩已进行就业登记的其他人员或各地规定的其他情形。

3) 失业登记工作流程。失业登记工作流程如图 3-1 所示。

①登记申请。受理机构接待前来咨询或申请的人员，对其说明办理的范围、条件、程序、提交的证明和材料等通过现场询问了解基本情况。申请人也可通过对外办理失业登记的网上服务平台及失业登记全国统一服务入口进行失业登记申请。

②登记受理。受理机构向申请人员发放相关失业登记表，指导其按规定如实填写，要求书写规范、字迹工整清晰。同时接受通过网上服务平台及失业登记全国统一服务入口的申请人员资料。并对信息进行完整情况进行查验，申请人信息要求做到真实、准确、全面。

③信息审核。受理机构对申请人员填写的内容进行认真审核，采取劳动者书面承诺方式办理。必要时可通过信息比对或工作人员调查等方式核查劳动者个人身份信息和失业状况。

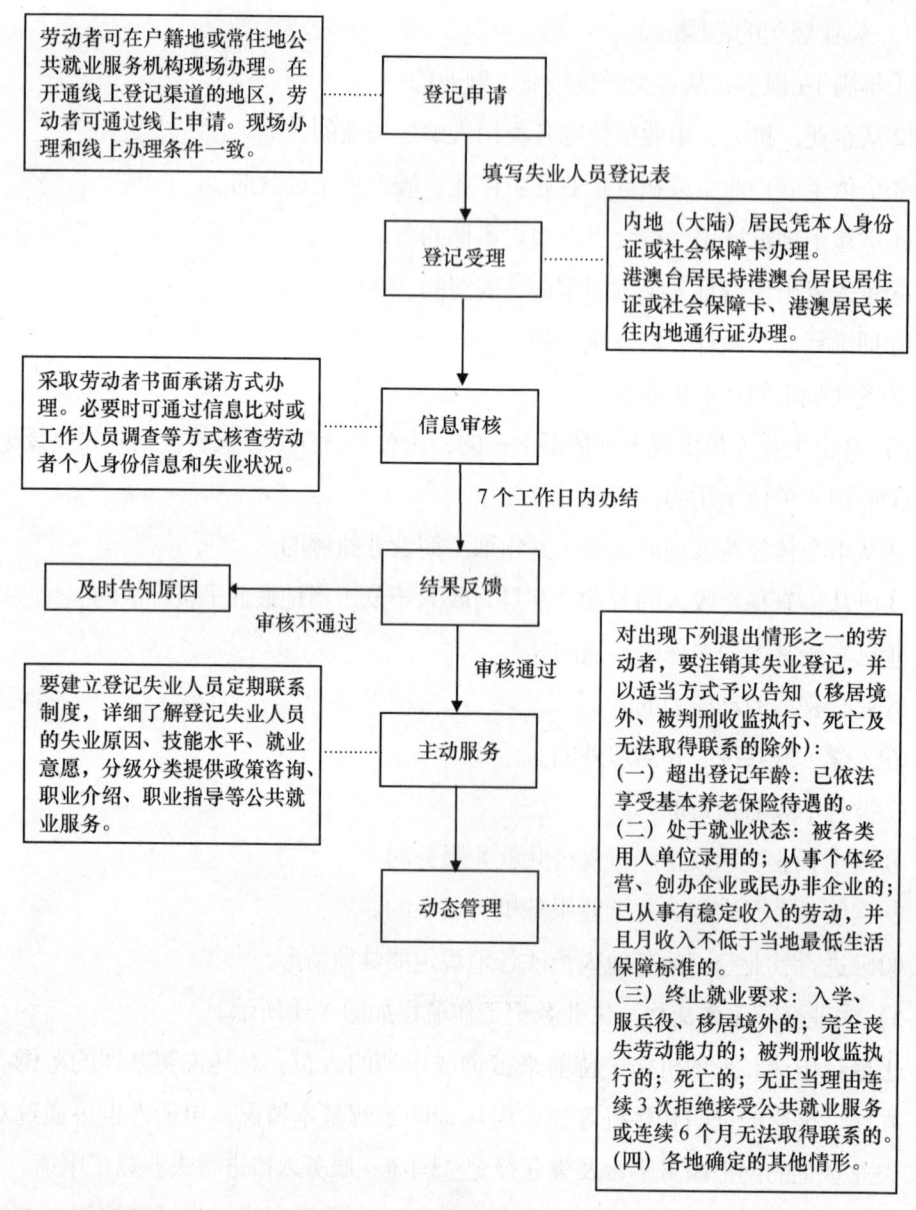

图 3-1 失业登记工作流程

④结果反馈。对审核后符合条件发放《就业创业证》，记载此次相关信息。对初审不符合条件的通过线下或线上予以退回，反馈退回原因。及时办理线上转办失业登记申请，并将审核结果信息（包括依托本地服务平台受理的失业登记）实时同步至人社政务服务平台，方便劳动者在线查询相关信息。

⑤主动服务。登记办理机构要建立登记失业人员定期联系制度，在《失业人员

登记表》记录信息的基础上,详细了解登记失业人员的失业原因、技能水平、就业意愿,分级分类提供政策咨询、职业介绍、职业指导等公共就业服务,同时告知发放对象《就业创业证》的使用范围、相关就业扶持政策、公共就业人才服务项目的内容和申请程序,并全程记录提供服务、落实政策情况。

⑥动态管理。做好登记失业人员日常服务,持有《就业创业证》的劳动者在个人基本情况(包括户籍和常住地址情况、学历情况、职业资格和专业技术职务情况等)、就业与失业状态等发生变化时,办理相应的信息变更。实时录入服务情况及结果,帮助其尽快就业创业或参加到就业准备活动中。同时,鼓励登记失业人员主动报告求职经历和就业状态,及时更新相关信息。要建立定期联系制度,通过信息比对或工作人员实地走访、电话调查等方式,每月至少进行1次跟踪调查,了解劳动者就业失业情况。对提供虚假信息骗取失业保险待遇、就业创业扶持政策的,纳入人社信用记录。

(5)失业率的计算

1)失业率。国际上通用的失业率是指一定时期内失业人数与从业人数和失业人数之和的比,它反映在全部经济活动人口中失业人数所占的比重有多大,从而反映失业问题的严重程度。它是评价一个国家或地区就业水平和失业状况的主要指标。用公式表示为:

$$失业率 = \frac{失业人数}{从业人数 + 失业人数} \times 100\%$$

对失业率更准确的度量要用年度失业率指标。年度失业率取决于该年度中有失业经历的人数,以及他们失业时间的平均长度。用公式表示为:

$$年度失业率 = 该年度有失业经历的人占劳动力总数的比例 \times \frac{失业的平均周数}{52周}$$

2)城镇登记失业率。目前,我国常用的失业率是指城镇登记失业率,它等于城镇失业人数与城镇从业人数和城镇登记失业人数之和的比。其计算公式为:

$$城镇登记失业率 = \frac{城镇登记失业人员期末实有人数}{期末城镇从业人员总数 + 城镇登记失业人员期末实有人数} \times 100\%$$

分母中的期末城镇从业人员总数是指截至报告期末,辖区内城镇劳动年龄人口中就业人员及离岗职工总数,不包括聘用的离退休人员,台、港、澳和外籍人员及使用的农村劳动力。数据来源为同级统计部门和工商管理部门的同期统计数据。城镇登记失业人员期末实有人数指截至报告期末，公共就业和人才交流服务机构登记在册的城镇失业人员总数。期末领取失业保险金的城镇户籍人员，应全部统计为登记失业人员。

一般意义上的失业率和城镇登记失业率的主要区别在于：一是前者对失业人员的统计范围包括进行失业登记和未登记的所有失业人员，而后者只限于进行失业登记的城镇失业人员；二是前者对失业人员通常只限定最低年龄，而后者对失业人员限定为法定劳动年龄内。

3）调查失业率。根据国际劳工组织（ILO）定义，调查失业率是通过劳动力抽样调查取得的就业和失业汇总数据进行计算的，具体是指调查失业人数占调查就业人数与调查失业人数之和的比。调查失业率和城镇登记失业率相比，在调查范围上打破了户籍界限，把农村劳动力纳入调查范围，代表性更强；在采集数据的方式上由过去的劳动力失业登记变为入户问卷调查，从而更加真实地反映城乡劳动力就业状况，更符合当前城乡一体化的就业格局，已成为从宏观层面分析经济发展趋势和就业发展状况的重要指标。

(6) 失业调控

失业调控是从保持就业局势稳定出发，以控制失业率为目标，结合扩大就业的政策措施，运用法律、经济和行政手段对城镇失业的源头进行调控，把失业造成的影响控制在社会可承受的范围内。目前，失业调控采取的措施主要有以下五个方面。

1）建立失业预警机制。

2）实施预防失业和稳定就业政策。

3）完善企业用工监测制度。

4）进一步规范企业裁员行为，避免将失业员工集中推向社会。

5）做好关闭破产企业职工安置工作。

二、就业服务

1. 就业服务的概念和种类

(1) 就业服务的概念

就业服务是指由特定的机构提供一系列服务措施，以满足劳动者求职就业或用人单位招用人员需要的行为。

(2) 就业服务的种类

按照提供服务主体的不同，就业服务可分为两类：一类是由公共就业服务机构提供的公益性就业服务；另一类是由职业中介机构提供的经营性为主的就业服务。

2. 公共就业服务

为推动我国公共就业服务工作的深入开展，人力资源社会保障部、国家发展改革委、财政部出台了《关于推进全方位公共就业服务的指导意见》（人社部发〔2018〕77号），对公共就业服务做了一系列阐述。

(1) 基本原则

1) 以人为本，保障基本。立足基本国情，着力解决人民群众最关心最直接最现实的利益问题，促进劳动者就业创业。坚持尽力而为、量力而行，优先保障基本公共就业服务。

2) 统筹城乡，促进均等。加快城乡间、区域间制度一体化建设，加大公共资源向农村、贫困地区、重点群体倾斜力度，保障各类服务对象获得机会均等的基本公共就业服务。

3) 政府主导，多元参与。把握公共就业服务公益属性，发挥市场机制作用，健全政府和社会、管理和服务、统一和分级分类相结合的工作机制，形成推进全方位公共就业服务合力。

4) 改革创新，提质增效。深入推进"放管服"改革，创新服务理念，优化服务流程，加强绩效评价，全面提升公共就业服务质量、效率和群众满意度。

(2) 公共就业服务范围

1) 推动公共就业服务城乡常住人口全覆盖。劳动年龄内、有劳动能力、有就业要求的城乡劳动者可持居民身份证（或社会保障卡），港澳台人员可持港澳台居民居住证（或港澳居民来往内地通行证、台湾居民来往大陆通行证），在常住地公共就业服务机构申请公共就业服务。其中，处于无业状态的劳动者可进行失业登记，就业困难人员以及零就业家庭的劳动者可申请就业援助。公共就业服务机构可采取"劳动者书面承诺"的方式，在7个工作日内办结失业登记，对符合就业援助条件的认定为就业援助对象，必要时可对劳动者失业状态、失业原因等进行部门信息核查或工作人员调查。

2) 保障各类用人单位同等享有公共就业服务。各类企业、个体经济组织、民办非企业单位等组织，机关事业单位、社会团体及创业实体，可向公共就业服务机构咨询了解人力资源市场信息，申请招聘用工服务。对民营企业等非公有制经济，要公平对待，提供同等服务。公共就业服务机构要在3个工作日内审核用人单位相关资质，核实发布招聘信息的真实性、合法性。对处于初创阶段以及灵活形式用工等用人主体，可采取"经办人书面承诺+工作人员必要调查"的方式受理，并在招聘信息中标注。

（3）公共就业服务内容

依据现行法律法规和相关政策，公共就业服务机构免费提供下列服务。

1）就业创业和劳动用工政策法规咨询、相关扶持政策受理。

2）人力资源供求、市场工资指导价位、职业培训、见习岗位等信息发布。

3）职业介绍、职业指导和创业开业指导。

4）公共就业服务专项活动。

5）对就业困难人员实施就业援助。

6）办理就业登记（劳动用工备案）、失业登记等事务。

7）办理高等学校、中等职业学校、技工学校毕业生接收手续。

8）流动人员人事档案管理服务。

9）劳动关系协调和劳动权益保护。

10）县级以上人民政府确定的其他服务。

（4）公共就业服务功能

1）对劳动者求职就业全程服务。详细了解劳动者就业意愿，根据其需求和能力素质进行分级，分类提供职业介绍和职业指导服务。对登记失业人员开展失业原因分析，向其推介就业创业政策和职业培训项目，开展求职技巧指导，精准匹配岗位信息并回访求职结果。对其中符合条件的，落实失业保险金等相关待遇。加强高校毕业生和下岗转岗职工等重点群体实名制管理，对农村建档立卡贫困劳动力提供精准化就业服务。

2）对用人单位招聘用人全程指导。加强对用人单位需求分类评估，指导其合理制订招聘计划和招聘条件，提供稳定用工和就业创业政策法规、市场工资指导价位、劳动合同示范文本等方面的咨询服务；加强劳动关系协调和矛盾调处，引导企业依法用工、劳动者依法维权，努力构建和谐劳动关系。

3）创业全程服务。对有创业意愿的劳动者，提供创业培训（实训）、开业指导、融资服务、政策落实等"一条龙"服务。加强创业孵化基地建设，为入驻创业实体提供有效的综合服务和政策扶持；加大创业担保贷款贴息等政策落实力度，完善担保机制；注重对创业失败者的指导服务，帮助他们重树信心，再次实现就业创业。

4）就业援助全程帮扶。对就业援助对象实施优先扶持和重点帮助，指定专人负责，制订个性化就业援助计划，明确服务项目和步骤，开展心理疏导，组织参加职业培训，跟踪解决就业过程中的困难和问题；对其中通过市场渠道难以实现就业创业且符合条件的，可通过公益性岗位予以优先安置；确保零就业家庭动态"清零"。

5）终身职业技能培训。实施重点群体职业培训专项行动，全面开展企业职工岗前培训、新型学徒制培训、岗位技能提升培训，着力加强高技能人才培训，推进创业创新培训；对接市场和产业发展需求，完善与就业创业相衔接的培训课程和内容，建立职业技能培训项目清单，及时向社会公布并动态调整。

6）适应市场需求的专项服务。根据人力资源市场供求周期性规律，适时在全国范围内集中组织公共就业服务专项活动，结合各地经济社会发展需求和人力资源结构特点，组织地区间、城乡间劳务协作；建立公共就业服务应急机制，对受国际国内经济形势变化、重大政策调整和自然灾害影响，存在高失业风险的地区、行业和劳动者群体，开展专项帮扶；对出现生产经营困难需要进行规模性裁员的企业，提供劳动关系处理、社会保险接续等方面的专项咨询指导，做好被裁减员工的再就业服务工作。

（5）公共就业服务体系

1）构建政府主导社会参与的多元化供给体系。建立健全公共就业服务体系，完善公共就业服务机构设置，完善街道（乡镇）、社区（村）服务平台，构建覆盖城乡的公共就业服务网络。各地可采取招标等方式，广泛吸引社会资本和优质资源参与政府公共就业服务设施建设和运营管理；将公共就业服务纳入政府购买服务指导性目录，支持经营性人力资源服务机构、社会组织等提供专业化公共就业创业服务，支持社会组织等承接基层基本公共就业服务；广泛动员志愿服务组织、慈善组织、专业社会工作服务机构参与提供公共就业服务。

2）完善全领域的多渠道供给机制。推动线下实体网点服务与线上互联网服务深度融合，实现同一业务事项多渠道可受理、任一方式可办结；综合考虑服务半径、服务人口、资源承载能力和城镇化发展趋势，统筹布局服务网点，推广"15分钟服务圈"；合理设置经办窗口，开设重点群体专门窗口和绿色通道，设立自助服务区域，改善线下服务体验；延长线上服务链条，推动职业介绍、就业失业登记等事项

"应上尽上、全程在线、全网通办";拓展网上服务平台、移动客户端、自助终端、手机短信、12333咨询电话、有线电视等渠道,实现线上服务同步联动。

3)提升贫困地区公共就业服务能力。加大向农村和贫困地区的财政投入和资源配置的倾斜力度,推进城镇公共就业服务向农村延伸,推动城市优质资源向农村辐射;运用现代信息技术手段和政府综合公共服务资源,大力开展服务下乡、巡回指导等活动,保障贫困地区基本公共就业服务需求;组织发达地区与贫困地区建立对口支援长效机制,支持其发展公共就业服务事业。

(6)公共就业服务方式

1)标准化服务。建立健全公共就业服务标准体系,完善设施设备、人员配备等指导性标准,统一公共就业服务视觉识别系统,统一核心业务流程和规范;逐项编制通俗易懂的办事指南,系统梳理并公开必须到现场办理的事项目录。

2)智慧化服务。打造全国统一的智能公共就业服务信息化平台,加快应用大数据、云服务技术,全面推进"互联网+公共就业服务";联网发布就业创业政策信息和各地公共就业服务机构招聘、见习、培训等服务信息;全面开展就业失业登记、社会保险登记、劳动用工备案业务协同,实行就业创业政策受理、审核、实施一体化办理;全程记录落实政策和提供服务信息,全面推进信息数据向上集中,实现跨地区、跨部门交换共享和动态管理;推进流动人员人事档案信息化建设,建立完善基础信息资源库和管理服务运行平台;积极推动电子社保卡线上业务领域应用。

3)推行便民化服务。持续推进"减证便民"行动,简化优化服务流程,清理各类无谓证明,逐一明确兜底条款,压减经办事项自由裁量权;完善预约服务、上门服务、集中服务、代理服务、远程服务等便民措施,加强跨辖区、跨层级、跨业务经办衔接,全面实行"一门、一窗、一网、一次"办理。深入推进行风建设,严格落实各项岗位职责和纪律要求,健全监督和奖惩机制,打造群众满意的公共就业服务。

第 2 节　政策咨询服务

一、政策咨询服务的相关知识

1. 政策咨询服务的基本要求

（1）熟练掌握当前的有关政策

这是对劳动保障协理员在提供政策咨询服务时的首要要求。咨询人所咨询的内容涉及面广、政策性强，如果劳动保障协理员在提供政策咨询服务中不熟悉当前的政策，也就无法开展工作。因此，劳动保障协理员必须了解人力资源社会保障有关法律法规知识，掌握当前的就业创业扶持政策、社会保险政策、退休人员社会化管理政策，熟悉就业服务、各项补贴办理和社会保险服务的工作流程。

（2）全面把握咨询人所询问的内容

劳动保障协理员在提供政策咨询服务中，经常会遇到咨询人对人力资源社会保障政策不理解、对事情经过描述不清楚、对办理业务流程不熟悉，导致所表达出的咨询内容与咨询人的真实情况存在偏差等情况，因此，劳动保障协理员要在认真听完咨询人的叙述后，准确把握咨询人的来意，简明扼要地提炼出咨询人所咨询的关键问题，然后再提供政策咨询服务。

（3）准确解答咨询人所提出的问题

根据咨询人所提出的问题，劳动保障协理员要充分运用当前政策，作出明确的解答。同时，对涉及的相关政策规定给予说明解释，对享受相关扶持政策逐一列举出来供咨询人选择，对相关事务的办理进行详细告知，为咨询人出好主意、做好参谋。

（4）解答要通俗易懂、相互交流

在回答咨询人所提问题的过程中，要有层次、有条理、有针对性地解答，语言尽量口语化，解答要通俗易懂。劳动保障协理员要注重与咨询人的互动交流，确认经过自己解答后咨询人对疑问有所了解，避免一口气滔滔不绝地全面讲解灌输、使用过多的专业术语，让咨询人更加糊涂。

劳动保障协理员要做好政策咨询服务工作，还要认真总结自己和别人过去的成功经验及先进做法，探索、创造符合实际工作要求和工作规律的政策咨询服务新方法，争取做到解答准确、方法新颖、形式多样、成效明显。

（5）态度诚恳，建立互信

劳动保障协理员要注意咨询人的情绪，接待热情，服务周到，态度诚恳，耐心细致，语言准确流利。同时，还要尊重咨询人的个人隐私、生活习惯、民族禁忌和风俗，避免情绪化的沟通交流。

只有相互尊重，真诚相待，才能建立互信的关系，劳动保障协理员在工作中要有意识营造这样的氛围。

2. 政策咨询服务的基本原则

劳动保障协理员在进行政策咨询时，一般要遵循以下原则。

（1）以礼相待原则

劳动保障协理员在服务接待过程中要讲究基本的礼仪、礼貌。

（2）认真负责原则

劳动保障协理员在提供政策咨询服务时，倾听过程要认真，回答咨询人所提问题态度要诚恳，急之所急，帮之所需。对于非业务范围内的问题，要告知进一步咨询的途径。

（3）准确严谨原则

国家法律法规和政策集中反映群众的根本利益，是各级机关和经办机构开展工作的依据和准绳，因此，解答问题要准确适用当前国家法律法规和政策，组织运用语言也要严谨。

（4）解答咨询问题与宣传教育相结合的原则

在提供政策咨询服务中，既会遇到实际政策问题，又会遇到思想认识问题。劳动保障协理员既要按政策解答，又要把宣传教育贯穿始终，帮助咨询人了解政策，消除疑虑。

（5）讲究时效原则

解答咨询人所提问题要及时，对于把握不准的问题要进一步了解相关政策，并及时将结果反馈给咨询人。

3. 提供政策咨询服务的主要方法

（1）按照解答问题方式的不同，提供政策咨询的方式可分为口头政策咨询和书面政策咨询。

1）口头政策咨询。是指咨询人来到基层平台的服务窗口或政策咨询台或以电话方式提出咨询时，劳动保障协理员运用当前政策准确地给予口头解答。这种方式主要是咨询人所提出的问题较为简单，用口语解释就可以让咨询人明白的情况下使用。

2）书面政策咨询。是指咨询人以书信或电子邮件的方式提出问题时，劳动保障协理员同样以书信或电子邮件的方式给予解答。这种方式主要是在所提出的问题较为复杂，用口语解答不清楚时或者只有用书面解答咨询人较为合适的情况下使用。

（2）按照使用工具的不同，提供政策咨询服务的方式分为网上咨询服务、宣传窗（栏）服务、发放宣传资料等。

1）网上咨询服务。是指对一些共同的问题通过互联网、电子屏等方式解释说明有关政策。

2）宣传窗（栏）服务。是指在基层平台公共服务大厅或街道（乡镇）、社区（村）相对集中的场所设立宣传窗（栏）宣传有关政策法规。

3）发放宣传资料。是指将相关政策印制成宣传小册子或宣传单，在基层平台公共服务大厅或街道（乡镇）、社区（村）相对集中的场所发放。

4．政策咨询服务的一般程序

政策咨询服务的基本程序包括准备工作、接待、登记、答复、查询、整理与归档（分析）、回访。

（1）准备工作

劳动保障协理员在开展政策咨询时要做好以下准备工作。

1）个人准备。穿好工作服，佩戴工作牌或胸卡，仪表整洁，着装大方、得体。

2）接待准备。整理接待室，打扫卫生，保持清洁的环境。

3）资料准备。准备好各种登记表格、宣传资料和有关政策工具书。

（2）接待

1）以礼相待。劳动保障协理员要用尊重、平等、热情的态度接待咨询人，主动打招呼说："您好。"再请其入座，询问："您有什么事情需要帮助？"

2）充分沟通。特别是面对面倾听咨询人的陈述，耐心地让咨询人把话说完；咨询人提出问题抓不住要点的，劳动保障协理员要主动进行适当的提示或直接提问；对咨询人提出的问题和要求，不论合理与否、能不能解决，都应用热情、认真的态度和语言进行解释、交谈。如果咨询人情绪激动或言辞激烈，也要礼貌地加以说明，不能简单急躁、敷衍了事，更不能借故推诿。

3）使用文明语言。劳动保障协理员在开展政策咨询时要使用文明用语，吐字要清晰，用词要规范，尽量把解答内容通俗易懂地表达出来；语气要温和，声音要适度，把握好说话语调的高低、轻重和语速的快慢。

4）争取运用肢体语言。肢体语言是口语表达的补充。劳动保障协理员的目光和眼神要与咨询人适当接触，表示正在认真倾听对方的诉说和交谈处于愉快状态；面部表情保持适度微笑，态度诚恳、友善；身体姿态要自然得体，坐得笔直或手脚僵硬会使咨询人感到你不自信或对其不尊重。

(3) 登记

1）分析判断。劳动保障协理员要根据与咨询人沟通的内容，从中归纳提炼出咨询人提出问题的要点、准确有用的信息，简明扼要、真实地进行登记。

2）填写咨询服务登记表。咨询服务登记表主要记录接待日期、咨询人姓名、人数、单位或住址、联系方式、来访内容、接待过程、处理意见或结果、接访人签章等。

登记时，可能遇到由于涉及咨询人利益或利害关系，咨询人不愿意透露真实身份、姓名的情况，劳动保障协理员应尊重本人的选择。

3）咨询服务登记应区别不同情况分别进行记录。对咨询人力资源社会保障以外业务的咨询可以不作记录；对咨询较为简单的政策业务问题，劳动保障协理员应当场予以准确答复的，可以简要记录；对于需要另行解答的政策业务问题，需要详细记录咨询人的联系方式、咨询的主要问题等内容。

(4) 答复

对咨询人提出的问题，劳动保障协理员要及时予以答复或承诺另行答复的时间和方式。答复咨询时应做到以下几点。

1）尽可能予以当面一次性告知。

2）答复内容要以上级的有关政策文件、规定为依据，以保证答复内容的准确性。

3）答复要明确，特别是回复的关键点要表达明确。

(5) 查询

对咨询人提出的问题，劳动保障协理员经分析判断后，帮助咨询人查阅相关政策规定。

1）查阅相关文件，找出具体规定或向咨询人提供宣传资料。

2）指导咨询人使用查询工具，如电子触摸屏、语音电话、互联网络等。

3）向上级业务部门请示查询。

4）对不属于人力资源社会保障业务范围内的咨询问题，指导咨询人通过相关途径进行查询。

（6）整理与归档（分析）

咨询结束后，劳动保障协理员要检查需要登记的事项，及时补充疏漏的内容，并将有关信息录入计算机，单独列出、注明未及时解答的问题。按建立基础台账的要求，将资料整理归档备查，以利今后检索、查找、总结和跟踪服务。遇到重大问题或涉及面较大的事项，应及时向本级机构负责人和上级业务部门报告。对于咨询人咨询的问题比较突出、咨询频率较高的问题要及时总结归纳，可以采取张贴宣传资料、发放宣传小册子等方式进行宣传。

（7）回访

劳动保障协理员对咨询人进行回访，是对政策咨询服务中落实或解决的问题处理结果的了解。回访是政策咨询服务的后续服务，也要将回访情况记录在咨询服务台账中。政策咨询服务回访主要有以下三种方式。

1）专访。对重大问题或涉及面较大的事项，了解政策咨询服务后落实或解决情况，劳动保障协理员要专门走访。

2）电话回访。一般事项咨询服务后的落实或解决情况，可以通过电话回访的方式进行了解。

3）见面询问。当再次见到咨询人时，劳动保障协理员应主动了解政策咨询服务的效果。

■**注意事项**

劳动保障协理员答复咨询人提出的问题时，要妥善处理好以下几种特殊情况。

第一，无法准确回答咨询人提出的问题。劳动保障协理员无法准确回答咨询人提出的问题时要向咨询人表示歉意，对属于业务范围内的问题，承诺进一步了解政策后另行解答；对不属于业务范围内的问题，尽可能指导咨询人通过其他途径进行咨询。

第二，咨询人通过电话方式进行咨询。劳动保障协理员要将所属机构的服务窗口或政策咨询电话公之于众，平时也要注重通过电话方式解答咨询人的问题。接听咨询人的电话时，要耐心倾听咨询人提出的问题，准确把握咨询要点，认真解答。对较为复杂的咨询问题，不能够用简短语言答复的，要向咨询人说明原因，或者告知查询方法、途径，或者约定时间面对面答复、上门答复。

第三，咨询人通过书信或互联网络进行咨询。劳动保障协理员要将所属机构政策咨询服务窗口的通信地址、邮政编码、电子信箱、咨询服务内容公之于众。劳动保障协理员要及时查看通信信箱、电子信箱，查收咨询人的咨询信件，针对咨询人提出的问题予以书面答复。

5. 组织策划政策咨询活动的程序

组织策划政策咨询活动的程序包括制定方案、实地查看、部门间协调沟通、现场调度、情况汇总、活动总结。

（1）制定方案

宣传、咨询活动策划，主要应包括以下方面。

1）确立活动主题。首先，明确指导思想，说明活动的主题和目的，文字上要言简意赅、高度概括、画龙点睛。其次，确定标题，即给宣传、咨询活动起名称。标题一般由三个因素组成，即组织者、内容、形式（或载体），如"振兴街道《就业促进法》宣传月活动"，其中，"振兴街道"是组织者，《就业促进法》是内容，"宣传月活动"是形式。

2）确定活动形式。活动形式是内容的载体，根据活动内容选用形式，形式依赖于内容；形式适合于内容时，对内容的呈现有促进作用。

3）明确活动内容。活动内容主要是明确活动的项目和日程安排。

4）安排时间地点。活动的时间安排，上级有要求的，要按照统一时间安排；自行组织或联合举办的，根据宣传、咨询活动的内容、形式、实际情况加以确定，并明确起止时间。如果是室外活动，还要考虑到天气对组织活动的影响。地点选择首先要考虑宣传、咨询活动的规模、人数多少，其次是考虑活动地点交通是否便利、设施设备是否能满足活动内容和形式的需要。

5）落实责任分工。策划、组织宣传咨询活动涉及的工作环节较多，如宣传材料的编写、印刷、发放，参加活动单位的邀请、安排、落实，上级领导参加活动的接待，新闻媒体采访，宣传咨询活动信息的发布，后勤保障服务，现场安全保卫，活动情况的汇总、总结等，各相关环节都要考虑周密，明确分工，专人负责。

6）编制经费预算。组织宣传咨询活动，制作标语、工作人员标牌、展板，印发宣传材料，场地租用都需要一定经费，应本着节俭的原则在策划活动中作出经费预算，按规定程序报批执行。

（2）实地查看

对组织活动的场地、场所必须进行实地查看，做到心中有数、有备无患。实地查看包括以下内容。

1）场所面积、设施设备（包括电源、卫生间、桌椅、车辆停放场地等）、交通等条件能否基本达到活动的规模、形式、内容的要求。

2）根据场所具体情况确定标题、标语的悬挂，展牌的放置。划分出大致活动区域，如招聘区、政策咨询服务区、创业项目展示区等。同时，要安排好参加活动的单位，宣传、咨询服务，项目展示等具体摊位。必要时，应画出示意图，发给单位和个人，使其对号入座。

3）如有上级领导参加活动，要安排好现场活动内容和路线。

4）落实安全保卫措施。组织离退休人员活动，还要考虑安排医护人员。

（3）部门间协调沟通

组织宣传、咨询活动往往涉及几个部门，有的还涉及外单位，需要协调沟通。协调沟通的方式有：打电话联系、送文件征求意见、上门商谈、请来协商、牵头召集会议通报情况或座谈等，务求相互支持和理解，取得一致，把事情办妥。协调沟通的结果应及时向主管领导汇报。必要时应请主管领导出面协调调度。

（4）现场调度

宣传咨询活动开始前，工作人员务必提前进场，按各自分工进行现场安排和调度。遇有突发情况要沉着冷静，采取引导、疏导措施，及时解决。

（5）情况汇总

1）较大规模宣传咨询活动可以采用活动情况统计调度汇总。

2）重大宣传咨询活动可以采用活动结束后召集有关人员开会共同汇总。

3）小规模和宣传咨询内容较单一的活动，由负责情况汇总的工作人员调度汇总。

（6）活动总结

活动结束后要形成书面总结向上级有关部门报告，同时，将活动的有关资料收集齐全，整理后，连同总结一并归档。

■注意事项

宣传形式的选用。要根据具体条件、实际情况和内容确定适合本次活动的宣传形式。

信息的更新与维护。要注意宣传咨询服务内容的时效性，及时更新和维护。

二、就业创业扶持政策内容

1. 就业扶持政策

我国现行的就业扶持政策主要包括：职业技能培训和创业培训补贴、职业技能鉴定补贴、社会保险补贴、公益性岗位补贴、就业见习补贴、一次性求职创业补贴和失业保障政策等。

（1）职业技能培训和创业培训补贴

根据《关于印发〈就业补助资金管理办法〉的通知》（财社〔2017〕164号）第五条规定，享受职业培训补贴的人员范围包括：贫困家庭子女、毕业年度高校毕业生（含技师学院高级工班、预备技师班和特殊教育院校职业教育类毕业生，下同）、城乡未继续升学的应届初高中毕业生、农村转移就业劳动者、城镇登记失业人员（以下简称"五类人员"），以及符合条件的企业职工。

《国务院办公厅关于印发职业技能提升行动方案（2019—2021年）的通知》中，要求对贫困家庭子女、贫困劳动力、两后生（城乡未继续升学初高中毕业生）、农村转移就业劳动者、下岗失业人员和转岗职工、退役军人、残疾人开展免费职业技能培训行动。

支持各类职业院校（含技工院校）、普通高等学校、职业培训机构和符合条件的企业承担失业人员职业技能培训或创业培训。

1）符合条件人员的培训补贴。符合条件的劳动者在户籍地、常住地、求职就业地参加培训后取得证书（职业资格证书、职业技能等级证书、专项职业能力证书、特种作业操作证书、培训合格证书等）的，按规定给予职业培训补贴，原则上每人每年可享受培训补贴不超过3次，但同一职业同一等级不可重复享受。

为全面贯彻落实《国务院办公厅关于印发职业技能提升行动方案（2019—2021年）的通知》等文件精神，推动实施职业技能提升行动，进一步明确职业技能提升行动专账资金对就业重点群体以及贫困劳动力职业技能培训补贴要求，具体为：

①对贫困家庭子女、贫困劳动力、两后生、农村转移就业劳动者、下岗失业人员和转岗职工、退役军人、残疾人开展免费职业技能培训。

②对参加贫困村创业致富带头人培训的，按规定给予职业培训补贴。

③对贫困劳动力、就业困难人员、零就业家庭成员、两后生中的农村学员和城市低保家庭学员，在培训期间同时给予生活费（含交通费）补贴。

④毕业年度高校毕业生和离校2年内未就业高校毕业生（含技师学院）参加职业技能培训和创业培训，按规定给予职业培训补贴。

⑤农民参加新型职业农民培育工程、农村实用人才带头人素质提升和职业农民技能培训等，按规定给予职业培训补贴。

2）企业录用符合条件人员的培训补贴。根据《关于印发〈就业补助资金管理办法〉的通知》（财社〔2017〕164号）等文件规定：对企业新录用的五类人员，与企业签订1年以上期限劳动合同、并于签订劳动合同之日起1年内参加由企业依托所属培训机构或政府认定的培训机构开展岗位技能培训的，在取得证书（职业资格证书、职业技能等级证书、专项职业能力证书、特种作业操作证书、培训合格证书等）后给予职工个人或企业一定标准的职业培训补贴。对按国家有关规定参加企业新型学徒制培训、技师培训的企业在职职工，培训后取得职业资格证书的，给予职工个人或企业一定标准的职业培训补贴。

为全面贯彻落实《国务院办公厅关于印发职业技能提升行动方案（2019—2021年）的通知》等文件精神，推动实施职业技能提升行动，进一步明确职业技能提升行动专账资金对企业职工培训补贴要求，具体为：

①各类企业职工（含在企业工作的劳务派遣人员）参加岗前培训、安全技能培训（含特种作业人员、特种设备作业人员）、在岗培训、岗位技能提升培训、转岗转

业培训、脱产培训，参加岗位练兵、技能竞赛、在线学习和通用职业素质等综合性培训，参加初级工、中级工、高级工、技师、高级技师培训，按规定给予职业培训补贴。企业组织一线在职职工参加高技能人才、高技能领军人才、产业紧缺人才境外培训，按规定给予职业培训补贴。上述培训补贴不含差旅费、交通费、食宿费、获奖人员奖金和工杂等其他费用。

②企业在职职工（含见习期）参加新型学徒制培训的，给予企业每人每年4 000元以上的职业培训补贴。培养成本高和急需紧缺职业（工种）的企业新型学徒制培训，可提高补贴标准。

③企业、农民专业合作社和扶贫车间等各类生产经营主体吸纳贫困劳动力就业并开展以工代训，以及参保企业吸纳就业困难人员、零就业家庭成员就业并开展以工代训的，给予一定期限的职业培训补贴，最长不超过6个月。

④大力支持受经济影响困难企业、高危行业企业、平台企业（电商企业）以及新业态企业开展就业技能培训、岗位技能提升培训和转岗转业培训，按规定给予职业培训补贴。

3）符合条件人员项目制培训补贴。各地人社、财政部门通过项目制方式，向政府认定的培训机构整建制购买就业技能培训或创业培训项目，为化解钢铁煤炭煤电行业过剩产能企业失业人员（简称"去产能失业人员"）、建档立卡贫困劳动力免费提供就业技能培训或创业培训的，对承担项目制培训任务的培训机构，给予一定标准的职业培训补贴。

（2）职业技能鉴定补贴

对同一职业（工种）同一技能等级通过初次职业技能鉴定并取得职业资格证书（职业技能等级证书、专项职业能力证书，不含培训合格证）的贫困家庭子女、毕业年度高校毕业生（含技师学院高级工班、预备技师班和特殊教育院校职业教育类毕业生）、城乡未继续升学的应届初高中毕业生、农村转移就业劳动者、城镇登记失业人员给予职业技能鉴定补贴。具体补贴标准由省级人社、财政部门确定。对纳入重点产业职业资格和职业技能等级评定指导目录的，可适当提高补贴标准。

（3）社会保险补贴

1）灵活就业社保补贴。对符合《就业促进法》规定的就业困难人员和离校2年内未就业的高校毕业生灵活就业后缴纳的社会保险费，给予一定数额的社会保险补贴，补贴标准原则上不超过其实际缴费的2/3。

就业困难人员社会保险补贴期限，除对距法定退休年龄不足 5 年的就业困难人员可延长至退休外，其余人员最长不超过 3 年（以初次核定其享受社会保险补贴时年龄为准）。高校毕业生社保补贴期限最长不超过 2 年。

2）单位招用就业困难人员的社保补贴。对招用就业困难人员并缴纳社会保险费的单位，按其为就业困难人员实际缴纳的基本养老保险费、基本医疗保险费和失业保险费给予补贴，不包括就业困难人员个人应缴纳的部分。

补贴期限除对距法定退休年龄不足 5 年的就业困难人员可延长至退休外，其余人员最长不超过 3 年（以初次核定其享受社会保险补贴时年龄为准）。

3）小微企业招用高校毕业生社保补贴。对招用离校 2 年内未就业的高校毕业生，与之签订 1 年以上劳动合同并为其缴纳社会保险费的小微企业，给予最长不超过 1 年的社会保险补贴，不包括高校毕业生个人应缴纳的部分。

4）公益性岗位安置就业困难人员社保补贴。对通过公益性岗位安置就业困难人员并缴纳社会保险费的单位，按其为就业困难人员实际缴纳的基本养老保险费、基本医疗保险费和失业保险费给予补贴，不包括就业困难人员个人应缴纳的部分。

补贴期限除对距法定退休年龄不足 5 年的就业困难人员可延长至退休外，其余人员最长不超过 3 年（以初次核定其享受社会保险补贴时年龄为准）。

对公益性岗位期满后仍难以通过其他渠道实现就业的大龄就业困难人员、零就业家庭成员、重度残疾人等特殊困难人员，可再次按程序通过公益性岗位予以安置，补贴期限重新计算，并报送省级人社、财政部门备案，累计安置次数原则上不超过 2 次。

（4）公益性岗位岗位补贴

1）安置就业困难人员的公益性岗位补贴。对开发公益性岗位安置就业困难人员的用人单位，给予岗位补贴，所需资金按规定列支。岗位补贴标准原则上不高于当地最低工资标准。

补贴期限除对距法定退休年龄不足 5 年的就业困难人员可延长至退休外，其余人员最长不超过 3 年（以初次核定其享受社会保险补贴时年龄为准）。

对公益性岗位期满后仍难以通过其他渠道实现就业的大龄就业困难人员、零就业家庭成员、重度残疾人等特殊困难人员，可再次按程序通过公益性岗位予以安置，补贴期限重新计算，并报送省级人社、财政部门备案，累计安置次数原则上不超过 2 次。

2）乡村公益性岗位补贴。在遵循公益性岗位政策总体要求的前提下，结合脱贫攻坚和乡村振兴战略等重大决策部署，开发乡村公共服务类岗位，优先安置"无法离乡、无业可扶、无力脱贫"且有能力胜任岗位工作的建档立卡贫困劳动力,明确符合当地实际的岗位聘任程序。根据劳动时间、劳动强度等因素确定岗位补贴标准,原则上不高于当地城镇公益性岗位水平,为安置人员购买意外伤害商业保险,所签订的劳动合同或劳务协议最长期限不超过1年。

(5) 就业见习补贴

就业见习是组织青年进行岗位实践锻炼的就业准备活动。见习对象为离校2年内未就业高校毕业生(艰苦边远地区、老工业基地、国家级贫困县可扩大至离校2年内未就业中职毕业生)、16至24岁失业青年。见习时间为3至12个月。见习期间由见习单位给予基本生活费,办理人身意外伤害保险。对吸纳见习的单位,按规定给予就业见习补贴,因疫情见习中断的,相应延长补贴期限。

对见习人员见习期满留用率达到50%以上的单位,可适当提高见习补贴标准。对见习期未满与高校毕业生签订劳动合同的,给予见习单位剩余期限见习补贴。

根据《人力资源社会保障部 教育部 公安部 财政部 中国人民银行关于做好当前形势下高校毕业生就业创业工作的通知》(人社部发〔2019〕72号)精神,要扩大就业见习规模。全面推进三年百万青年见习计划,及时摸排锁定有见习需求的高校毕业生和失业青年,有针对性地开发见习岗位,做好见习服务对接,帮助他们获得岗位实践机会。承担援藏援疆援青任务的省市要根据受援地见习对象需求,组织一批人员到内地见习。对见习期满留用率达到50%以上的见习单位,适当提高见习补贴标准。

(6) 一次性求职创业补贴

一次性求职创业补贴面向毕业学年有就业创业意愿并积极求职创业的低保家庭、贫困残疾人家庭、建档立卡贫困家庭和特困人员中的高校毕业生,残疾及获得国家助学贷款的高校毕业生,含中等职业学校(含技工院校)符合条件的困难毕业生。民办高校毕业生符合条件的,同等享受政策。

(7) 失业保障政策

对参保缴费满1年、非因本人意愿中断就业、已办理失业登记并有求职要求的失业人员,及时足额发放失业保险金。

自2019年12月起,登记失业人员领取失业保险金期满仍未就业且距法定退休年龄不足1年的,可继续享受失业保险金至法定退休年龄。

2. 创业扶持政策

我国现行的创业扶持政策主要包括：市场准入、税收减免、行政事业性收费减免、创业担保贷款及贴息、一次性创业补贴、创业带动就业补贴、创业场地补贴、创业孵化补贴、创业见习补贴、创业培训补贴等。

（1）市场准入

1）放宽企业注册登记，推行工商营业执照、组织机构代码证、税务登记证、社会保险登记证、统计登记证"五证合一"。

2）社会信用代码实现"一照一码"。

3）放宽新注册企业场所登记条件限制，允许"一照多址""一址多照"和"住改商"。

（2）税收减免

1）个体经营税费减免。建档立卡贫困人口、持《就业创业证》（注明"自主创业税收政策"或"毕业年度内自主创业税收政策"）或《就业失业登记证》（注明"自主创业税收政策"）的人员，从事个体经营的，自办理个体工商户登记当月起，在3年（36个月，下同）内按每户每年12 000元为限额依次扣减其当年实际应缴纳的增值税、城市维护建设税、教育费附加、地方教育附加和个人所得税。限额标准最高可上浮20%，各省、自治区、直辖市人民政府可根据本地区实际情况在此幅度内确定具体限额标准。

纳税人年度应缴纳税款小于上述扣减限额的，减免税额以其实际缴纳的税款为限；大于上述扣减限额的，以上述扣减限额为限。

上述人员具体包括：①纳入全国扶贫开发信息系统的建档立卡贫困人口；②在人力资源社会保障部门公共就业服务机构登记失业半年以上的人员；③零就业家庭、享受城市居民最低生活保障家庭劳动年龄内的登记失业人员；④毕业年度内高校毕业生。高校毕业生是指实施高等学历教育的普通高等学校、成人高等学校应届毕业的学生；毕业年度是指毕业所在自然年，即1月1日至12月31日。

2）企业、民办非企业单位吸纳失业人员税费减免。企业招用建档立卡贫困人口，以及在人力资源社会保障部门公共就业服务机构登记失业半年以上且持《就业创业证》或《就业失业登记证》（注明"企业吸纳税收政策"）的人员，与其签订1年以上期限劳动合同并依法缴纳社会保险费的，自签订劳动合同并缴纳社会保险当月起，在3年内按实际招用人数予以定额依次扣减增值税、城市维护建设税、教育费附加、地方教育附加和企业所得税优惠。定额标准为每人每年6 000元，最高可上浮30%，各省、自治区、直辖市人民政府可根据本地区实际情况在此幅度内确定具体定额标准。城市维护建设税、教育费附加、地方教育附加的计税依据是享受本项税收优惠政策前的增值税应纳税额。

（3）行政事业性收费减免

凡下岗失业人员从事个体经营的，除国家限制的行业（包括建筑业、娱乐业以及广告业、桑拿、按摩、网吧、氧吧等）外，自工商部门批准其经营之日起3年内可以免交有关登记类、证照类和管理类的各项行政事业性收费。

对应届及毕业2年以内的高校毕业生从事个体经营的，自其在工商部门首次注册登记之日起3年内，免收登记类和证照类等有关行政事业性收费。

（4）创业担保贷款及贴息

1）个人创业担保贷款及贴息。符合创业担保贷款申请条件的人员自主创业或合伙创业，除助学贷款、扶贫贷款、住房贷款、购车贷款、5万元以下小额消费贷款（含信用卡消费）以外，本人及其配偶没有其他贷款的，可申请创业担保贷款和财政贴息支持。

贷款额度不超过20万元，贷款期限不超过3年。

合伙创业的，可根据合伙创业人数适当提高贷款额度，最高不超过符合条件个人贷款总额度的10%。

符合创业担保贷款申请条件的人员指：城镇登记失业人员、就业困难人员（含残疾人）、复员转业退役军人、刑满释放人员、高校毕业生（含大学生村官和留学回国学生）、化解过剩产能企业职工和失业人员、返乡创业农民工、网络商户、建档立卡贫困人口、农村自主创业农民等重点就业群体。

对还款积极、带动就业能力强、创业项目好的借款个人，可继续提供创业担保贷款贴息，但累计次数不得超过3次。对获得市（设区市）级以上荣誉称号的创业人员、创业项目、创业企业，经金融机构评估认定的信用小微企业、商户、农户，经营稳定守信的二次创业者等特定群体原则上取消反担保。

2）小微企业创业担保贷款及贴息。小微企业当年新招用登记失业人员等符合创业担保贷款申请条件的人数达到在职职工人数15%（超过100人的企业达到8%），并与其签订1年以上劳动合同，且无拖欠职工工资、欠缴社会保险费等严重违法违规信用记录的，可申请创业担保贷款和财政贴息支持，贷款额度不超过300万元，贷款期限不超过 2 年。

对还款积极、带动就业能力强、创业项目好的借款小微企业，可继续提供创业担保贷款贴息，但累计次数不得超过 3 次。对获得市（设区市）级以上荣誉称号的创业人员、创业项目、创业企业，经金融机构评估认定的信用小微企业、商户、农户，经营稳定守信的二次创业者等特定群体原则上取消反担保。

小微企业是指属于《统计上大中小微企业划分办法（2017）》（国统字〔2017〕213 号）规定的小型、微型企业。

（5）一次性创业补贴

对首次创办小微企业或从事个体经营，且所创办企业或个体工商户自工商登记注册之日起正常运营 1 年以上的离校 2 年内高校毕业生、就业困难人员，试点给予一次性创业补贴。具体试点办法由省级财政、人社部门另行制定。

（6）创业带动就业补贴

普通高等学校学生（在校及毕业 2 年内）、复员转业退役军人、从事非农产业的农民、登记失业和就业困难人员初次创办的创业经营主体，初创主体需吸纳其他劳动者就业并与之签订 1 年以上期限劳动合同，并按规定为其他劳动者缴纳社会保险费。

各地根据初创主体实际带动就业人数、缴纳社会保险费和补贴资金规模等情况确定，创业带动就业补贴只享受一次。

（7）创业场地补贴

政府投资开发的孵化基地等各类创业载体可安排一定比例场地，免费向毕业生、返乡入乡创业农民工提供，充分利用闲置资源提供低成本场地支持。

支持稳定就业压力较大地区为失业人员自主创业免费提供经营场地。

支持高质量建设一批返乡入乡创业园（基地）、集聚区，吸引农民工等就地就近创业就业。对入驻返乡入乡创业示范基地等场所或租用各类园区标准化厂房生产的返乡入乡创业企业，各地可对厂房租金、卫生费、管理费等给予一定额度减免。

（8）创业孵化补贴

鼓励各地加快建设重点群体创业孵化载体，为创业者提供低成本场地支持、指导服务和政策扶持。

1）利用经济技术开发区、工业园区、高新技术园区、大学科技园区、小企业孵化园等，加快创业孵化基地、众创空间等建设。

2）试点推动老旧商业设施、仓储设施、闲置楼宇、过剩商业地产转为创业孵化基地。

3）整合部门资源，发挥孵化基地资源集聚和辐射引领作用，为创业者提供指导服务和政策扶持。

4）对确有需要的创业企业可适当延长孵化周期。

5）对创业孵化基地给予奖补，以及向社会购买基本就业创业服务成果，可根据创业孵化基地入驻实体数量和孵化效果，给予一定奖补。

（9）创业见习补贴

针对青年创业者普遍存在的创业经验能力不足，创业持久力不强的问题，为进一步培养青年创业能力，提高青年创业成功率，各地人力资源社会保障部门积极发展一批经营状况良好、管理规范有序、社会责任感强的优质企业成为青年创业见习基地，全面启动实施青年创业见习工作。

（10）创业培训补贴

对符合条件的人员参加创业培训后取得相应证书的，给予一定标准的创业培训补贴。

享受创业培训补贴人员的范围包括：贫困家庭子女、毕业年度高校毕业生（含技师学院高级工班、预备技师班和特殊教育院校职业教育类毕业生）、城乡未继续升学的应届初高中毕业生、农村转移就业劳动者、城镇登记失业人员。

同时，要加大创业支持力度，要面向有创业意愿和培训需求的城乡青年，开展有针对性的创业培训。各高校要开设相关课程对大学生进行创业教育，鼓励和支持大学生参加创业培训，落实创业培训补贴政策。

就业创业扶持政策文件依据：

1.《关于印发〈就业补助资金管理办法〉的通知》（财社〔2017〕164号）

2.《国务院关于做好当前和今后一个时期促进就业工作的若干意见》

3.《国务院办公厅关于印发职业技能提升行动方案（2019—2021年）的通知》

4.《人力资源社会保障部办公厅 财政部办公厅关于做好职业技能提升行动专账资金使用管理工作的通知》（人社厅发〔2019〕117号）

5.《国务院办公厅关于应对新冠肺炎疫情影响强化稳就业举措的实施意见》

6.《人力资源社会保障部 教育部 公安部 财政部 中国人民银行关于做好

当前形势下高校毕业生就业创业工作的通知》（人社部发〔2019〕72号）

7.《人力资源社会保障部 财政部关于做好公益性岗位开发管理有关工作的通知》（人社部发〔2019〕124号）

8.《国务院关于做好当前和今后一段时期就业创业工作的意见》

9.《人力资源社会保障部 教育部 财政部 商务部 国务院国资委 共青团中央 全国工商联关于进一步加强就业见习工作的通知》（人社部函〔2020〕66号）

10.《国务院关于进一步做好稳就业工作的意见》

11.《国务院关于做好当前和今后一段时期就业创业工作的意见》

12.《国务院办公厅关于加快推进"五证合一、一照一码"登记制度改革的通知》

13.《国务院关于印发注册资本登记制度改革方案的通知》

14.《国务院扶贫关于进一步支持和促进重点群体创业就业有关税收政策的通知》（财税〔2019〕22号）

15.《国务院办公厅关于下岗失业人员从事个体经营有关收费优惠政策的通知》

16.《关于实施2010高校毕业生就业推进行动大力促进高校毕业生就业的通知》（人社部发〔2010〕25号）

17.《关于进一步加大创业担保贷款贴息力度全力支持重点群体创业就业的通知》（财金〔2020〕21号）

18.《财政部关于修订发布〈普惠金融发展专项资金管理办法〉的通知》（财金〔2019〕96号）

19.《人力资源社会保障部 财政部 共青团中央关于印发百万青年技能培训行动方案的通知》（人社部发〔2020〕59号）

第3节 就业援助

一、就业援助基础知识

1. 就业援助的概念

就业援助是指政府公共就业服务机构通过贯彻落实国家相关就业的法律、法规及党和政府的各项促进就业创业政策,对就业困难人员实施就业安置等就业帮助。服务措施,以促进就业弱势群体人员实现就业再就业,增加家庭劳动收入,摆脱贫困为目的。

2. 就业援助的特点

依据就业促进法和就业服务与就业管理规定的相关规定,就业援助主要具有以下特点。

(1) 就业援助体现国家对就业困难人员的责任。

(2) 就业援助对象必须通过一定的程序确定。

(3) 就业援助对象是依靠自身努力,仍难实现就业,属于生活相对贫困的人员。

(4) 个人申请是就业援助的必要条件。

就业援助与失业保险和最低生活保障制度不同,它是一项从根本上解决就业困难人员家庭困难的措施,是帮助其融入社会、提高技能、创造价值、通过劳动获得经济来源、提高生活质量的渠道。而失业保险是对因失业而暂时中断生活来源的劳动者提供物质帮助进而保障失业人员失业期间的基本生活,促进其再就业的制度。最低生活保障制度提供的仅仅是满足最低生活需求的资金或实物,它体现了人道主义精神,它不问致贫原因,只看受助者是否真是贫困,是社会保障制度中的最后一道安全网,是保障生活、维系生活的最后一道防线,它极力使每一个公民不至于在生活困难时处于无助的困境。就业援助也与计划经济时期安置就业不同,就业援助是通过财政、税收等政策扶持,既促进就业困难人员再就业,又减轻企业负担,降低企业人工成本，增强企业活力，促进经济发展。

3. 就业援助对象的范围

就业援助对象包括就业困难人员和零就业家庭，一般包括以下有劳动能力和就业愿望的人员。

（1）因身体原因导致就业困难的人员。通常指年龄偏大、疾病或者身体残疾的就业困难人员。年龄偏大的对象范围一般指女性年满40周岁、男性年满50周岁的"4050"人员；其他身体原因指因心理、生理的原因，部分丧失劳动能力的人员。

（2）因技能水平导致就业困难的人员。通常指文化素质偏低、职业技能缺乏或者技能水平不能适应岗位需要等市场就业竞争能力较差的就业困难人员。

（3）因家庭因素导致就业困难的人员。通常指夫妻双方失业、单亲的家庭、享受城镇最低生活保障待遇家庭的就业困难人员，或者由于家庭成员、本人健康状况丧失劳动能力导致家庭负担过重等原因，致使就业困难的人员。

（4）因失去土地导致就业困难的人员。通常指因城市规划需要，土地被全部或部分征用，暂时无经济收入的被征地人员。

（5）连续失业一定时间仍未能就业的人员。按现行政策的规定，连续失业一定时间，通常指登记失业一年以上的失业人员。零就业家庭是指法定劳动年龄内的家庭成员均处于失业状态的城市居民家庭。

（6）由于就业观念导致的就业困难人员。就业观念也是产生就业困难人员的原因之一，部分就业困难人员由于受传统就业观念的影响，单位就业、稳定就业、体面就业观念根深蒂固，对其他民营企业、私营企业及新的经济形势和就业方式认知度不高，也不愿意从事非正规形式的就业；有的对工资收入、工作环境期望过高，暂时找不到合适的岗位就业。

（7）由于政策调整导致的就业困难人员。新形势下为加强"双拥"工作，国家高度重视"拥军优属、拥政爱民"工作，拿出特殊措施和倾斜政策，帮助做好军队随迁随调、安置就业、创业扶持等工作，有些地区将优扶对象家庭人员、退役军人认定为就业困难人员。在促进贫困劳动力就业方面，认真落实中央扶贫开发工作会议决策部署，按照精准扶贫、精准脱贫基本方略，要将贫困劳动力作为重点对象，提供"一对一"就业服务，有些地区把建档立卡贫困户劳动力全面纳入就业困难人员援助范围。

（8）根据就业促进法规定，各省、自治区、直辖市人民政府可根据本地区实际情况，确定各类就业困难人员。

4. 就业援助的主要内容

就业援助的总体要求是健全就业援助制度，完善就业援助政策，鼓励企业吸纳困难人员就业。将符合条件的就业困难人员全部纳入就业援助范围，落实各项优惠扶持政策，建立"出现一人、认定一人、帮扶一人、稳定一人"的就业援助工作机制。对就业困难人员和零就业家庭成员开展实名制动态管理和分类帮扶，提供一对一就业援助，做到零就业家庭"出现一户、援助一户、消除一户、稳定一户"，确保零就业家庭当月动态清零。通过公益性岗位托底帮扶一批确实难以通过市场就业的大龄就业困难人员、零就业家庭人员，确保零就业家庭、最低生活保障家庭等困难家庭至少有一人就业。

就业援助服务的主要内容包括：政策援助、岗位援助、推荐培训、职业指导、职业介绍、创业服务、其他就业援助服务等。

（1）政策援助

就业困难人员就业能力较弱，是政府就业援助的重点。为了帮助就业困难人员实现就业再就业，出台了一系列就业创业扶持政策，因此落实各项就业创业援助政策是实施就业援助的核心内容。就业创业扶持政策主要包括：社保补贴、岗位补贴、职业培训和技能鉴定补贴、稳岗补贴、求职创业补贴、创业培（实）训补贴、创业培训师资补贴、一次性创业补贴、创业场地租金补贴、创业带动就业补贴、创业担保贷款、在岗转岗培训补贴等政策。

（2）岗位援助

就业困难人员就业愿望十分迫切，岗位援助是最有效的手段之一。实施岗位援助的途径有四种：一是政府投资开发的公益性服务、公益性管理和公益性事业岗位，优先安排符合岗位要求的就业困难人员；二是鼓励和引导用人单位增加就业岗位，吸纳就业困难人员就业；三是鼓励有创业能力的就业困难人员，自主创业、自谋职业；四是各级公共就业服务机构积极采集适合就业困难人员的岗位信息，推荐其就业。

（3）推荐培训

随着经济的发展，技术的提高，各类用工单位对岗位技能水平的要求越来越高，而就业困难人员普遍年龄偏大、技能单一或水平较低，很难满足岗位的技能要求，因此，提高其技能水平尤其重要。劳动保障协理员应根据援助对象的培训愿望、市场对岗位的技能需求以及本人的实际情况，有针对性地为其推荐培训项目，提供职业培训政策咨询、技能培训开班情况、课程设置、培训机构的培训条件、培训能力及就业方向等信息。鼓励其参加技能培训、创业培训、职业技能鉴定，提高技能水平和就业能力。就业困难人员培训后获得职业资格证书（技能等级证书）或专项职业能力证书的，指导其按规定申领技能培训补贴和技能鉴定补贴。

（4）职业指导

就业困难人员普遍存在职业意识缺乏、职业信息匮乏、自我认识不足等问题。劳动保障协理员应根据就业困难人员年龄、性别、技术特点、层次、薪酬期望的不同对其进行有针对性的分类指导。对就业困难人员开展职业素质测评，帮助其了解自身的职业能力和需求，掌握求职方法，确定合理的求职方向，增强他们的择业能力；对因就业观念、心理因素等造成的就业困难，指导其树立正确的求职观念，调整就业预期；对缺少技能的，推荐参加技能培训，提高技能水平，增强择业能力和求职技巧，尽快实现就业。

（5）职业介绍

就业困难人员受观念、心理及文化的影响，很难利用"互联网+求职"来寻找新的就业岗位，一般更多倾向于通过亲戚、朋友或熟人介绍。劳动保障协理员应对有求职愿望的援助对象做好求职登记，收集各类招聘活动信息和有针对性的、合适的岗位，及时将招聘活动信息和岗位信息传递给援助对象，根据援助对象的文化水平、技术能力，为求职者推荐与自身条件相匹配的岗位。各类公共职介机构为登记就业困难人员职业介绍成功的，可给予职业介绍补贴。

（6）创业服务

劳动保障协理员对具有创业愿望和创业能力的就业困难人员宣传各项创业扶持政策，提供政策咨询和服务。对有创业需求的援助对象推荐参加创业培训、推荐创业项目、进行开业指导，对成功创业的援助对象，协助其申领开业补贴、租金补贴、水电费补贴、创业带动就业补贴、税费减免、创业担保贷款和贴息等。

（7）其他就业援助服务

劳动保障协理员要根据本地的实际，为就业援助对象按标准化的服务规范提供多种形式的就业援助，并做好动态跟踪服务。

《关于推进全方位公共就业服务的指导意见》（人社部发〔2018〕77号）要求实施就业援助要全程帮扶。一是要对就业援助对象实施优先扶持和重点帮助，指定专人负责，制订个性化就业援助计划，明确服务项目和步骤，开展心理疏导，组织参加职业培训，跟踪解决就业过程中的困难和问题；二是要对其中通过市场渠道难以实现就业创业且符合条件的，可通过公益性岗位予以优先安置；三是要确保零就业家庭动态"清零"。

二、就业援助操作实务

1. 就业困难人员的认定

根据国家就业援助服务规范，公共就业服务机构应对申请就业援助人员提供就业援助对象认定服务，并将符合条件的申请人员纳入就业援助对象范围。

（1）就业困难人员的范围

就业困难人员是指因身体状况、技能水平、家庭因素、失去土地等原因难以实现就业，以及连续失业一定时间仍未能实现就业的人员。有劳动能力和就业愿望的登记失业人员有下列情形之一的，均可申请认定为就业困难人员。

1）享受城乡居民最低生活保障的家庭成员。

2）女40周岁以上、男50周岁以上人员。

3）特困职工家庭成员。

4）残疾人员。

5）城镇零就业家庭成员。

6）连续失业一年以上的。

7）城市规划区范围内的被征地农民。

8）农村零转移家庭人员。

9）建档立卡贫困户劳动力。

10）由省、自治区、直辖市人民政府根据本行政区域的实际情况确定的其他就业困难人员。

（2）所需材料

符合认定条件的登记失业人员，除应提供户口簿、居民二代身份证外，还需提供下列证明材料。

1）享受居民最低生活保障人员提供本地民政部门发放的有效期内的城乡居民最低生活保障金领取证。

2）特困职工家庭人员提供本地总工会发放的有效期内的特困职工证。

3）残疾人员提供本地残联发放的残疾人员证。

4）城镇零就业家庭人员提供家庭成员的就业创业证等相关证明材料。

5）连续失业一年以上人员指进行失业登记后一年以上未实现就业人员，应提供本人的就业创业证。

6）城市规划区范围内被征地农民提供城市规划区范围内被征地农民相关证明。

7）农村零转移家庭人员指无从事第二、第三产业及高效农业的农村家庭成员，需提供村委会开具的相关证明。

8）建档立卡贫困户劳动力，提供扶贫部门出具的证明。

9）各省、自治区、直辖市人民政府要求的其他材料。

（3）就业困难人员认定程序

就业困难人员的认定程序分为受理、初审、公示和认定四个步骤。

1）受理。申请人按上述有关要求，持就业创业证等相关材料，向户籍所在地基层平台提出认定申请。基层平台的工作人员应了解申请人的基本情况，对符合申请条件的人员指导其填写就业困难人员申请认定表（见表3-4），对不符合条件的人员告知其原因。

表3-4　　　　　　　　就业困难人员申请认定表

姓名		性别		文化程度		健康状况		照片
出生年月		联系电话			户籍性质			
户籍地址				现居住地址				
失业登记时间			失业时间			就业创业证号		
社会保险号								
参加社会保险情况		□养老保险　□医疗保险　□失业保险　□工伤保险　□生育保险						
申请时间：　年　月　日				申请人签字：				
困难类型								

享受最低生活保障人员	"4050"人员	特困职工家庭成员	残疾人	城镇零就业家庭成员	连续失业一年以上人员	城市规划区内被征地农民	农村零转移家庭人员	建档立卡贫困户劳动力	其他
（1）	（2）	（3）	（4）	（5）	（6）	（7）	（8）	（9）	（10）

续表

就业困难人员确认时间		困难类别		有关证件号码		就业困难人员编号	
社区（村）劳动就业社会保障服务站意见	年　月　日	街道（乡镇）劳动就业社会保障事务中心（所）意见	年　月　日	县（市）区劳动就业管理机构意见		年　月　日	

注：此表一式一份由户口所在地社区（行政村）劳动就业社会保障服务站留存，社区（行政村）需同时向街道劳动就业社会保障事务中心（所）及区（县）劳动就业管理机构报送就业困难人员申请认定花名册。

2）初审。基层平台工作人员对申请人员填写的就业困难人员申请认定表和递交的有关证明材料进行认真核实。对资料不全者一次性告知需补充的资料；对审核不符合条件者，告知其理由；对审核确认符合条件者，进行公示。

基层平台劳动保障协理员要认真核实申请人员的材料，必要的情况下，对一些认定对象进行上门走访。

3）公示。基层平台对符合认定条件的就业困难人员进行一定时间的公示（见表3-5），如在公示期间无异议的，在就业困难人员申请认定表上签署意见，并将申报材料及汇总表，报上一级主管部门审核，有条件的地区，应将申报信息录入管理系统上报；对在公示期间出现投诉的人员，核实情况后，如不再符合条件，取消申请资格并向其反馈结果。

表3-5　　　　　××社区就业困难人员确认公示样表

1. 公示内容
就业困难人员确认。登记失业人员中的：（1）享受城乡居民最低生活保障的家庭成员；（2）女40周岁以上、男50周岁以上人员；（3）特困职工家庭成员；（4）残疾人员；（5）城镇零就业家庭成员；（6）连续失业一年以上的；（7）城市规划区范围内的被征地农民；（8）农村零转移家庭人员；（9）建档立卡贫困户劳动力；（10）其他。
2. 公示申请人情况
姓名＿＿＿＿，性别＿＿＿＿，出生＿＿年＿＿月，户口所在地＿＿＿＿街道＿＿＿＿社区，详细住址＿＿＿＿＿＿＿，家庭人口＿＿＿＿人，月人均收入＿＿＿＿元。现在是否就业状况＿＿＿＿，申请人申报就业困难人员类别为＿＿＿＿。
3. 公示时间：＿＿年＿＿月＿＿日至＿＿年＿＿月＿＿日。
4. 监督举报
公示期间，如有举报反映，请及时与社区劳动保障服务站联系。举报电话＿＿＿＿＿＿。
　　　　　　　　　　　　　　　　　　＿＿＿＿＿＿社区劳动就业社会保障站签章
　　　　　　　　　　　　　　　　　　　　　　＿＿＿年＿＿＿月＿＿＿日

注：一式两份，公示、备案各一份。公示48小时后，经社区劳动保障服务站核实，签署确认意见、盖章。

4）认定。上一级认定机构对上报的申请材料予以审核，在必要的情况下，对部分人员进行实地核实。对符合认定条件的在就业困难人员申请认定表上签署意见，同时，有条件的地区将认定信息在管理信息系统中进行审核通过，可在就业创业证中的"就业援助卡"栏目中打印有关认定信息（见表3-6），加盖认定机构印章后将就业创业证交还给基层平台，送达申请人。对不符合条件的人员将原因反馈到社区，并告知申请人。

表 3-6　　　　　　　　　　　　　　就业援助卡

日期	就业援助对象认定情况	认定机构和经办人

就业援助政策措施

1. 对各类用人单位招用就业困难人员，签订劳动合同并缴纳社会保险费的，在相应期限内给予社会保险补贴；对符合条件的给予适当的岗位补贴。
2. 政府投资开发的公益性岗位，要优先安排符合岗位要求的就业困难人员，并视其缴纳社会保险费的情况，在相应期限内给予社会保险补贴以及适当的岗位补贴。
3. 对就业困难人员灵活就业后申报就业并缴纳社会保险费的，按规定给予一定数额的社会保险补贴。
4. 城镇"零就业家庭"中的登记失业人员，可享受公共就业人才服务机构提供的即时就业岗位援助。
5. 按规定享受有关税费优惠政策。
6. 按规定享受本省、自治区、直辖市人民政府制定的其他就业扶持政策。

享受就业扶持政策情况

日期	享受就业扶持政策内容及期限	经办机构和经办人

在就业困难人员申请、初审、公示、认定的各环节，各有关机构均要建立健全相应的基础台账，严把就业困难人员"进""出"两个关口，对新产生的就业困难人员要认真落实申报登记制度，按规范化要求开展就业援助程序。对就业后又失业并再次成为就业困难人员的人员，要重新认定再纳入援助范围。基层劳动保障协理员要及时掌握就业困难人员的就失业状态，要做到人员底数清、困难类别清、援助需求清、参保情况清、政策享受清，及时更新台账和数据库，实现动态跟踪管理。

2. 就业困难人员的援助措施

（1）社区岗位开发程序

社区岗位开发程序，主要包括以下几个方面。

1）了解辖区内就业困难人员的就业需求。劳动保障协理员可以通过问卷调查、社区党员大会、居民代表大会或通过实地走访就业困难人员、楼组长、社区志愿者等方式获得辖区内就业困难人员的就业需求，建立相应的就业需求台账。

2）制订计划、确定岗位。劳动保障协理员在了解就业困难人员的就业需求基础上，根据辖区内各类企业事业单位空岗及用人需要，制订开发岗位计划，内容包括：岗位名称、数量、工作时间、薪酬等。劳动保障协理员要通过建立辖区内单位走访服务制度，与辖区、周边单位建立长期的岗位供求联系，及时掌握单位用工及空岗情况；可以根据辖区居民群众及单位服务需求，开发社区公益性服务岗位，如社区养老服务、公共卫生保洁、公共环境保绿、公共安全保安等，应根据不同类型和具体情况，坚持因地制宜，利用本社区优势，开发新建小区及附近企事业单位的后勤岗位，同时，要在关注就业数量的基础上更多地关注就业质量，力求就业岗位相对稳定。劳动保障协理员对就业困难人员就业需求有较多的了解，能够发现哪些岗位适合就业困难人员就业，但有时受经费及其他条件的制约，影响岗位开发力度，对此劳动保障协理员要主动与相关单位沟通、协调，争取得到相关单位和上级部门的支持。

3）开发落实。劳动保障协理员可根据就业困难对象的就业需求，开发适合就业困难人员就业的岗位。劳动保障协理员要了解单位用工的具体需求，如岗位数量、工作时间、地点、年龄、性别、技能要求、工作报酬等情况，同时，要将开发的岗位信息进行筛选、整理、分类并及时录入信息管理系统，建立岗位与就业困难人员动态信息库，通过信息系统进行人岗匹配；还可以利用社区宣传栏、公示栏、上门入户、手机推送、QQ、微信群等方式，将信息及时传递到就业困难人员手中；另外，可根据采集的岗位需求信息，对就业困难人员开展"一对一"的职业指导，组织和推荐参加技能培训，提高就业成功率。

4）跟踪服务。就业困难人员上岗后，后续跟踪服务工作非常重要，劳动保障协理员要定期对用人单位进行走访，重点了解用工新信息及人员上岗后的工作、工资发放、劳动合同签订、社会保险缴纳、工作强度等情况，如果发现问题要及时与用工单位和就业困难人员沟通，确保就业困难人员工作安心，单位用工规范，维护用工单位及就业困难人员双方的权益。

（2）申请社区公益性岗位补贴程序

1）服务对象。社区公益性岗位补贴的对象是安排就业困难人员的单位。享受公益性岗位补贴的人员范围为就业困难人员，重点是大龄失业人员和零就业家庭人员。社区公益性岗位一般是指面向居民群众和辖区单位服务需求的社区岗位。具体包括公共卫生保洁、公共安全保安、公共环境保绿、停车场管理、市民广场管护、公用设施维护、公共卫生服务、社区文化、医疗保健、敬老托幼服务、居家养老服务等服务性岗位。

2）所需材料。申请社区公益性岗位相关补贴，一般需提交以下材料。

①政府开发公益性岗位具体范围的证明材料。

②符合享受公益性岗位补贴和社保补贴条件的人员名单。

③《就业创业证》复印件（就业困难人员须提供认定页面复印件）。

④享受公益性岗位补贴和社保补贴的年限证明材料。

⑤申请补贴单位发放工资明细账（单）。

⑥申请补贴人员的社会保障卡或银行卡复印件（发放公益性岗位补贴之用）。

⑦社会保险征缴机构出具的社会保险费明细账（单）。

⑧企业在银行开立的基本账户（发放公益性岗位社保补贴之用）。

3）服务步骤。受理社区公益性岗位补贴申请，一般包括以下服务步骤。

①受理申请。基层平台接受用人单位提出的公益性岗位补贴申请，核查相关材料，并指导其填写公益性岗位补贴申请表（见表3-7）。

②材料初审。基层平台对申请单位提交的材料进行初步审核，重点是检查材料完整性和真实性，在进行实地核查后，提出初审意见。对不符合条件的予以退回；对因材料不符合要求的，一次性告知；对初审符合条件的在申请表上签署意见，加盖公章后报上级人力资源社会保障部门审核。同时，建立公益性岗位补贴受理工作台账。

表 3-7　　　　　　　　　　　公益性岗位补贴申请表

申请单位名称（盖章）				
经济类型			单位代码	
单位基本账户				
公益岗位名称			上季享受公益岗位补贴人数（人）	
本季新招用享受公益岗位补贴人数（人）				
本季减少享受公益岗位补贴人数（人）				
本季享受公益岗位补贴人数（人）				
本季享受公益岗位补贴总额（元）				
街道（乡镇）审核意见	经审核，本季享受公益岗位补贴人数____（人），本季应享受公益岗位补贴额____（元）			
	经办人：　　　审核人：　　　负责人：			
			（盖章）　　年　月　日	
区（县、市）或市级审核意见	经审核，本季享受公益岗位补贴人数____（人），本季应享受公益岗位补贴额____（元）			
	经办人：　　　审核人：　　　负责人：			
			（盖章）　　年　月　日	
财政部门审核意见	经审核，本季享受公益岗位补贴人数____（人），本季应享受公益岗位补贴额____（元）			
	经办人：　　　审核人：　　　负责人：			
			（盖章）　　年　月　日	

填报人：　　　　　　联系电话：

③程序告知。街道（乡镇）复审→区（县、市）或市（设区市）级审核→财政核定→补贴拨付（公益性岗位社保补贴拨入单位在银行开立的基本账户中）。

有条件的地区可不用提供纸质材料，通过信息系统完成网上申报及发放工作。

4）跟踪服务。基层平台要及时对申请单位和享受公益性岗位补贴人员情况进行跟踪。

①对申请补贴成功人员。基层平台工作人员须在其就业创业证中"享受就业扶持政策情况"栏予以记载。

②对申请补贴不成功人员。基层平台根据上级有关部门反馈的情况，告知申请未成功的原因并协助解决。

③基层平台要加强对申请人在享受社区公益性岗位相关补贴期间的跟踪回访，若有下列情形之一的，应主动向上级人社部门建议，停止其享受社区公益性岗位相关补贴。

a. 从事公益性岗位人员的工资标准低于本地最低工资标准的。

b. 申请补贴的年限已超过规定年限的。

c. 申请补贴人员从事岗位工作量未达到规定标准的。

d. 申请补贴人员实际从事岗位（非政策规定的公益性岗位）与原申报岗位不符的。

e. 到达法定退休年龄的。

f. 其他应停止享受补贴的情况。

（3）就业困难人员申请灵活就业社保补贴程序

1) 服务对象。申请灵活就业社保补贴一般是符合以下条件的人员。

①被认定的就业困难人员。

②从事灵活就业且工作岗位不固定、工作时间不固定、收入不固定和劳动关系不固定的人员或领取营业执照从事个体经营人员。

③按照灵活就业人员参保缴费办法缴纳社会保险费的。

④按规定及时足额缴纳社会保险费的。

⑤向所辖基层平台申报就业的。

2) 所需材料。申请灵活就业社保补贴一般需提交以下材料。

①灵活就业人员的《就业创业证》（高校毕业生可提供毕业证书）原件及复印件（信息系统中存有电子材料的不需提供）。

②社会保险征缴机构出具的社会保险费单据（与当地金保系统数据联网的不需提供）。

③由灵活就业人员签字，基层平台盖章确认的，注明从事灵活就业的地点、岗位、工作时间、收入等内容的相关证明材料。

④申请人社会保障卡或银行卡复印件。

⑤申请补贴的个体工商户需提供加载统一社会信用代码的营业执照复印件。

3) 服务步骤。受理灵活就业社保补贴申请,一般包括以下服务步骤。

①受理申请。基层平台接受申请人提出的享受灵活就业社会保险补贴的申请,按要求做好接待工作,一次性告知申请有关要求,如灵活就业社保补贴政策、适用范围、对象、条件、申领要求、需提交的材料等,接受申请人提交的有关材料。

②指导填表。基层平台劳动保障协理员指导申请人填写就业困难人员从事个体经营或灵活就业申领社会保险补贴审核表(见表3-8),做到填写正确、完整,内容与申请人提供的材料一致。

表 3-8　　就业困难人员从事个体经营或灵活就业申领社会保险补贴审核表

申请人姓名		身份证号码		就业困难人员编号	
家庭住址				联系电话	
个体工商店店名		经营项目		经营地址	
灵活就业项目				灵活就业地点	
个体营业执照编号 (灵活就业确认编号)		从事个体经营时间 (灵活就业时间)		开始享受补贴时间	
				月收入	

本次申请	养老保险:____年____月至____年____月	补贴金额	____元
	医疗保险:____年____月至____年____月	补贴金额	____元
	开户行: 　　　　　银行账号:		

本人身份	享受最低生活保障人员	"4050"人员	特困职工家庭成员	残疾人	城镇零就业家庭成员	连续失业一年以上人员	城市规划区内被征地农民	优抚对象家庭成员	军队退役人员	农村零转移家庭成员	建档立卡贫困户劳动力	其他

申请人签字:　　　年　月　日

户口或经营所在地社区(村)劳动就业社会保障服务站初审意见	单位印章 审核人: 年　月　日	户口或经营所在地街道(乡镇)劳动就业社会保障中心(所)意见	单位印章 审核人: 年　月　日
县(市)劳动就业管理机构审核意见	单位印章 审核人: 年　月　日	县(市)财政部门审核意见	单位印章 审核人: 年　月　日

说明:此表须本人填写并签字确认。经各级劳动就业社会保障公共服务平台工作人员签字及加盖单位印章。此表一式两份,户口所在地社区、县(市)就业管理机构各一份。各级劳动就业社会保障公共服务平台向上一级机构上报审核花名册。

③材料初审。基层平台受理申请后，按有关文件要求，要对申请人的资质和提交的材料进行核查，包括审查资质、检查原件和复印件是否一致、核对申请人填写的相关表格内容是否与其提供的材料一致，重点审核申请人社会保险的缴费险种、缴纳月数、缴费金额等是否与补贴申请情况一致等；同时，还要提醒申请人确保社会保障卡卡号正确并已开通银行卡功能。对于符合条件的灵活就业人员予以受理；对不符合条件者，应当场说明情况，告知其原因。

④签署意见。基层平台在符合条件申请人的申请表签署初步意见，报街道（乡镇）服务中心（所）复审。建立社保补贴申报台账，有条件的地区可以通过信息系统自动生成受理灵活就业社保补贴工作台账，台账内容包括申请人基本信息、灵活就业、享受期限、金额、审批、核实等情况。

⑤程序告知。基层平台要告知申请人，在街道（乡镇）审核通过后，申请的后续步骤为：区（县）或地市级审批→财政核定→补贴拨付（拨付至申请者本人社会保障卡或个人银行账户）。

4）跟踪服务。基层平台要随时关注申请人后续申请的进展情况。

①对申请补贴成功的人员。基层平台须在其就业创业证中"享受就业扶持政策情况"栏予以记载。

②对申请补贴不成功的人员。基层平台根据上级有关部门反馈的灵活就业社保补贴申请不成功人员花名册，了解发放未成功的原因，及时反馈给申请人，并做好解释工作。

③基层平台要加强对申请享受灵活就业人员在享受期间的跟踪回访，若有下列情形之一的，主动向上级劳动就业管理部门建议停止其享受灵活就业社会保险补贴。

a. 被用人单位招收录用的。

b. 已有用人单位为其缴纳社会保险费的。

c. 中止灵活就业的其他情形。

d. 未按规定缴纳社会保险费的。

e. 灵活就业收入达到当地上年在岗职工平均工资的。

f. 到达法定退休年龄的。

g. 被判刑收监执行的。

h. 其他应停止享受社会保险补贴的情况。

3. 就业困难人员的援助服务

（1）就业援助服务内容

就业援助工作是民生工作的重要组成部分，而基层平台是落实就业援助工作的重要载体，应优先保障就业援助工作所需的资金、人员、设备、设施等基本条件，完善基层平台标准化建设和服务能力建设，为基层平台开展就业援助各项基础工作提供有力的支持和帮助。

根据辖区内就业援助对象的不同特点、援助需求进行分类造册，为援助对象有针对性地制定援助方案，实现"一人一策"，在实施就业援助过程中，对就业失业登记、职业指导、职业介绍、培训意愿采集、推荐培训、各项补贴申请、就业创业政策宣传等严格按照标准和流程进行，为其提供专业化、精细化的就业援助服务；签订《就业困难人员服务承诺书》（见表3-9）。

表3-9　　　　　　　　就业困难人员服务承诺书

承诺服务人（甲方）：_____区_____街道_____社区（村）劳动就业社会保障站
服务对象（乙方）：_____区_____街道_____社区_____姓名
根据国家、省、市就业再就业有关文件精神，为使就业困难人员更好地享受党和国家给予的优惠扶持政策，更快地帮扶就业困难人员实现再就业，甲方承诺在再就业援助月期间（　年　月　日至　月　日），根据乙方的实际情况和要求，将提供以下服务：
1. 为乙方提供就业指导1次。
2. 为乙方提供就业空岗信息3次。
3. 为乙方提供免费培训信息1次。
4. 如乙方符合享受就业扶持政策条件的，帮助其办理申请、确认、审核、领取等手续。
5. 其他方面需要服务的内容。
（注：乙方需要服务的内容请在标题号上打"√"，其他方面如有需要的服务内容经甲乙双方协商并在第5项中明确。）

甲方签字：　　　　　　　　　　　　乙方签字：
　　年　月　日　　　　　　　　　　　　年　月　日

（2）就业援助服务的程序

1）服务对象。就业援助的对象一般为辖区内有劳动能力和就业愿望的就业困难人员。

2）服务步骤。劳动保障协理员开展就业援助服务一般包括以下程序。

①了解基本需求。劳动保障协理员要了解辖区就业援助对象的情况，做到"六清"，即基本情况清、困难类别清、家庭状况清、援助需求清、参保情况清、政策享受清，在了解其援助需求时，要详细了解其培训、岗位、创业、政策等需求。

②分析困难原因。劳动保障协理员要分析造成其就业困难的普遍原因（如年龄大、技能低等），同时，更要分析造成其就业困难的特殊原因（如就业观念、心理因素、社会认知、就业预期等），通过原因分析，找出造成他们就业困难的症结所在，为选择适当的援助方式奠定基础。

③确定援助方式。劳动保障协理员要根据就业援助对象的需求进行分类，确定援助方式和具体援助内容。有条件的地方，也可以通过"职业素质测评"等途径，对就业援助对象的职业兴趣、性格、适应职业等问题进行较为科学的评估，了解其职业能力特点，为进一步帮其寻找岗位提供较为系统的科学依据。同时，测试与评估结果与就业困难原因诊断结果相结合，可以确定适合援助对象的就业援助方式。就业援助方式可以是一种，也可以是多种并用。

④拟订援助方案。在上述工作的基础上，针对就业援助对象的实际情况，制订《就业援助计划书》（见表3-10），实现"一人一策"，实施精准帮扶。

表3-10　　　　　　　　　　　就业援助计划书

援助机构：　　　街道（乡镇）　　　　社区（村）　　　　日期：　　年　月　日

身份证号码		姓名		性别	
文化程度		技能		参保情况	
就业愿望		培训愿望		困难类别	
居住地址				联系电话	
援助对象情况简介					
就业援助计划					

备注：就业援助形式：1. 职业指导；2. 职业介绍；3. 推荐培训；4. 宣传及落实就业创业优惠政策；5. 社会保险参缴；6. 其他援助形式

⑤实施分类援助。基层平台根据已确定的援助方式和援助内容，对就业困难人员提供就业援助，并针对每个援助对象的不同情况开展个性化的就业援助，与援助对象签订《就业援助服务协议书》（见表3-11）。

a. 开展择业观念指导。对于因就业观念、心理因素等造成的就业困难，要辅之以市场经济理念和正确的择业观教育，使他们尽快振奋起来，融入社会。

b. 推荐职业技能培训。对于年龄偏大、技能偏低的就业困难人员，要为他们提

表 3-11　　就业援助服务协议书

甲方：×××社区劳动就业社会保障服务站
乙方：
为向就业困难人员提供经常性的就业援助，帮助他们尽快实现就业，甲、乙双方经过平等协商，就建立就业援助关系，帮助乙方实现再就业，达成如下协议：

一、甲方的责任、义务和权利
1. 甲方有责任和义务在协议期限内帮助乙方实现就业。
2. 甲方在协议期限内为乙方无偿提供的重点就业援助服务主要包括：
（1）进行就业分析。深入分析甲方的自身特点和就业条件，了解其就业意向，帮助进行职业分析，协商选定就业方向。
（2）进行岗位推荐。根据甲方特点推荐参加各类招聘洽谈会，联系用人单位，推荐适合的就业岗位，并进行面试指导。
（3）进行就业创业指导。提供政策咨询和职业指导，对有培训需要的乙方提供职业技能培训和鉴定。同时，协助办理促进就业创业优惠政策各项手续。
（4）进行跟踪服务。建立服务跟踪卡，全程跟踪记录甲方就业创业情况，根据甲方就业创业情况及时调整就业援助服务内容。
3. 甲方有权根据乙方的就业创业情况、实际需求及就业援助效果等选择与更新相关的援助内容。

二、乙方的责任、义务和权利
1. 在协议期限内，乙方必须履行应尽的各项义务，接受甲方的指导与服务。
2. 在协议期限内，乙方必须主动与甲方或甲方指定的劳动保障协理员联系，汇报求职经历及享受就业援助的效果和进展情况。同时，按照要求，参加由甲方提供的各项援助活动。
3. 在不挑不拣的前提下，乙方有权免费和优先获得就业岗位、职业培训等信息，并按规定享受相关免费就业创业服务。
4. 乙方在协议期限内未实现就业的，经认定后，本协议即行终止，乙、甲双方可根据实际需要协商重新签订《就业援助服务协议书》。

三、协议期限
本协议书自签订之日起至××年××月××日止。

四、本协议自双方签字之日起生效。

五、本协议一式两份，双方各执一份。

甲方：	乙方：
委托人：	委托人：
日期：	日期：

供免费的职业技能培训，使他们尽快掌握一技之长，实现市场就业。

c. 进行"131"服务。对于有就业愿望和有就业能力的其他就业困难人员，3个月内至少要开展1次"131"服务，即进行1次职业指导，推荐3次基本满足其需求的就业岗位，推荐1次技能培训。

d. 开发公益性岗位。开发社区公益性岗位实现对就业援助对象的托底安置，并落实公益性岗位补贴和公益性岗位社保补贴。

e. 落实就业创业政策。对被用人单位录用的要主动告知其单位吸纳就业、公益性岗位就业的扶持政策，告知政策的申请范围、对象、程序、所需提供材料等；对灵活就业的要指导其进行社会保险关系接续、灵活就业社会保险补贴申请等；对自主创业的要协助其申请落实创业担保贷款及贴息、城乡创业扶持引导补贴等政策，为其实现稳定就业提供保障。

f. 零就业家庭援助。对于零就业家庭，坚持"出现一户、扶助一户、就业一户、稳定一户"的原则，确保其在一个月内实现就业，并建立零就业家庭台账，按月实施动态跟踪。

g. 未就业的困难家庭高校毕业生。对于离校未就业的高校毕业生，通过实名登记、职业指导、职业介绍、培训服务、创业服务、就业援助、推荐见习等方式进行援助。

⑥进行信息记载。劳动保障协理员将援助信息记载到《就业创业证》相关栏目中，同时，建立健全就业援助台账，详细记录各类援助对象的基本情况、实施援助情况，有条件的地区可在信息系统中记录并实现动态跟踪管理，形成电子台账。

⑦跟踪回访服务。就业援助跟踪回访服务一般包括以下内容。

a. 基层平台对已实施就业援助的对象进行定期的回访，动态掌握援助对象就业和创业稳定状况、享受政策情况、社保参保状况、对援助工作的满意度等情况，认真填写回访记录，建立就业困难人员一人一策跟踪服务表（见表3-12），帮助他们解决在就业和创业过程中遇到的实际困难。

表3-12　　　　　　　就业困难人员一人一策跟踪服务表

基本信息	身份证号			姓名		户籍所属区	
	街道		社区	常住地址		联系电话	
失业登记信息	登记失业前单位	登记失业时间	失业类型	就业登记信息	灵活就业地点（单位）	登记就业时间	就业类型
就业困难人申请认定信息	困难人员申请时间		困难人员确认时间		困难人员编号	困难人员类别	
采集意愿信息	是否有培训意愿				期望培训专业		
	是否有就业意愿				期望就业岗位		
职业指导信息	指导时间		指导类别		指导内容	指导人	

续表

推荐培训信息	推荐培训时间	推荐培训项目	培训类别	培训时间	培训项目
推荐就业信息	推荐岗位时间	推荐岗位工种	推荐就业单位	推荐结果	月收入
享受政策信息	是否享受政策扶持		享受政策扶持内容		
制定"一人一策"精准援助信息	1. 调查摸底				
	2. 综合分析				
	3. 职业测评				
	4. 确定援助方式				
	5. 推荐岗位				
	6. 动态跟踪				
跟踪回访信息	走访时间		走访内容		

b. 针对新发现的就业困难人员，要做到随时申报，随时登记，随时认定，随时援助。

c. 做好就业援助对象的退出机制，若出现不符合就业援助的情形，应向原认定机构建议，取消其就业困难人员身份，停止对其进行就业援助。

（3）退出援助对象的范围

根据《人力资源社会保障部关于修改〈就业服务与就业管理规定〉的决定》（人社部令第 23 号）和人力资源社会保障部《关于进一步完善就业失业登记管理办法的通知》（人社部发〔2014〕97 号）的有关规定，退出就业援助对象服务范围主要包括以下几个原因。

1) 被用人单位录用。
2) 从事个体经营或创办企业，并领取工商营业执照的。
3) 已从事有稳定收入的劳动且收入不低于当地最低工资标准。
4) 已享受基本养老保险待遇。
5) 完全丧失劳动能力。
6) 入学、服兵役、移居境外。
7) 被判刑收监执行或被劳动教养。
8) 终止就业要求或拒绝接受公共就业服务。
9) 连续六个月以上未与公共就业服务机构联系。
10) 已进行就业登记的其他情形。

案例

对就业困难人员田××就业援助方案

1. 基本情况

田××，女，出生于 1976 年 9 月。其夫范××出生于 1975 年 7 月，工作在第四玻璃厂，于 2002 年 7 月失业。田××家住××小区×号楼 303 室。孩子在读高中，学费靠亲戚资助，一家三口的生活主要靠爱人打零工维持，家庭经济十分困难。

2. 援助方案

根据田××家庭的具体情况，社区劳动就业社会保障服务站对其实施四步帮扶措施。

（1）入户走访，了解情况

社区劳动保障协理员入户走访了田××家，进一步了解了她的家庭情况。田××本人是一位无业人员,其爱人失业后通过在外打零工维持一家生计,两人年龄也偏大,孩子正在上高中。通过与其谈心了解到,她本人想找一份离家近一些并且能有双休日的工作,最好能缴纳社会保险。同时,协理员还向她宣传促进就业的各项扶持政策。通过前期沟通,初步了解了田××的情况,为制定援助方案打下了良好的基础。

(2)职业指导,有的放矢

通过社区劳动保障协理员入户访问,对就业困难对象田××的家庭状况、性格心理、职业技能和收入预期等了解得非常清楚,针对田××本人缺乏工作经验的特点,劳动保障协理员首先从帮助她重拾信心、树立正确择业观入手,进行职业指导,在征得本人同意的情况下,决定为其寻找相对简单又比较好上手的工作。后来又让她参加区人力资源社会保障部门举办的免费技能培训,使她初步掌握了职业技能。

(3)指定专人,承诺帮扶

按照上级部门对就业困难人员分类帮扶、跟踪服务的具体要求,街道、社区劳动就业社会保障所、站为田××制定了个性化的援助方案,并与田××本人签订了援助三方协议,确定劳动保障协理员徐××为田××家庭的承诺帮扶人,并初步确定其岗位推荐方向。

(4)根据特点,推荐岗位

田××是无业人员,其夫是失业人员,他们夫妻年龄都偏大,技能单一,但能吃苦耐劳,踏实本分,责任心比较强。

拟推荐的岗位要求:技术要求一般、劳动强度中等、有责任心。

岗位类型:社区公益性岗位、社区服务岗位。

拟推荐的岗位:企事业单位保洁、公益性岗位、家政服务等岗位。

案例

公益性岗位安置就业困难家庭人员就业

1. 基本情况

张×,男,生于1998年,大专毕业,原在外地一个机械制造厂当技术员。去年因父亲去世,母亲身体不好,需要住院治疗,两个妹妹还在上小学,只有辞职回家。张×回家后在住家附近打工,但因为没有合适的岗位,收入很不稳定。其妻王×也为失业人员，家中还有年幼的孩子，因此，也无法出去工作。当前，全家仅靠张×一人做的小生意维持生计，经济十分困难。

社区劳动保障协理员在入户调查时，发现张×情况，立即启动了就业困难人员援助程序。

2. 建立基础台账

在初步了解张×家庭情况后，社区劳动保障协理员再次入户进行详细调查。按照就业困难"六清"（即基本情况清、困难类别清、家庭状况清、援助需求清、参保情况清、政策享受清）的工作程序，对张×及其妻子王×的基本情况进行了详细了解。回到服务站后，及时将张×及王×情况录入数据库，完善了工作台账，并重点了解其培训、岗位、创业、政策等需求。

3. 实施分类帮扶

社区劳动就业社会保障服务站与张×充分沟通后，了解其基本情况、求职愿望、培训愿望等，为张×制订了就业援助计划书，并与张×签订了就业援助帮扶协议，明确就业援助的服务期限、步骤、援助内容、援助途径。考虑到张×家庭的实际困难，积极与民政部门协调，为家庭办理了低保和居民医保，暂时解决了家庭部分困难。

4. 实施帮扶计划

明确社区劳动保障协理员为主要帮扶人，与帮扶对象张×签订就业帮扶协议，帮扶期限为1年。在签订帮扶协议后，了解到张×大专毕业，有一定的技能，其妻子王×也是大专毕业，学习行政管理，正好市里在为各区招聘社区工作者，要求是就业困难家庭人员，考虑张×家庭的实际情况与岗位要求相符，如果能够在社区工作，既方便照顾家人也解决了工作，又有经济收入。社区劳动保障协理员将这个招聘信息通知到张×，让其妻子报名参加考试，经过努力，王×成功应聘到社区工作者岗位上，每月工资2 200元，并为她申报了公益性岗位补贴和社保补贴。社区劳动保障协理员又积极与辖区内企业联系，将张×推荐到企业试用，张×非常珍惜就业机会，很快就通过了企业的试用期，并签订了劳动合同、缴纳了社会保险。

5. 跟踪走访

社区劳动保障协理员帮扶张×一家后，按就业困难人员"一人一策"的服务要求，每月定期到张×家进行回访，了解张×的工作情况、收入情况和社会保险缴纳情况，完善《就业困难人员"一人一策"跟踪服务表》。张×一家在公益性岗位帮扶下，在社区劳动保障协理员的关心帮助下，工作稳定，收入稳定，还方便照顾家人，家庭生活越来越好。

> ■注意事项
> 1. 针对新发现的就业困难人员，要做到随时申报，随时登记，随时认定，随时援助。
> 2. 针对援助对象的实际情况，制定专业化、个性化的就业援助方案。
> 3. 针对已上岗的援助对象，关注其就业的稳定性。

第4节 职业指导与职业介绍

一、职业指导的基础知识

1. 职业咨询的概念、特征和主要理论

（1）职业咨询的概念

所谓职业咨询是指运用心理咨询等方法，协助当事人更好地解决在选择职业、安置就业和职业发展等方面遇到的问题。在职业咨询过程中需要采取一些专门的技术，协助当事人正确认识自己、认识当前的社会，发现自己的才能、特长与短处，不断挖掘潜力，增强挫折承受能力和市场竞争力，提高与完善自我，在职业生涯中获得成功。

（2）职业咨询的特征

职业咨询是一个牵涉面很广、内容很丰富的教育和咨询活动，其主要特征如下。

1）发展性。职业咨询的实施须遵循人类生理、心理、职业及社会发展的原理，对个体进行有关生涯的意识、认识、试探、引导、准备、规划、决定、体验、自我的实现、评价等一系列有步骤、有阶段的咨询辅导活动，实现当事人的生涯发展目标。

2）广泛性。职业咨询的内容是很广泛的，工作价值、职业观念及服务精神的培养，以及个人志趣、潜能及特质的最大限度发挥，均在职业咨询中扮演着重要的角色。职业咨询要满足个人、社会及国家的实际需要，还需注重人类认知、学习、职业、社会、休闲及娱乐生活必需的知识及技能。职业咨询的范围是广泛的，不但受在校学生的欢迎，而且拓展到所有在职人员的职业适应和职业发展中。

3）综合性。职业咨询需要各政治、经济、文化、教育专家学术团体和学校教师，以及行政人员、辅导咨询人员、社会团体、社区等方面都互相配合共同为当事人的职业生涯发展服务。与心理咨询相比，职业咨询具有以下特点：咨询对象数量大，具有广泛性；咨询对象顾虑少，阻抗小，更具有乐融性；符合咨询对象的需要，更具有实效性。

(3) 职业咨询的主要理论

1）帕森斯（Parsons）人职匹配理论。人职匹配理论是用于职业选择、职业介绍和职业咨询的经典理论，也称特性与素质理论，最早由美国波士顿大学教授帕森斯提出。1908年帕森斯在《选择职业》一书中指出了职业咨询的步骤：第一，应清楚地了解个体的态度、能力、兴趣、智谋局限和其他特性；第二，成功的条件在不同工作岗位上所占有的优势、不利、补偿、机会和前途；第三，上述两条件的平衡。

其含义是将个人的主观条件与对个体有一定可能性社会职业岗位相对照、相匹配，从而选择一种职业。这一经典理论后由著名职业咨询专家威廉等人进一步发展和定型。该理论认为每个人都有自己独特的人格特征与能力特征，并与社会的某种职业相关联。职业指导就是要帮助个人寻找与其特性一致的职业，以达到人与职业之间的合理匹配。

2）霍兰德（Holland）职业性向理论。主要观点是认为，职业性向（包括价值观、动机和需要等）是决定一个人选择何种职业的重要因素，他把千差万别的人格类型归纳为六个基本类型，同时，把成千上万的职业划分为相应的六大类，每个人格类型对应于一个职业类型。下面是六种人格类型及相应的职业类型。

一是现实型。这种类型的人喜欢有规则的具体劳动和需要基本技能的工作，但缺乏社交能力。适合从事的工作主要是熟练的手工工作和技术工作，如制图员、司机、电工、机械工、运输工、产业工人，以及木工、瓦工、铁匠、修炼工等。

二是调查型。这种类型的人喜欢智力的、抽象的、分析的、推理的和独立的定向任务，但缺乏领导能力。适合的工作主要是科学研究和实验工作，包括各类科学研究人员，如气象学者、天文学者、地质学者，以及物理学、生物学、化学、数学等学科的科学工作者。

三是艺术型。这种类型的人喜欢通过艺术作品来达到自我表现的目的。他们感情丰富，善于想象，对艺术创作充满兴趣，但缺乏办事能力。适合从事的工作主要是各类文学艺术工作，如室内装饰、图书管理、诗人、作家、演员、记者，以及音乐书画、雕塑、舞蹈、摄影等。

四是社会型。这种类型的人对社会交往感兴趣，愿意出入社交场所，关心社会问题，愿为社会服务，但缺乏机械能力。所从事的职业主要是与人打交道和为人办事的工作，即教育人、医治人、帮助人、服务于人的工作。如教师、医生、护士、律师、服务员、公关人员以及社团工作者和社会活动家等。

五是管理型。这种类型的人性格外向，对冒险活动、领导角色感兴趣，具有支配、劝说和使用语言的技能，喜欢管理和控制别人，但缺乏科学研究能力。适合的工作主要是管理、决策方面的工作，如国家机关及机构负责人、党团干部、经理、厂长、推销员及宣传、推广等。

六是常规型。这种类型的人对系统的、有条理的工作感兴趣，讲求实际，喜欢有秩序的生活，习惯按照固定的规程、计划办事，习惯选择与组织机构、文件档案和日程表之类打交道的工作，如办公室办事员、图书管理员、税务员、统计员、出纳员、秘书以及打字、校对等。

需要指出的是，这种划分是相对的，具有某种典型人格类型的人是存在的，但是绝大多数人属于混合型。

3）金斯伯格（Ginzberg）的职业发展理论。美国著名职业指导专家金斯伯格，对职业生涯的发展进行过长期研究，他的理论被广泛应用于实践。金斯伯格的职业发展理论分为幻想期、尝试期和现实期。

幻想期（处于11岁之前的儿童时期）。儿童们对大千世界，特别是对他们所看到或接触到的各类职业工作者，充满了新奇、好玩的感觉。此时期职业需求的特点是：单纯凭自己的兴趣爱好，不考虑自身的条件、能力水平和社会需要与机遇，完全处于幻想之中。

尝试期（11~17岁）。这是由少年儿童向青年过渡的时期。此时起，人的心理和生理在迅速成长发育和变化，有独立的意识，价值观念开始形成，知识和能力显著增长和增强，初步懂得社会生产和生活的经验。在职业需求上呈现出的特点是：有职业兴趣，但不仅限于此，更多地去客观地审视自身各方面的条件和能力；开始注意职业角色的社会地位、社会意义，以及社会对该职业的需要。

现实期（17岁以后的青年时期）。即将步入社会劳动，能够客观地把自己的职业愿望或要求，同自己的主观条件、能力，以及社会现实的职业需要紧密联系和协调起来，寻找适合自己的职业角色。此时所需求的职业不再模糊不清，已有具体的、现实的职业目标，表现出的最大特点是客观性和现实性。

4）格林豪斯（Greenhaus）的职业生涯发展理论。美国心理学博士格林豪斯的研究侧重于不同年龄段职业生涯所面临的主要任务，并以此为依据将职业生涯划分为五个阶段：职业准备阶段、进入组织阶段、职业生涯初期、职业生涯中期和职业生涯后期，从而形成了他的职业生涯发展理论。格林豪斯的职业生涯发展理论的具体内容如下。

一是职业准备。典型年龄段为0~18岁。主要任务是发展职业想象力，对职业进行评估和选择，接受必需的职业教育。

二是进入组织。18~25岁为进入组织阶段。主要任务是在一个理想的组织中获得一份工作，在获取足量信息的基础上，尽量选择一种合适的、较为满意的职业。

三是职业生涯初期。处于此期的典型年龄段为25~40岁。主要任务是学习职业技术，提高工作能力；了解和学习组织纪律和规范，逐步适应职业工作，适应和融入组织；为未来的职业成功做好准备。

四是职业生涯中期。40~55岁是职业生涯中期阶段。主要任务是对早期职业生涯重新评估，强化或改变自己的职业理想；选定职业，努力工作，有所成就。

五是职业生涯后期。从55岁直至退休为职业生涯的后期。主要任务是继续保持已有职业成就，维护尊严，准备引退。

5）施恩（Schein）职业锚理论。职业锚理论是美国麻省理工学院斯隆商学院著名的职业指导专家埃德加·H.施恩教授领导的专门研究小组，对该学院毕业生的职业生涯研究中演绎而成的。职业锚，实际就是人们选择和发展自己的职业时所围绕的中心，是指当一个人不得不做出选择的时候，他无论如何都不会放弃职业中那种至关重要的东西或价值观。职业锚强调个人能力、动机和价值观三方面的相互作用与整合。职业锚问卷是国外职业测评运用最广泛、最有效的工具之一。职业锚问卷是一种职业生涯规划咨询、自我了解的工具，能够协助组织或个人进行更理想的职业生涯发展规划。

2. 职业指导的有关知识

（1）职业指导的概念、影响、目标和原则

1）职业指导的概念。职业指导是为求职者就业、职业发展和用人单位合理用人提供咨询、指导及帮助的过程。它涵盖以下四方面内容。

①强调指导对象是人力资源市场中求职者和用人单位两个主体，而不仅仅是求职者一个方面。

②强调指导的最终目标是个人职业发展和用人单位能够更好地做到人尽其才，而不仅仅以就业为目的。

③强调职业指导是一个过程，伴随人的整个职业生涯，而不仅仅是某一个阶段和时期。

④强调职业指导更深层次的教育和帮助功能作用，而不仅仅是提供职业信息。

2）职业指导的影响。职业指导的影响一般包括对个人的影响和对工作的影响。

①对个人的影响。职业指导在职业准备中具有导向功能，在选择职业过程中具有定向功能，在求职过程中具有信息提供、能力训练的功能，在职业生涯过程中具有促进发展的功能。这些功能可概括为：一是有利于个人社会化；二是有利于树立正确的职业观；三是有利于做出明智的职业选择；四是有利于身心健康和个性发展。

②对工作的影响。对工作的影响可概括为：一是有助于建立科学开展就业服务工作的意识；二是有助于促进就业服务工作的质量和效果；三是有助于就业服务工作的提升和改革；四是有助于就业服务队伍的建设。

3）职业指导的目标。具体内容如下。

①帮助就业。求职者普遍存在职业意识缺乏、职业信息匮乏、自我认识不足等各种有碍于个人就业的问题，帮助求职者有效解决这些问题是职业指导的重要内容。

②帮助就业稳定。职业指导帮助就业的目标，远远不能解决求职者、劳动者的客观需求，许多求职者就业上岗后，由于不能适应岗位要求或难以融入企业文化等问题，而造成就业不稳定的现象比比皆是，因此，职业指导应当更加注重个人职业发展，强调跟踪服务和过程服务。

③帮助实现职业生涯的发展。帮助个人实现职业生涯的发展是职业指导的最终目标。这个工作目标反映了职业指导是一个过程，不论是指导就业过程中，还是在

实现就业后，它将一直伴随人的职业生涯，人们处处需要指导。

4）职业指导的原则。一般包括以下几方面。

①科学性原则。职业指导工作中要以科学认真的态度正确掌握职业指导知识，做好充分的工作准备。要准确把握职业指导方法，实事求是地进行指导，不能随便乱说，也不能含含糊糊、不得要领，贻误求职者。

②政策性原则。职业指导工作中，一定要严格按照政策规定的内容讲，不能随意解释或引申，更不能望文生义不懂装懂。

③主体性原则。求职者是职业指导过程的主体，要自觉维护和尊重求职者的主体地位。在职业指导工作中进行帮助、启发，目的是增强求职者的主体能力，只有真正增强求职者的就业能力，才能说明职业指导的效果。

④疏导性原则。求职者因各种原因，在就业心理、就业观念等方面存在一定的障碍或误区，劳动保障协理员要耐心地进行说服、疏导，不能高高在上，以教育者自居，伤害求职者的自尊心。

⑤实效性原则。职业指导要以对求职者提供有效的就业帮助为目的，要讲究实效性，道理、知识和方法要讲，也要介绍和提供具体供求状况、信息。

（2）职业指导的主要内容

1）政策法规和市场供求咨询。向劳动者和用人单位提供国家有关人力资源社会保障的法律法规和政策、就业形势、人力资源市场状况咨询。这些内容的介绍咨询，对稳定服务对象的心态、增强自信都有非常良好的作用。

2）择业咨询。帮助劳动者了解职业状况，掌握求职方法，确定择业方向，增强择业能力。

3）职业培训咨询。根据劳动者的情况向其提出培训建议，为其提供职业培训的相关信息。

4）职业能力测评。开展对劳动者个人职业素质和特点的测试，并对其职业能力进行评价。

5）特殊群体专门指导。对妇女、残疾人、少数民族人员及退出现役的军人等就业群体提供专门的职业指导服务。

6）大中专学生指导。对大中专学校、职业院校、技工学校学生的职业指导工作提供咨询和服务。

7）创业指导。对准备从事个体经营或开办私营企业的劳动者提供创业咨询服务。

8）用人指导。为用人单位提供选择招聘方法、确定用人条件和标准等方面的招聘用人指导。

9）职业培训机构指导。为职业培训机构确立培训方向和专业设置等提供咨询参考。

(3) 基层平台职业指导的主要方法

1）个人面谈法。即劳动保障协理员与求职者直接进行谈话，提供职业帮助的方法。这种方法由职业指导人员与求职者进行一对一谈话，了解求职者的基本情况、职业素质、心理状况和职业需求，直接为求职者提供建议和具体帮助。

2）集体座谈法。将一组求职者组织在一起，就其共同关心的职业问题进行座谈，使大家相互启发和帮助，指导每一个人制订切实可行的就业计划。

3）授课法。这种方法主要运用在学校，一般是通过系统的教学计划、教学大纲和丰富的教材，对学生进行职业指导。

4）报告会法。即根据不同的咨询目标和课题举行专题报告会。报告会的内容很多，如就业形势与政策、创业指导、个性发展、择业方法和学习技巧等。

5）通信联系法。通过电话或其他通信手段对求职者进行指导、帮助。

6）影视观摩法。通过电影、电视、录像等方式，介绍有关职业选择的知识和案例。

7）跟踪服务法。对已招聘结束的用人单位，定期回访被招聘人员在试用期的情况，及时协助调整不合适人员。通过与用人单位保持经常性联系，一方面，促进被录用者的就业稳定；另一方面，了解用人单位新的用工需求和空岗情况。

8）全程指导法。从求职者第一次登门，到求职者找到满意的工作，基层平台指导员要做到全程指导，每一个阶段为求职者提供不同的指导服务，达到实现求职者稳定就业的目的。

9）心理测验法。心理测验是一种准确了解求职者心理素质的科学手段。在我国职业指导中，常用的心理测验的内容主要为职业兴趣测验、智力测验、一般能力倾向测验和性格测验等。

10）资源共享法。利用互联网大数据平台，让求职者共享政府政策资源、企业招聘资源、咨询辅导资源、求职技巧资源等，满足求职者个性化、多样化的需求。

二、职业指导的操作实务

1. 个人职业指导

(1) 职业指导程序和方法

1) 进行个人职业指导的工作程序

①准备好必要的工具。劳动保障协理员在为求职者进行职业指导工作前,要准备好必要的工具,如登记表、纸张、笔等。

②准备好必要的资料。劳动保障协理员在为求职者进行职业指导工作前,还要准备好必要的资料,如劳动就业政策法律法规资料、本地区失业人员数量状况资料、人力资源市场供求状况资料、岗位信息资料等。

③指导填写求职登记表。劳动保障协理员要指导前来咨询的求职者填写求职登记表。

④开展职业指导。劳动保障协理员要了解前来咨询的求职者的从业条件和求职愿望,要与求职者面对面沟通交流,帮助求职者做出准确判断。

⑤推荐就业。劳动保障协理员要根据求职者的具体情况提供职业需求信息、技能培训信息,推荐就业岗位供求职者选择。

2) 进行个人职业指导的工作方法

①根据与求职者的交谈和查看其求职登记表,了解求职者的基本情况和求职意愿,了解求职者是否为首次接受职业指导和属于哪类服务对象。

②向求职者简要介绍本地区失业人员数量状况和人力资源市场供求状况,帮助求职者了解客观现实情况。

③针对求职者对求职愿望的描述,详细介绍人力资源市场具体岗位供求情况、专业工种要求情况和从业条件。

④与求职者进行具体的沟通交流,分析求职者的相关职业能力和求职愿望之间的异同,供求职者作出判断。

⑤根据求职者的具体选择,为求职者提供进一步的指导帮助,如提供职业需求信息、技能培训信息、推荐就业岗位等,供求职者选择。

⑥向求职者进一步提出实现就业目标和做好本职工作的建议。

(2) 求职者应聘要点

1) 正确填写求职登记表。求职登记表的内容包括个人信息（性别、年龄等），毕业学校及所学专业，个人联系方式，求职职位，受教育及培训背景，获得过何种等级证书，实习、工作经历，能力和优势，也可以在求职登记表上附上个人简历。

2) 接受个性化职业指导。公共就业（人才）服务机构或职业中介机构负责职业指导的工作人员一般都具有专业背景，求职者要积极与职业指导员进行沟通，详细介绍自身情况和需求，虚心接受他们的指导。通过个性化指导了解本地就业形势和用人单位的岗位需求及技能要求，以及用人单位提供的劳动条件和福利待遇，正确树立择业观念，克服心理障碍，加强求职技能训练。

3) 积极应聘。应聘的时候，求职者要对应聘什么职位、应聘什么样的用人单位心中有数，决定好主攻目标和次要目标。对主攻目标，求职者要多费些心思，好好展现个人魅力，坐下来和用人单位好好谈一谈，向他们展示自己的才能，表明想成为用人单位一员的强烈愿望；对次要目标，求职者留下求职登记表和简短介绍即可，自始至终都要充满信心，从容不迫。

4) 妥善应对面试。面试时间确定好，要准时赴约，可提前一刻钟到达，安定一下自己的情绪。适当注意个人仪表，穿着自然得体。男性求职者不但要注意着装，还要整理好发型；女性求职者应该化个清新的淡妆，给自己以信心，也是对别人的尊重。面试交流时要注意礼貌，不要突然打断对方的说话，不要使用亵渎的语言，不要说没有事实根据的大话，不要局限于一两个字的回答，但是也不能为了掩饰自己内心的紧张而说个不停。

(3) 职业生涯设计的基本流程

劳动保障协理员为求职者进行职业生涯规划是一个长期的连续过程，需要设计一套程序来保证它的顺利实施。这个程序一般包括自我评估、环境评估、理想职业目标选择、职业生涯路线选择、实施、评估与反馈六个步骤。

1) 自我评估。在设计职业生涯时，先要帮助个体进行自我评估，即了解自我，帮助个体对自己进行客观评估，让他们看清自己的现状和未来志向之间的差距，同时，帮助他们端正态度，脚踏实地，逐步前进。自我评估不是一两次心理测评就可以解决的事情，而是要贯穿整个职业生涯过程。

2) 环境评估。劳动保障协理员要帮助求职者了解所处环境的特点、发展变化的趋势、自己与环境的关系、自己所处的地位、对自己有利或不利的条件等。例如，对所在单位和所属行业进行分析，这些外部条件对寻找恰当的职业生涯发展路径是至关重要的。

3）理想职业目标选择。理想职业目标就是个体对所立志向的具体化和形象化，是建立在自我认知和对环境科学分析的基础上的，具有最大实现可能性的志向，选择理想目标要具有一定挑战性，也要能够适合自己的性格，顺应环境的变化趋势。

4）职业生涯路线选择。每个人的现实状况与理想目标之间都存在多种可供选择的路径，可以选择不同的行业，选定了行业还可以选择不同的企业，选定了企业还能选择不同的职位起点等。在选择好了职业生涯发展路线之后，还需要在路线上设置一些节点——阶段性目标。劳动保障协理员的作用就是提供可行性的意见和建议，引导个体进行职业探索，以缩短探索时间。

5）实施。所有的规划、设计都要依靠个体具体的实践来完成。计划的实施过程也就是个体的各种工作经历，具体内容包括实际工作、职业培训、学习深造等。职业指导人员还应该提醒来访者注意思考实施过程中遇到的问题。例如，为达到一个目标，何种措施的效率最高；如何充分利用日常工作提高自己的职业技能；怎样开发自己的潜能等。

6）评估与反馈。影响职业生涯的内外因素很多，有些变化是可以预测并加以控制的，但是更多的变化是难以预测的。在这种情况下，要使规划行之有效，需要根据实际情况对生涯规划的进展做出评估，并适时进行修改。当然，个体既可以只对某个阶段目标的实施路径进行修正，也可以对理想发展目标进行修正，但这一切都应符合客观现实的需要。

(4) 团体咨询指导流程

团体咨询是在团体情境下提供指导与帮助的一种职业指导方式。主要让求助者在团体互动交流中观察体验，学习新的观念，从而获得认识自我、改善自我的能力。团体咨询通常由1~2名团体指导师，与10~20名团体成员组成。团体咨询的具体指导流程包括"破冰"了解、认识自我、职业探索、生涯规划、笑迎未来五个阶段。

1）"破冰"了解。这是团体咨询的起始阶段，主要任务是让成员之间相互了解，建立信任与互动关系，使成员了解团体性质、目标及团体规范，澄清成员参加动机，营造良好的团体氛围。

2）认识自我。这一阶段主要任务是使成员正确地认识自己的人格特质、性格、能力等，并接纳自己，协助成员自我了解，发现优点，克服缺点，提高成员的自信心。

3）职业探索。这一阶段主要是团体指导师协助成员进行职业价值观探索，探讨职业选择对个人未来发展的影响，帮助澄清成员的价值观，促进成员了解价值观与专业、兴趣的关系，从而树立正确的职业价值观。

4）生涯规划。这一阶段主要是帮助成员更有效地掌握和运用时间，在生涯规划上主动确定职业目标、积极规划未来的工作生活。指导师也可以借助测评工具，指导成员完成相关测评，根据测评结果，帮助成员正确评估自己，建立适合自己发展的职业生涯规划。

5）笑迎未来。这一阶段，指导师要引导成员学会勇于面对就业压力，学会利用现有资源、感知幸福、笑迎未来。同时，作为团体咨询的最后阶段，指导师要引导成员正确面对团体结束的心情，指导师要认真总结整个团体咨询的过程，协助成员做出个人的评估，鼓励成员充满信心面对未来的职业生涯。

（5）对不同群体的职业指导

1）对残疾人员的职业指导。对残疾人员的职业指导一般包括以下内容。

①提供咨询。了解国家有关劳动就业和社会保障的法律法规与政策、职业分类、职业标准、职业培训、职业资格鉴定等方面情况，提供给前来咨询的用人单位和残疾人。

②登记备案。了解劳动力市场的需求现状和变动趋势，对用人单位和要求就业的残疾人进行登记，随时把握本地区的残疾人就业基本情况，为推荐残疾人就业做好准备。

③培训指导。这也是职业指导工作的主体部分。通过心理测量、能力测试、个性分析等方式了解求职残疾人的特点，向他们提出恰当的职业选择、职业设计、职业培训等建议。同时，职业选择往往不是一蹴而就的，很多人一生可能要经历很多次岗位的变化或职业的迁移，应帮助残疾人掌握技能，包括各种职业技能培训、应聘方式与技巧等，使他们能独立地应对职场挑战。

④鼓励自主创业。政府相关部门联动，用优惠政策鼓励自强的残疾人自主创业。政府给予优惠政策，鼓励残疾人创业，并带动就业，可以大大改善残疾人家庭收入，帮助其实现自我人生价值。

2）对退出现役军人的职业指导。对复退军人的职业指导一般包括以下内容。

①树立正确的就业观念。对于该群体来说，找到一个岗位并不太难，关键是一定要树立正确的择业观念，从最基础的岗位做起，放眼未来，并利用休息时间充实

自己，寻求机会，在工作中学习一些有用的知识和技能，为以后更好的发展积累资本。

②提升职业技能。引导该群体积极参加职业培训提高技能，把自己变成一专多能的复合型人才，提高就业竞争力。

③调整心态。该群体在求职和工作的道路上会遇到很多问题，尤其是一些单位觉得退伍军人只能从事安保、司机等工作，因此，要引导他们保持好的心态、变压力为动力，在基层工作岗位中努力工作，充实自己，用实际行动证明自己的能力，争取更适宜的岗位。

④制定职业发展规划。引导该群体依据自身实际情况制订职业发展计划，如先找到一个能够让自己接触了解社会、充实能力和学习有用知识的平台及机会，再结合行业岗位的发展前景和自身潜力，积累工作经验，实现更高质量的就业。

3）对离校未就业高校毕业生的职业指导。对离校未就业高校毕业生的职业指导一般包括以下内容。

①提供上门服务。对部分不愿走出家门，信息闭塞或不能客观认识自身问题，尚无接受职业指导意愿的离校未就业高校毕业生，采取由社区（村）劳动保障协理员亲自上门走访发放宣传材料的形式，让他们了解就业服务内容、了解就业优惠政策，激发他们的就业意愿，鼓励他们走出家门，走向社会。

②创新服务形式。当代大学生是新媒体环境下成长起来的一代人，要选择他们喜闻乐见的形式指导就业，通过微信、微博、客户端等互联网形式向离校未就业高校毕业生传授职业定位、简历制作、面试技巧、职场适应等方面的信息，提升他们的就业能力。离校未就业高校毕业生可根据需求参与相关主题的培训，课程结束后指派专门的职业指导人员负责后续的岗位推荐及跟踪服务，力求创造轻松愉快、乐观向上、积极实践的求职环境和氛围。

③提升职业指导团队水准。当前职业指导人员水平参差不齐，在接待较高学历来访者时能力受限，必须打造一支专业化水平高的指导师团队，不断提升自身业务能力，才能适应社会的需求。也可以在社区征询有志于热心服务的职业指导师志愿者，包括高校教育学专家、专业心理咨询师、社会职业指导师、企业 HR 等，全方位、多角度地为离校未就业高校毕业生提供就业帮扶。

④创建服务平台。要整合就业、创业、培训资源，创建多位一体的服务平台。依托专业的职业指导网站，为离校未就业大学生提供全方位服务，使得大学生足不

出户就可以了解历年大学生就业人数、就业状况、离职原因、离职比例、人力资源市场供求现状、主要行业需求等职业供求信息。

4）对农村进城务工人员的职业指导。一般包括以下内容。

①萌动阶段的职业指导。在萌动阶段，农村进城务工人员的就业观念普遍具有盲目性，他们动机单纯，就业观念和心理准备存在着偏差，需要得到帮助。如果能开展耐心细致的职业指导和引导性培训及信息服务，就能为他们扫清进城就业的心理障碍，帮助他们平稳度过心理准备期。

②出门阶段的职业指导。处于这个阶段的农村进城务工人员，普遍存在着"到哪去、去干啥、跟谁去、怎么办和学什么"等问题。这些问题从侧面反映了，帮助他们进行能力储备和信息准备是这个阶段的工作重点，主要包括信息服务、技能培训和出门必备指导。

③进城阶段的职业指导。处于进城阶段的农村进城务工人员，他们的需求更直接、更具体，集中体现在对岗位的需求，需要对其开展职业介绍、职业指导、培训推荐等服务。

④上岗阶段的职业指导。处于上岗阶段的农村进城务工人员，他们的需求主要集中在岗前培训、权益维护、跟踪服务方面。

（6）素质测评

1）素质测评的概念。人员素质测评指综合利用心理学、管理学和人才学等学科的理论、方法和技术，对人的能力水平及倾向、个性特点和行为特征等进行系统的、客观的测量和评价。由于运用此技术可以准确客观地对被测评者做出职业素质评价，能够评测出被测评者是否符合工作要求，目前，这种选拔人才的手段被越来越多地运用在组织招募人才和选拔人才的工作当中。

2）素质测评的主要内容。人员素质测评是对个人稳定素质特征进行的测量与评价，包括能力因素、个人特质因素和动力因素。

①能力因素。能力分为一般能力与特殊能力。一般能力通常是指在不同种类的活动中表现出来的共同能力，如观察能力、注意能力、记忆能力、思维能力、想象能力、动手能力等。所有这些能力都是我们完成任何心理活动必不可少的，也是完成任何一种工作都不可缺少的能力。特殊能力是指在某些特殊专业活动中表现出来的能力。这些能力与特殊专业活动的内容联系在一起。

②个人特质因素。每个人在处事时总是表现出自己独特的行为方式，这就是个

人特质因素。个人特质一般来说包括气质、性格和行为风格等方面的内容。气质是指表现在人的心理活动和行为动力方面的、稳定的个人特点。性格是由一个人对现实的态度和他的行为方式所表现出来的个性心理特征。行为风格是指人们在考虑问题和解决问题过程中表现出的不同特点。

③动力因素。动力因素包括需要、兴趣、动机和价值观等。兴趣是指个体对某种活动或职业的喜好,它对人们的职业选择和职业行为起着重要的作用。动机是推动一个人行动的内在原因,动机的方向和强度往往决定了行为的效果。价值观指人们关于目标和信仰的观念,它使个人的行为带有个人的、一致的方向性。

3)常用的测试工具如下。

①职业兴趣测试。常用库特尔职业兴趣量表(OIS)、斯特朗·卡姆贝尔兴趣记录(SCII)、霍兰德"自我指导探索"(SDS)等。

②智力测试。常用的智力测验量表有瑞文标准渐进测验(RPM)、韦克斯勒成人智力量表(WAISR)等。

③一般能力测试。常用由美国就业服务社编制的"一般能力倾向成套测验(GATB)"。

④性格测试。常用的一般是根据"明尼苏达多项人格调查表"(MMPI)、"艾森克人格问卷"(EPQ)或"卡特尔十六因素个性测验"(16PF)等加以改编的量表。

2. 用人单位用工指导

(1)招聘指导

劳动保障协理员对用人单位招聘指导一般包括以下流程。

1)了解用人单位的需求。主要包括以下内容。

①用人单位人员数量规模、主要专业、工种岗位结构状况。

②用人单位主要专业、工种岗位人员流动情况及原因。

③用人单位目前急需招用的专业、工种岗位人员数量,职业素质,基本能力等从业条件要求。

④用人单位对本次招用岗位工资、福利、社会保险与建立劳动关系的考虑。

2)招聘成功的可能性分析。对用人单位本次招聘成功的可能性与用人单位沟通分析,主要包括以下内容。

①对用人单位提出的招用人员的从业条件进行具体分析,招用岗位实际工作所需要的文化素质、业务与专业技术的复杂程度,应具备的技能水平,以及适应工作

长远发展需要所应具有的发展潜力，具体分析其所提的从业条件合理性。

②对用人单位招聘岗位提供的工资、福利、社会保险待遇水平及用人单位的社会声誉、工作环境、设施条件等因素，分析用人单位的招聘条件对求职者的吸引程度。

③对用人单位劳动人事管理制度是否使应聘者具有职业安全感和向心力进行分析，预测应聘者的心理反应。

④向用人单位介绍本地区人力资源供求状况，特别是人力资源的结构并进行分析，提出人力资源供给的可能性。

3）介绍招聘方式的种类。职业指导人员要向用人单位介绍招聘方式的种类和内容。目前，常用的招聘方式有：信息网络方式、媒体广告方式、洽谈会方式、集中招聘方式和中介机构代理招聘。

4）确定合理的招聘方式。帮助用人单位确定合理的招聘方式，主要是根据用人单位各方面的综合情况、人员年度流动、变化情况，以及本地区人力资源市场的供求状况、工资价位、需求特点等，结合单位对人员的具体要求选择针对性强、操作性强的招聘方式。

5）组织落实招聘计划。结合人力资源市场的实际，职业指导人员要帮助用人单位组织落实拟订的招聘计划，为用工单位招到需要的员工。

（2）岗位设置指导

劳动保障协理员除了为用人单位进行单位招用人员基本知识的指导外，还应该掌握为辖区用人单位进行岗位设置的基本知识。

1）岗位设置。岗位设置工作主要是对工作岗位的以下内容进行界定。

①岗位工作任务的性质、内容和程序。完成各项任务所需要的时间及占工作日制度时间的百分比。

②岗位的名称、工作地点和本岗位职工的职称、职务、年龄、工龄、技术等级、工资等级等。

③本岗位的责任和权限。

④承担本岗位的资格、条件及工作所需要的体力。

⑤本岗位工作的危险性、劳动强度、劳动空间、操作的自由度等。

⑥本岗位使用设备、工具的复杂程度。

⑦工作条件和劳动环境，如空气流速、温度与湿度、噪声、工作地照明、粉尘、

有毒有害气体、雾滴、振动、热辐射等。

⑧本岗位与其他岗位的关系，如管辖、晋升、轮换等。

⑨其他需要补充说明的事项。

2）岗位设置的原则。岗位设置的原则包括以下几方面。

①分工科学，有利于提高工作效率。

②工作内容应具有内在关联性。

③岗位责任与职权对等。

④工作量满负荷。

⑤工作内容丰富化。

⑥工作所需要的知识尽量单一，使招聘容易。

⑦主要工作内容容易量化评估和监督。

（3）用工后续指导

指导用人单位办理招聘备案、签订劳动合同、缴纳社会保险等手续。

1）招聘人员的分类。此项工作主要是对已经被录用的人员，按照其不同的身份进行划分，看其是属于就业转失业人员，还是应届毕业的高中、技校、职高学生，然后按照身份进行归类。以上人员都是必须办理招聘备案手续的，但是程序不尽相同，职业指导人员务必让用人单位了解相关流程，以免影响办事效率。

2）签订劳动合同。职业指导人员对用人单位签订劳动合同进行指导时，应告知用人单位要如实向劳动者说明岗位的用人要求、工作内容、工作时间、劳动报酬、劳动条件、社会保险等情况，以避免出现不必要的合同纠纷，影响企业的经济效益和劳动者的合法权益。

3）办理招聘备案和档案关系。根据求职者的身份，职业指导人员要为其办理相应的招聘备案手续，并转移人事档案关系。

4）缴纳社会保险。指导用人单位为职工申办社会保险或转移社会保险手续，并按规定缴纳社会保险费。社会保险包括养老保险、失业保险、工伤保险、医疗保险和生育保险。

三、职业介绍基础知识

1. 职业介绍服务的基本内容

职业介绍服务的基本内容一般包括以下几个方面。

（1）对求职者求职和用人单位招聘进行登记。求职登记的主要内容包括求职者本人的基本情况、职业经历、技能水平、求职愿望、培训愿望等。用人单位招聘登记的主要内容包括用人单位的基本情况、招聘岗位基本情况、用人条件、工资待遇、社会保险、劳动合同期限等。

（2）为求职者提供职业需求信息，推荐就业岗位。

（3）为用人单位提供人力资源信息，推荐求职者。

（4）为求职者求职和用人单位招聘提供职业指导和职业咨询服务。帮助求职者了解人力资源状况，掌握求职方法，指导用人单位正确使用招聘方法和按规定进行招聘。

（5）向职业培训机构提供职业需求信息，推荐有培训意愿的求职者。

（6）为就业困难人员或其他特殊就业群体提供专门的职业介绍和推荐就业服务。

（7）建立人力资源基础信息数据库，开展职业供求状况预测和预报。

2. 开展职业介绍服务的基本要求

劳动保障协理员开展职业介绍服务的基本要求主要有以下几方面。

（1）为求职者提供求职途径、基本求职方法、相关表格及简历的填写、面试注意事项等职业指导，同时，提供本地区职业供求现状与发展趋势分析、就业岗位信息、职业技能培训、相关劳动就业政策的咨询服务。

（2）在求职者进行求职登记后，建立求职者求职信息档案，录入人力资源市场信息库，为用人单位招聘提供求职者基本信息。

（3）在求职者基本信息进入人力资源市场信息库后，建立求职者"跟踪指导档案"或相应的跟踪指导记录，实施必要的跟踪指导与即时服务。通过求职者提供的联系方式，定期为其提供一定数量的就业岗位信息。

（4）为求职者提供一定时间的跟踪服务后，求职者仍未实现就业的，劳动保障协理员应及时与求职者取得联系，并重新提供服务。

(5) 劳动保障协理员要有高度的服务意识,掌握各项劳动就业政策和人力资源市场职业供求信息,熟知用人单位的一般用人条件和需求。在实际工作中,能够应用职业介绍服务的各种知识、方法,为求职者和用人单位提供就业服务。

(6) 随时与用人单位和求职者保持联系,了解用人单位的就业岗位信息、求职者的就业状况,并及时调整和更新数据库、信息栏、信息发布电子设施的内容。

> ■ 注意事项
> 1. 按照科学规范的工作流程,开展职业介绍。
> 2. 区分服务对象的性质。用工单位和求职者所需信息不同,其后续服务的程序和内容差别都很大。
> 3. 求职信息和用人单位的选择要由服务对象来决定,职业指导人员不可包办代替。

四、职业介绍操作实务

1. 个人求职登记流程

(1) 核实求职者的有效证件。包括身份证、学历证、职业资格证(技能等级证)、《就业创业证》等。

(2) 采集求职者基本信息并录入有关业务信息管理系统。主要包括求职者身份证号码、姓名、年龄、性别、健康状况、民族、户口性质、户口所在地、人员类别、文化程度、技术技能、工作经历、职业培训、联系方式、通信地址、专业特长、技能特长、特殊的学习和生活经历等内容。

(3) 采集求职者求职意向并录入有关业务信息管理系统,提供一般性指导。主要包括充分了解求职者在行业领域、职业岗位、就业地域范围、工资福利、教育培训等方面的意愿和要求等内容。

(4) 材料归档。对求职者填写的"个人求职登记表"定期归档。

2. 用人单位招聘登记流程

(1) 核实用人单位资格。用人单位登记招聘,核实其合法有效资质证明、资质有效期限、经营范围与招聘岗位是否相符、经办人身份证件等。

（2）采集用人单位基本信息并录入有关业务信息管理系统。主要包括用人单位组织机构代码或工商营业执照注册号、单位名称、单位地址、单位性质、经济类型、行业类别、经营范围、法定代表人、联系人、联系电话等内容。

（3）采集用人单位招聘信息并录入有关业务信息管理系统，提供用人指导。主要包括招聘岗位、工资水平、招聘条件、招聘人数等内容。用人指导应符合《公共职业指导服务规范》相关要求。

（4）材料归档。对用人单位提供的相关备案材料、"单位招聘登记表"等定期归档。

3. 岗位信息收集与发布

（1）岗位信息收集

1）通过基层平台接待服务、自助式职业介绍服务设施，进行信息采集。

2）通过招聘会集中采集信息。

3）专项活动搜集。通过各类公共就业服务专项活动采集信息。

4）其他采集信息渠道：①通过工作人员主动上门收集信息。②与社会职业中介机构、大专院校等有关机构建立信息联络制度，开展信息采集。③通过公共传媒开展信息搜索和采集。

（2）岗位信息发布

1）主要渠道。利用电子大屏幕、信息栏、触摸屏、自助查询计算机等场所内信息发布设施，互联网职业介绍服务平台，广播、电视、报纸、公交移动传媒等媒体，以及宣传页、正式出版物等媒介发布。

2）工作要求。信息发布前，对信息进行分类整理、审核、筛选和校验，确保信息内容真实、完整、有效。信息采用多种渠道及时发布，及时更新，有效传达。

4. 供求信息匹配的原则和方法

（1）供求信息匹配的原则

在职业供求信息匹配并最终实现求职者成功就业和就业岗位成功录用的过程中，运用信息匹配原则，达到最佳化、合理化十分重要。因为运用信息匹配原则达到最佳化、合理化的程度会最终影响职业供求信息的使用效率。

1）求职者技能与岗位信息相适应的原则。根据求职者所拥有的职业技能素质，在用人单位的招聘岗位信息中查找相应的就业岗位信息，将其安排在相应的就业岗位上，使求职者技能素质与就业岗位信息匹配是最合适、最合理的，能够达到求职者技能与岗位信息相适应。根据求职者技能素质将其安排在相应的岗位上，这是因为人有能级的区别。所谓能级，是指一个人的知识、专业、技能、经验、性格、心理素质、潜力、品德等多方面的要素。不同的能级水平应承担不同的就业岗位工作责任，同时，也应具备承担不同工作的特质。

2）岗位信息与求职者求职愿望相适应的原则。根据就业岗位对求职者的知识、专业、技能、经验的具体要求，在求职者数据库中查找与求职愿望相适应且具有相应职业技能素质的求职者，安排求职者应聘并实现就业，使就业岗位要求与求职者求职愿望相适应。因为不同就业岗位对求职者的能级水平有不同的要求，承担的就业岗位工作责任和享有的权利也不尽相同。同时，求职者本人的求职愿望在这一原则中也很重要，一方面如果没有满足求职者的就业期望值，求职者可能采取观望或等待的态度，将就业时间延后；另一方面即使求职者勉强接受就业岗位，也可能无法调动工作积极性，影响效能发挥。

3）匹配时间最快原则。职业供求信息是变化的，因为采集的求职信息和岗位信息具有时效性，时间的推移会抵消供求信息的可用性。同时，在运用人力资源市场信息网络进行信息匹配时，掌握好时间最快原则可以提高职业指导人员或劳动保障协理员的工作效率。

4）动态性原则。从发展的观点看，职业供求信息匹配是在不断调整的，动态性始终贯穿求职者求职和用人单位招聘用人的全过程。首次职业供求信息匹配可能由于对求职者所拥有的职业技能素质评估存在偏差，而导致求职者技能与岗位信息不相适应；或者由于对岗位信息的了解不够准确，而不能完全反映求职者的能级和求职愿望。因此，应根据首次职业供求信息匹配反映出的问题，结合求职者的情况、劳动力供求关系、工资差别和岗位状况的变化情况，及时调整匹配。

（2）供求信息匹配的方法

信息匹配体现的是人力资源市场求职者自主择业和用人单位自主用工的"双自主"的特点。

1）以企业为主的信息匹配。在用人单位自主用工的过程中，用人单位根据生产需要提出用工需求，按相关法律法规要求拟订用人条件和用工待遇，在人力资源信息数据库中进行检索查询，查找符合录用条件的求职者信息，并最终完成信息匹配。检索查询有两种形式，即用人单位输入全部用人条件和输入主要用人条件。两种检索查询形式获得结果不同,应根据用人单位招聘情况确定。容易完成招聘的岗位,人力资源数据库中信息资源多,可输入全部用人条件,以获得信息全面且符合条件的求职者;相反,不易完成招聘的岗位,如果输入全部用人条件,符合条件的求职者会更少,要放宽条件,输入主要用人条件。

2)应求职者要求的信息匹配。求职者在自主择业过程中,根据自己的求职愿望和职业技能素质,向工作人员提出信息检索查询要求,工作人员在人力资源信息数据库中进行检索查询,查找符合求职者求职愿望的用工信息,并最终完成信息匹配。

3)根据供求双方要求双向查询匹配。双向查询主要是满足不同用工需求和求职者的要求。例如,用人单位需要委托招聘的,或者求职者要求集中获得用工信息的,工作人员在人力资源信息数据库中进行检索查询,查找符合求职者求职愿望和用人单位用人条件的职业供求信息,最终完成信息匹配,并通知和安排双方联系,介绍面谈。

5. 组织招聘洽谈会的程序

(1)准备工作

组织招聘洽谈会之前要准备好必要的场所、工具和材料。主要包括以下内容。

1)本地区人力资源市场供求状况分析材料。

2)本地区行业、企业工资指导价位资料。

3)招聘洽谈会场所。

4)洽谈台位、椅子及其他相关设施。

5)求职者求职登记表、用人单位用工登记表等相关表格。

6)纸、笔等文具用品。

(2)组织做好接待工作

劳动保障协理员要从洽谈会实际需要出发,根据求职登记和用工登记要求,查验确认相关证件、材料,指导填写相关表格。

(3)组织用工招聘洽谈

组织职业供求双方见面互相了解信息,按双方认可的选择对象组织面谈。劳动保障协理员根据职业指导和用工指导的内容,提示求职者和用人单位正确求职和合理用工。

(4)开展职业指导和用工指导

在组织招聘洽谈会过程中,劳动保障协理员应根据职业指导程序和方法对求职者进行职业指导，根据用人单位用工指导程序和方法进行用工指导。

（5）及时了解招聘洽谈结果并作相应处理

在职业供求双方面谈后，劳动保障协理员若未接到双方面谈结果的反馈信息，应及时与用人单位或求职者进行联系，做好后续服务工作，并将面谈结果在有关资料上做相应处理。

（6）及时汇总归纳，作相应统计分析

劳动保障协理员应在招聘洽谈会后的一定期限内，对洽谈会招聘情况进行汇总归纳和统计分析，对信息合理匹配的成效情况、供求关系变化作出评估，以作为对本辖区职业供求总体情况分析时的参考依据。

6. 职业介绍跟踪服务

（1）跟踪服务的工作程序

职业介绍跟踪服务工作一般包括以下四个步骤。

1）电话联系。确定跟踪服务内容，约定时间。

2）现场面谈。按约定时间，到用人单位或求职者家中面谈，了解服务结果，提出改进意见。

3）查验指导。对双方选择成功的，查验建立劳动关系和签订劳动合同情况。对用人单位未与求职者建立劳动关系和签订劳动合同的，予以工作指导。

4）回执处理。根据用人单位目前空岗情况和求职者未能实现求职愿望情况，及时在人力资源市场信息网络上做回执处理。

（2）为就业困难人员服务的程序

1）求职登记一个月内提供登记和咨询、人力资源市场信息服务、求职面谈、介绍与推荐、职业指导、其他就业服务建议、其他服务。

2）求职登记三个月以后应要求求职者参加求职培训班、就业讨论会。

3）求职登记六个月以后应提供再就业培训班、职业培训、求职交流、职业设计培训班、社区服务、自谋职业服务、生产自救、新的再就业计划等专项服务。

4）求职登记一年以上的人员，需利用一周的时间，帮助其拟定新的再就业计划，重新安排服务项目和求职活动，并逐步实施。

第5节 职业培训服务

一、职业培训的基础知识

1. 职业培训的概念

职业培训是指依法开展的对劳动者进行职业知识与实际操作技能培养与训练的活动,目的是促进劳动者提高职业技能,增强就业能力和创业能力。职业培训以培养与职业相关的操作技能、心智技能或复合技能为目标,以各种形式的操作训练为主要手段,以特定的知识和操作要领为主要内容。

职业培训通常按相应的职业标准和岗位技能要求开展,包括职业资格培训、企业岗位培训和其他适应性培训等。其目标在于把求职人员培养训练成为具有一定文化知识和技术技能素质的合格的劳动者,把具备一定职业经历的劳动者训练成为适应职业岗位需要的劳动者,以适应转换职业和继续得以就业和创业的需要。

《中华人民共和国劳动法》规定:"劳动者享有接受职业技能培训的权利"。《中华人民共和国就业促进法》规定:"国家依法开展职业教育,鼓励开展职业培训,促进劳动者提高职业技能,增强就业能力和创业能力。"两部法律明确了职业培训的法律地位。

2. 职业培训的特点

职业培训不同于学历教育,具有以下几个特点。

(1)针对性和实用性

职业培训的目标、专业设置、教学内容等均是以社会需求为导向,按照人力资源市场需求、用人单位实际需要和职业标准确定。经过职业培训的毕(结)业生可以直接上岗就业。

(2)灵活性和多样性

职业培训在培训形式上有较强的灵活性,可采取联合办学、委托培训、定向培训等形式；在培训期限上可长可短，学制弹性，可以脱产也可以半脱产；在培养对象上依据岗位的实际需要灵活确定，不受学籍、年龄和文化程度的限制，没有入学资格障碍，入学方式开放；在教学形式上不受某种固定模式的限制，根据职业标准要求采取多种形式的教学手段。

（3）技术性和技能性

职业培训强调培训与生产需要相结合，一方面培训教学要紧紧围绕生产实际进行；另一方面要结合企业实际需求，这是职业培训的本质要求，是由培养目标决定的。在培训方法上强调理论知识教育与实际操作训练相结合，突出技能操作训练，强化培训者运用技术和技术分析的能力，通过教学与生产实际相结合，推动培训与就业相结合，提高就业能力。

3. 职业培训的目的和作用

（1）职业培训的目的

职业培训的目的是增强劳动者的素质，提高其就业能力和适应职业转换的能力，促进经济与社会发展。

（2）职业培训的作用

1）提高劳动者素质。我国人力资源充裕，但劳动者文化和技能素质较低，世界许多国家的经验表明，通过职业培训提高劳动者素质，是促进人力资源开发利用的重要措施，也是把我国由人口大国转化为人才资源强国的一条重要途径。

2）促进就业。职业培训对于求职者来说，无论是新成长劳动力初次就业，还是失业人员再次就业，都可以通过取得职业技能，提高就业能力，增强自身的竞争能力，尽快找到工作，缩短失业期；对于在职职工来说，可以通过获得更高技术等级或一专多能，提高适应岗位转换能力，激发创新能力，增加就业的稳定性。

3）提升我国企业在国际市场的竞争能力。职业培训能够增加符合需要的社会劳动力供给，缓解一般性劳动力严重过剩、较高素质劳动者严重短缺的结构性矛盾，培养和造就一支应用型技术工人队伍，从而大大提高劳动生产率和我国企业在国际市场的竞争力。

4）预防失业。随着技术进步越来越快，经济结构和产业结构不断调整，新兴行业和职业大量涌现，传统的行业和职业不断被淘汰，结构性失业现象不可避免，对劳动者就业能力和转换工作岗位的能力提出了新要求。通过职业培训，劳动者可以适应市场和产业结构的变化，解决职业技能低、职业技术局限性等问题，满足岗位需求,从而达到预防失业的目的。

5)实现经济增长方式的转变。经济增长方式从粗放型向集约型转变,是我国今后经济工作的一条重要方针。这一转变归根结底是通过不断提高劳动生产率来实现经济增长。影响劳动生产率的因素很多,但基本的、起主导作用的因素是劳动者的素质,特别是劳动者的文化科学技术水平。职业培训一方面使新成长的劳动力通过就业前的培训具备进入就业岗位的条件;另一方面使已经就业的劳动者通过再培训适应生产力发展和科学技术进步的要求。这对实现经济增长方式的转变具有十分重要的作用。

4. 职业培训补贴政策和范围

职业培训补贴政策是指对登记失业人员参加职业培训的,据其参加培训情况给予一定费用的补贴。登记失业的高校毕业生按此规定,可凭借职业培训补贴申请材料,向职业培训所在地人力资源社会保障部门申请补贴。

享受职业培训补贴的人员范围一般包括贫困家庭子女、毕业年度高校毕业生(含技师学院高级工班、预备技师班和特殊教育院校职业教育类毕业生)、城乡未继续升学的应届初高中毕业生、农村转移就业劳动者(含建档立卡的适龄贫困人口)、城乡登记失业人员,以及符合条件的企业在职职工。上述符合条件人员每人每年可享受不超过3次职业培训补贴,但同一职业同一等级不可重复享受。

职业培训补贴资金申请材料应附:本人居民身份证、就业创业证等复印件、职业培训合格证书(职业资格证书或技能等级证书)或劳动合同复印件等培训或就业证明等材料、职业培训机构开具的行政事业性收费票据(或税务发票)等。职业培训补贴具体办法和标准由省级财政部门、人力资源社会保障部门确定。

5. 职业培训的种类

职业培训的种类包括就业前技能培训、在职培训、劳动预备制培训和创业培训,并分别由相应的职业培训机构、职业学校组织实施。

(1)就业前技能培训

就业前技能培训是指为帮助失业人员或其他劳动者提高就业能力而进行必备的职业知识、职业技能的培养和训练活动。培训内容侧重上岗就业所必需的职业技能和职业知识,主要由各级各类职业院校、就业训练中心和民办职业培训机构实施。这种培训是按照职业分类和职业标准及培养目标的要求,结合生产工作岗位的实际需要，进行必要的职业道德、专业理论、职业技能等方面的培训，使求职者掌握一定的职业技能，为他们竞争就业或上岗创造条件。

（2）在职培训

在职培训是指企业按照工作需要对职工进行的思想政治、职业道德、管理知识、技术业务、操作技能等方面的教育和训练活动。培训对象包括企业管理人员、工程技术人员、一线生产操作人员及班组长等。培训专门针对在职职工，培训内容侧重提高技能。根据培训内容和要求的不同，在职培训可分为职业资格培训、岗位培训、岗位练兵、转岗转业培训、学徒培训等。

（3）劳动预备制培训

劳动预备制培训是国家为提高青年劳动者素质，培养劳动后备军，组织未能继续升学的应届初高中毕业生等新成长劳动力，在就业前接受1~2个学期的职业培训和职业教育，使其取得相应职业资格和掌握一定的职业技能后，在国家政策的指导下，通过劳动力市场实现就业的制度。

（4）创业培训

创业培训是对具有创业愿望和相应条件的人员所进行的开办小企业或自谋职业所必备的基础知识和必备能力的培训。创业培训的对象主要是有创业愿望和一定创业能力的人员，包括已经是企业主，但需要提高经营能力的人员。创业培训面向所有具有创业意愿的城乡劳动者，培训内容侧重创业知识能力。

6. 职业培训的体系

职业培训体系作为职业教育体系不可缺少的一部分，是指一个国家或地区各种类型、各种层次的职业培训所构成的整体。它建立在普通教育的基础上，受一定社会经济和技术的制约，并随着经济技术的变化和普通教育普及程度的提高而不断调整，以适应社会发展和经济建设的需要，反映实施职业培训活动的机构及机构之间的相互关系。

《中华人民共和国劳动法》规定，我国的职业培训体系包括职业分类与职业技能标准、职业培训、职业技能鉴定和职业资格证书、技能竞赛和技能人才表彰等。以职业技能需求预测、职业分类、职业技能标准制定、职业技能培训、职业资格证书（技能等级证书）和职业技能鉴定、职业指导和咨询等核心内容。

7. 组织失业人员培训的原则

失业人员职业培训的目的是通过提高失业人员职业技能，帮助其尽快实现就业和再就业。这就决定了失业人员的职业培训必须体现较强的针对性原则、实用性原则和有效性原则。

(1) 针对性原则

针对性是针对失业人员的特点进行培训,因人设置培训专业和内容。对年龄较大、文化水平不高的失业人员,重点指导其参加培训期短、对职业技能要求不高而就业率较高的一般社会服务业或劳动密集型岗位培训;对青年失业人员则鼓励其参加产业升级或社会新兴职业的培训。

(2) 实用性原则

实用性是采用简单实用的方式选择培训内容和形式,使培训既能符合失业人员的意愿,又能满足社会的需求。

(3) 有效性原则

有效性是以满足市场需求和有较高的就业率为衡量标准,主要看培训后的失业人员是否适应市场需求、就业率高不高,注重培训效果。

8. 指导服务对象选择培训项目的方法

劳动保障协理员指导服务对象选择培训项目的方法一般包括以下内容。

(1) 了解两个主体的基本情况

既要了解失业人员的基本情况,又要了解培训机构的基本情况。掌握两个主体的基本情况是实施对失业人员选择培训项目提出建议的前提。了解失业人员的基本情况,不能仅仅是通过掌握调查表中反映的情况,而是要通过面谈进一步了解其性格特征、个人爱好和职业技能学习的兴趣及能力等情况;了解培训机构的基本情况,不仅要掌握培训机构的地址、联系电话、开设培训的专业情况,还要进一步掌握培训机构的师资力量、设施设备条件、培训效果、特色专业等情况。

(2) 提出合理化建议

对失业人员选择培训项目提出建议,要站在失业人员的角度,根据失业人员本人实际和人力资源市场供需情况,分析其个人需求和用人单位需求的结合点,准确把握失业人员适应职业转换的能力及个人职业能力与其目标职业的差距,为失业人员提出有针对性的建议。

(3) 尊重个人选择

提出建议,应充分尊重失业人员的个人选择。有些失业人员可能看到这个培训项目培训后收入高,那个培训项目培训后就业快,但不一定符合自己的实际情况。

对失业人员不切合实际的选择不可讽刺、挖苦和打击,不可强行推荐自己的主张。在耐心分析和说服后,若失业人员仍坚持自己的选择,应向其说明利弊及可能的结果。

二、职业培训的操作实务

1. 制订培训计划

(1) 制订培训计划的前期信息准备

为制订培训计划,需掌握以下几方面的信息资料。

1) 掌握失业人员的培训意向和职业期望。通过入户走访或发放调查表的形式,对辖区内失业人员的培训意向进行调查统计,摸清其具体的培训意向和职业期望。

2) 分析失业人员状况。对有具体培训意向和择业期望的人员,通过面谈进一步了解其基本状况,主要包括个人的工作经历、文化程度、技术技能特长、性格特征、家庭状况和学习能力等,分析其适合参加培训专业的等级和形式,供失业人员选择。

3) 汇总培训人数和专业。对失业人员确定参加培训专业的等级和形式进行分类汇总,为制订培训计划做好准备。

(2) 制订失业人员职业培训计划的程序

制订失业人员职业培训计划的程序一般包含以下步骤:了解失业人员的培训需求→了解用人单位的用工需求→确定培训内容→编制培训计划→确定培训方式。

1) 了解失业人员的培训需求。培训对象的就业愿望不同,培训需求也会不同。有的失业人员想提升原有技能水平,希望继续从事自己原有的职业;有的失业人员想变换工作岗位或职业,希望找一个满足自己愿望或收入更高的职业;有的失业人员想通过学习一技之长,自谋职业、自主创业。了解这些需求对制订有针对性的培训计划至关重要。

2) 了解用人单位的用工需求。通过人力资源市场发布的用工需求信息,了解用人单位的用工需求,尤其是了解用工单位技能型岗位的需求。了解哪些职业(工种)供不应求,哪些职业(工种)供过于求,加深需求了解才能提高制订培训计划的针对性。

3) 确定培训内容。根据培训项目的主要课程及市场或用人单位对技能劳动者的需求确定培训内容。

4）编制培训计划。根据职业培训机构提供的基础条件（场地、设备设施、师资、管理等）编制培训计划。培训计划要与培训对象的现有基础相适应，也要与培训机构的设施设备条件相适应。每班次培训人数一般不超过50名。

5）确定培训方式。根据培训对象的不同情况确定培训方式，既可采取全天班、上午班、下午班、双休日班，又可采取几种形式的结合。

2. 配合培训机构实施培训计划的程序

职业培训一般在定点培训机构进行。在实际工作中，街道（乡镇）和社区具备设立定点培训机构条件的，可以按规定申请设立定点培训机构；具备某项职业培训项目开班条件的，如一个专业的报名人数达到规定人数，可以邀请职业培训机构在街道（乡镇）和社区开班；不具备职业培训办班条件的，街道（乡镇）和社区主要还是组织失业人员到定点机构参加培训，并注意向失业人员准确介绍相关职业培训机构的信息。

配合培训机构实施培训计划的程序一般包含以下步骤：做好培训前准备→参与制订课时分配计划→配合申报培训计划→参与培训过程管理→建立培训管理基础台账。

（1）做好培训前准备

与培训机构研究，确定授课教师，联系实习场地，做好开班前各项准备工作。

（2）参与制订课时分配计划

根据培训计划和培训内容，与培训机构共同确定培训课程和培训教材，参与制订课时分配计划。把培训的总课时细化分解到每一培训单元（或按照国家职业技能标准规定的课时执行）。

（3）配合申报培训计划

确定了培训计划后，要及时将参加培训人员花名册和培训计划上报相关职业培训部门备案。经备案后，方可组织实施培训。

（4）培训过程管理

为确保教学效果和培训质量，要会同培训机构严格执行培训计划，不得擅自调整、缩减教学计划，加强对教师授课和学员出勤的管理，及时解决培训过程中出现的一般性问题。

（5）建立培训管理基础台账

培训管理基础台账是记录培训机构管理、教学开展情况的重要凭证。要根据职业培训业务主管部门的要求，按照培训工作流程，建立含培训班次、学员花名册、资格审查备案、学员考勤记录、学员考试成绩、职业资格证书颁发花名册、培训计划及培训大纲等内容的台账。

3. 组织推荐培训服务流程

组织推荐培训的服务流程大体可分为四个步骤：开展培训需求调查→组织推荐培训→培训情况反馈→提供就业服务。

（1）开展培训需求调查

1）了解服务对象的培训需求，建立相关台账。可采取入户调查、发放培训登记表等方式了解辖区服务对象就业意向和培训意愿，并进行汇总整理，建立服务对象培训需求台账。

2）收集培训机构的培训信息。可向当地人力资源社会保障部门和有资质的各类职业培训机构索取培训机构的地址、培训条件、专业设置、培训计划、培训后就业去向等有关信息，特别是要注重了解符合辖区服务对象特点，以及政策补贴的培训项目。

（2）组织推荐培训

1）在调查摸底的基础上，通过面谈交流，帮助服务对象分析个人的优势及与目标职业或目标工作岗位能力要求之间的差距，指导其确定适合自己的职业目标。根据服务对象的需求和特点提供培训信息，指导服务对象选择合适的培训机构和培训项目。

2）将已确定培训项目和培训机构的人员名单整理汇总传至相关培训机构，确定培训时间和培训地点，及时通知相关人员参加培训。

（3）培训情况反馈

1）保持与培训机构的经常联系，了解推荐人员参加培训的情况。

2）定期与参培人员联系，了解培训效果。

（4）提供就业服务

1）了解人力资源市场和用人单位对服务对象技能的需求，为已参加培训的人员积极主动地提供相应的就业信息，促进其尽快就业。

2）对培训后拟自主创业的人员，及时提供政府扶持的创业项目，并协助落实开办手续、创业担保贷款、减免税费等优惠政策。

3）对于培训后的就业情况，及时予以登记并跟踪了解。

4. 为服务对象推荐培训项目的步骤

为服务对象推荐培训项目，目的是弥补服务对象的技能与目标职业的差距，帮助其获得能够稳定就业的优势或创造个体经营的技术条件。主要步骤是了解服务对象基本情况→分析个人优势与职业期望→推荐培训项目→个人作出选择。

（1）了解服务对象基本情况

向服务对象推荐培训项目的前提是要了解其基本情况。服务对象的基本情况主要包括受教育程度、工作经历、技术技能特长、性格特征、职业期望等。通过一对一面谈及相关测评工具，对服务对象各方面特点做全面了解，并做好详细记录。

（2）分析个人优势与职业期望

根据了解到的个人基本情况，分析其文化水平、工作经历、专业特长、职业能力等，指出其优势是在工作经验方面，或是技术技能特长方面或学历方面；分析其职业期望与个人文化水平和职业技能等方面的差距。

（3）推荐培训项目

根据个人的优势和职业期望，按照培训项目要与其所拥有资源（如时间、经济状况等）相适应、培训难度要与其现有文化和技能水平相适应的原则，提供相关培训项目的详细情况，如项目名称、培训内容、培训期限、培训机构设施等。

（4）个人作出选择

向服务对象推荐培训项目后，应充分尊重个人的意见，由其在提供的培训项目和培训机构范围内自主确定是否参加和选择培训项目和培训机构。

三、创业培训的基础知识

1. 创业培训的含义

创业培训是面向具有创业意愿的劳动者或中小微型企业的经营管理者进行的激发创业意识、培养创新精神、普及创业知识、提升创业能力的培训活动和指导服务，是推动大众创业万众创新、实现创业带动就业，促进经济增长的重要手段。全国已基本建立培训主体多元、培训模式多样、覆盖创业活动不同阶段的创业培训体系，形成政府激励引导、社会广泛参与、劳动者自主选择的培训机制。目前，人社部门主要开展的创业培训是"马兰花创业培训项目"。

2. 创业培训的对象

创业培训面向所有有创业意愿和培训需求的城乡各类劳动者，并重点对贫困家庭子女、贫困劳动力、城乡未继续升学初高中毕业生、各类职业院校（含技工院校，下同）学生、高校学生、离校 2 年内未就业高校毕业生、农村转移就业劳动者、返乡入乡创业人员、乡村创业致富带头人、下岗失业人员、转岗职工、小微企业主、个体工商户、就业困难人员（含残疾人）、退役军人、即将刑满释放人员等群体开展创业培训。

3. 创业培训的内容

（1）培养创业创新精神。通过创业培训，培养劳动者创新思维，挑战自我、坚持不懈的精神品质，诚信守法、公平竞争的商业素养，以及创造价值、服务社会的企业责任和科学的创业观。

（2）培训企业开办及企业管理知识。通过创业培训，帮助学员掌握创业创新思维方法和企业开办、经营管理所需要的理论知识，培养学员系统化创业思维能力。

（3）提升创业综合素质和实践能力。通过创业培训，帮助学员系统提升识别商机、确定创业项目，制订创业（企业）计划、改善企业经营管理的能力。

4. 创业培训的形式及方法

根据培训对象、培训目标的实际需求，鼓励采取多种培训形式和教学方法。注重培训形式和教学方法的科学性、有效性和适用性，确保以学员为中心，为教学目标和内容服务。

（1）培训形式

1）课堂教学。鼓励小班制、互动式教学，倡导以能力建设为导向，坚持理论实践相融合的培训理念，让学员在培训中完成真实创业任务训练。

2）在线培训。通过微课、慕课、直播等形式，为学员提供在线学习和交流互动的平台。可针对不同培训对象、创业阶段等特点，提供个性化学习体验。

3）创业实训。充分利用创业孵化园、众创空间、创业见习基地等服务载体，开展创业实训或创业见习，帮助学员完成创业实践。安排创业培训师资或创业导师，对学员在完成创业实训或创业见习过程中给予相应的跟踪和指导。

4）专题讲座。组织创业大讲堂、创业沙龙、专题讲座等活动，邀请企业家、创业成功人士、专家学者现身说法，分享创业经验教训，现场答疑交流，激励学员提高创业信心。

5）游学考察。组织学员到本地或外地企业参观考察，走访、调研本地或外地市场，进一步帮助学员拓宽思路，开阔视野，并对同类实例进行分析借鉴。

（2）培训方法

创业培训应遵循成人教学原理，采用参与式培训方法，包括讲授、示范、练习、分组讨论、案例分析、角色扮演、头脑风暴、工作坊、模拟训练、游戏体验等。鼓励探索更多有效的适用于不同培训形式的培训方法。

四、组织创业培训

创业培训的组织管理一般包括培训对象选择、培训需求分析、培训教学组织、后续指导服务及培训监督评估。

1. 培训对象选择

创业培训组织者通过标准流程和测评工具对潜在培训对象的创业意愿、创业资源条件、创业阶段或企业状态进行客观有效的分析，最终准确筛选出真正符合所开展的创业培训项目（或课程）条件的学员，提供相应培训课程，从而确保培训质量和效果。

2. 培训需求分析

培训组织者和培训师资在培训实施前根据标准工具或通过信息技术，获取并分析学员创业真实状态和对培训预期效果。培训组织者和师资应充分重视培训需求分析，通过分析结果完善教学计划、保障服务和后续指导，从而提高培训满意度。

3. 培训教学组织

培训组织者在筹备和组织创业培训时所开展的具体工作，包括制订培训计划、安排教学场地（或班次）、确定师资、制定预算、准备设备教材教具、实施教学、后勤保障服务、培训考核、培训班结业、信息收集整理和报送等。

4. 后续指导服务

培训组织者及培训师资在培训结束后，为使培训效果最大化，获得持续稳定的学员满意度，而开展的各项后续活动。后续指导服务一般以培训课程知识巩固和应用实践指导为主，并对学员的培训后创业或企业经营情况进行定期回访。有条件的培训组织者可以为学员提供开业指导和创业服务资源对接。

5. 培训监督评估

培训质量监督是通过各类工具表单对培训全程进行培训信息数据的收集和分析。培训效果评估是通过分析培训信息数据的基础上，按照培训标准和相应评价指标，对培训的整体满意度、项目适用性和最终结果进行测评。

五、马兰花创业培训项目

马兰花创业培训是人社部门面向有创业意愿和培训需求的城乡各类劳动者开展的示范性创业培训。项目前身是与国际劳工组织合作的"创办和改善你的企业（SIYB）"中国项目，经过20年探索实践和创新发展，每年培训200万人次，已成为人社部门就业创业工作的品牌项目。

项目从激发创业意识、提升创业能力、稳定企业经营三个方面为创业各个阶段的劳动者提供创业培训和指导服务。创业初期人员可参加"产生你的企业想法（GYB）""创办你的企业（SYB）"课程培训，提升项目选择、市场评估、资金预测、创业计划等能力；有意愿依托互联网资源或平台创业的人员可参加网络创业培训课程培训；已经创业人员可参加"改善你的企业（以下简称IYB）""扩大你的企业（以下简称EYB）"课程培训，健全管理体系，制定发展战略，稳定企业经营，扩大就业岗位。项目还针对高校学生、职业院校（含技工院校）学生、返乡入乡创业者、乡村创业带头人等群体提供有针对性的培训课程。

各地创业培训主管部门主要依据《关于印发〈马兰花中国创业培训项目组织实施规程（试行）〉等技术文件的通知》（中就培发〔2020〕7号）及《创办和改善你的企业（SIYB）创业培训技术要点（试行）》（中就培发〔2020〕8号）、《网络创业培训技术要点》（中就培发〔2021〕2号）等文件组织实施项目培训活动。

第6节 创业服务

一、创业的基础知识

1. 自主创业概念

（1）自主创业

自主创业是指劳动者依靠自己的资本、资源、信息、技术、经验,以及其他因素自己创办实业,解决就业问题。主要包括以下四个方面含义。

1）自主创业就是创造新的事业。创业者通过政府政策扶持和社会的帮助,依靠自己的力量开展创业活动,为发展社会经济贡献智力、财力,而创造一项新事业。

2）自主创业是一个具体的过程。要完成整个创业过程需要必要的时间,自主创业者本人要付出较大的努力。创业要从容易操作的行业起步,千万不要一步冲上制高点,刚创业时可以从小百货、杂货店、修理店、速递服务等起步,逐步积累经验,沟通关系,积累资本。

3）自主创业具有一定的风险。自主创业的风险主要有选择方向的风险、财务风险、经营管理风险、创业失败后精神及家庭方面的风险,其中,最大的风险来自选择创业方向。

4）创业者通过获得利润实现就业。自主创业的目的是通过经营活动获得利润,从而取得实际报酬满足物质生活和精神生活需要,不但创业者本人实现了就业,还能带动增加就业岗位。

（2）创业的基本程序

创业的基本程序大致可划分为五个步骤,即选定创业项目、拟订创业计划、筹集创业资金、办理创业的有关手续、创业计划的实施与管理。

1）选定创业项目。选定一个好的创业项目是创业成功的前提和基础。要帮助创业者在考察创业环境、发现创业机会并进行分析的基础上,选定一个较好的创业项目。选择创业项目不仅要根据创业者自身的兴趣、特长、实力,还要结合对行业的熟悉程度、能够承受风险的程度，以及对国家相关政策与法律进行客观分析。要善于发现市场机会、充分利用市场机会。

2) 拟订创业计划。选定创业项目只是确定了创业"干什么"问题，紧接着就要确定"怎么干"。许多成功创业者的经验证明，科学、周密地拟订创业计划能少走弯路、减少损失、提高创业成功率。创业活动属于高风险行为，如果能在事前进行详细的比较分析，对创业过程有全盘的规划与了解，必然有助于降低创业风险，增加创业的行动和决心。

3) 筹集创业资金。创业必须有一定的资金，否则创业活动就无法开展。创业者一般来说往往缺乏资金。因此，筹集创业资金就成为创业者必须解决的一个极其重要的问题。

4) 办理创业的有关手续。创业者从事生产经营活动必须按照有关法律法规要求办理相关手续方能开业经营，包括办理工商登记、税务登记、银行开户等手续。

5) 创业计划的实施与管理。完成了创业的所有准备工作后，创业者就可以按照拟订的创业计划组织调配人、财、物等资源，实施创业计划并加强管理，进入创业企业经营管理及成长阶段。创业实施阶段既是创业活动的重点，又是创业活动的难点。在这一阶段，创业者光有吃苦耐劳、不屈不挠的精神是不够的，更要求创业者讲究工作方法，运用正确的生产经营管理策略，才有可能实现创业目标。

2. 自主创业类型

按照不同的标准，可将自主创业分成不同的类型。让自主创业者了解不同的类型是为了在创业选择中决策比较，选择最适合自己条件的创业类型。

(1) 按自主创业动机分类

按创业者的创业动机，可将自主创业分为生存型创业、机会型创业、生存与机会型创业。自主创业者按照自身创业动机选择创业类型，看似与其主观选择相关，但并不都是由其主观所决定，创业者所处的环境和所具备的能力对于选择创业类型有决定性作用。因此，创造良好的创业环境、提高劳动者的创业能力，就会增加机会型创业、生存与机会型创业的创业者数量。

1) 生存型创业。其创业目的在于谋生，为了谋生自觉地或被迫地进行自主创业。这类自主创业者的创业规模普遍较小，项目主要集中在服务业，创业者不是创造新的社会需求而是在现有的市场上寻找机会。由于这类创业者的创业动机仅仅是为了谋生，往往缺乏较大的创业冲动，小富即安，能够做大做强的不多。

2）机会型创业。其创业的出发点并非为了谋生，而是为了抓住、利用市场机遇，创造更多更大的机会。这类自主创业者主要以新市场、大市场为目标，因此，能够创造新的需求或满足潜在的需求。

3）生存与机会型创业。这种自主创业是把生存型创业与机会型创业结合起来，以生存为目的，以机会求发展。我国的一些民营高科技企业在发展初期，大都属于生存与机会型创业。这类自主创业者往往起点较高，起步就能创造新产业、进入大市场，待生存问题解决以后，就会产生新的动力、更大的创业抱负。

(2) 按创业主体分类

按创业者不同的人员类别，自主创业可分为以下几种类型。

1）登记失业人员创业。

2）高校毕业生创业。

3）返乡农民工创业。

4）残疾人创业。

5）退休人员创业。

6）在职人员兼职创业。

(3) 按创业项目性质分类

按创业项目性质，自主创业可分为传统技能型、高新技术型、知识服务型和体力服务型。

1）传统技能型。选择传统技能型项目创业将具有永恒的生命力，因为使用传统技术、工艺、独特的技艺或配方的创业项目都会拥有市场优势，尤其是餐饮业、酿酒业、饮料业、中药业、工艺美术品业、服装业、修理业等与人们日常生活紧密相关的行业中，独特的传统技能项目表现出了经久不衰的竞争力，许多现代技术都无法与之竞争。

2）高新技术型。高新技术型项目即常说的知识经济项目、高科技项目，其知识密集度高，带有前沿性和研发性质。

3）知识服务型。知识服务型项目是一种投资少、见效快的创业选择。当今社会信息量越来越大，知识更新越来越快。为了满足人们节省精力、提高效率的需要，各类知识咨询服务型的机构不断细化和增加，如律师事务所、会计师事务所、管理咨询公司、广告公司等。

4）体力服务型。自主创业最简单、风险最小的项目是劳动服务项目，如各种家政服务，包括保姆、月嫂、保洁、快递、搬运、养老护理、病人护理、接送小孩、代购、洗理、养护等。目前，这类服务在数量和质量上都远远不能满足市场需求。

（4）按创业风险分类

自主创业的创新度越高、投资额越大，风险就越大。创业的风险类型一般可分为依附型、尾随型、独创型、对抗型等。

1）依附型创业项目。依附型创业项目可分为两种情况：一种是依附于大企业或产业而生存，为大企业提供配套服务，在产业链中确定自己的角色，如专门为某个或某类企业生产零配件，或生产、印刷包装材料；另一种是特许经营权的使用，如全聚德烤鸭、苏宁电器等，利用品牌效应和成熟的经营管理模式减少经营风险。

2）尾随型创业项目。尾随型创业即模仿他人的生产经营创业，所开办的企业和经营项目均无新意，行业内已经有许多同类企业，自主创业者新创企业尾随他人之后，学着做。尾随型创业的第一个特点是短期内不求超过他人，只求能维持下去，随着学习的成熟，再逐步进入强者行列；第二个特点是在市场上拾遗补阙。

3）独创型创业项目。独创型创业可分为两种情况，一种是填补市场需求内容的空白，另一种是填补市场需求形式的空白。独创型创业也可以表现为一种服务，如搬家公司过去是没有的，谁先成立搬家公司，谁的创业就具有独创性。独创型创业项目具有一定的风险性，因为消费者对新事物有一个接受的过程。独创型创业也可以是旧内容新形式，如产品销售送货上门，经营的商品并无变化，但在服务方式上变化了，从而更具竞争力。

4）对抗型创业项目。对抗型创业是指进入其他企业已形成垄断地位的某个市场，与之对抗较量。选择这种创业类型进行自主创业必须知己知彼、科学决策，决心大、速度快，把自己的优势发挥到淋漓尽致，把自己的劣势填平补齐，抓住市场机遇，乘势而上，避开市场风险，减少风险损失。

（5）按创业周期分类

按照创业的周期，自主创业可分为初始创业、二次创业和连续创业。

1）初始创业。初始创业是一个从无到有的创业过程。创业者经过市场调查，分析自己的优势与劣势，以及外部环境的机遇与风险，权衡利弊，确定自己的创业类型，履行必要的法律手续，招聘员工，建立组织，设计管理模式，投入资本，营销产品或服务，不断扩大市场，由亏损到盈利，这个过程就是初始创业。初始创业也是一个学习过程，创业者往往边干边学。在初始创业阶段，创业企业的"死亡率"

较高,风险来自多个方面,有时甚至会面临停止是"死",而扛下去有可能出现生路,也有可能承担更大的心理压力和经济压力。所以,选择初始创业的创业者要尽量缩短学习的过程,减少失误,坚持到底。

2)二次创业。创业是一个动态的过程,伴随着企业全部的生命周期。企业的生命周期分为投入期、成长期、成熟期、衰退期四个阶段。成熟期的再创业就是二次创业,目的是使企业不要进入衰退期或减缓进入衰退期的时间,保持企业在成长期和成熟期的良好状态,彰显出长久的竞争优势。

3)连续创业。企业生命周期的四个阶段是企业由生到死的过程,如何让企业"不死",唯一的办法是嫁接生命,把企业生命由原来所系产品(或技术、服务)嫁接到另一种新产品(或技术、服务)上,由此产生二次创业。但是新产品(或新技术、新服务)的生命力也是有限的,这就需要进行第三次创业、第三次嫁接。进入第三次创业的企业往往有了较强的实力和较大的规模,抗风险的能力也相应增强了。

(6)按企业建立的渠道分类

按照企业建立的渠道分类,自主创业可分为独立创业、母体分离和企业内创业。

1)独立创业。独立创业是指创业者个人或团队依靠自身的条件和能力进行创业。

2)母体分离。母体分离是指组织内部的管理者、技术人员或职员离开原组织,但又利用组织中的资源成立新的企业,从事营利活动的创业形式。

3)企业内创业。企业内创业是指企业进入成熟期后为了获得持续增长和长久的竞争优势,或者是为了倡导创新使研发成果商品化,通过授权和资源保障等支持的创业。

3. 创业平台介绍

创业平台是指为推进创业活动建立的由组织、服务和制度构成的系统。通过这个系统,将创业者、机会(项目)和各种资源有效结合在一起,为创业者提供必需但自己不容易获得的服务信息,从而降低创业成本,提高创业的成功率和成活率。它为那些有发展前途的雏形小企业,或者持有科研成果的创业者,提供必要的基础设施和一系列的支持性服务,包括提供研发、生产、经营的场地及通信、网络与办公等方面的设施,协助其解决资金来源;在技术、市场推广、咨询、培训、管理上及政策与法律等多方面给予支持;为企业培育和成长创造必要的条件,降低企业的创业风险和创业成本,使科研成果迅速转化为商品,并使企业在市场竞争中站稳脚跟乃至发展壮大。

创业平台一般包括创业园区、创业网站、创业服务窗口等。

（1）创业园区

创业园区又称创业孵化基地，是指政府为创业者搭建的制度性、智能化的服务平台，经市、县人力资源社会保障部门、财政部门认定，能为入驻的初创小微企业和个体创业者提供基本的生产经营场地，以及有效的创业指导服务和一定期限的政策扶持，具有持续滚动孵化和培育创业主体功能的各类创业载体。进入创业孵化基地的创业者，可以得到低成本或无成本的有利于企业发展的各种服务，降低创业风险。

1）服务人群。创业孵化基地主要为高校毕业生、城镇登记失业人员、返乡农民工、复转退役军人等各类城乡劳动者自主创业提供低成本的孵化服务。除国家明文限制行业（建筑业、房屋中介、典当、桑拿、按摩、网吧、氧吧、美容美发、酒吧等）外，均可申请进入创业孵化基地孵化创业。

2）优惠政策

①场地保障。孵化基地施行场租减免，能提供低成本的生产经营场地、基本办公条件和后勤保障服务。

②创业指导。能为孵化对象提供创业培训、经营管理指导、创业项目推介和创业信息咨询等专业化服务。

③市场推广。能提供战略设计、市场策划、市场营销、项目推广等服务，并开展孵化基地及孵化对象宣传，提高基地及创业主体的市场知名度。

④事务代理。能协助孵化对象办理企业登记注册及变更手续，并提供财务代账、融资担保、专利申请、法律维权等服务。

⑤政策落实。能提供较完善的创业政策咨询，并积极协调相关部门落实各项税费减免、资金补贴、创业担保贷款等扶持政策。为鼓励创业孵化基地为孵化对象提供低成本、高质量的孵化服务，财政给予孵化基地一定的一次性补贴和奖励补贴。

3）运作方多元化方式。按照投入主体不同，创业孵化基地运作方式可分为政府主导型、社会投资型和多元合作型三种。

①政府主导型创业孵化基地。由政府提供无偿的财政支持。

②社会投资型创业孵化基地。实行企业化运作，场地、设施设备费用主要由社会（非企业组织或企业）负责，日常运营管理费用主要通过自筹、收取管理服务费等方式解决，政府主要在相关扶持政策方面给予支持。

③多元合作型创业孵化基地。实行企业化运作,场地、设施设备、运营管理费用可通过财政投入、企业融资、社会或个人捐赠等多元化投资解决,其日常运营管理费用可实行政府补贴、企业资助和适当收取管理服务费用等多渠道相结合的方式解决。

4) 补贴政策。经认定的创业孵化基地,可向人力资源社会保障部门提出补贴申请。根据各孵化基地面积、孵化企业数量、吸纳就业人数及开展各项创业服务活动情况,根据认定的级别给予相应的补贴。此外,入驻创业孵化基地自主创业的登记失业人员可享受一次性创业补贴。

(2) 创业网站

创业网站作为网络创业基地,是青年创业者的摇篮,提供的是千千万万创业者所渴望的创业信息和创业机会,如创业资讯、创业项目最新的创业投资经验。目前,创业网站的基本组成模块和所提供的主要服务如下。

1) 资讯服务。创业类信息是创业网站的最核心的模块。网站只有建立起一个全方位的资讯平台,才能够吸引创业者的关注。社会热点、创新性、争议性、舆论性、指导性的资讯是信息系统建设的关键,创业者最关注的是网站是否能够给他们切实可行的帮助,比如指导性的建议等。资讯需要按行业进行细分,细分后能够让不同种类的创业者精确地找到自己所在行业的相关信息。资讯按照内容不同也可进行分类,主要包括创业项目、创业故事、创业技巧、创业经验、评论、政策等内容。

2) 投融资服务。创业者不只想在网站上搜索信息,还希望网站能够给自己提供一条能够融资的渠道,获得投资者的投资。现在的创业平台都具备这一功能,创业者通过将自己的项目在平台上进行展示,吸引投资者对满意、具备可行性的项目提供风投服务。创业网站具有创业上下游的资源,具备整合资源的能力,通过平台将创业者和投资商建立联系。

3) 创业指导服务。创业网站往往都具有专家指导这一模块,专家通过对创业资讯进行解读,分析行业发展的趋势;通过对创业项目进行分析,为创业者提供指导性的创业建议;通过对创业政策进行收集,让创业者随时获悉政府的补贴政策,从而更好地进行创业活动。

4) 社区论坛服务。网站的内容是吸引用户的关键因素,而社区论坛则是留住用户的有效途径。网站不仅仅要为用户创造价值,更要让用户自己创造价值,社区论坛就能够很好地做到这一点。高质量的社区论坛平台能够让用户进行频繁的互动,分享自己的创业经历，寻找理想的创业伙伴，发现另类的商机。社区论坛为广大创业者提供了一个交流和共享的平台，包含创业求助区、创业信息发布区、创业交流区、就业交流区、兼职交流区、创业经验分享区等，为创业者提供经验共享、信息共享、项目咨询、媒体信息等服务。

（3）创业服务窗口

创业服务窗口配备专业人员，重点为创业者提供政策咨询、创业培训、创业指导、创业项目、创业担保贷款办理等服务。

1）政策咨询。通过前台接待、电话答疑等方式介绍服务内容、解释基本的就业政策，提供现行的市场准入、税费减免、创业服务、创业担保贷款等创业优惠扶持政策的咨询和指导服务，引导咨询者到相关的窗口接受服务，严格执行首问负责制。

2）创业培训。面向有创业愿望和具备一定创业能力的城乡各类劳动者和处于创业初期的创业者提供创业培训。发布创业培训信息，介绍创业培训流程；受理培训申请，进行实名制录入；组织创业培训和模拟实训。

3）创业指导。为已接受创业培训的人员开展孵化服务、开业指导、专家诊断、跟踪回访等服务；组织专家志愿团提供创业指导服务；协助创业者协会，举办创业论坛、创业联谊等；推荐宣传创业明星、创业典型，开展创业成果展示等活动。

4）创业项目。多渠道征集和开发创业项目，组织专家进行项目评估，建立及管理项目库；向服务对象提供创业项目信息、项目介绍，组织项目展示、项目推介、项目洽谈对接等活动。

5）创业担保贷款。为城乡符合条件的初始创业者提供贷款支持，解决其开办经费和流动资金不足问题，帮助失业人员和初始创业者实现再就业；承办本地创业担保贷款、小微企业贷款业务；受理贷款人员申请，审核贷款人员资格条件，提供担保服务。

4. 创业的意义

创业活动无论是对创业者自己，还是对国家和社会都有非常重要的意义。

（1）从国家和社会的角度看

1）创业是经济发展的原动力。创业对经济发展的促进作用被全球经济发展，特别是经济发达国家和地区经济发展获得巨大成功的事实所证明。改革开放以来，中小企业迅速崛起，在数量和质量上不断提高，吸纳了大量的城镇就业人口和农业富余劳动力，同时，提供了大量的产品与服务，对中国经济持续高速增长起到了重要作用，而这些中小企业正是大量的创业者通过艰苦的创业活动建立起来的。

2）创业可以增加就业机会，缓解就业压力。世界劳动力市场长期处于高失业率的危险边缘，不仅影响到各国经济发展、社会稳定，还严重影响到人民的生活质量，如何解决就业问题成为各国政府面临的重大难题。我国的就业压力巨大，任务艰巨。事实证明，鼓励自主创业，变被动就业为主动创业，以促进创业带动就业是增加就业机会的最积极有效的方式。

3）创业能够加速技术创新和科技成果转化。科技是第一生产力，但要发挥出这一生产力的作用，既要促进技术创新的发生，又要促进科技成果快速、顺利地转化为现实的生产能力。创业在这两方面可以发挥巨大作用。

（2）从创业者角度看

1）解决个人就业问题。在严峻的就业形势下，无论是登记失业人员、农业富余劳动力还是高校毕业生，运用自己所拥有的知识、技能、经验和积累的资金，通过自主创业解决个人的就业问题，既是国家倡导与鼓励的方向，也是个人现实的明智选择。

2）提高自身生活质量。通过自己的创业活动，依靠自己的智慧、知识、技能、经验和辛勤的劳动，为他人和社会创造或提供符合需要的产品与服务，从而获得报酬，既为社会做出贡献，又可大大改善个人及家庭经济状况，提高自己的生活质量。

3）实现人生价值。人生价值实现的途径是多种多样的。自主创业基本上可以选择自己喜爱的事业去开创，在按照市场规律与遵守法律法规的前提下，按照自己喜欢的方式去运作。在自己创办的企业里为自己而工作，做自己感兴趣的事情，从事自己能够胜任的工作，充分发挥自己的聪明才智，从而能够实现自己的人生理想和抱负。

二、创业服务的主要内容

创业服务的主要内容包括创业咨询、项目推荐、开业指导、帮助申领贷款等。

1. 创业咨询

创业咨询是指为创业者提供全面、系统的创业解决方案的活动，如帮助创业者学习创业管理理论、选择创业模式、了解创业的优惠政策等，以及帮助创业者解决在创业过程中的组织设计、管理体制、人力资源管理、市场营销等一系列问题。

创业咨询的方式一般包括针对性个体咨询、组织创业咨询活动、邀请专业人士咨询。

（1）针对性个体咨询

提供"一对一"政策咨询服务，对有创业愿望的劳动者，宣传解读创业担保贷款、各类创业补贴、创业项目遴选、税费减免等各项创业扶持政策，为创业者提供最直接、最具体的政策咨询指导服务，调动创业者的积极性，帮助更多的人走上创业之路，最终起到促进就业的作用。咨询内容如下。

1）政策咨询。对创业者在创业实践中所涉及的知识、政策、法规，以及各种常见的问题提供咨询和解答。

2）经营咨询。向创业者提供创业方法和经营管理方面的技术支持，咨询内容包括市场营销策划、企业战略定位、薪酬结构设计、企业文化建设、企业运营管理和业务流程开发等。

3）项目论证咨询。直接对创业项目的选择，创业计划的制订和创业过程进行指导，指导创业者开展项目市场调研、项目可行性分析、风险评估、投资效益预测等。

4）改进咨询。根据实际创业条件进行分析、测试及调试工作，提供改进生产的合理建议，为增进创业者与科研、实验室等机构之间的联系和知识流动牵线搭桥。

（2）组织创业咨询活动

组织创业咨询活动主要是指联合政府相关部门、市场中介组织共同开展各类咨询活动。

1）联合政府相关部门组织开展创业咨询活动。由于创业涉及诸如企业登记、纳税、社会保障、质检、环保、融资等事项，因此，可以联合本地市场监督管理局、税务局、人力资源社会保障局、环保局等政府部门为创业者在创业实践中所涉及的政策、法规提供咨询服务。解读政策的适用对象、具体条件、操作程序、时限等。

2）联合市场中介组织开展创业咨询活动。市场中介组织是创业咨询体系中不可缺少的组织要素，主要包括各种就业、人才中介，会计师事务所，律师事务所，各类代理中介等组织，可以选择部分资质好、实力强的中介组织纳入创业咨询服务体系中，为创业者提供创业咨询服务。

（3）邀请专业人士咨询

邀请有关专家、业内成功人士和有关部门负责人员，组成专家咨询团，帮助创业者形成自己的创业项目构想，并对其未来企业的产品、市场发展前景和商业模式等做出明确的定位和发展规划。同时，向创业者提供创业方法和经营管理方面的技术支持，包括市场营销策划、企业战略定位、薪酬结构设计、企业文化建设、企业运营诊断、管理和业务流程开发等咨询服务。

2. 项目推荐

创业项目推荐的目的主要是启发创业者对创业方向的思考，而不是简单的包办代替。通过多种途径广泛征集各种创业项目，选择投资少、适应性强、有发展前景的适合下岗失业人员自主创业、自谋职业的创业项目，采取设立展示厅及不定期举办创业项目推介会的方式向有创业愿望的失业人员推介，供其选择。提醒个人，项目的选择是创业的第一步，在项目选择上应把握的原则是：应选择能力所及的项目，客观分析自己的创业能力和资金，寻找自己和项目的结合点。

（1）项目信息获取方式

1）通过中国人力资源市场网获取。创业项目在网络上随处可见，但是建议创业者登录中国人力资源市场网查询创业项目。这个网站有全国近百个城市提供的创业项目库，相信可以为创业者提供一些借鉴。

2）利用熟悉的实物发现创业项目。可以建议创业者利用"头脑风暴"法发现创业项目，如创业者在吃饭的时候，桌子上摆放了一条鱼，由鱼可以联想到钓鱼、养鱼、卖鱼，由钓鱼联想到鱼竿、鱼饵、提供垂钓场地等，由养鱼联想到开挖鱼塘工程、生产鱼饲料、提供鱼苗等，由卖鱼联想到运输、市场管理、与"鱼"有关的饮食行业等；又如创业者在吃饭的时候，手上拿了一双筷子，可以由筷子联想到筷子加工、筷子贸易、种植竹子，再由筷子加工、筷子贸易、种植竹子继续往下联想，会发现可选择的创业项目很多。

3）建议创业者通过分析别人的创业成果，来发现适合自己的创业项目。

（2）项目筛选原则

如果有一大堆项目放在那里，确实让人眼花缭乱，工作人员要向创业者提供一些筛选原则，供其参考。如项目应是能够赚钱的，投资回报越高越好；项目投资的钱自己能够承受，拿得出来；自己喜欢这个项目，有能力拿下来；项目所需要的人际关系能够到位。其次是：市场许可准入，政府能够批下来；未来市场潜力比较大，不会很快饱和；能够找到项目所需要的骨干人员；项目需要的进货渠道有保障；容易找到项目需要的合适场地。

3. 开业指导

开业指导的内容有选定经营场所、筹措投资资金、场地装潢装饰、招聘员工、申请和注册、办理工商、税务登记、办理银行开户手续等。工作人员有的可以明确告知如何办，有的可以告知到哪儿办，有的可以告知通过何种渠道得到办理手续和程序上的信息，这主要取决于工作人员对开业指导内容掌握的熟练程度。

4. 协助申领创业补贴

审核申请人员是否符合申领条件，协助符合条件的创业者申请创业担保贷款贴息、一次性创业补贴、创业场地租金补贴、创业带动就业补贴等城乡创业扶持引导补贴。到市、区（县）就业服务机构（创业服务机构）索取相关资料，留意人力资源社会保障部门定期发布的创业补贴信息。告知申请人可以通过浏览中国就业网、中国创业培训网及所在省、市人力资源社会保障网关于创业与创业培训的栏目等渠道了解创业补贴政策。

5. 组织成果展示

通过组织创业成果展示宣传创业典型，推动创业的良好局面，开拓创业创新的新思维、新亮点，激发创业热情使创业者感受到创业的力量和成功的动力。成果展示主要有宣传典型和主题服务两种方式。

（1）宣传典型

通过巡回报告和在报纸、杂志、网络等新闻媒体上介绍创业典型事迹，让企业家现身说法，"面对面"沟通交流分享成功的经验，给准备创业和正在创业的人员提供启迪和借鉴，使创业者储备经验，树立创业成功的信心。

（2）主题服务

通过开展多样化、专业化的创业沙龙、成果展示、政策宣传、创客交流等多样化服务活动，发挥创业服务的作用，通过分享创业成功经验、推动创新思想交流、促进创业政策精准落实。

6. 服务跟踪回访

服务跟踪回访是指在创业咨询服务结束后，为了解创业咨询的效果而主动进行的访问工作。通过有效的回访，听取创业人员创业过程中的困惑，发现创业执行中存在的新问题并提供更有针对性的后续创业咨询；通过回访提高创业者对服务的满意度。

（1）制订回访计划

回访计划是对整个回访的时间和资金等方面进行的规划。回访计划直接影响回访工作的开展和效果。回访计划一般包括回访对象、回访内容、回访时间、回访地点、回访人员安排、回访预算控制、回访信息分析、回访要求等。

（2）填写回访内容

回访时应填写创业咨询回访表（见表3-13），客户回访的内容主要包括以下几个方面。

表3-13　　　　　　　　　　创业咨询回访表

客户名称		客户地点	
创业咨询内容		创业咨询时间	
回访单位		回访时间	
回访人员		回访地点	

回访内容记录
1.
2.
3.

回访人员签名：　　　　　　　　　年　月　日

客户要求
1.
2.
3.

客户签名：　　　　　　　　　　　年　月　日

现场问题解决记录
1.
2.
3.

方案提供者签名：　　　　　　　　年　月　日

1）咨询服务的满意度。创业咨询的效果往往不能在咨询结束后迅速体现，而是随着创业过程的推进逐渐形成。

2）创业现状。创业现状应主要集中在与创业咨询相关的部分。

3）创业过程中遇到的问题。回访的一项重要任务是发现创业者在创业过程中出现的新问题，对于较容易的问题可以现场给予指导，较为专业化的问题可以建议创业者接收信息创业咨询，以便提供系统的解决方案。

7. 进行信息记载

建立创业人员信息台账，记录创业者的基本情况、政策落实情况和创业服务情况,并将相关信息录入信息系统,要求如下。

(1) 要及时录入工作信息,并认真做好信息更新和维护。

(2) 做好纸质信息的管理和备案工作。

(3) 保持服务信息的动态管理,主要体现在信息的真实性、全面及准确性、及时性,特别是应保持信息的连续性。

三、创业担保贷款

党的十九大报告中指出就业是最大的民生,自谋职业和自主创业是劳动者实现就业的重要途径,资金问题是创业者在创业过程中所面临的主要困难之一。我国的创业担保贷款政策是政府为解决弱势群体创业资金困难而制定实施的金融扶持政策,其出发点和根本目的是通过政府扶持和金融支持,帮助更多的劳动者实现创业并带动更多人就业。多年来,创业担保贷款政策在切实减轻创业者和用人单位负担,助力大众创业、万众创新,扩大有效就业方面发挥了良好的引导和带动作用。

根据中国人民银行、财政部、人力资源社会保障部《关于实施创业担保贷款支持创业就业工作的通知》(银发〔2016〕202号)的要求,各经办金融机构和担保基金运营管理机构要坚持为民、便民、务实、高效原则,精心梳理简化创业担保贷款申请审批手续,细化完善贷款管理具体操作措施,扎实做好借款人资信调查和还款能力评估,全面提高贷款服务质量和服务效率,努力提升创业担保贷款的便捷性和可获得性。因此,申请人资信调查、还款能力评估等主要由担保基金运营管理机构和经办金融机构负责,基层劳动保障协理员可以开展政策宣传、推荐申请、贷后回访、协助催收等工作,具体执行哪些工作内容,由当地人力资源社会保障部门规定执行。

1. 创业担保贷款政策宣传

开展创业担保贷款政策宣传,帮助辖区内创业人员享受国家创业优惠政策,是基层劳动保障协理员创业担保贷款工作的主要职责,劳动保障协理员要成为自主创业人员的"助贷人",而不能成为设置门槛的"阻贷人"。因此,要采取丰富多样的宣传措施,将国家惠民政策宣传到辖区内的各个创业人员。宣传方式有以下几种。

(1) 传统宣传。宣传活动现场设有政策咨询台、悬挂政策宣传条幅、摆放政策宣传展板、放置宣传彩页,服务对象能够全天候咨询、了解创业担保贷款信息。

(2) 工具式宣传。通过各种各样的宣传工具提高服务对象吸引力,如制作便笺式日历，将创业担保贷款相关政策印制成便笺式日历，以更吸引人的形式发至群众手中；制作宣传气球，将宣传内容、咨询电话等印制到彩色气球上，以新颖的形式吸引群众了解政策。

（3）互动式宣传。通过采取互动交流问答等形式增加宣传的效果，如发放纸质政策调查问卷，群众在填答问卷的过程中便可通过阅读宣传页、宣传展板、咨询解答等形式了解创业担保贷款政策；微信政策答题，通过扫描二维码，添加微信公众号，参与微信有奖创业担保贷款知识竞答，给参与答题的群众送上小礼品等方式，吸引更多群众前来咨询了解政策。

（4）入户式宣传。组成宣传小组积极走进社区、广场、商户、村庄、田间地头等，利用社区、广场商户集中、人流量大的特点，有针对性地对自主创业人员开展政策宣传、"一对一"指导帮扶活动。

（5）媒体宣传。利用报纸、广播、电视等传统媒体广泛发布要闻、开辟专栏，对贷款政策、办理流程和手续等内容进行全面报道，加强新媒体的开发运用，使用微信推送、官网宣传等"互联网+"服务方式，使广大群众充分了解政策、掌握政策。

（6）典型宣传。宣传推广优秀创业典型案例、典型经验，以点带面，积极回应社会关切，营造全民创业的良好氛围和社会环境。

2. 创业担保贷款推荐程序

设置创业担保贷款基层推荐环节的地区，劳动保障协理员应积极主动上门开展创业担保贷款推荐，改变坐等创业人员上门要求被推荐申请创业担保贷款的思想。可以利用上门开展政策宣传的机会，同时了解创业人员的基本情况，判断是否符合申请创业担保贷款，对基本符合申请条件的可以当场填写推荐书，进行创业担保贷款推荐。推荐程序有以下几方面。

（1）了解情况。对创业人员的经营项目、身份资格、提供的反担保、家庭情况等基本情况和贷款需求方面的询问和了解，判断其是否满足贷款的基本条件。

1）经营项目。了解创业人员的营业执照及经营项目、经营地址等情况。

2）身份资格。了解创业人员的劳动年龄、就业情况是否符合扶持对象条件。

3）提供反担保。介绍各种反担保方式的条件要求，了解创业人员是否可以提供符合条件的反担保。

4）家庭情况。简要了解创业人员家庭基本情况、家庭负担等。

5）能否贴息。了解创业人员目前银行贷款情况，并告知财政贴息基本政策。

6）做好记录。对于有申请贷款意向或需要随后回复的创业人员，应做好详细记录，实行跟踪服务。

（2）接受申请。创业人员符合贷款受理条件的，应将申请信息登记在创业担保贷款工作台账上，并及时前往或与创业人员约定好时间上门查看项目和场地。对于不符合条件的告知原因，委婉拒绝推荐。

有条件的地区应开展"零"材料受理，申请人仅需提供身份证、户口本、结婚证、营业执照等相关证件，由工作人员直接录入业务软件，并打印出受理表等，然后由申请人签字即可，相关部门需要的证件复印件由相关部门自行复印，不再向申请人索要纸质材料。

（3）核实项目和场地。劳动保障协理员要充分利用就近就地的优势，利用日常工作积累的相关信息，核实申请人的经营项目、经营场地等是否与申请贷款内容一致，避免推荐不真实的贷款申请项目，造成后续工作浪费时间和人工劳动力。

（4）推荐告知。通过实地核实认为符合条件的，向上级部门或负责下一工作程序的经办机构推荐，并及时告知申请人后续工作程序、注意事项、提示申请人违约要承担的后果。对不符合条件不予推荐的，要告知其原因。

在已推荐贷款尚未发放期间，申请人或经营等方面出现变故，对贷款安全产生重大影响的，应及时通知有关机构部门，便于有效防控风险。

（5）建立档案。劳动保障协理员应建立相关管理台账，记录创业担保贷款推荐情况。

3. 创业担保贷款的贷后管理

基层劳动保障协理员应做好创业担保贷款借款人回访和记录工作，如发现停业、转让等情况及时向上级部门和担保机构反馈，以便及时采取措施，防控风险。

（1）完善档案记录。通过担保机构或经办银行反馈借款人贷款信息，使用业务软件的可通过查询创业担保贷款业务软件申请人贷款信息，将贷款金额、贷款发放日期等信息及时补充在创业担保贷款管理台账中。

（2）开展跟踪回访。贷款发放后，劳动保障协理员应每月对辖区内借款人和贷款项目的经营情况进行回访，了解是否正常经营。跟踪回访可采取现场或非现场的方式进行。

1）现场回访。上门查看经营场所是否正常营业，经营项目是否有变化，与借款人谈话了解经营情况等。

2）非现场回访。包括采取电话检查等方式，联系借款人及相关人员了解情况，并做好书面记录。

（3）进行回访登记。对借款人和经营情况进行回访后，应将回访内容做好记录，完善跟踪服务台账，并在业务软件上完成回访记录。

（4）反馈回访情况。劳动保障协理员在完成回访登记后，应将回访后形成的回访表格、情况汇报等上报到上一级机构或担保机构。当借款人发生经营场地、经营项目、住址、联系电话、婚姻及财产状况变化等情况时，劳动保障协理员应及时书面或电话通知担保机构或上一级机构。

4. 协助创业担保贷款的催收和追偿

贷款到期之前，经办银行、担保机构和劳动保障协理员应对借款人进行还款提醒。贷款到期后，借款人未向银行还款的，对该笔贷款应进行催收、追偿。

（1）到期还款提醒。按要求在贷款到期前，提前上门或电话与借款人联系，了解落实还款资金到位情况，提醒借款人还款，保证借款人按时足额还款。

（2）配合追偿工作。对借款人到期未按时偿还贷款的，劳动保障协理员应协助担保机构、经办银行做好贷款催收、债务追偿等工作。

第7节　就业扶贫和乡村振兴

就业是最大的民生，就业扶贫在全面打赢脱贫攻坚战中发挥了重要作用。习近平总书记2016年在东西部扶贫协作座谈会上的讲话指出：一人就业，全家脱贫，增加就业是最有效最直接的脱贫方式。长期坚持还可以有效解决贫困代际传递问题。在脱贫攻坚巩固期和乡村振兴战略大踏步前进期，继续做好就业帮扶工作，保持积极就业帮扶政策的稳定性和有效性相衔接，脚踏实地一步一个脚印，就能继续谱写新时代乡村全面振兴的新篇章。

一、就业扶贫的重要意义

1. 扶贫是共产党人的历史使命

脱贫攻坚，是习近平新时代中国特色社会主义思想的必然要求和生动实践，是我们党政治优势、宗旨初心、自觉自信的鲜明体现，是中国特色社会主义制度优越性的极大彰显，是党带领全国人民创造的又一"中国奇迹"，是中华民族发展史、社会主义发展史、人类社会发展史上的伟大壮举。纵观党的历史，我们深切体会到有效解决贫困问题，是关系我们党生死存亡的根本性问题，是关系社会主义前途命运的全局性问题。每位共产党人只有坚守初心和使命，不断满足人民群众对美好生活的向往，确保小康路上不落一人，才能让人民群众感受到中国特色社会主义制度的伟大生命力，才能让党的旗帜在人民心中永远高高飘扬。

2. 就业是最直接最有效的脱贫方式

习近平总书记指出，就业是最大的民生，是最大的民生工程、民心工程、根基工程。就业牵动着千家万户，事关经济发展和社会稳定大局。从宏观角度看，就业不仅是重大的经济问题，是一个世界性的重要民生问题，也是重大的政治问题，是衡量一个政党、一个政府执政水平、治国水平的重要标志；从微观角度看，就业是帮助贫困劳动者个人和家庭增收脱贫的重要途径，也是他们融入社会、获得尊严、给子孙后代带来希望的有效手段。

3. 就业扶贫是确保脱贫不返贫的重要手段

实施精准扶贫战略，打赢精准脱贫攻坚战，是党中央一项重大战略部署，旨在实现共享发展，完成全面建成小康社会的宏伟目标。关键之一在于建立持久的反贫困体系，预防贫困发生以及再次返贫，巩固和提升精准脱贫效果，确保小康路上不落一人，不落一户。与以往的救济性扶贫、区域开发式扶贫不同，精准扶贫不仅需要"输血"，维护贫困人员的最低生活，更重要的是"造血"，保障贫困人员发展权利，提升贫困人员发展愿望和发展能力。而其中，促进贫困人口就业增收是打赢脱贫攻坚战的重要内容，是确保不返贫的重要手段。

4. 就业扶贫有助于从根本上实现贫困人群共享发展成果

2015年10月16日，习近平总书记在减贫与发展高层论坛上向国际社会做出郑重承诺，中国力争在 2020 年消除现行标准下的极端贫困。为实现上述承诺，我国以精准扶贫战略为核心理念，各部门联动，多种扶贫手段并进，打赢了脱贫攻坚这场硬仗。对那些有劳动能力和劳动意愿的贫困群体，通过就业扶贫，使其生产生活条件得以明显改善，有助于从根本上实现贫困人群共享发展成果。

5. 就业扶贫项目为原本无劳动机会的劳动者打开了一片劳有所得天地

就业扶贫侧重的人群是劳动力，更重要的是，就业扶贫政策为那些之前有劳动能力但是无法发挥的人群提供了劳动平台和施展空间，不仅实现了劳有所得，为家庭带来了更多的经济收入，同时振奋了劳动群体的精神和发展斗志，为弱势群体（如女性、老年人）赋权，增强了无歧视环境下的发展机会。

二、党中央国务院高度重视就业扶贫工作

2016 年，国务院印发《"十三五"脱贫攻坚规划》，重点阐述了转移就业脱贫的重大意义和路径措施，并提出开展就业扶贫专项行动的必要性。2017 年，国务院印发《"十三五"促进就业规划》，再次强调就业扶贫工作的重要性，明确指出要促进农村贫困劳动力转移就业，并提出实现精准对接、劳务协作和政策扶持的实施细则。2018 年至今，人力资源社会保障部、财政部、国务院扶贫办等部门出台了就业扶贫工作指导意见、加大就业扶贫政策支持力度等一系列政策文件，涵盖促进劳务输出、就地就近就业、支持创业带动就业、公益性岗位托底安置、大规模开展职业培训、易地扶贫搬迁就业帮扶、战疫战贫等工作，政策扶持力度越来越大。在此基础之上，就业扶贫工作取得显著效果。经过全党全国各族人民共同努力，在迎来中国共产党成立一百周年的重要时刻，我国脱贫攻坚战取得全面胜利，现行标准下 9 899 万农村贫困人口全部脱贫，832 个贫困县全部摘帽，12.8 万个贫困村全部出列，区域性整体贫困得到解决，完成了消除绝对贫困的艰巨任务，创造了又一个彪炳史册的人间奇迹。

2021 年 2 月，习近平总书记在全国脱贫攻坚总结表彰大会上的讲话提出：脱贫摘帽不是终点，而是新生活、新奋斗的起点。我们要切实做好巩固拓展脱贫攻坚成果同乡村振兴有效衔接各项工作，让脱贫基础更加稳固、成效更可持续。就业是巩固脱贫攻坚成果的基本措施。2021 年 5 月印发的《人力资源社会保障部　国家发展改革委　财政部　农业农村部　国家乡村振兴局关于切实加强就业帮扶巩固拓展脱

贫攻坚成果助力乡村振兴的指导意见》指出，为贯彻党中央、国务院决策部署，持续做好脱贫人口、农村低收入人口就业帮扶，巩固拓展脱贫攻坚成果，助力全面推荐乡村振兴，要以习近平新时代中国特色社会主义思想作为指导，严格落实"四个不摘"总体要求，健全脱贫人口稳定就业，增强脱贫稳定性，完善农村低收入人口和欠发达地区就业帮扶机制，助力提升脱贫地区整体发展水平，为巩固拓展脱贫攻坚成果、全面推进乡村振兴做出贡献。

三、就业扶贫的主要做法

党的十八大以来，各级人社部门坚决贯彻党中央、国务院脱贫攻坚决策部署，将就业扶贫作为重大政治责任，会同扶贫办等有关部门尽锐出战、攻坚克难，建立就业扶贫工作机制，形成就业扶贫政策体系，构建就业扶贫工作新格局，就业扶贫工作取得积极成效。就业扶贫在促进建档立卡贫困劳动力就业方面形成两大工作方向和六项工作措施，就业帮扶精度、扶持力度和覆盖广度大幅提升，93.8%的贫困户享受过就业扶贫政策。

1. 建机制、成体系、筑格局，全面服务脱贫攻坚

（1）建立就业扶贫工作机制

依托脱贫攻坚工作机制，进一步确立了中央重视、部省统筹、部门推进、市县党委政府抓落实的就业扶贫工作体系；建立精准帮扶机制，与国务院扶贫办定期共享贫困劳动力实名信息，建设全国农村贫困劳动力就业信息平台，支持各地精准识别、精准施策；建立工作调度机制，按月统计就业扶贫工作进展，分析相关数据；建立专项服务机制，在春风行动、就业援助月等专项服务活动中将贫困劳动力作为重点服务对象，在全国扶贫日、全国助残日开展专项活动集中为贫困劳动力送政策、送岗位、送服务；建立资金保障机制，协调财政部门将就业扶贫任务和成效纳入就业补助资金分配因素，并向"三区三州"深度贫困地区带帽下达。

（2）形成就业扶贫政策体系

人社、财政、国务院扶贫办等部门出台就业扶贫工作指导意见、加大就业扶贫政策支持力度等一系列政策文件，各地也因地制宜，明确了许多含金量高的政策措施。目前，就业扶贫政策已覆盖了广大贫困劳动力、吸纳贫困劳动力就业的各类用人单位以及职业中介机构、职业培训机构和创业孵化园区等市场主体，贯穿了促贫困劳动力就业创业各个方面，政策扶持力度有增无减。

（3）构建就业扶贫工作新格局

各地坚持从实际出发，不断创新工作思路和方法，推动就业扶贫工作重点从组织劳务输出为主，转向促进就地就近就业与外出务工并重；手段从开展普惠性招聘服务为主，转向以精准识别为基础的个性化就业服务为主。一些地方还创设了扶贫车间、就业驿站、社区工厂、卫星工厂等就业创业新载体，实行重大项目与贫困县结对帮扶的劳务协作新渠道，采取了就业扶贫专岗、公益性岗位等托底帮扶新手段。

2. 两大方向六项措施，助力就业扶贫行稳致远

（1）两大工作方向

一是有组织劳务输出。在经济欠发达、产业发展滞后、就业机会较少和就业质量不高的贫困地区，依托东西部劳务协作和省内劳务合作机制，开展有组织劳务输出，引导贫困劳动力到经济发达地区就业增收。习近平总书记在决战决胜脱贫攻坚座谈会上的讲话中指出：建档立卡贫困人口中，三分之二以上主要靠外出务工和产业脱贫；2019年全国有2 729万建档立卡贫困劳动力在外务工，这些家庭三分之二左右的收入来自外出务工。贫困劳动力务工规模从2016年的1 527万人逐年增加到2020年的3 243万人，三分之二以上贫困人口主要靠外出务工和产业脱贫。

二是就地就近就业。在具备一定资源禀赋和发展潜力的贫困地区，积极发展特色产业和各类就业扶贫载体（如就业扶贫车间）吸纳贫困劳动力就地就近就业，推进农民工返乡创业带动就业，居家灵活就业，开发公益性岗位托底安置就业，为贫困劳动力在家门口就业创造更多机会。

（2）六项工作措施

1）促进产业发展扩大就业。产业发展是稳定和扩大就业的坚实基础。有了稳定成熟的产业，才能从根本上创造更多就业岗位，增加贫困劳动力就业机会。

2）劳务输出转移就业。劳务输出是促进农村劳动力外出务工的重要手段，通过提高劳务组织化程度，帮助中西部省份的贫困劳动力到东部省份或省内发达地区就业，是就业扶贫的重要渠道，是迅速提高贫困人口收入水平的有效方式。

3）建设扶贫车间等载体吸纳就业。就业扶贫车间是促进贫困劳动力就地就近就业的重要载体，对解决部分贫困劳动力外出务工难和就业能力弱等问题具有积极作用。

4）支持创新创业带动就业。创新创业带动有利于激发引导农民工、大学生、退役军人及创富带头人在贫困地区创业，有助于促进贫困地区经济发展，更能实现带动就业倍增效应。

5）乡村公益性岗位安置就业。公益性岗位安置对象是就业难度大、家庭负担重、无法外出就业且有就地就近就业需要的贫困人口。通过为乡村提供各类公共服务，帮助贫困人口通过劳动提高收入。

6）技能培训提高就业能力。针对贫困劳动力大规模开展职业技能培训，从根本上提高贫困劳动力就业竞争力和就业稳定性。

四、就业帮扶与乡村振兴战略有效衔接、有机融合

1. 就业帮扶要与乡村振兴的"产业兴旺"有机融合

产业扶贫是在长期扶贫实践中总结出来的脱贫根本之道。习近平总书记在十九届中央政治局第八次集体学习时指出：产业兴旺，是解决农村一切问题的前提，从"生产发展"到"产业兴旺"，反映了农业农村经济适应市场需求变化、加快优化升级、促进产业融合的新要求。在贫困地区发展产业既要适应市场，也要适应贫困人口的就业需要（能将贫困人口安排就业的产业）。乡村振兴背景下发展产业的难点在于，那些能安排贫困人口就业，但不适应市场或长久不了的产业不行；一些能适应市场和可持续发展，但过于"高大上"、脱离贫困地区及其人口实际，安排不了贫困人口就业的产业也不行。因此，开展产业扶贫的产业，必须适合贫困地区和贫困人口的实际情况，既能安排贫困人口就业，也能实现可持续发展，保证贫困地区及其人口稳定脱贫不返贫。

2. 长效就业帮扶要以"生活富裕"为最终目标

让更多的农民生活富裕是实施乡村振兴战略的核心内容之一，就业是帮助贫困人口脱贫致富的重要途径。一人就业，全家脱贫，增加就业是最有效最直接的脱贫方式。通过转移就业，让贫困农民获得更多的非农收入，从而达到脱贫的目的。就业帮扶的目标与乡村振兴生活富裕的目标是一致的，通过持续性就业帮扶项目，为农村居民带来持续稳定的生活保障，也反作用于乡村振兴生活富裕的目标。因此，二者在目标上具有高度一致性。

3. "生态宜居"和"乡风文明"为返乡就业创业营造环境基础

目前，虽然各地为打造返乡下乡创业做了大量努力，涌现了一批成功的创业典

型，但还存在部分抑制创业热情的因素，如基层办事效率低、农村人情关系复杂、乡村文化生活单调和乡村产业配套欠缺等。从长期看，农民是乡村振兴的主体亦是主力，乡村振兴打造的生态宜居环境和乡风文明制度基础，将为返乡下乡创业提供重要保障。因此，推动乡村振兴，能为促进返乡下乡创业打造好的氛围，返乡下乡创业也能让农村居民在乡村振兴中实现自身价值，二者可以相互促进，形成正向良性循环。

4. 完善就业帮扶政策体系建设是乡村振兴"治理有效"的必然要求

乡村治理是国家治理体系的重要组成部分，治理有效是乡村振兴的重要保障。我国就业扶贫实践中的"就业驿站"、疫情背景下"点对点服务保障机制"等措施，与乡村振兴"治理有效"，在健全自治、法治、德治相结合的乡村治理体系的发展要求相符合。下一步，为巩固就业扶贫成果，需要按照乡村振兴"治理有效"的要求，从社会治理角度，进一步深化和完善就业帮扶政策体系。

第四部分

社会保险

第1节 社会保险概述

一、社会保险的概念、构成要素及分类

1. 社会保险的概念

社会保险是国家依法建立的面向劳动者的一项社会保障制度,它由政府、单位和个人三方共同筹资,目的是保证劳动者在年老、疾病、工伤、失业、生育等情况下,能够依法从国家或社会获得物质帮助,以此消除劳动者的后顾之忧。

2. 社会保险的构成要素

社会保险的主体是国家,是由国家依法建立的;对象是全体劳动者,以劳动权利为基础;目的是消除劳动者的后顾之忧,保障其基本生活;采用的方式主要是经济手段,提供物质帮助。

3. 社会保险的分类

《中华人民共和国社会保险法》(以下简称《社会保险法》)规定:国家建立基本养老保险、基本医疗保险、工伤保险、失业保险、生育保险等社会保险制度,保障公民在年老、疾病、工伤、失业、生育等情况下依法从国家和社会获得物质帮助的权利。基本养老保险制度由三个部分组成:企业职工基本养老保险制度、机关事业单位养老保险制度、城乡居民基本养老保险制度。基本医疗保险制度由两个部分组成:职工基本医疗保险制度、城乡居民基本医疗保险制度。生育保险与职工基本医疗保险已于2019年年底合并实施。

根据《社会保险法》的规定,职工应当参加职工基本养老保险、职工基本医疗保险、工伤保险、失业保险和生育保险。其中,职工基本养老保险、职工基本医疗保险和失业保险由用人单位和职工共同缴纳保险费;工伤保险和生育保险由用人单位缴纳保险费,职工个人不缴纳保险费。无雇工的个体工商户、未在用人单位参加基本养老保险的非全日制从业人员及其他灵活就业人员,可以参加职工基本养老保

险和职工基本医疗保险，由个人缴纳全部保险费。

二、社会保险的主要特征

1. 强制性

国家通过立法，强制符合条件的用人单位和劳动者参加社会保险，履行法律所规定的参保、缴费等义务，这与用人单位自主为劳动者提供的其他福利不一样，不能因用人单位和劳动者的约定而发生改变。用人单位还负有代扣代缴社会保险费的义务；劳动者在满足一定的资格条件后可依法享受社会保险待遇。任何法定范围内的用人单位和劳动者都必须参加社会保险。

2. 预防性

社会保险的预防性主要反映在国家通过建立社会保险基金，保障参保人员的法定权益。多方筹措建立起来的社会保险基金，可由国家用在每个参保者身上，防范他们一旦发生社会保险立法规定范围内的风险而遭受损失，起到有备无患、未雨绸缪的作用。其他社会保障项目，如社会救济，则事先难以掌握，更侧重善后，应急性较强而预防性较弱。

3. 补偿性

社会保险给予参加者的物质帮助，主要限于收入损失补偿，即劳动者在劳动中断、收入中断时才有权获得给付。通过社会保险得到的补偿只是对受保障者收入损失一定程度的补偿，即保障劳动者的基本生活需要。

4. 福利性

从直接的经济利益关系看，社会保险由政府、雇主与社会其他成员共同参与和分担，受益者所得往往大于所出费用。因此，具有明显的福利性。

5. 共济性

社会保险实行互助共济，按照大数法则，在整个社会范围内统一筹集和调剂使用资金，依靠全社会的力量均衡负担和分散风险。社会保险覆盖的范围越大，抵御风险的能力就越强，如失业保险是全体参加失业保险的劳动者分担失业者的失业风险，工伤保险是全体参加工伤保险的劳动者分担遭遇工伤事故（含职业病）的劳动者的职业伤害风险。因此，社会保险具有典型的互助共济特征。

6. 责任分担

社会保险的主体虽然是国家,是由国家依法建立的,但保险责任不是由国家单一承担,而是由政府、用人单位(或雇主)和个人三方合理分担。主要体现在社会保险基金不仅来源于劳动者、用人单位(或雇主)缴纳的社会保险费,而且来源于政府让税、补贴、转移支付和社会保险基金相应的投资收益。

三、社会保险与社会保障的关系

社会保险是社会保障体系的重要组成部分,在整个社会保障体系中居于核心地位。

1. 社会保险与社会保障的联系

社会保障是国家或社会依法建立的、具有经济福利性的、社会化的国民生活保障系统。在我国,社会保障是社会保险、社会救助、社会福利、优抚安置等制度的总称。社会保险是社会保障的重要组成部分,具有社会保障制度的一般特征。几乎在所有国家,社会保险的支出规模都占社会保障支出的最大份额,而社会保险所包括的项目几乎关系到每个公民进入劳动年龄以后的整个生命周期,劳动者在从业期间及退休后所发生的重大事件都会涉及社会保险支出。因此,社会保险事实上构成了现代社会保障体系的核心和主体。

2. 社会保险与社会保障的区别

一是对象不同。社会保障面向全体社会成员,而社会保险则只面对法定保障人群。二是目标不同。社会保障的根本目标在于提高全体社会成员的生活质量,促进社会和谐发展。而社会保险的目标在于抵御劳动者的职业风险,保障其基本生活,解除其后顾之忧。三是享受待遇的条件不同。享受社会保险待遇以履行相应的缴费义务为前提,而其他社会保障项目通常不以是否缴费作为享受待遇的条件。四是资金来源不同。社会保险资金来自国家、用人单位(或雇主)和个人三方面,而其他社会保障项目的资金来自政府财政或社会援助。

四、社会保险与商业保险的关系

社会保险与商业保险既紧密联系,又有明显区别。

1. 社会保险与商业保险的联系

（1）社会保险与商业保险都是基于对特定风险损失分担的社会化机制

商业保险根据风险的可保性要求，集中大量同质的风险，收取保费建立保险基金，这样就将某个或某些个体所发生的风险损失平均分摊到全体被保险个体身上，实现了损失的分担和共济。社会保险同样实现了风险的共济和分担，如医疗保险、失业保险和生育保险等短期给付的险种充分体现了风险的集中和有效分担。

（2）社会保险与商业保险都进行风险转移

在商业保险中，投保人通过与保险公司签订合同，缴纳相应的保费，将风险转嫁给保险公司承担，投保人购买保险合同的金额决定了其风险的转嫁程度。在社会保险中，参保者的风险也部分或全部地转嫁给了社会保险系统。

（3）社会保险与商业保险都具有为偶然性风险损失提供保障的特征

商业保险承保的必须是偶然事故、意外事故，是可以进行风险防范和利用概率论和大数法则进行测算的，必然性的损失不属于商业保险的承保范围。社会保险的一些项目，如工伤保险、医疗保险同样承担的是偶然性的突发风险损失补偿。

（4）社会保险与商业保险互为促进和补充

一方面，社会保险的强制性和普遍性可以增强人们的风险意识和保险意识，认识到保险的必要性和必要效果，有利于商业保险的宣传和推广；另一方面，由于社会保险只能提供基本的生活保障，保障水平有限，人们可以投保商业保险，实现较高的经济保障需求。

2. 社会保险与商业保险的区别

（1）性质不同

社会保险是政府行为，属于政策性保险；商业保险是等价交换的买卖行为，具有商业性质。

（2）对象不同

社会保险的对象是法律规定的社会劳动者，商业保险的对象是一切自愿投保的公民。

（3）实施方式不同

社会保险采用强制方式实施，商业保险采取自愿原则。

（4）保险关系建立的依据不同

社会保险依据法律规定，商业保险依赖于保险合同。

（5）保障水平不同

社会保险是保障劳动者基本生活需要；商业保险是满足人们对保障水平的特定需要，保障水平多样化，一般比社会保险高。

（6）保险费的承担者不同

社会保险费由劳动者个人、单位和国家三方共同分担，商业保险费由投保人负担。

（7）经营主体不同

社会保险的经营主体是政府；商业保险的经营主体是保险公司，是企业法人。

（8）经营目的不同

社会保险不以营利为目的，商业保险以营利为目的。

五、社会保险经办管理

1. 社会保险经办工作的主体

社会保险经办工作的主体是依法履行社会保险义务和依法享有社会保险权利的自然人、组织和依法履行社会保险管理职责的机构。目前，我国社会保险经办工作主体如下。

（1）用人单位。指城镇各类企业、机关事业单位、社会团体、雇用员工的城镇经济组织。

（2）职工。指所有参加社会保险的企业职工、机关事业单位工作人员、城镇个体劳动者、自由职业者和灵活就业人员。

（3）居民。指除职工以外的所有城镇居民和农村居民。

（4）社会保险经办机构。指依法或受政府行政部门委托经办社会保险事务的组织机构，是管理社会保险基金、办理社会保险事务、支付社会保险待遇、提供社会保险服务的法定主体，具有法定性、公共性、专业性和行政性等特征。社会保险经办机构除人力资源社会保障部下设的机构外，各省、自治区、直辖市及地（市）、县（区）三级地方政府分别设立相应的社会保险经办机构，在乡镇和城市的街道（社区）还设有社会保障事务机构，承办社会保险具体事务。各级医疗保障局下设的医疗保险经办机构，也属于社会保险经办机构。

2. 社会保险关系

社会保险关系是社会保险机构与参保单位及参保个人之间因实施社会保险而产生的关系。

(1) 社会保险登记

社会保险登记是用人单位、职工个人与社会保险经办机构建立社会保险关系的标志。

1) 用人单位社会保险登记。用人单位应在设立之日起30日内，向当地社会保险经办机构申请办理社会保险登记。社会保险经办机构按照市场监管部门等登记机关的共享信息为用人单位办理社会保险登记。

2) 个体人员社会保险登记。无雇工的个体工商户、未在用人单位参加基本养老保险的非全日制从业人员、自愿参加社会保险的未就业城乡居民等群体人员，可以个体身份申请社会保险登记，需提供身份证件和省、自治区、直辖市社会保险经办机构规定的其他相关资料。登记前曾在其他统筹地区参保的，还应将原参保地社会保险关系转移至新参保地。与单位解除劳动关系的，应提供相关证明。

在城镇就业人员中，有一个特殊群体叫灵活就业人员。灵活就业人员是指在劳动年龄内以非全日制、临时性、季节性、弹性工作等灵活多样的形式，实现就业或再就业的国有集体企业失业人员、机关事业单位离岗人员、个体工商户及其雇工、自由职业者和其他城镇从业人员。

①灵活就业人员构成如下。

a. 自营劳动者。包括自我雇用者（自谋职业）和以个人身份从事职业活动的自由职业者等，如自由撰稿人、歌手、模特、中介服务工作者等。

b. 非正规部门就业人员。即劳动标准（劳动条件、工时、工资、保险福利待遇）、生产组织管理及劳动关系运作等均达不到一般企业标准的就业人员，如在小型企业、微型企业和家庭作坊的就业人员。

c. 社区内从事便民服务的人员。如从事家政服务、自行车修理、修鞋、配钥匙、再生资源回收、服装织补、早点、学生小饭桌等其他社区服务性工作的人员。

d. 其他灵活就业人员。主要是指小时工、季节工、劳务承包工等一般就业人员。

灵活就业人员可以参加职工基本养老保险和职工基本医疗保险，由个人缴纳保险费。

②灵活就业人员参加养老保险有关政策。

a. 缴费方式。灵活就业人员参加养老保险后，按照省级政府规定的缴费基数和比例，一般应按月缴纳养老保险费，也可按季、半年、年度合并缴纳养老保险费；缴费时间可累积计算。

b. 缴费基数及比例。灵活就业人员参加基本养老保险的缴费基数为当地上年度全口径城镇单位就业人员平均工资，缴费比例为20%，其中8%记入个人账户，退休后按企业职工基本养老金计发办法计发基本养老金。

③灵活就业人员参加医疗保险的有关政策。

a. 已与用人单位建立明确劳动关系的灵活就业人员，要按照用人单位参加基本医疗保险的方法缴费参保；其他灵活就业人员，要以个人身份缴费参保。

b. 灵活就业人员可以通过劳动保障事务代理机构或基层劳动就业社会保障公共服务机构等参保，也可以按照统筹地区的政策规定，直接到医保经办机构参保。

c. 可从建立基本医疗保险统筹基金起步，先解决灵活就业人员住院和门诊大额医疗费用的保障问题，也可为有条件的部分灵活就业人员同时建立个人账户和实行大额医疗补助。

d. 灵活就业人员参加基本医疗保险的缴费率原则上按照当地的缴费率确定。从统筹基金起步的地区，可参照当地基本医疗保险建立统筹基金的缴费水平确定。缴费基数可参照当地上年度全口径城镇单位就业人员平均工资核定。灵活就业人员缴纳的医疗保险费纳入统筹地区基本医疗保险基金统一管理。

e. 根据灵活就业人员的缴费水平和缴费时间，参照当地基本医疗保险的待遇水平，确定相应的医疗保险待遇，并明确医疗保险待遇与缴费年限和连续缴费相挂钩的办法。对首次参加医疗保险的灵活就业人员，可规定其从参加基本医疗保险到开始享受相关医疗保险待遇的期限。

f. 灵活就业人员按照基本医疗保险的规定选择定点医疗机构和定点药店，严格执行基本医疗保险用药、诊疗项目和医疗服务设施标准的有关规定。

（2）社会保险关系的转移和接续

社会保险关系的转移和接续包括以下两个方面。

1）用人单位社会保险关系的转移。用人单位成建制跨统筹地区转移，单位注册地也随之转移。此时，用人单位应向转出地社会保险经办机构提出申请，由经办机构审核后开具转移证明，注明职工人数、参加社会保险有关情况等，由转入地社会保险经办机构负责接续其社会保险关系。

2) 个人社会保险关系的转移。个人跨统筹地区调动工作，或因迁移户口等因素，需要转移社会保险关系的，在新就业地按规定建立基本养老保险关系和缴费后，由用人单位或参保人员向新参保地社保经办机构提出基本养老保险关系转移接续的书面申请。新参保地社会保险经办机构审核转移接续申请，对符合规定条件的，向参保人员原基本养老保险关系所在地的社保经办机构发出同意接收函，并提供相关信息；对不符合转移接续条件的，向申请单位或参保人员作出说明。原基本养老保险关系所在地社会保险经办机构接到同意接收函后，办理好转移接续的各项手续。新参保地经办机构在收到参保人员原基本养老保险关系所在地社保经办机构转移的基本养老保险关系和资金后，办结转移接续有关手续。

2010年11月，人力资源社会保障部启用了社会保险关系转移系统。2019年以来，顺应全国深化"放管服"改革和优化营商环境的要求，各级社保经办机构加速发展"互联网+社保"，坚持"线上"为主、"线下"为辅办理新模式，确保参保人员养老保险关系转移接续业务网上办理、顺畅衔接。人力资源社会保障部结合金保工程二期建设，开展了养老保险关系转移接续业务网上办理的系统改造工作，要求各级社会保险经办机构统一使用全国社会保险关系转移系统办理养老保险关系转移接续业务。

用人单位或参保人员办理转移接续业务，可以到转入地社会保险经办机构现场提出申请，也可以利用全国社会保险关系转移系统或掌上12333手机App线上直接提交转移申请，由两地社会保险经办机构全程线上办理。基金转移时，个人账户储存额全部转移，统筹基金以本人1998年1月1日后各年度实际缴费工资为基数，按12%的总和转移，实行部分转移。参保缴费不足1年的，按实际缴费月数计算转移。参保人员达到基本养老保险待遇领取条件的，其在各地的参保缴费年限合并计算，个人账户储存额（含本息）累计计算；未达到待遇领取年龄，不得终止基本养老保险关系并办理退保手续。

（3）社会保险关系的终止

缴费单位发生解散、破产、撤销、合并及其他情形，停止履行社会保险缴费义务时，应及时向社会保险登记机构申请办理注销社会保险登记，同时，终止该单位与社会保险经办机构的社会保险关系。

对劳动者个人来说，死亡、一次性领取有关待遇后或者出国定居，社会保险关系即行终止。例如，职工移居国外，职工所在单位应停止为其缴纳社会保险费，并及时为其办理终止社会保险关系的手续。

3. 社会保险费征缴

社会保险费征缴是社会保险制度建立的物质基础，没有社会保险费的按时足额征收，就无法形成持续、稳定的社会保险基金。因此，社会保险费的征收工作至关重要。

(1) 征缴机构

按照《社会保险法》规定，县级以上人民政府要加强社会保险费的征收工作，强化组织领导、统筹协调、完善薄弱环节，消除体制机制障碍，保证社会保险费的按时足额征收。从2019年开始，国家将社会保险费归口到税务部门，实行统一征收。

(2) 社会保险基金监管

社会保险基金包括职工基本养老保险基金、职工基本医疗保险基金、工伤保险基金、失业保险基金、生育保险基金、城乡居民基本养老保险基金、城乡居民基本医疗保险基金等。职工基本养老保险基金和职工基本医疗保险基金还有统筹基金和个人账户基金之分。

用人单位未按时足额缴纳社会保险费的，由社会保险费征收机构责令限期缴纳或者补足，并自欠缴之日起，按日加收万分之五的滞纳金；逾期仍不缴纳的，由征收机构的行政部门处欠缴数额一倍以上三倍以下的罚款。

社会保险基金是广大群众的"保命钱"，直接关系到参保人的切身利益。为了加强社会保险基金管理，在收的环节，要求分别建账、分账核算，执行统一的会计制度。不同社会保险保障的范围不同，风险大小不同，发生的时间有先有后，如果账目混合，难以平衡各险种之间的关系。在支出的环节，要求专款专用，各项社会保险基金应当自求平衡，除了法律法规规定的投资运营外，不得挪用，更不得侵占。社会保险基金主要用于社会保险待遇支出，除了国家和统筹地区规定的支出项目外，一律不得扩大支出范围。

社会保险行政部门对用人单位和个人遵守社会保险法律、法规的情况进行监督检查，对社会保险基金的收支、管理和投资运营进行监督检查，对发现的问题提出整改建议，依法作出处理决定；财政部门和审计部门分别实施财政监督和审计监督。任何组织和个人有权对违反社会保险法律、法规的行为进行举报、投诉。

(3) "多证合一、一照一码"改革

"多证合一、一照一码"改革是指将市场监管、税务、人社、统计等部门以前分别办理、各自发放的营业执照、组织机构代码证、税务登记证、社会保险登记证、统计登记证等证件,改为由申请人"一表申请"、市场监管部门统一收件,并与税务、人社、统计等部门并联审批,统一核发加载注册号、组织机构代码、税务登记证号、社会保险登记证号和统计登记证号的营业执照(正副本),实现"多证合一"。营业执照统一加盖市场监管部门公章。实行"多证合一",是继续深化商事制度改革、优化营商环境、推动大众创业万众创新的重要举措。

推行"多证合一、一照一码"改革后,原来要求企业使用社会保险登记证办理相关业务的,一律改为使用营业执照办理,不再要求企业提供其他身份证明材料。

"多证合一"登记制度的实施,便于企业注册,对于新成立的企业来说,在办理工商注册登记时,同步完成了企业的社会保险登记。社会保险经办机构按照市场监管等登记机关的共享信息为企业办理单位登记,并按照企业提供的职工信息完成职工参保登记,职工参保登记信息需要变更的,由企业向社会保险经办机构办理变更手续。社会保险缴费基数核定时,要求企业填报的参加社会保险人数、缴费工资总额等情况,可以通过企业给税务等相关部门上报的数据进行比对。

第2节 社会保险的主要内容

现阶段社会保险分为五类,即养老保险、失业保险、工伤保险、医疗保险和生育保险。

一、养老保险

1. 概念

养老保险是指国家和社会通过相应的制度安排,为劳动者解除养老后顾之忧的一种社会保险,其目的是增强劳动者抵御老年风险的能力,弥补家庭养老的不足,方法是在劳动者退出劳动岗位后为其提供相应的收入保障。

2. 种类

（1）按我国现行养老保险覆盖对象分类

按我国现行养老保险覆盖对象分，可分为企业职工基本养老保险、机关事业单位养老保险和城乡居民养老保险。企业职工基本养老保险的覆盖范围是城镇所有企业；机关事业单位养老保险的覆盖范围是机关、事业单位工作人员；城乡居民养老保险覆盖范围是城乡居民。

（2）按养老保险的性质和功能分类

按养老保险的性质和功能分，可分为基本养老保险、补充养老保险和个人储蓄性养老保险。基本养老保险由国家立法强制实施，政府专门设立社会保险机构负责经办，劳动者必须参加。企业年金和机关事业单位职业年金是一种补充养老保险，是在单位和职工已经参加基本养老保险的前提下，依据国家政策和本单位经济状况建立的、旨在提高职工退休后的生活水平、对国家基本养老保险进行重要补充的一种养老保险形式。个人储蓄性养老保险是一种个人行为，是劳动者个人通过选择参加商业保险等形式，以提高退休后的生活水平。

3. 特征

除具有社会保险的一般特征外，养老保险还具有以下特征。

（1）普遍需求

老年风险的普遍性决定了人们对养老保险的普遍需求。

（2）地位特殊

一方面，老年风险是最应得到重视的一种风险；另一方面，由于养老保险待遇较高、领取时间长、基金规模大，因此，养老保险是最重要的社会保险项目，在各国社会保障体系中占有举足轻重的地位。

（3）长期积累

一是缴费时间长达数十年，二是领取养老金的时间也可能长达十多年到数十年不等。

（4）管理复杂

养老保险的长期积累性带来了制度设计和管理的难度，由于基金规模庞大，基金保值增值的负担很重，需要专门的机构和人员来运营基金。

4. 企业职工基本养老保险待遇

（1）享受企业职工基本养老保险的条件

正常享受基本养老保险的条件为：男年满 60 周岁，女工人（生产操作岗位）年满 50 周岁，女干部（管理技术岗位）年满 55 周岁；缴费年限（含视同缴费年限）累计满 15 年。

特殊工种职工享受基本养老保险的条件为：从事高空和特别繁重体力劳动工作累计满 10 年，从事井下、高温工作累计满 9 年，从事其他有害身体健康工作累计满 8 年的职工，男年满 55 周岁，女年满 45 周岁，缴费年限累计满 15 年。

因病或非因工致残职工享受基本养老保险的条件为：男年满 50 周岁，女年满 45 周岁，经劳动能力鉴定委员会确认完全丧失劳动能力，缴费年限累计满 15 年。

城镇个体工商户和灵活就业人员、依法解除劳动关系后以城镇个体工商户和灵活就业人员身份接续养老保险关系人员享受基本养老保险的条件为：男年满 60 周岁，女年满 55 周岁；缴费年限累计满 15 年。

达不到退休年龄，经劳动能力鉴定委员会确认完全丧失劳动能力的职工，可以办理退职手续，享受退职人员基本养老待遇。

退休年龄的确认实行居民身份证与本人档案相结合的办法。当本人身份证与档案记载的出生时间不一致时，以本人档案最先记载的出生时间为准。档案中填写的出生时间视为公历时间，不再进行农历和公历的换算。

（2）基本养老待遇计算方法

基本养老金 = 基础养老金 + 个人账户养老金 + 过渡性养老金

基础养老金 =（当地上年度在岗职工月平均工资 + 本人指数化月平均工资）÷ 2 × 缴费年限（含视同缴费年限）× 1%

本人指数化月平均缴费工资 = 上年度在岗职工月平均工资 × 本人平均缴费工资指数

本人平均缴费工资指数是指从职工开始缴费（不含视同缴费）年度起，其每年的缴费工资与在岗职工平均工资比例之和除以实际缴费年限。

$$个人账户养老金 = \frac{职工退休时个人账户储存额}{计发月数}$$

其中，计发月数根据职工退休时城镇人口平均预期寿命、本人退休年龄、利息等因素确定，可从个人账户养老金计发月数表中（见表 4-1）查得。

过渡性养老金各省计算方法不同，普遍计算方法为：过渡性养老金 = 本人指数化月平均缴费工资 × 建立个人账户前的视同缴费年限 × 过渡系数（如山东省为 1.3%）。

表 4-1　　　　　　　　　　　个人账户养老金计发月数表

退休年龄	计发月数	退休年龄	计发月数
40	233	56	164
41	230	57	158
42	226	58	152
43	223	59	145
44	220	60	139
45	216	61	132
46	212	62	125
47	208	63	117
48	204	64	109
49	199	65	101
50	195	66	93
51	190	67	84
52	185	68	75
53	180	69	65
54	175	70	56
55	170		

1998 年 1 月 1 日后参加工作，缴费年限（含视同缴费年限）累计满 15 年的人员基本养老待遇计算方法如下：

基本养老金＝基础养老金＋个人账户养老金

（3）按年发放的定期待遇

国家规定的冬季采暖地区，离退休人员每年享受采暖补贴，各省标准不一。

离休人员、新中国成立前参加工作的老工人，依据参加工作时间为其发放 1~3 个月的基本离休费或基本退休费，作为生活补贴。

（4）一次性待遇

离退休人员因死亡等原因，不再满足按月领取基本养老金条件时，可申请养老保险一次性待遇。一次性待遇包括一次性抚恤费、一次性丧葬补助费、个人账户余额等。目前，各省对一次性抚恤费和一次性丧葬补助费制定标准不一，差距较大；当个人终止基本养老保险关系之后，其个人账户储存额可全部依法继承。

5. 企业职工基本养老保险业务经办

(1) 养老保险待遇资格认定程序

1) 办理离退休（职）待遇资格认定手续时，申请人应填写基本养老保险待遇审核申请表，并提供以下证件和资料。

①身份证、户口簿等有效身份证件。

②参保人员档案。

③省、自治区、直辖市社保机构规定的其他有关证件和资料。

④申请提前退休的人员，还需提供其他有关资料。

离退休（职）人员对基本养老金金额有异议，可向社会保险经办机构提出重核申请，社会保险经办机构应将重核结果通知参保单位（或基层劳动就业社会保障服务机构）或个人。

2) 一次性待遇审核。申领人提出申领一次性待遇申请时，应提供的相关证件和资料有：有效身份证件；出国（境）定居的，提供出国（境）证明及户口注销证明；死亡的，提供医院或派出所等部门开具的死亡证明；省、自治区、直辖市社保机构规定的其他有关证件和资料。

3) 供养直系亲属待遇审核。离退休人员死亡后，其遗属申请领取丧葬补助金、抚恤费和供养直系亲属生活补助费时，要填报供养直系亲属待遇核定表，并提供以下证件和资料：离退休人员死亡证明，供养直系亲属身份证件与死者关系证明，供养直系亲属经济收入情况，省、自治区、直辖市社保机构规定的其他有关证件和资料。

(2) 养老保险待遇支付程序

1) 离退休（职）人员待遇支付。离退休（职）人员待遇审核完毕后，由社会保险经办机构生成养老金发放数据，在规定时间内将发放数据采取加密方式传送银行等社会化发放机构，并将发放资金拨至协议银行，委托其将养老保险待遇发放给离退休（职）人员。

2) 一次性待遇支付和供养直系亲属待遇支付。社会保险经办机构在核准一次性待遇支付和供养直系亲属待遇支付后，生成一次性待遇支付信息和供养直系亲属待遇支付信息，通过社会化发放机构将一次性待遇和供养直系亲属待遇发放给指定受益人。

(3) 办理养老金和遗属津贴领取资格认证程序

中共中央办公厅、国务院办公厅《关于转发劳动和社会保障部等部门〈关于积极推进企业退休人员社会化管理服务工作的意见〉的通知》明确提出，基层平台具有跟踪了解企业退休人员生存状况，协助社会保险经办机构进行领取养老金资格认证的工作内容。2004年，《关于对异地居住退休人员进行领取养老金资格协助认证工作的通知》（劳社厅发〔2004〕8号），明确异地居住退休人员领取养老金资格协助认证的办法、范围和认证程序。2007年，《关于出境定居离退休、退职人员办理健在证明有关问题的通知》（外领函〔2007〕35号）对在境外及港澳台居住的退休人员领取养老金资格认证提出了具体办法。此后，面向全体企业退休人员开展领取养老金资格认证工作。

随着信息技术的快速发展，传统的集中认证方式与大数据时代的要求和群众的需求越来越不适应，由此产生的问题越来越突出，社会反映强烈。2018年5月，为贯彻落实党中央、国务院关于深入推进审批服务便民化的部署要求，切实改进领取社会保险待遇资格认证工作，提升管理服务水平和群众满意度，人力资源社会保障部办公厅印发了《关于全面取消领取社会保险待遇资格集中认证的通知》（人社厅发〔2018〕54号），全面取消领取社会保险待遇资格集中认证，要求全国各级人力资源社会保障部门和社会保险经办机构完善工作机制，创新服务手段，实行"寓认证于无形"的认证服务新模式，提升社会保险服务便捷化和人本化水平，加强信息化运用，让信息多跑路、群众少跑腿，切实提升人民群众的满意度和获得感。

全面取消集中认证后，各地构建以信息比对为主，退休人员社会化服务与远程认证服务相结合的认证服务新模式。一是全面开展信息比对认证服务。充分运用全民参保、异地就医、联网监测等数据资源，按月开展数据比对，有条件的可开展实时比对。大力推进"互联网+人社"，积极探索与公安、民政、卫生健康、交通运输、文化旅游等部门开展业务协作，实现与人口管理、殡葬、就医、乘坐飞机高铁等实名验证场景的信息共享，提升共享的实时性。通过加强大数据分析和应用，核实参保人员领取社会保险待遇资格。二是以服务方式精准开展认证信息核实。对于信息比对不能确认待遇领取资格、疑似冒领的人员，原则上结合全民参保计划和退休人员社会化服务等工作开展认证信息核实。通过街道、社区劳动就业社会保障工作平台寓认证于服务之中，与健康体检、文娱活动、走访慰问等结合起来，对行动不便者要提供上门服务，对领取失业保险金人员还可采取上门提供职业指导、职业培训等方式进行认证，让认证对象切实感受到改进服务带来的便捷。三是积极推行异地居住人员远程自助认证。对于异地居住的人员，各地不得要求参保人返回参保地进行认证。大力推广基于互联网的生物特征识别认证、手机 App 远程认证等服务渠道，使服务对象就地即可完成认证。对在国外（境外）居住人员，暂继续按照《关于在境外居住人员领取养老金资格审核表有关问题的通知》（外领函〔2015〕660 号）要求办理，同时，积极创造条件，尽快改为通过互联网进行视频认证。

全面取消集中认证后，领取待遇资格核查工作不能削弱，要及时对疑似冒领人员进行信息核实；对确认失去待遇领取资格人员，按照相关规定停发待遇；对发现的冒领行为，责令退回并严格依规处理，涉及违法犯罪的，按规定移送司法机关。

(4) 办理灵活就业人员社会保险补贴申请程序

灵活就业人员参加企业职工基本养老保险、企业职工基本医疗保险，按规定缴费后，可以申请享受社会保险补贴政策。办理程序如下。

1) 受理申请。一次性告知申请人灵活就业社会保险补贴申请要求，主要包括灵活就业社会保险补贴政策、适用范围、对象、条件、申领程序、需提交的材料等。

2) 指导填表。指导申请人填写灵活就业人员社会保险补贴申请表，填写正确、完整，内容与申请人提供的材料一致。

申请表基本内容一般包括申请人姓名、出生日期、身份证号码、就业失业登记证号码、常住地址、联系方式、申请社会保险险种、申请补贴期限、申请金额等。

3) 审核材料。劳动保障协理员接受困难人员的灵活就业社会保险补贴申请后，要对申请人提交的材料进行核查，对上报材料的复印件与原件进行核对。重点审核就业创业证、就业困难人员认定证明、灵活就业相关证明，以个人名义缴纳社会保险费及缴费险种、缴纳月数、缴费金额的凭证，核对申请人填写的表格内容与其提供的材料内容是否一致。

4) 实地调查。劳动保障协理员严格审核申请人灵活就业的真实性，在辖区范围内的，及时上门入户现场核实，不在辖区范围内的，通过电话调查核实。现场核实时，要当场做好灵活就业人员就业情况现场核实记录，要求对方在核实记录上签字，在此基础上做出是否符合补贴条件的认定。

5) 签署意见。劳动保障协理员对核实后符合条件的人员签署初步意见，报上级部门。

6) 反馈结果。劳动保障协理员将审批结果及时反馈给申请人，对未通过审批的给予解释说明，需申请人补充材料的，及时告知申请人补充。

7）建立台账。劳动保障协理员将灵活就业人员社会保险补贴申请人情况、申报材料、调查情况、核实情况、审批情况等进行记录，建立相关台账，并录入信息管理系统，实行动态管理。

6. 城乡居民养老保险经办

城乡居民养老保险业务由社会保险经办机构、街道（乡镇）劳动就业社会保障服务中心（所）等具体经办，行政村（居）民委员会协办人员协助办理，实行属地化管理。

县（市、区、旗）社会保险经办机构负责城乡居民养老保险的参保登记、基金申请与划拨、基金管理、个人账户建立与管理、待遇核定与支付、保险关系注销、保险关系转移接续、待遇领取资格认证、制发社保卡、内控管理、档案管理、个人权益记录管理、数据应用分析以及咨询、查询和举报受理，编制、上报本级城乡居民养老保险基金预决算、财务和统计报表，并对街道（乡镇）劳动就业社会保障服务中心（所）的业务经办工作进行指导和监督考核。部分地区由地市级直接经办城乡居民养老保险业务。

街道（乡镇）劳动就业社会保障服务中心（所）负责参保资源的调查和管理，对参保人员的参保资格、基本信息、缴费信息、待遇领取资格及关系转移资格等进行初审，将有关信息录入信息系统，并负责受理咨询、查询和举报、政策宣传、情况公示等工作。

社区（行政村）劳动保障协理员具体负责城乡居民养老保险参保登记、缴费档次选定与变更、待遇领取、保险关系注销、保险关系转移接续等业务环节所需材料的收集与上报，负责向参保人员发放有关材料，提醒参保人员按时缴费，通知参保人员办理补缴和待遇领取手续，并协助做好政策宣传与解释、待遇领取资格认证、摸底调查、居民基本信息采集、情况公示等工作。

（1）参保登记程序

1）提出申请。符合城乡居民养老保险参保条件的城乡居民，需携带户口簿和居民身份证原件及复印件，到户籍所在地村（居）委会提出参保申请，选择缴费档次，填写城乡居民基本养老保险参保登记表（以下简称"参保表"）。

2）社区（村）申报。社区（行政村）劳动保障协理员负责检查登记人员的相关材料是否齐全，在符合条件的参保表上签字、加盖村（居）委会公章，并将参保表、户口簿、居民身份证复印件和其他相关材料，按规定时限一并上报街道（乡镇）

劳动就业社会保障服务中心（所）。

居民本人也可携带相关材料直接到街道（乡镇）劳动就业社会保障服务中心（所）或县（区）社会保险经办机构办理参保登记手续。

3）街道（乡镇）初审。街道（乡镇）劳动就业社会保障服务中心（所）负责对登记人员的相关材料进行初审，无误后及时将参保登记信息录入城乡居民养老保险信息系统，在参保表上签字、加盖公章，并按规定时限将参保表、户口簿、居民身份证复印件及其他相关材料一并上报县（区）社会保险经办机构。

4）县（区）社会保险经办机构复核。县（区）社会保险经办机构应对登记人员的相关信息进行复核，可与公安、民政、卫生健康、城镇职工养老保险等信息库进行信息比对，复核无误后，通过信息系统对登记信息进行确认，在参保表上签字、加盖公章，并及时将有关材料归档备案。

县（区）社会保险经办机构应于每月末前将当月新增登记人员的相关信息提供给合作金融机构，登记社会保障卡加载的银行账户相关信息；如果登记人员未持有社会保障卡，由当地人力资源社会保障部门向登记人员制发社会保障卡。暂不具备使用社会保障卡条件的地区，可暂时使用城乡居民基本养老保险银行存折或银行卡，用于缴纳保险费或领取待遇。

5）参保变更。参保变更登记的主要内容包括姓名、公民身份号码、缴费档次、银行账号、特殊参保群体类型、性别、民族、居住地址、联系电话、户籍性质、户籍所在地址等。以上内容之一发生变更时，参保人员应及时携带身份证及相关证件的原件和复印件到村（居）委会申请办理变更登记手续，填写城乡居民基本养老保险变更登记表（以下简称"变更表"）。社区（行政村）劳动保障协理员按规定时限将相关材料及变更表上报街道（乡镇）劳动就业社会保障服务中心（所）。参保人员本人也可到街道（乡镇）劳动就业社会保障服务中心（所）或县（区）社会保险经办机构直接办理变更登记手续。

街道（乡镇）劳动就业社会保障服务中心（所）初审无误后，将变更信息及时录入信息系统，在变更表上签字，加盖公章，并按规定时限将相关材料及变更表上报县（区）社会保险经办机构。

县（区）社会保险经办机构复核无误后，对信息系统中的变更登记信息进行确认，在变更表上签字，加盖公章，并将有关材料归档备案。姓名、公民身份号码等发生变更的人员，当地人力资源社会保障部门同步换发社会保障卡。

6）关系转移接续。参保人员在缴费期间跨省、市地、县转移的，转出地县（区）社会保险经办机构应将其城乡居民养老保险关系和个人账户储存额一次性转入新参保地，由新参保地为其办理参保缴费手续。同时，转出地社会保险经办机构应当按照规定保留原有记录备查。在本县范围内迁移户籍的参保人员，不需转移城乡居民养老保险关系，应直接办理户籍地址变更登记手续。

参保人员已经按规定领取城乡居民养老保险待遇的，无论户籍是否迁移，其养老保险关系不转移，继续在原参保地领取待遇，待遇领取资格认证工作由户籍迁入地社会保险经办机构协助完成。

7）注销登记。参保人员出现死亡、出国（境）定居、保险关系转出或已享受企业职工基本养老保险、机关事业单位养老保险等其他养老保障待遇的，应终止其城乡居民养老保险关系，并进行注销登记。

参保人员死亡后，社区（行政村）劳动保障协理员应通知其指定受益人或法定继承人在其死亡后及时办理注销登记手续，其指定受益人或法定继承人应在规定时限内到村（居）委会提出注销登记申请，填写城乡居民基本养老保险注销登记表（以下简称"注销表"），并提供以下材料。

①医院出具的参保人员死亡证明，或民政部门出具的火化证明（非火化区除外），或公安部门出具的户籍注销证明；人员失踪宣告死亡的，应提供司法部门出具的宣告死亡证明。

②指定受益人或法定继承人的户口簿、居民身份证原件和复印件，能够确定其继承权的法律文书、公证文书或公安机关及街道（乡镇）、村（居）委会等部门出具的有关证明材料等。

③参保人员个人账户余额无法通过原银行账户支取的，指定受益人或法定继承人还需提供指定金融机构的其他账户信息。

参保人员出国（境）定居并丧失国籍的，应携带本人户口簿、居民身份证原件和复印件，以及出国（境）定居证明材料，到村（居）委会提出注销登记申请，填写注销表。

参保人员已享受企业职工基本养老保险等其他养老保险待遇的，应携带本人户口簿、居民身份证原件和复印件，以及其他养老保险待遇领取证明材料，到村（居）委会提出注销登记申请，填写注销表。

劳动保障协理员应按规定时限将注销表及有关证明材料上报街道（乡镇）劳动

就业社会保障服务中心（所）。街道（乡镇）劳动就业社会保障服务中心（所）初审无误后，将注销登记信息录入信息系统，并按规定时限将上述材料上报县（区）社会保险经办机构。县（区）社会保险经办机构复核无误后，结算其个人账户资金余额、丧葬补助金额（仅限于探索建立丧葬补助金制度的地区）等，支付给参保人员（或指定受益人、法定继承人），终止其城乡居民养老保险关系，在注销表上签字，加盖公章，并及时将有关材料归档备案。

8）基础管理。各级社会保险经办机构、街道（乡镇）劳动就业社会保障服务中心（所）要按照统计报表制度，完成统计数据的采集和报表的编制、审核、汇总、上报等工作。定期整理、加工各类业务数据，建立统计台账，实现数据来源的可追溯查询；统计报表要做到内容完整、数据准确、上报及时。各级统计工作人员应做好城乡居民养老保险统计数据定期和专项分析工作，形成运行分析报告，用于经办管理服务的评估与决策。

城乡居民养老保险业务档案应按照《社会保险业务档案管理规定（试行）》，进行科学分类，确定保管期限；按照社区（村）负责收集、街道（乡镇）负责整理和审核、县（区）负责指导和保管的模式，确保业务档案有效保管、安全完整。

（2）保险费收缴程序

1）缴费金额确定。城乡居民养老保险个人缴费实行按年度缴纳。参保人员应自主选择缴费档次，确定缴费金额。参保人员若需调整缴费金额，应在进行当年缴费前办理缴费档次变更登记手续；当年未变更缴费档次的，按上年度选定的缴费档次进行扣款。对于达到领取待遇年龄的参保人员，到龄当年可以缴纳本年度应缴的养老保险费。

2）补助。社区（行政村）集体和其他社会经济组织、公益慈善组织、个人对参保人员缴费给予补助或资助的，应向街道（乡镇）劳动就业社会保障服务中心（所）提交城乡居民基本养老保险补助/资助申报表。街道（乡镇）劳动就业社会保障服务中心（所）初审无误后，将补助申报表录入信息系统，并按规定时限将补助申报表上报县（区）社会保险经办机构。县（区）社会保险经办机构复核无误后，打印城乡居民基本养老保险补助/资助缴费通知单，通过街道（乡镇）劳动就业社会保障服务中心（所）发放给社区（行政村）集体或相关组织（个人）。

3）补缴。新型农村社会养老保险或城镇居民社会养老保险制度实施时，距领取年龄不足15年的参保人员，应按规定逐年缴费，并可补缴至满15年；对距领取年龄超过 15 年的参保人员，应按年缴费，累计缴费不少于 15 年。对于没有按规定逐年缴费的，可补缴中断年度的缴费部分，但不享受相应的缴费补贴。

4）个人账户管理。县（区）社会保险经办机构为每位参保人员建立个人账户。个人账户用于记录个人缴费、补助、资助、地方政府补贴、其他补助及利息。参保人员缴纳的养老保险费作为"个人缴费"记入；社区（行政村）集体和其他社会经济组织、公益慈善组织、个人对参保人员缴纳养老保险费的补助或资助作为"补助（资助）"记入；地方各级财政对参保人员的缴费补助，以及对重度残疾人等困难群体代缴的保费以"政府补贴"名义记入。个人账户记录项目应包括个人基本信息、缴费信息、养老金支付信息、个人账户储存额信息、转移接续信息、终止注销信息等。

参保人员可到县（区）社会保险经办机构、街道（乡镇）劳动就业社会保障服务中心（所）打印城乡居民基本养老保险个人账户明细表。社会保险经办机构应当每年至少一次将参保人员个人权益记录单内容告知本人。同时，社会保险经办机构可通过政府网站、手机短信或电子邮件方式将个人账户记账明细、个人权益记录等相关信息提供给参保人员。

(3) 待遇支付程序

1）待遇申请。参保人员从符合待遇领取条件的次月起开始享受城乡居民养老保险待遇。

参保人员携带户口簿、居民身份证原件和复印件等材料，到户口所在地村（居）委会办理待遇领取手续，在城乡居民基本养老保险待遇领取通知表（以下简称"通知表"）上签字、签章或留指纹确认。社区（行政村）劳动保障协理员负责检查参保人员提供的材料是否齐全，并于规定时限内将相关材料一并上报街道（乡镇）劳动就业社会保障服务中心（所）。参保人员也可直接到街道（乡镇）劳动就业社会保障服务中心（所）或县（区）社会保险经办机构办理待遇领取手续。

2）街道（乡镇）审查。街道（乡镇）劳动就业社会保障服务中心（所）按月通过信息系统查询生成下月到达领取待遇年龄参保人员的通知表，交社区（行政村）劳动保障协理员通知参保人员办理领取养老金手续。

街道（乡镇）劳动就业社会保障服务中心（所）重点审核参保人员的年龄、缴费等情况，并将符合待遇领取条件人员的相关材料上报县（区）社会保险经办机构。

3）县（区）社会保险经办机构复核。县（区）社会保险经办机构应对有关材料进行复核,按有关规定进行疑似重复领取待遇数据比对,确认未领取职工基本养老保险待遇及政府规定的离退休费、退职生活费等养老保障待遇后,为参保人员核定城乡居民养老保险待遇,计算养老金领取金额,生成城乡居民基本养老保险待遇核定表;对不符合待遇领取条件的参保人员,县(区)社会保险经办机构应通过街道(乡镇)劳动就业社会保障服务中心(所)和社区(行政村)劳动保障协理员告知其原因。

待遇领取人员对待遇领取标准有异议的,可提出重新核定申请。县(区)社会保险经办机构应对待遇领取标准重新进行核定,并将核定结果书面反馈待遇领取人员,确需调整的,经待遇领取人员签字、签章或留指纹确认后修改信息系统记录,系统保留处理前的记录。

4)发放待遇。城乡居民养老保险待遇实行社会化发放。县(区)社会保险经办机构根据领取城乡居民养老保险待遇、个人账户资金支付等情况,通过信息系统按月生成城乡居民基本养老保险基金支付审批表,送县财政部门申请资金。待县财政部门将城乡居民养老保险基金划转到支出户后,县(区)社会保险经办机构在养老金发放前3个工作日内将发放资金从支出户划拨至金融机构,并将待遇支付明细清单提供给金融机构,金融机构及时将支付金额划入待遇领取人员银行账户,并于3个工作日内,向县(区)社会保险经办机构反馈资金支付情况明细和支付回执凭证。有条件的地区可通过金融机构与城乡居民养老保险信息系统接口实时传输资金支付情况明细。

县(区)社会保险经办机构应对金融机构反馈的资金支付情况明细和支付回执凭证进行核对,无误后,在信息系统中进行支付确认处理,并相应扣减待遇领取人员的个人账户记录额。发放不成功的,县(区)社会保险经办机构应及时会同金融机构查找原因,及时解决,并进行再次发放。

县(区)社会保险经办机构应按月打印城乡居民基本养老保险基金支付汇总表,并与金融机构当月出具的所有支付回执凭证进行核对,确保核对无误。

5)待遇终止。待遇领取人员在领取养老金期间服刑的,县(区)社会保险经办机构停止为其发放养老保险待遇,待服刑期满后,由本人提出待遇领取申请,社会保险经办机构于其服刑期满后的次月为其继续发放养老保险待遇,停发期间的待遇不予补发。

待遇领取人员自死亡次月起停止发放养老保险待遇。社区(行政村)劳动保障协理员应于每月初将上月死亡人员名单通过街道（乡镇）劳动就业社会保障服务中心（所）上报至县（区）社会保险经办机构，县（区）社会保险经办机构对死亡人员进行暂停发放处理，待死亡人员指定受益人或法定继承人办理注销登记手续后，对死亡人员进行养老保险关系注销。

待遇领取人员死亡后被冒领的养老金应按照规定予以追回，追回后，县（区）社会保险经办机构方可为其指定受益人或法定继承人办理个人账户资金余额和丧葬补助金（仅限于探索建立丧葬补助金制度的地区）等支付手续。

县（区）社会保险经办机构每年至少对城乡居民养老保险待遇领取人员进行一次资格认证。没有通过资格认证的，社会保险经办机构对其进行暂停发放处理，待其通过资格认证后，从暂停发放之月起补发并续发养老保险待遇。

7. 城乡养老保险制度衔接程序

由于各方面的原因，同一劳动者在劳动年龄内，可能既参加过城镇职工基本养老保险，又参加过城乡居民基本养老保险。做好城乡养老保险制度衔接，是进一步完善养老保险制度的重要内容，涉及广大城乡居民的切身利益，有利于促进劳动力的合理流动，保障广大城乡参保人员的权益，对于健全和完善城乡统筹的社会保障体系具有重要意义。

办理城镇职工基本养老保险和城乡居民基本养老保险两种制度衔接手续的程序一般如下。

（1）申请

由参保人员本人向待遇领取地社会保险经办机构提出养老保险制度衔接的书面申请。

参加城镇职工养老保险和城乡居民养老保险人员，达到城镇职工养老保险法定退休年龄后，城镇职工养老保险缴费年限满15年，包括按《社会保险法》等法律、法规延长缴费至15年的，可以申请从城乡居民养老保险转入城镇职工养老保险，按照城镇职工养老保险办法计发相应待遇；城镇职工养老保险缴费年限不足15年的，可以申请从城镇职工养老保险转入城乡居民养老保险，待达到城乡居民养老保险规定的领取条件时，按照城乡居民养老保险办法计发相应待遇。

参保人员申请办理城镇职工养老保险和城乡居民养老保险制度衔接手续时，按城镇职工养老保险有关规定确定待遇领取地，并将城镇职工养老保险的养老保险关系归集至待遇领取地，再办理制度衔接手续。

从城乡居民养老保险转入城镇职工养老保险的,在城镇职工养老保险待遇领取地提出申请办理;从城镇职工养老保险转入城乡居民养老保险的,在转入城乡居民养老保险待遇领取地提出申请办理。

(2) 函商

待遇领取地社会保险经办机构受理并审核参保人员书面申请,对符合规定条件的,在15个工作日内,向参保人员原城镇职工养老保险、城乡居民养老保险关系所在地社会保险经办机构发出联系函,并提供相关信息;对不符合规定条件的,向申请人作出说明。已经按照国家规定领取养老保险待遇的人员,不再办理城乡养老保险制度衔接手续。

(3) 划转

参保人员原城镇职工养老保险、城乡居民养老保险关系所在地社会保险经办机构在接到联系函的15个工作日内,完成制度衔接的参保缴费信息传递和基金划转手续。

参保人员从城乡居民养老保险转入城镇职工养老保险的,城乡居民养老保险个人账户全部储存额并入城镇职工养老保险个人账户,城乡居民养老保险缴费年限不合并计算或折算为城镇职工养老保险缴费年限。

参保人员从城镇职工养老保险转入城乡居民养老保险的,城镇职工养老保险个人账户全部储存额并入城乡居民养老保险个人账户,参加城镇职工养老保险的缴费年限合并计算为城乡居民养老保险的缴费年限。

参保人员若在同一年度内同时参加城镇职工养老保险和城乡居民养老保险的,其重复缴费时段(按月计算)只计算城镇职工养老保险缴费年限,并将城乡居民养老保险重复缴费时段相应个人缴费和集体补助退还本人。

(4) 办结

待遇领取地社会保险经办机构收到参保人员原城镇职工养老保险、城乡居民养老保险关系所在地社会保险经办机构转移的资金后,应在15个工作日内办结有关手续,并将情况及时通知申请人。

参保人员不得同时领取城镇职工养老保险和城乡居民养老保险待遇。对于同时领取城镇职工养老保险和城乡居民养老保险待遇的,终止并解除城乡居民养老保险关系,除政府补贴外的个人账户余额退还本人,已领取的城乡居民养老保险基础养老金应予以退还;本人不予退还的,由社会保险经办机构负责从城乡居民养老保个人账户余额或者城镇职工养老保险基本养老金中抵扣。

二、失业保险

1. 概念

失业保险制度是通过立法强制实行，由社会集中建立基金，对非因本人意愿中断就业而失去工资收入的劳动者提供一定时期物质帮助及再就业服务的制度，是社会保障体系的重要组成部分，是社会保险的主要项目之一。

2. 特征

各国失业保险制度都有自己的特点，但通常具有几个共同特征。

（1）普遍性

失业保险是为保障有工资收入的劳动者失业后的基本生活而建立的，其覆盖范围十分广泛。

（2）强制性

制度范围内的用人单位及其劳动者必须按照法律、法规规定参加失业保险，并履行缴费义务。

（3）互济性

收缴的失业保险费在统筹地区统一安排使用，不记入个人账户。

（4）社会化

基金来源多渠道，由用人单位、劳动者和国家分担。

（5）水平适度

失业保险待遇与经济发展水平相适应，保障失业人员的基本生活。

（6）适当积累

在采取现收现付办法的同时，保留一定数量的基金以备应急之用。

（7）专款专用

基金只能用于法律、法规规定的与失业保险有关的支出项目，不得用于其他支出。

3. 失业保险待遇

失业人员失业后享受失业保险待遇，必须同时具备下列三个条件。

（1）失业前用人单位和本人已经缴纳失业保险费满一年

失业人员除了参加失业保险外，其所在单位及其本人还必须按照规定缴纳失业保险费，且累计缴费时间满一年。如果累计缴费时间不满一年，失业后，不能领取失业保险金。

（2）非因本人意愿中断就业

中断就业的原因一般有两种情形：一是非自愿中断就业，即失业人员不愿意中断就业，但因本人无法控制的原因而被迫中断就业；二是自愿中断就业，即失业人员因自愿离职而导致失业。《社会保险法》借鉴国际经验，将自愿离职而失业的人员排除在享受失业保险待遇的范围之外，规定失业者必须是非自愿失业才有权领取失业保险金。

（3）已经进行失业登记，并有求职要求

办理失业登记是失业人员领取失业保险金的必经程序，目的是掌握失业人员的基本情况，确认其资格。失业人员失业后，应持有关材料及时到指定的公共就业服务机构办理失业登记。失业保险金领取期限自办理失业登记之日起计算。失业人员享受失业保险待遇，还须有求职要求。要求领失业保险金的失业人员积极寻找工作，可以使其在得到基本生活保障的同时，获得必要的就业服务，争取尽快实现再就业，从根本上解决失业问题。

失业人员领取失业保险金的期限与其缴纳失业保险费的年限挂钩。《社会保险法》第四十六条规定："失业人员失业前用人单位和本人累计缴费满一年不足五年的，领取失业保险金的期限最长为十二个月；累计缴费满五年不足十年的，领取失业保险金的期限最长为十八个月；累计缴费十年以上的，领取失业保险金的期限最长为二十四个月。重新就业后，再次失业的，缴费时间重新计算，领取失业保险金的期限与前次失业应当领取而尚未领取的失业保险金的期限合并计算，最长不超过二十四个月。"各省、自治区、直辖市在《社会保险法》规定的期限内又做了进一步细化。

《失业保险条例》规定："失业保险金的标准，按照低于当地最低工资标准、高于城市居民最低生活保障标准的水平，由省、自治区、直辖市人民政府确定。"《社会保险法》保留了"高于城市居民最低生活保障标准"，但删除了"低于当地最低工资标准"的限制。

为了进一步发挥失业保险预防失业、稳定就业的功能，2015年以来，国家陆续出台了失业保险支持参保职工提升职业技能、失业保险稳岗返还、阶段性实施失业补助金、阶段性提高价格临时补贴标准等政策，对促进就业和保障参保人员基本生活，发挥了积极的作用。

4. 失业保险业务经办

（1）失业保险费征收程序

1）申报受理。参保单位需填报社会保险费申报表，并提供失业保险费代扣代缴明细表、劳动工资统计月（年）报表及征缴机构规定的其他相关资料。也可与养老保险同步办理。

参保单位人员发生变化时，应按规定及时到征缴机构进行人员变动缴费申报，填报参保单位职工人数增减情况申报表，并提供相关证明和资料，办理缴费申报手续，征缴机构予以受理。

2）缴费核定。征缴机构审核参保单位填报的社会保险费申报表及有关资料，确定单位缴费金额和个人缴费金额。在审核缴费基数时，可根据参保单位性质与其申报基本养老保险、基本医疗保险的缴费基数相对照。审核通过后，形成失业保险缴费核定汇总表，并以此作为征收失业保险费的依据。

3）费用征收。采取委托收款方式的，开具委托收款书，送"收入户存款"开户银行；采取其他方式征收的，以支票或其他方式实施收款。征缴机构依据实际到账情况入账，开具基金专用收款凭证，并及时记录单位和个人缴费情况。

（2）失业保险缴费记录程序

1）建立记录。社会保险经办机构负责建立参保单位及其职工个人基本信息及缴费信息。

参保单位记录的主要内容包括单位编码、单位类型、单位名称、法定代表人或负责人、单位性质、主管部门、所属行业、所属地区、开户银行账号、职工人数、工资总额、参保时间、缴费起始时间、缴费终止时间、单位应缴金额、个人应缴金额、单位实缴金额、个人实缴金额、单位欠费金额、单位欠费时间、个人欠费金额、个人欠费时间等。

个人记录的基本内容包括单位编码、单位类型、单位名称、姓名、性别、出生年月、社会保障号码（或公民身份号码）、民族、户口所在地、用工形式、参加失业保险时间、个人缴费起始时间、缴费终止时间、缴费年限（视同缴费年限、累计缴费年限）、个人应缴金额、个人实缴金额、个人欠费金额、个人欠费时间等。

2）转出记录。参保单位成建制跨统筹地区转移的，转出地社会保险经办机构向转入地经办机构出具参保单位失业保险关系转迁证明，并提供转迁参保单位及其职工个人的相关信息资料。

参保职工个人在职期间跨统筹地区转换工作单位的，转出地社会保险经办机构向转入地社会保险经办机构出具参保人员失业保险关系转迁证明，并提供转迁职工个人相关信息资料。

3）转入记录。社会保险经办机构应及时为转入的参保单位及其职工个人接续失业保险关系。转入地社会保险经办机构根据转入的参保单位的相关信息为该单位及其职工个人建立缴费记录。城镇企业或事业单位成建制跨统筹地区转移的，转入地社会保险经办机构根据转入单位提供的参保单位失业保险关系转迁证明、单位基本信息及缴费信息资料记录转入参保单位及其职工个人的基本信息和缴费情况。

参保职工个人在职期间跨统筹地区转换工作单位的，转入地社会保险经办机构根据转入职工个人提供的参保人员失业保险关系转迁证明、个人基本信息及缴费信息资料，记录转入职工个人的基本信息和缴费情况。

职工由机关事业单位进入企业工作的，从工资发放之月起，所在参保单位应为其申报缴纳失业保险费。社会保险经办机构应按规定为职工个人核定视同缴费年限，建立缴费记录。

4）停保和续保记录。参保人员因出国（境）定居、退休、死亡等原因中断或终止缴费，社会保险经办机构根据变动信息，及时确认个人缴费记录，并将个人缴费记录予以注销或封存。

参保人员中断缴费后又续缴的，社会保险经办机构根据其所在单位提供的参保人员增加信息，并在确认以前其个人缴费记录信息后，继续做好个人缴费记录工作。

(3) 失业保险待遇审核与支付程序

1）失业保险金审核与支付。失业人员失业前所在单位应将失业人员的名单自终止或解除劳动合同之日起7日内报社会保险经办机构备案，并按要求提供有关终止或解除劳动合同、参加失业保险及缴费情况等材料。

失业人员可以到社会保险经办机构按规定办理申领失业保险金手续，也可以通过社会保险经办机构公布的网上办理方式申领失业保险金。

社会保险经办机构自受理失业人员领取失业保险金申请之日起10日内，对申领者的资格进行审核认定。对审核符合领取失业保险金条件的，按规定计算申领者领取失业保险金的数额和期限；对审核不符合领取失业保险金条件的，也应告知失业人员，并说明原因。失业保险金应按月发放。

2）参加基本医疗保险。失业人员在领取失业保险金期间，由参保地社会保险经办机构统一办理基本医疗保险缴费手续。应缴纳的医疗保险费从失业保险基金中支付，个人不缴费。

3）丧葬补助金和抚恤金审核与支付。对失业人员在领取失业保险金期间死亡的，参照当地对在职职工的规定，对其家属发放一次性丧葬补助金和抚恤金。

社会保险经办机构对死亡失业人员的家属提出享受丧葬补助金和抚恤金的申请予以办理，并要求其出示下列相关材料。

①失业人员死亡证明。

②失业人员身份证明。

③与失业人员的关系证明。

④经办机构规定的其他材料。

社会保险经办机构对上述材料审核无误后，按规定确定补助标准，并据此开具补助金和抚恤金单证，一次性计发。

三、工伤保险

1. 概念

工伤保险也称职业伤害保险，是指劳动者在工作中或在规定的某些特殊情况下，因遭受意外伤害或患职业病，暂时或永久丧失劳动能力以及死亡时，劳动者或其近亲属从国家和社会获得物质帮助的一种社会保险制度。

2. 原则

（1）无过失补偿原则

无过失补偿原则是工伤保险应遵循的首要原则。劳动者在工作过程中遭遇工伤事故或患职业病，无论企业或雇主是否有过错，只要不是劳动者本人故意所为，均按法律规定的标准支付劳动者相应的工伤保险待遇。

（2）个人不缴费原则

工伤保险费完全由企业或雇主缴纳，职工个人不缴纳工伤保险费。在用人单位守法缴费的情况下，发生工伤事故后的补偿由工伤保险基金承担。

(3) 补偿直接经济损失原则

劳动者发生工伤后，应给予经济补偿，但这种补偿只是对劳动者直接经济损失的补偿，不包括兼职收入、业余劳动收入等间接的经济损失。

(4) 严格区别工伤和非工伤原则

必须严格区分因工和非因工界限，明确因工伤事故发生的费用由工伤保险基金承担。

(5) 补偿与预防、康复相结合原则

工伤保险最直接的任务是经济补偿，保障伤残职工和近亲属的基本生活，但这不是唯一的任务。同时还要做好事故预防和医疗康复，保障职工安全和健康。这样有利于安全生产和事故防范，减少工伤事故和职业病的发生。

3. 作用

工业化社会离不开工伤保险。工伤保险制度是我国最早立法的社会保险制度，1951年2月26日，我国就颁布了《中华人民共和国劳动保险条例》，建立了工伤保险制度。工伤保险在促进我国经济社会和谐发展中发挥了重要的作用，主要表现在以下几个方面。

(1) 有效保障了工伤职工的合法权益

发生工伤后，职工能及时得到医疗及基本生活待遇、体能康复及生活辅助器具、伤残抚恤、职业康复等经济补偿及物质帮助。

(2) 有效促进了工伤预防和安全生产

工伤保险的实行对促进用人单位改善劳动条件、开展工伤预防、防止事故发生、保护职工身体健康发挥了积极的作用。

(3) 分散了用人单位的工伤风险

通过建立工伤保险制度，以社会统筹的工伤保险基金为工伤职工提供物质帮助和经济补偿，实现地区之间、企业之间的工伤风险分担，避免企业由于发生严重工伤事故而承受巨大损失，有利于企业可持续发展。

4. 工伤认定

工伤认定是社会保险行政部门依据法律的授权，对职工因事故伤害或者患职业病，确认是否属于工伤或者视同工伤的行政行为。根据《工伤保险条例》和《工伤认定办法》的规定，工伤认定工作由统筹地区的社会保险行政部门实施。

（1）申请工伤认定

职工一旦发生事故伤害或者按《中华人民共和国职业病防治法》的规定被诊断、鉴定为职业病，由所在单位在事故发生之日或被诊断、鉴定为职业病之日起30日内，向所在地设区的市社会保险行政部门或者其委托的县（市、区）社会保险行政部门提出工伤认定申请。因职工发生交通事故、失踪、因工外出期间发生事故伤害，以及受其他条件限制暂时不能按规定时限提出工伤认定申请的，经设区的市社会保险行政部门同意，申请时限可以适当延长，但延长的时间不得超过3个月。遇有特殊情况，报请社会保险行政部门同意，申请时限可以适当延长。应当向省级社会保险行政部门提出工伤认定申请的，根据属地原则由用人单位向所在地设区的市级社会保险行政部门提出。用人单位未在规定的时限内提出工伤认定申请的，受伤害职工或者其近亲属、工会组织在事故伤害发生之日或者被诊断、鉴定为职业病之日起一年内，可以直接提出工伤认定申请。

提出工伤认定申请应当填写工伤认定申请表，并提交劳动、聘用合同文本复印件或者与用人单位存在劳动关系（包括事实劳动关系）、人事关系的其他证明材料，以及医疗机构出具的受伤后诊断证明书或者职业病诊断证明书（或者职业病诊断鉴定书）。

职工或者其近亲属、用人单位对不予受理决定不服或者对工伤认定决定不服的，可以依法申请行政复议或者提起行政诉讼。

（2）工伤认定范围

1）职工有下列情形之一的，应当认定为工伤。

①在工作时间和工作场所内，因工作原因受到事故伤害的。

②工作时间前后在工作场所内，从事与工作有关的预备性或者收尾性工作受到事故伤害的。

③在工作时间和工作场所内，因履行工作职责受到暴力等意外伤害的。

④患职业病的。

⑤因工外出期间，由于工作原因受到伤害或者发生事故下落不明的。

⑥在上下班途中，受到非本人主要责任的交通事故或者城市轨道交通、客运轮渡、火车事故伤害的。

⑦法律、行政法规规定应当认定为工伤的其他情形。

2）职工有下列情形之一的，视同工伤。

①在工作时间和工作岗位，突发疾病死亡或者在 48 小时之内经抢救无效死亡的。

②在抢险救灾等维护国家利益、公共利益活动中受到伤害的。

③职工原在军队服役，因战、因公负伤致残，已取得革命伤残军人证，到用人单位后旧伤复发的。有这种情形的，享受除一次性伤残补助金以外的工伤保险待遇。

3）职工有下列情形之一的，不得认定为工伤或者视同工伤。

①故意犯罪的。

②醉酒或者吸毒的。

③自残或者自杀的。

2010 年 12 月修订的《工伤保险条例》将上下班途中的工伤认定范围由原来的机动车事故扩大到机动车、非机动车的交通事故和城市轨道交通、客运轮渡和火车事故伤害，同时，限定上下班途中"非本人主要责任"的交通事故伤害才能认定为工伤，对上下班途中本人承担主要责任的交通事故伤害则不认定为工伤，如职工违章造成事故并对事故发生负主要责任，则该职工的伤害不属于工伤的范围。

依据《社会保险法》规定调整了不得认定工伤的范围，删除了职工因过失犯罪、违反治安管理行为导致事故伤害不得认定为工伤的规定，增加了职工因吸毒导致事故伤害不得认定为工伤的规定。

5. 劳动能力鉴定

工伤保险制度规定的劳动能力鉴定，是劳动能力鉴定委员会根据《职工工伤与职业病致残等级》国家标准，对工伤职工的劳动功能障碍程度和生活自理障碍程度的一种综合评定制度。劳动能力鉴定结论是工伤职工享受工伤保险待遇的依据。

劳动能力鉴定由劳动能力鉴定委员会组织专家，依据劳动能力鉴定标准，对工伤职工劳动功能障碍程度和生活自理障碍程度进行鉴定。

职工发生工伤，经治疗伤情相对稳定后存在残疾、影响劳动能力的，或者停工留薪期满（含劳动能力鉴定委员会确认的延长期限），工伤职工或者其用人单位应当及时向设区的市级劳动能力鉴定委员会提出劳动能力鉴定申请。申请劳动能力鉴定应当填写劳动能力鉴定申请表，并提交下列材料。

（1）《工伤认定决定书》原件和复印件。

（2）有效的诊断证明、按照医疗机构病历管理有关规定复印或者复制的检查、检验报告等完整病历材料。

(3) 工伤职工的居民身份证或者社会保障卡等其他有效身份证明原件和复印件。

(4) 劳动能力鉴定委员会规定的其他材料。

劳动功能障碍分为十个伤残等级，最重的为一级，最轻的为十级。生活自理障碍分为三个等级：生活完全不能自理、生活大部分不能自理和生活部分不能自理。

工伤职工或者其用人单位对初次鉴定结论不服的，可以在收到该鉴定结论之日起15日内向省、自治区、直辖市劳动能力鉴定委员会申请再次鉴定。省、自治区、直辖市劳动能力鉴定委员会作出的劳动能力鉴定结论为最终结论。自劳动能力鉴定结论作出之日起一年后，工伤职工、用人单位或者社会保险经办机构认为伤残情况发生变化的，可以向设区的市级劳动能力鉴定委员会申请劳动能力复查鉴定。对复查鉴定结论不服的，可以向省、自治区、直辖市劳动能力鉴定委员会申请再次鉴定。

工伤职工本人因身体等原因无法提出劳动能力初次鉴定、复查鉴定、再次鉴定申请的，可由其近亲属代为提出。

6. 待遇标准

工伤保险待遇是指职工受到事故伤害或者患职业病后，获得医疗救治和经济补偿的一种保障。经工伤认定的工伤职工，享受工伤保险待遇。

工伤保险待遇项目主要包括工伤医疗待遇、辅助器具配置待遇、伤残待遇、工亡待遇等。

(1) 工伤医疗待遇。工伤医待遇是指工伤职工进行治疗所享受的医疗待遇，是工伤职工的一项基本待遇，主要包括以下四项。

1) 治疗工伤所需的挂号费、医疗康复费、药费、住院费等费用，如符合工伤保险诊疗项目目录、工伤保险药品目录、工伤保险住院服务标准，从工伤保险基金中支付。

2) 工伤职工治疗工伤需要住院的，从工伤保险基金中支付一定标准的住院伙食补助费。

3) 到统筹地区以外就医的，从工伤保险基金中支付交通食宿费。

4) 工伤职工需要停止工作接受治疗的，享受由用人单位支付的工资福利。

(2) 辅助器具配置待遇。工伤职工因日常生活或者就业需要，经劳动能力鉴定委员会确认，可以安装假肢、矫形器、假眼、假牙和配置轮椅等辅助器具，所需费用按照国家规定的标准从工伤保险基金中支付。

(3) 伤残待遇。工伤职工伤残待遇标准按照伤残鉴定等级（一至十级）的不同而有所区别。

伤残等级一至四级：保留劳动关系，退出工作岗位。除享受一次性伤残补助金外，还享受从工伤保险基金按月支付的伤残津贴。

伤残等级五至六级：保留与用人单位的劳动关系，由用人单位安排适当工作。除享受一次性伤残补助金外，对于难以安排工作的，由用人单位按月发给伤残津贴，并由用人单位按照规定为其缴纳应缴纳的各项社会保险费。

伤残等级七至十级：享受一次性伤残补助金。

(4) 工亡待遇。职工因工死亡，其近亲属按照国家规定，从工伤保险基金领取丧葬补助金、供养亲属抚恤金和一次性工亡补助金。补助金标准由统筹地区根据本地区职工平均工资和生活费用变化等情况适时进行调整。

7. 工伤保险业务经办

(1) 工伤保险费征缴程序

1) 申报受理。参保单位填报工伤保险缴费申报核定表，并提供以下资料：劳动工资统计月（年）报表、工资发放明细表、参加工伤保险人员增减明细表等。也可与养老保险同步办理。

2) 缴费核定。征缴机构审核参保单位填报的缴费申报核定表格及有关资料。审核通过后，办理参保人员核定或增减手续。

社会保险经办机构根据缴费申报和核定情况，为新增参保人员及时记录参保信息。

征缴机构依据统筹地区分类行业基准费率的具体标准，确定参保单位的初次缴费费率，以后根据用人单位工伤保险费使用、工伤发生率、职业病危害程度等因素，确定参保单位年度缴费费率。

社会保险经办机构根据核定的参保单位当期缴费基数、缴费费率计算应缴数额，并将核定的工伤保险缴费申报核定表反馈申报单位。

3) 费用征收。税务机关收款后，每月在规定时间内向社会保险经办机构反馈到账信息，传送工伤保险费实缴清单及相关收款凭证，社会保险经办机构财务管理部门做入账处理。

(2) 工伤保险待遇审核程序

1) 待遇资格审核与验证。申请工伤保险待遇人应填写工伤保险待遇申领表，并提供以下证件和资料：居民身份证或户口簿、工伤认定结论、工亡职工供养亲属身份及供养关系公证材料等，以及省、自治区、直辖市社会保险经办机构规定的其他资料。

审核通过后，社会保险经办机构待遇审核部门在工伤保险待遇申领表上填写审核意见，并及时记录有关信息，形成享受工伤保险待遇人员信息库，将审核意见告知申请人。

2）医疗（康复）待遇审核。工伤职工在门诊、急诊及外埠就医发生的医疗费用，工伤认定前的医疗费用由参保单位或个人垫付，待接到工伤认定决定书后，到社会保险经办机构按规定办理审核手续。申请医疗（康复）待遇应填写工伤职工医疗（康复）费用核定表，并提供以下资料：已通过资格核定的工伤保险待遇申领表，工伤职工的医疗（康复）票据、费用清单，医疗诊断证明书，经同意的工伤职工转诊转院申请表，省、自治区、直辖市社会保险经办机构规定的其他资料。

3）辅助器具费用审核。申请安装、配置（更换）辅助器具时，应提供以下资料：已通过资格核定的工伤保险待遇申领表，劳动能力鉴定结论，经同意的工伤职工辅助器具配置申请表，省、自治区、直辖市社会保险经办机构规定的其他资料。

社会保险经办机构待遇审核部门按规定标准计算申请人的辅助器具安装、配置（更换）金额，在工伤保险待遇申领表上填写审核意见和核定金额，并及时记录有关信息，转社会保险经办机构待遇支付部门，将核定结果告知申请人。

4）伤残待遇审核。社会保险经办机构待遇审核部门受理工伤职工伤残待遇申请，并审核以下资料：已通过资格核定的工伤保险待遇申领表，劳动能力鉴定结论，省、自治区、直辖市社会保险经办机构规定的其他资料。

审核通过后，社会保险经办机构待遇审核部门按照规定计算工伤职工的一次性伤残补助金、伤残津贴和生活护理费数额，在工伤保险待遇申领表上填写审核意见和核定金额，并及时记录有关信息，转社会保险经办机构待遇支付部门，将核定结果告知申请人。

5）工亡待遇审核。职工因工死亡，社会保险经办机构待遇审核部门受理工亡待遇申请，并审核以下资料：工伤认定结论，死亡证明，省、自治区、直辖市社会保险经办机构规定的其他资料。

社会保险经办机构待遇审核部门按规定计算工亡职工的一次性工亡补助金、丧葬补助金，计算每一位供养亲属享受的抚恤金数额，在工伤保险待遇申领表上填写审核意见和核定金额,并及时记录有关信息,转社会保险经办机构待遇支付部门,同时发给供养亲属资格证明,将核定结果告知申请人。

6)待遇调整审核。工伤职工达到退休年龄、被收监执行、死亡的,供养亲属丧失或暂时丧失供养条件的,用人单位、工伤职工或其供养亲属应及时向社会保险经办机构报告并提供相应证明,社会保险经办机构待遇审核部门应及时核对相关信息,停止其工伤保险待遇。

工伤职工劳动能力鉴定结论发生变化或服刑完毕的,应重新填写工伤保险待遇申领表并提交劳动能力鉴定结论或服刑完毕证明。劳动能力鉴定结论发生变化的,在工伤保险待遇申领表备注栏写明原劳动能力鉴定结论变更时间、原鉴定结论及鉴定时间;服刑完毕的,在工伤保险待遇申领表备注栏写明收监日期、服刑完毕日期。

社会保险经办机构待遇审核部门应根据用人单位、工伤职工或其供养亲属提供的材料,核对相关信息,调整或恢复其工伤保险待遇。

(3)工伤保险待遇支付程序

社会保险经办机构待遇支付部门依据待遇审核部门提供的信息支付费用。伤残津贴、生活护理费从完成劳动能力鉴定的次月开始计发,供养亲属抚恤金从工伤职工死亡的次月开始计发。社会保险经办机构待遇支付部门依据待遇审核部门核定的结果支付参保单位垫付的费用和协议医疗(康复)机构的医疗(康复)费。

社会保险经办机构待遇支付部门依据待遇审核部门核定的相关项目、金额,及时支付给工伤职工或工亡职工供养亲属。

社会保险经办机构待遇支付部门依据待遇审核部门核定的相关项目、金额,及时支付给有关协议医疗(康复)机构或辅助器具配置机构。

四、医疗保险

1. 概念

医疗保险是参保人因病需要治疗时,根据法律规定从国家或社会获得医疗服务,对因病造成的经济损失及医疗费用给予适当补偿,以恢复和保障参保人身体健康的一种社会保险制度。

2. 特征

(1)待遇支付形式为非定额费用补偿

医疗保险是一种医疗费用补偿机制，这种费用补偿待遇与缴费多少无关，与医疗费用直接相关，即患者获得的费用补偿不是取决于其缴过多少医疗保险费，而是取决于病情、疾病发生的频率及实际需要。不同于养老保险、失业保险实行标准的定额支付，而是依据每个患者疾病的实际情况确定的。

（2）补偿期短但受益时间长

由于疾病发生具有随机性，因此，医疗保险提供的补偿具有不确定性，一次疾病的时间通常不会太长，每次补偿期较短。人的一生中难免生病，医疗保险自参加保险之日起将伴随参保人一生，是受益时间最长的社会保障项目。

（3）涉及关系复杂

医疗保险涉及政府、用人单位、医疗机构、社会保险经办机构、医药机构和患者个人等多方之间复杂的权利义务关系。医疗保险制度的有效性不仅取决于其本身的科学性、合理性，同时，与公共卫生资源的合理配置、医疗卫生体制、医药流通体制等紧密相连。

（4）待遇支出的不确定性

由于医疗关系十分复杂，患病时每个人的实际医疗费用无法事先确定，支出多少不仅取决于疾病的实际情况，医疗处置手段、医疗服务提供者的行为甚至可能的道德风险等都会对医疗费用产生影响，因此，医疗保险待遇的支出具有很大的不确定性。

3. 待遇享受条件及费用支付方式

（1）基本医疗保险待遇的享受条件

1）享受职工基本医疗保险待遇的条件：一是应属于基本医疗保险覆盖范围内的用人单位及其职工；二是该用人单位及其职工应按规定缴纳了医疗保险费。用人单位及其职工按照规定缴纳医疗保险费的，职工可以享受基本医疗保险待遇；未缴纳医疗保险费的，职工不能享受基本医疗保险待遇。应当缴纳而未缴纳医疗保险费的用人单位及其职工，在足额补缴医疗保险费后，职工方可继续享受基本医疗保险待遇（补缴费期间发生的医疗费不补结算）。用人单位及其职工缴纳医疗保险费达到当地规定的年限（含视同缴费年限），职工退休后可以享受基本医疗保险待遇。

2）享受城乡居民基本医疗保险待遇的条件：除享受职工基本医疗保险待遇的人员外，其他公民都可以参加城乡居民基本医疗保险。按照规定缴纳医疗保险费的，可以享受基本医疗保险待遇；未缴纳医疗保险费的，不能享受基本医疗保待遇。

（2）基本医疗保险费用的支付方式

国家倡导实行多元复合式医保支付方式，重点推行按病种付费，稳步开展按疾病诊断相关分组（DRGs）付费试点，完善按人头付费、按床日付费等支付方式。

1）按服务项目付费。按服务项目付费是医疗保险最传统、应用最广泛的支付方式，指医疗保险经办机构根据医院上报的医疗服务项目和服务质量向医院支付费用，属于事后付费。在具体操作上，可以先由医院付费后再与医疗保险经办机构结算，也可以先由患者垫付后再由医疗保险经办机构报销部分或全部费用。按服务项目付费意味着付费风险全部由医疗保险承担。这种付费方式具有操作灵活、适用范围广等优点，但医院有可能提供过度服务甚至存在虚报费用的动机，监管困难很大。

2）按人头付费。按人头付费实际上就是一定时期、一定人数的医疗费用包干制，是指医疗保险经办机构按合同规定的时间（如一年），根据接受医疗服务的患者人数和规定的收费标准，预先支付医疗服务费用的支付方式。在此期间，医院负责提供合同范围内的一切医疗服务，不再另行收费。这种支付方式有利于控制医疗费用和卫生资源，但有可能导致医院减少服务项目或降低服务质量。

3）总额预算制。总额预算制是指医疗保险经办机构通过对服务地区的人口密度、人口死亡率、医院规模、服务数量和质量、设备设施等因素进行综合考查和测算后，按照与医院协商确定的年度预算总额支付医疗费用的方式。其特点是医院必须为前来就诊的参保人提供合同规定的服务，自负盈亏，也称为总额预算包干制。国家从2011年开始推行总额预算制方式。

4）按病种付费。按病种付费是指患者从入院就诊，按病种治疗管理流程接受规范化诊疗，最终达到临床疗效标准出院，整个过程中发生的诊断、治疗、手术、麻醉、护理、床位、药品及医用耗材均不再单独计费。这种收付费方式就是把各项费用"打包"为病种收费标准，医院按照定额标准收费，患者和医疗保险基金按此标准和有关规定向医院付费。若实际费用高于病种费用标准，高出部分则由医院承担。其优点是可以避免医疗单位滥用医疗服务项目、重复项目和分解项目，防止医院小病大治，激发医院控制成本的动力，同时在明确临床路径的前提下，也能保证医疗服务质量；可以有效控制医疗费用的不合理上涨，有利于参保患者和医疗保险经办机构有效控制和节约费用；可以鼓励医疗机构加强医疗质量管理，提高诊疗水平，促进医学进步，促进医院建立健全成本核算体系，降低经营成本。缺点是难以确定支付标准。

现在推行的按病种付费指的是单病种付费,只能覆盖有限病种,是对住院费用支付方式的一个过渡。当今世界公认的比较先进的支付方式之一是"按疾病诊断相关分组(DRGs)"付费,这种支付方式将同质的疾病、治疗方法和资源消耗(成本)相近的住院病例分在同一组,确定好每一个组的打包价格,制定医疗保险支付标准。

以 DRGs 为基础的按病种付费方式和以点数法为代表的区域性医疗保险基金总额控制是我国医疗保险支付改革的方向。

4. 经办程序

医疗保险定点医药机构实行协议管理。定点医疗机构分为省、市、县、街道(乡镇)、社区(村卫生服务站)五级,各统筹地区医疗保险经办机构分别确定、管理本统筹地区定点医疗机构。通过签订服务协议,明确医疗保险经办机构与定点医药机构双方的职责、权利和义务,协议期限由医疗保险经办机构和医药机构协商确定,原则上每年一签,期限为一年。

医疗保险经办机构依据服务协议,明确定点医药机构考核标准和办法,采取日常监管和年终考核相结合的方式,通过重点抽查、专项检查、病历审核、落实群众举报、随机检查等方式,充分利用智能监控系统,强化重点信息监控,逐步建立以规范医药行为、保证服务质量为核心的监管体系。

(1)职工基本医疗保险经办

1)医疗保险费征缴程序。根据上年度基本医疗保险缴费情况,以及统筹基金和个人账户的支出情况,拟订本年度的基本医疗保险费征集计划。

依据核定的基本医疗保险费数额,开具委托收款及其他结算凭证,通过基本医疗保险基金收入户征集基本医疗保险费。

及时整理汇总基本医疗保险费收缴情况,对已办理申报手续但未及时、足额缴纳基本医疗保险费的单位(或个人),征缴机构应及时向其发出社会保险费催缴通知书;对拒不执行者,将有关情况及时上报行政主管部门,并下达《限期改正指令书》;逾期不缴纳者,除责令其补缴欠缴数额外,按《社会保险法》的有关规定处理。

2)缴费权益记录程序。根据缴费单位和个人的基础档案资料及时建立基础档案库及个人账户。

根据费用征集环节提供的数据，对单位和个人的缴费情况进行记录，及时建立并记录个人账户。个人缴纳的保险费记入个人账户，单位缴纳的保险费按规定分别记入个人账户和统筹基金。

向缴费单位和个人提供缴费情况及个人账户记录情况的查询服务。对缴费记录中出现的差错，同相关业务管理环节核实后予以纠正。

缴费年度初应向社会公布上一年度参保单位的缴费情况；每年至少向缴费单位或个人发送一次个人账户通知单，内容包括个人账户划入、支出及结存等情况；每半年应向社会公布一次保险费征收情况和统筹基金支出情况，接受社会监督。

3）医疗保险待遇审核程序。医疗保险经办机构按照有关规定确定定点医疗机构和定点零售药店，并与之签订服务协议，发放定点标牌。

向参保人员发放社会保障卡，同时，将相关信息及时提供给定点医疗机构和定点零售药店。

指导参保人员合理选择定点医疗机构。定点医疗机构数量较少的市、县区，可以不再选择定点医疗机构。

及时掌握参保人员的缴费情况及医疗保险费用支出的相关信息。对欠缴基本医疗保险费的单位（或个人），从次月起暂停由社会统筹基金向参保人员支付待遇。

接受定点医疗机构、定点零售药店的费用申报，接受参保人员因急诊、经批准的转诊转院等特殊情况而发生的费用申报，按有关规定进行审核。核准后向待遇支付环节传送核准通知，对未被核准者发送拒付通知。

4）医疗保险费用支付程序。确认缴费单位或个人享受基本医疗保险待遇的资料，编制人员名册与台账。研究确定基本医疗保险待遇的支付方式以及与定点医疗机构、定点零售药店的结算方式和结算时间。

按协议规定的时间与定点医疗机构、定点零售药店进行结算，及时拨付结算款。根据有关规定，核退个人垫付的应由基本医疗保险统筹基金支付的款项。

为跨统筹地区流动的参保人员转移个人账户余额，向参保人员继承人支付个人账户结余款。

（2）城乡居民基本医疗保险经办

城乡居民基本医疗保险业务经办主要包括基层服务平台登记备案、参保登记、费用筹集、中央和省财政补助资金的申请、医疗服务管理、保障待遇及费用结算、基金财务管理、统计分析、稽核内控、档案管理、信息系统管理等主要内容和业务环节。

1) 参保登记程序

①参保范围。城乡居民基本医疗保险参保对象是指统筹区域内不属于职工基本医疗保险覆盖范围的人员，具体如下。

a. 农村居民。

b. 城镇非从业居民。

c. 各类全日制普通高等学校、科研院所中接受普通高等学历教育的全日制本专科生、全日制研究生，以及职业高中、中专、技校学生（统称"大中专学生"）。

d. 国家和当地政府规定的其他人员。

②申请。城乡居民原则上以家庭为单位参保缴费，大中专学生一般以学校为单位参保缴费。

a. 符合条件的城乡居民可持本人身份证及复印件、户口簿、近期免冠照片到户籍所在乡、镇、街道、社区劳动就业社会保障服务机构以家庭（个人）为单位办理参保登记和缴费手续。

b. 全日制在校学生（含中小学、中等职业学校包括技工学校）的参保，由学校提供其学籍、户籍证明、照片，统一到所在县（区）医疗保险经办机构办理参保登记和缴费手续。

c. 城镇低保人员、丧失劳动能力的重度残疾人员和低收入家庭 60 周岁以上人员须提供民政部门或残联颁发的低保证、城市居民最低生活保障金领取证、残疾证及其他证明材料，经基层劳动就业社会保障公共服务机构审核确认后，办理登记参保手续。

经办人员审验原件，留存复印件。

③审查。经办人员对居民填报的有关表格和证件、资料，在规定期限内审核完毕。通过审核的，将参保人员信息录入信息管理系统，并留存相关档案资料；未通过审核的，应向申请人说明原因。

④变更登记。当参保人姓名、性别、民族、身份证号码、银行账号（社保卡号）、特殊参保类型、居住地址、联系电话、户籍所在地址等发生变化时，参保人员应提出信息变更申请。经办人员对与参保人身份证及变更信息相对应的证明材料进行审核，无误后，将需要变更的信息录入信息管理系统。

⑤社会保障卡发放。社会保障卡和使用手册由统筹地区人力资源社会保障部门

统一制作，基层平台对首次参保的城乡居民核发社会保障卡和使用手册，建立社会保障卡领取登记制度。参保居民遗失社会保障卡的，本人要及时向发卡银行挂失，而后凭相关身份证明，到制卡单位补办新卡，再到参保地医保经办机构变更卡号。

⑥统计分析。开展常规统计和专项统计调查等工作，按规定上报统计信息，及时准确地提供统计信息服务。按照上级要求，及时、完整、准确地编制上报各项统计报表和其他各类报表。

⑦档案管理。配备档案工作人员，设置与档案存放量相适应的档案室。建立各种文件材料归档，以及档案保管、保密、登记统计、查阅利用、鉴定销毁等规章制度，配备适应档案现代化管理要求的技术设备。

2）费用筹集程序

①费用筹集方式。城乡居民基本医疗保险费实行个人缴费和政府补贴相结合的筹集政策。鼓励集体、单位或其他社会经济组织对个人缴费给予扶持或资助。

②筹资水平。根据当地的经济发展水平以及成年人和未成年人等不同人群的基本医疗消费需求，并考虑当地居民家庭和财政的负担能力，恰当确定筹资水平；探索建立与筹资水平、缴费年限和待遇水平相挂钩的机制。经办机构按照政策规定，及时向社会公告缴费标准，并定期与税务部门核对基金收入。

③缴费时间。城乡居民医保费每年缴纳一次，当年缴费次年享受城乡居民医保待遇。医保经办机构应按时完成缴费信息统计、分类及缴费资金核对工作，并及时将政府给予补贴的参保人员的人数、人员类别和补贴费用上报至相关部门。

④申请中央和省财政补助资金。城乡居民基本医疗保险中央和省财政补助资金由地方各级财政部门和医疗保障部门负责申请，具体工作由各级医疗保险经办机构办理。医疗保险经办机构按照申请各级财政补助的程序和时间等要求提供各种申请材料，包括各种数据及数据的佐证材料，并保证其真实、及时、准确。

3）医疗待遇支付程序。城乡居民就医执行统筹地区公布的基本医疗保险药品目录、诊疗项目目录和医疗服务设施范围及支付标准（简称"三个目录"）。

①待遇分类。城乡居民医保待遇主要包括普通门诊医疗待遇、门诊慢性病医疗待遇、住院医疗待遇等。

普通门诊医疗待遇。统筹地按照当地人均缴费额的一定比例，建立门诊统筹基金，主要用于参保居民在基层定点医疗机构发生的普通门诊医疗费用。暂不具备建立门诊统筹制度条件的，可仍采取家庭账户（个人账户）方式支付普通门诊医疗费用，逐步过渡到门诊统筹。

门诊慢性病医疗待遇。参保居民患特殊慢性病需治疗的，如恶性肿瘤放化疗、尿毒症透析治疗等，可申请享受门诊慢性病医疗待遇，经医疗保险经办机构组织医疗专家评审，达到享受标准的，从认定为门诊特殊慢性病之日起享受门诊特殊慢性病待遇。门诊慢性病种类和待遇水平，由统筹地区根据基金支付能力合理确定，向社会公布。

住院医疗待遇。参保居民在定点医疗机构发生的政策范围内的住院医疗费用，起付标准以下由个人支付；起付标准以上由住院统筹基金按比例支付，额度不超过住院统筹基金年度最高限额。

②就诊。不实行待遇等待期人员的地区，参保人员缴费的次月起即可享受城乡居民基本医疗保险待遇；实行待遇等待期人员的地区，参保人员待遇等待期（如六个月）期满后开始享受待遇。

参保居民患病应持本人社会保障卡在定点医疗机构就诊，如需住院治疗时，须持该医疗机构的入院通知书、本人社会保障卡，经定点医疗机构医保办审核后住院治疗。定点医疗机构治疗有困难的，可以转往上一级定点医疗机构继续治疗。因病情需要转往外地定点医疗机构时，必须办理转诊转院审批手续。需要长期治疗的门诊大病，可在自己选择的定点医疗机构治疗。

③结算。参保居民在定点医疗机构就医发生的医疗费用，属于城乡居民医疗保险基金支付的，定点医疗机构先行垫付，再由医疗保险经办机构按规定定期与定点医疗机构结算；应由个人支付的医疗费用，由本人与定点医疗机构结清。暂不具备即时结算条件的，医疗费用由本人先行垫付，出院后到参保地医疗保险经办机构按规定报销。经同意在非定点医疗机构发生的住院费用，出院时由个人全额垫付，凭有效发票、诊断证明、出院小结、医疗收费清单、医院等级证明等相关证明到社会保险经办机构按规定报销。

④异地就医。参保人员在异地就医即时结算定点医疗机构住院的，其医疗费用可通过异地就医平台即时结算；在非即时结算定点医疗机构住院的，医疗费用由个人垫付，随后持相关资料到参保地医疗保险经办机构按规定报销。

五、生育保险

1. 概念

生育保险是通过国家立法,在劳动者因生育子女而暂时中断劳动时,由国家和社会及时给予物质帮助的一项社会保险制度。

2. 特征

(1) 享受对象主要是女职工。

(2) 职工个人不缴费,生育保险费完全由单位缴纳。《企业职工生育保险试行办法》规定,生育保险按照"以支定收、收支基本平衡"的原则筹集资金。参加生育保险的用人单位,按照规定的比例缴纳生育保险费,职工个人不缴费。具体筹资比例由当地人民政府确定,但最高不得超过职工工资总额的1%。

(3) 提供的医疗服务一般不包括提供特殊治疗。

(4) 享受期限既包括产前,也包括产后。

(5) 补偿与保障相结合,其待遇水平一般比其他社会保险项目高。

3. 作用

(1) 有利于促进公平就业

受经济状况、就业观念、社会习俗及劳动者体能、生理等因素的影响,女性就业机会要少于男性。通过实施生育保险制度,有利于均衡用人单位之间的负担,减轻用人单位招用女职工的成本,将女职工生育负担由用人单位转化为全社会共同承担,解除女职工怀孕、生育等特殊困难时期的后顾之忧,对促进女性就业具有积极意义。

(2) 有利于保障女职工身体健康

通过向生育职工提供生育津贴、支付医疗费用等,有效地降低了女职工生育期间的风险,保障了女职工生育期间基本经济收入和医疗保健,有利于帮助生育女职工恢复劳动能力,重返工作岗位,并使婴儿得到必要的照顾和哺育。

(3) 有利于提高人口素质

实施生育保险制度,能够保障孕产妇,特别是低收入孕产妇产前检查,降低分娩危险和非正常死亡,切实保护女职工身体健康和婴幼儿健康安全,提高人口质量。

4. 待遇标准

生育保险待遇支付的项目主要包括生育医疗费用和生育津贴。

生育医疗费用主要包括生育女职工的检查费、接生费、手术费、住院费、药费等医疗费用。计划生育的医疗费用是指女职工放置（取出）子宫内节育器、人工流产术、引产术、绝育及复通手术所发生的医疗费用。

生育津贴是女职工产假期间的工资性补偿。《社会保险法》规定，女职工生育享受产假、享受计划生育手术休假的，可以按照国家规定享受生育津贴。生育津贴按照职工所在用人单位上一年度职工月平均工资计发。

此外，《社会保险法》规定，职工未就业配偶按照国家规定享受生育医疗费用待遇，所需资金从生育保险基金中支付。对参加城乡居民基本医疗保险的未就业女职工，各地的普遍做法是，其生育医疗费用可以按照规定从城乡居民基本医疗保险基金中支付。

5. 生育保险和职工基本医疗保险合并实施

全面放开二孩政策后，各地生育保险基金普遍收不抵支。为了提高基金抗风险能力，部分地区开展了生育保险与城镇职工基本医疗保险、城乡居民基本医疗保险合并实施试点工作。2019年3月，国务院办公厅印发《关于全面推进生育保险和职工基本医疗保险合并实施的意见》，全面推进生育保险和职工基本医疗保险合并实施工作，要求各省、自治区、直辖市2019年年底前实现两项保险合并实施。

两项保险合并实施，遵循保留险种、保障待遇、统一管理、降低成本的总体思路，主要政策：一是统一参保登记。参加职工基本医疗保险的在职职工同步参加生育保险。完善参保范围，结合全民参保登记计划摸清底数，促进实现应保尽保。二是统一基金征缴和管理。生育保险基金并入职工基本医疗保险基金，统一征缴，统筹层次一致。按照用人单位参加生育保险和职工基本医疗保险的缴费比例之和确定新的单位费率，个人不缴纳生育保险费。根据职工基本医疗保险基金支出情况和生育待遇的需求，按照收支平衡的原则，建立费率确定和调整机制。三是统一医疗服务管理。两项保险合并实施后实行统一定点医疗服务管理，执行基本医疗保险、工伤保险、生育保险药品目录以及基本医疗保险诊疗项目和医疗服务设施范围。将生育医疗费用纳入医保支付方式改革范围，推动住院分娩等医疗费用按病种、产前检查按人头等方式付费。生育医疗费用原则上实行医疗保险经办机构与定点医疗机构直接结算。促进生育医疗服务行为规范，强化监控和审核。四是统一经办和信息服务。两项保险合并实施后，经办管理统一由基本医疗保险经办机构负责，实行信息系统一体化运行。五是确保职工生育期间生育保险待遇不变。参保人员生育医疗费用、生育津贴等各项生育保险待遇按现行法律法规执行，所需资金从职工基本医疗保险基金中支付。生育津贴支付期限按照《女职工劳动保护特别规定》等法律法规规定的产假期限执行。六是确保制度可持续。各地要通过整合两项保险基金增强基金统筹共济能力，增强风险防范意识和制度保障能力，从保障基本权益做起，合理引导预期，完善生育保险监测指标，根据生育保险支出需求建立费率动态调整机制。

第五部分

退休人员社会化管理服务

第1节　退休人员社会化管理服务概述

一、退休人员社会化管理服务的概念

退休人员社会化管理服务属于社会保障社会化管理服务的范畴。社会保障社会化管理服务是指社会保险经办机构和社会服务机构对参加社会保险的单位和个人，提供从社会保险登记、申报、缴费，到个人账户的管理、查询、结算，以及社会保险待遇的发放和对人员的管理等一系列管理和服务工作。其主要内容是：社会保障事务由社会保险经办机构和其他社会服务机构管理；养老、失业、工伤、生育保险待遇由社会保险经办机构或其委托的银行、邮局等机构发放，医疗保险待遇由社会保险经办机构与定点医疗机构等单位结算；社会保障对象中的退休人员由社区等基层服务组织统一管理。

企业退休人员社会化管理服务是指职工办理退休手续后，其管理服务工作与原企业相分离，养老金实行社会化发放，人员移交城市街道（乡镇）和社区等基层组织实行属地管理，人事档案移交退休人员社会化管理服务机构集中管理，由社区等基层服务组织提供相应的管理服务。

二、退休人员社会化管理服务的意义

企业退休人员实行社会化管理服务具有十分重要的意义，主要体现在以下几个方面。

1. 退休人员社会化管理服务是进一步保障企业退休人员晚年生活和提高生活质量的重要举措

随着经济社会发展、医疗卫生条件改善、科学文明程度提高，人口出生率和死亡率同时下降、平均预期寿命不断延长，使我国人口年龄结构已进入了老龄化阶段。目前，我国人口平均预期寿命不仅大大超过发展中国家的水平，而且比一些发达国家还高。

虽然人口老龄化是一个世界性的问题，但我国老龄化问题更加突出，解决起来难度更大。主要体现在以下几点。

一是规模大。中国是世界上人口最多的国家，老龄人口的绝对数量也是世界上最多的，是世界上唯一 60 岁以上人口超过 1 亿的国家。

二是速度快。由于我国人口基数大和相当长一段时间实行计划生育政策，人口老龄化的速度比任何国家都要快，而且高峰期持续时间长。

三是底子薄。我国工业化还没有完成，人口老龄化就提前到来，经济实力制约着老龄问题的解决。

四是负担重。我国养老保险制度模式是通过代际转移的方式解决养老问题，即一代人要负担两代人的养老责任。

广大企业退休人员为国家的建设和发展辛劳了大半生，应当享有幸福、安定的晚年生活。实行养老金社会化发放后，企业退休人员晚年生活有了经济保障，在这个基础上，通过积极推进社会化管理服务，可以更好地实现退休人员的老有所养、老有所医、老有所教、老有所学、老有所为、老有所乐，使他们的晚年生活质量得到保证。

2. 退休人员社会化管理服务是完善社会保障体系的重要内容

社会主义市场经济体制迫切要求建立与之相适应的独立于企业、事业单位之外的社会保障体系。完善的社会保障体系，应具有以下几大功能。

（1）只要求用人单位履行为其职工办理参加社会保险手续、依法缴纳社会保险费等相关义务，而不应再要求其承担对社会保险对象的日常管理服务工作，这些工作转为由政府指定的专门机构整合社会资源来完成。

（2）要保障职工在工作期间实现跨地区、跨行业、跨所有制的自由流动，在办理退休手续后，可以实现从"单位人"向"社会人"的身份转换。

（3）要面向企业退休人员提供养老、医疗保健、文体娱乐、精神慰藉等全方位的服务。

3. 退休人员社会化管理服务是经济社会发展的客观要求

随着社会的不断进步，如何尽快解决企业办社会、增强企业活力和竞争力等问题，迫在眉睫。同时，随着我国国有企业改革深化，大批企业退休人员失去了原单位的依托，必须通过建立和完善社会化管理服务体系为他们提供相关服务，企业退休人员实行社会化管理服务是必然趋势。另外，很多退休人员的子女不能陪在父母身边照料，即所谓"空巢老人"，他们过着"出门一把锁，进门一盏灯"的寂寞生活，迫切需要"三大保障"，即经济供养保障、医疗费用保障和生活照料保障，迫切希望社区组织给他们更多的关心和照顾。

4. 退休人员社会化管理服务是构建社会主义和谐社会的重要方面

在我国，几千年来形成的"尊老"习俗已成为判断一个家庭是否文明、温馨、和睦、值得尊重的重要组成部分。在构建和谐社会的过程中，全社会各个层面都应时刻关注老年人，让他们轻松快乐地守望晚年幸福生活。我国企业退休人员是社会的重要群体，将他们的日常管理服务工作从企业的生产经营活动中剥离出来，由政府建立管理服务机制，引入市场化运行机制，动员社会各方面力量，向他们提供基本养老经济保障、医疗保健、日常生活照料、文体娱乐、精神慰藉等全方位的社会化管理服务，是建设和谐社会不可或缺的。正如一个家庭，老人得不到应有的尊重和照顾，这个家庭是不能被称为和谐的。

第2节　退休人员社会化管理服务的形式

退休人员的养老问题一直深受党和国家的重视。1995年国务院颁布的《关于深化企业职工养老保险制度改革的通知》，首次提出了"养老保险管理服务的社会化"。1999年9月，党的十五届四中全会明确提出社会化管理的方向是："逐步推进社会保障的社会化管理，实行退休人员与原企业相分离，由社区管理。"2003年6月，中共中央办公厅、国务院办公厅转发劳动和社会保障部等13个部门《关于积极推进企业退休人员社会化管理服务工作的意见》，对社会化管理服务的工作内容和工作条件做出明确规定，该《意见》是我国全面推进退休人员社会化管理服务工作的标志。2019年，中共中央办公厅、国务院办公厅印发《〈关于国有企业退休人员社会化管理的指导意见〉的通知》强调："地方党委和政府要统筹谋划，制定工作方案和具体实施办法，完善相关配套政策措施，优化工作流程，精简移交环节和手续，规范服务事项，协调推进国有企业退休人员社会化管理，实现由街道和社区统一管理。做好社会保障管理服务、人事档案管理、党员组织关系、社区管理服务等相关工作的有效衔接，确保街道和社区接得住、接得稳、接得好，努力提高国有企业退休人员移交后的归属感、获得感、幸福感。"

一、企业退休人员社会化管理服务的基本形式是社区管理

社区管理是指企业职工参保人员退休后被直接纳入街道（乡镇）和社区进行管理与提供服务。这种形式的优点是可以充分利用社区资源，为广大退休人员提供多元化的管理服务。实行社会化管理后，企业已退休人员移交属地街道、乡镇和社区实行社会化管理，新办理退休人员管理服务工作与原企业分离。

地方党委和政府要结合当地实际，明确街道（乡镇）和社区退休人员社会化管理服务工作的主要内容，赋予街道（乡镇）和社区党组织、社会化管理服务机构相应职权及资源手段，按照职责任务配备工作力量，加强经费保障，为退休人员提供学习场所和各类管理服务资源，提高街道（乡镇）和社区管理服务能力。推行首问负责、一窗受理、全程代办、服务承诺等制度，为退休人员提供优质高效的服务。

二、退休人员社会化管理服务的组织体系

按照退休人员社会化管理服务的总体要求，各地区需健全两级政府、三级管理、四级服务的组织体系，见表5-1。

表5-1　　　　　　　　　退休人员社会化管理服务组织体系

网络	组织机构名称
两级政府	市政府
	区政府
三级管理	市级管理服务机构
	区级管理服务机构
	街道（乡镇）劳动就业社会保障公共服务平台

续表

网络	组织机构名称
四级服务	市退休管理服务机构
	区退休管理服务机构
	街道（乡镇）劳动就业社会保障服务中心（所）
	社区（行政村）劳动就业社会保障服务站
自管组织	社区（行政村）退休人员自管小组

第3节　退休人员社会化管理服务的内容和制度

一、退休人员社会化管理服务的主要内容

从理论上讲，完整的企业退休人员社会化管理服务体系应形成以居家养老为基础、社区养老为依托、社会机构养老为补充、医养相结合的服务框架，具体内容包括生活照料、精神慰藉、卫生保健、康复治疗等。但目前，我国企业退休人员社会化管理服务工作处于起步阶段，能够向企业退休人员提供的服务虽然涉及面比较宽，但服务水平不高，服务内容也不够丰富，且各地发展不够平衡。随着社会化管理服务工作不断深入和发展，其管理服务内容必然会逐步拓展，如定期走访慰问，为退休人员提供免费的健康体检、医疗保险管理服务，提供全方位居家养老服务，提供退休人员集中生活场所等服务必然走上制度化、规范化轨道，充实到管理服务内容中来。

现行社会化管理服务体系的主要内容涉及退休人员生活、娱乐等方面，具体来讲，包括落实社会保险待遇、开展党的组织活动、提供医疗保健服务、组织文体活动等。

1. 落实社会保险待遇

落实社会保险待遇是保障企业退休人员基本生活的根本措施。基层平台的一项重要职能是协助办理社会保险事务，具体包括以下五个方面。

(1) 配合社会保险经办机构做好确保养老金按时足额发放工作，保障企业退休人员的基本生活。

(2) 已参加基本医疗保险的企业退休人员按规定继续享受相应待遇，基本医疗保险未纳入地方管理的企业退休人员，配合做好其医保关系转移衔接工作。企业退休人员原享受的补充医疗保险、医疗互助帮困等相关待遇仍按原渠道解决，确保待遇水平不降低。

(3) 为企业退休人员提供社会保险政策咨询和各项查询服务。

(4) 跟踪了解企业退休人员健康状况，协助社会保险经办机构进行领取养老金资格认证。

(5) 帮助企业死亡退休人员的家属申请丧葬补助金和遗属津贴。

2. 开展党组织活动

企业退休人员中党员的组织关系要转入居住地党组织，社区要做好其党组织关系的接转工作，及时将他们编入基层党支部并开展活动。社区要及时组织企业退休人员中的党员学习党的路线方针政策和国家的法律、法规，履行党员义务，发挥先锋模范作用。对于转到社区管理的企业退休领导干部，街道（乡镇）党（工）委和上级党组织应积极创造条件，保证这些退休人员能够按原来的职务级别阅读文件，参加相关的会议和活动，确保他们的政治待遇不受影响。

3. 提供医疗保健服务

大力发展社区卫生服务网络，为退休人员就近医疗提供方便，是社会化管理服务的重要内容。社区卫生服务机构要建立企业退休人员健康档案，有计划地开展健康教育、疾病预防控制和保健工作，及时为退休人员提供医疗、护理和康复服务。

4. 组织文化体育活动

在充分利用街道、社区现有资源的同时，加强文化体育设施和活动场所建设，组织退休人员开展形式多样的文化体育健身活动，实现"老有所乐"。

5. 集中管理人事档案

企业退休人员的人事档案移交属地实行集中统一管理，由地方党委和政府指定单位做好档案管理工作，按照有关规定认真做好档案提供利用工作，并逐步实现档案服务数字化、便捷化。

二、开展退休人员社会化管理服务的四项基础工作

开展退休人员社会化管理服务重点要做好以下四项基础管理工作。

1. 建立退休人员基本信息库

建立退休人员基本信息库是社会化管理服务的重要基础工作,是搞好管理服务的前提条件。只有了解退休人员基本信息、社会保障、居住和家庭构成等情况,才能有针对性地加强动态管理、提供服务。街道(乡镇)要建立退休人员基本信息库(表),社区要建立退休人员基本信息册(表、卡)。社会保险经办机构要及时向街道(乡镇)提供退休人员的有关信息资料,指导和帮助街道(乡镇)、社区做好建设基本信息库的相关工作。基本信息库建立起来以后,要做好维护工作,实现动态管理。

2. 向退休人员发放社会化管理服务联系卡

街道(乡镇)劳动就业社会保障服务中心(所)要向退休人员发放社会化管理服务联系卡。社会化管理服务联系卡的主要作用是方便退休人员联系、沟通,并及时得到相关服务。认真组织好联系卡的发放工作,做到"一人一卡",并做好宣传解释工作,使退休人员清楚了解联系卡的作用和内容。

3. 指导退休人员建立自我管理和互助服务组织

退休人员是一个庞大的社会群体,完全依靠街道(乡镇)、社区的工作力量进行管理并向他们提供服务是不现实的,也无法满足退休人员的管理服务需求。因此,由街道(乡镇)、社区指导退休人员建立自我管理和互助服务组织来解决他们在日常生活、学习、娱乐等方面遇到的问题,是一种切合实际、科学有效的工作方式。依托社区,在退休人员中建立自我管理和互助服务组织,由街道(乡镇)劳动就业社会保障服务中心(所)和社区劳动保障协理员加强对退休人员自我管理服务组织的指导,引导和动员退休人员开展活动,为繁荣社区文化、促进社区建设做出贡献,并不断提高生活质量。

4. 开展领取养老金资格认证工作

社会保险经办机构要依托街道(乡镇)劳动就业社会保障服务中心(所),做好退休人员领取养老金资格认证工作。劳动保障协理员要跟踪了解退休人员生存状况,辖区内退休人员去世时,街道(乡镇)劳动就业社会保障服务中心(所)要及

时向负责发放其基本养老金的社会保险经办机构报告。

三、退休人员社会化管理服务的制度

为切实做好退休人员社会化管理工作，更好地服务社区管理的退休人员，各级人力资源社会保障服务机构需健全主要制度建设。

1. 退休人员社会化管理交接制度

街道（乡镇）劳动就业社会保障服务中心（所）将企业、社会保险经办机构移交的退休人员基本资料及时移交给所辖各社区劳动就业社会保障服务站管理。社区劳动就业社会保障服务站将退休人员档案管理卡等手续及时分类建档，动态管理，按月计报。及时为退休人员中党员建立组织关系，开展活动。

2. 退休人员社会化管理走访制度

对接收纳入社区管理服务的退休人员，社区劳动就业社会保障服务站应在退休人员纳入社区一个月内上门走访，了解退休人员基本情况，建立社区管理基础台账。对鳏寡孤独退休人员，社区劳动就业社会保障服务站工作人员每季度上门走访一次，了解其身体状况，帮助其解决有关生活困难。对70岁以上高龄退休人员，社区劳动就业社会保障服务站工作人员定期至少上门走访一次，了解其身体状况，听取意见和要求，尽力帮助解决。对70岁以上的高龄退休人员，社区劳动就业社会保障服务站应及时帮助办理老年人优惠证、卡，保证他们享受高龄老人的退休待遇。对家庭不幸发生特殊变故、生活发生困难且符合城乡居民最低生活保障标准的退休人员家庭，街道（乡镇）和社区退管工作人员应及时上门慰问，帮助他们向民政部门申报进入最低生活保障。退休人员亡故后，其所属基层平台工作人员应及时上门慰问，帮助申领丧葬抚恤费和直系亲属供养待遇。对重病住院的退休人员，街道（乡镇）劳动就业社会保障服务中心（所）工作人员要及时进行慰问，尽力帮助他们解决有关难题。对供养的直系亲属视同退休人员，及时了解各种情况，掌握其健康状况。

3. 退休人员社会化管理接待制度

对来访的退休人员，要热情接待，认真记录来访事由，认真处理他们提出的问题。对来访退休人员提出的一般性政策、服务性问题，应在1~3日内给予答复或解决。对来访退休人员提出的问题，本级难以答复或解决的，应及时逐级报告，一般

在 7~10 日内给予答复或帮助解决。对退休人员提出的有关重大政策问题，经请示上级主管部门不能及时解决的，一般在一周内给予答复，并耐心解释，做好细致的思想工作。如发生退休人员集体上访或其他特殊情况时，应立即向上一级机构报告，各级退休人员社会化管理服务机构应迅速作出反应，及时解决问题。

4. 亡故退休人员丧抚费申领规定

退休人员死亡后，其亲属或监护人须及时告知退休人员所属社区劳动就业社会保障服务站，提供死亡证明。退休人员死亡当月内，社区劳动就业社会保障服务站将其死亡证明等资料交至街道（乡镇）劳动就业社会保障服务中心（所），退休人员的基本养老金从其死亡次月起停发。对未及时办理减员申报、续领或冒领养老金的，按规定从退休人员死亡抚恤待遇中扣除；对长期隐瞒不报、冒领养老金的，将按相关法律法规给予处理。

5. 退休人员供养直系亲属有关待遇申领规定

退休人员死亡后，其亲属符合国家规定供养条件的，可以享受供养待遇。

退休人员死亡后，由退休人员亲属在一个月内向社区劳动就业社会保障服务站提出供养申请。社区劳动就业社会保障服务站根据退休人员亲属提出的供养申请，进行调查并确认，对符合供养条件的，向街道（乡镇）劳动就业社会保障服务中心（所）报送退休人员亲属申请材料和情况调查结果。街道（乡镇）劳动就业社会保障服务中心（所）接到申报材料后，要进行调查和认定，对符合供养条件的应及时到人力资源社会保障行政部门办理批准手续，享受供养直系亲属待遇。供养直系亲属辞世或失去供养条件后，应及时提供证明材料，办理终止领取待遇的手续。对弄虚作假骗领或冒领供养待遇的将依据有关规定给予处理。

第 4 节　退休人员社会化管理服务的要求

为了解掌握退休人员基本情况，提供周到细致的服务，规范退休人员社会化管理服务行为，服务机构工作人员应对所辖范围内管理的退休人员进行走访和慰问，同时，要做好走访慰问记录、社会化管理服务统计台账登记等主要工作。

一、退休人员社会化管理服务走访慰问

基层平台的一项重要职能是做好纳入社区管理退休人员的动态管理。基层平台工作人员在对退休人员进行走访慰问的同时，要对走访慰问情况做好记录（见表5-2）。

表5-2　　　　　　　　　　退休人员走访慰问情况

_____街道（乡镇）_____社区（村）

被走访慰问人员姓名		联系电话	
家庭住址：			
走访时间：　　　年　月　日			
走访慰问主要情况：（现场填写）			

被访人签字：　　　　　　　　　　走访人：

二、退休人员社会化管理服务统计管理

基层平台的工作人员为更好地了解纳入社区管理退休人员的基本情况，可根据社区退休人员慰问情况统计（见表5-3）和供养人员遗属津贴申领情况（见表5-4）等建立健全相关统计台账，进行规范化管理。

表5-3　　　　　　　　　社区退休人员慰问情况统计

_____街道（乡镇）_____社区（村）　　　　　　年　月

日期		慰问对象	住址/电话	性别	出生年月	进入社区（村）时间	慰问事由	慰问情况		经办人
月	日							物品	金额	

表 5-4　　　　　　　　供养人员遗属津贴申领情况

_____街道（乡镇）　　　　_____社区（村）　　　　　　年　月

日期		姓名	性别	出生年月	住址	津贴待遇	健康状况	联系电话	备注
月	日								

三、组织开展日常文体娱乐活动

1. 日常文体娱乐活动的内容

退休人员日常文体娱乐活动的主要内容包括定期组织退休人员读书、看报，结合他们关心的问题，重点学习政治、经济、历史、法律、科技、文学、生活、艺术等内容；定期组织退休人员开展健身活动，如门球、慢跑、轻度力量训练、太极拳等；定期组织退休人员参加歌唱、舞蹈、器乐、曲艺、棋牌等活动；定期组织行动不便的退休人员做必要的康复活动；还可以结合本社区（村）退休人员的共同爱好，单独开发一些受欢迎的活动项目。

2. 日常文体娱乐活动的组织形式

日常文体娱乐活动的主要组织形式是由劳动保障协理员通过指导退休人员自我管理和互助服务组织来开展。要拟订明确的计划，了解活动规模，提供必要的场地和经费，并组织实施。另外，还可以通过成立兴趣爱好小组、志愿者服务队伍和参加基层党组织活动等形式，组织退休人员开展文体娱乐活动。

（1）拟订文体娱乐活动计划

文体娱乐活动计划一般是以年和月为周期来拟订。可以为所有自我管理和互助服务组织拟订统一计划，也可以结合不同自我管理和互助服务组织的特点，安排不同的活动计划。无论怎样拟订，都要结合时间周期来完成。

1）拟订年度计划。整理上一年度开展活动情况，进行汇总分析，拟订初步计划。计划内容应包括两个方面：一是活动的时间安排；二是确定每个自我管理和互助服务组织当年计划举办活动的次数、拟参加人员、主题和内容。召集自我管理和互助服务组织小组长开会,就计划进行初步讨论,听取他们的意见和建议,并对计划进行修订。对修订后的计划进行公示,广泛听取退休人员的意见和建议。综合各方面意见后,提出年度经费预算,并将计划与预算一并报上级主管部门,得到上级主管部门批准后,确定计划并做好备案。

2)拟订月计划。以年度计划为依据,拟订月度计划。将下月拟组织活动的时间和内容告知自我管理和互助服务组织小组长,征求他们及退休人员的意见和建议,并初步统计参加活动人数。对拟参加活动的人数进行统计汇总,提出经费计划。按照活动需要提出活动场地计划。

(2)组织实施文体娱乐活动

活动举办前一个星期,再次与自我管理和互助服务组织小组长进行沟通,确定参加活动的人员,如人数有变动,则对原计划进行适当调整。活动方案确定后,向上级主管部门申请活动经费及活动场地。购买活动所需物品,联系活动场地,做好活动前的安排。充分考虑可能发生的突发事件,并做好相应准备,如准备好一些治疗急性病的药品。活动期间,本人或通过自我管理和互助服务组织小组长做好参加活动人员的登记,了解参加活动退休人员增减变化的原因。维持活动期间的现场秩序,控制活动按计划时间进度进行。

(3)总结文体娱乐活动情况

将实际参加活动的人数与计划进行比较,总结计划拟订的准确性。分析参加活动人员产生增减变化的原因,改进信息通报渠道,增强与退休人员的交流。对经费使用情况进行总结。将实际发生经费与经费计划进行比较,分析是否因参加活动人数变化、物品价格涨跌等原因而使计划偏离实际过大。计算某种或某类活动所需人均费用,为今后拟订类似活动计划积累经验。对活动场地情况进行总结。结合活动的特点和实际参加活动人数,考虑举办某种或某类活动所需场地面积,为今后制订类似计划积累经验。与部分参加活动的退休人员进行面对面交流,听取他们对本次活动的意见和今后举办类似活动的建议。将活动有关情况进行备案,可以通过计算机或手工台账的形式来完成,主要内容包括参加活动人数、活动经费的计划情况和实际使用情况,以及退休人员的意见和建议。要能够对人数、经费等指标进行统计汇总。报告活动举办情况,内容包括活动举办情况、经费使用情况、活动场地情况和退休人员的意见和建议。

■ **注意事项**

1. 制订活动计划时，要充分考虑活动安排的时间周期，活动不要安排得太密集，也不要太松散。安排活动内容时，虽然结合退休人员的意愿可以有一定倾向性，但还要考虑全方位开展活动的需要，综合安排文化、体育、学习、娱乐等方面的活动。

2. 退休人员年龄较大，考虑到他们体力和精力的因素，组织活动的时间不宜过长。时间超过原定计划时，要及时控制。组织实施活动期间，要观察退休人员的身体和情绪变化，避免出现意外情况。

3. 报告有关情况时，对参加活动人数、经费使用等情况，要做到实事求是，不得虚报、瞒报。

四、建立健康档案

1. 健康档案的内容和建立方式

从理论上讲，全科医疗健康档案主要包括三方面内容，即个人健康档案、家庭健康档案和社区健康档案。个人健康档案在全科医疗中应用十分频繁，使用价值最高；家庭健康档案则根据实际情况，建立和使用的形式不一；社区健康档案在全科医疗服务中没有给予更多的统一要求，主要用于考核对社区居民健康状况与社区资源状况的了解程度。个人健康档案主要内容包括个人基本资料、健康问题目录、病情流程表、问题描述及进展记录、转会诊和住院记录、预防性记录、慢性病病人随访记录、化验及辅助检查记录等。家庭健康档案主要内容包括家庭基本资料、家系图、家庭评估资料、家庭主要问题目录、问题描述和家庭成员的个人健康档案等。社区健康档案主要内容包括社区基本资料、社区卫生资源、社区卫生服务状况、社区居民健康状况等。目前，按照社会化管理服务工作要求，面向退休人员主要是建立个人健康档案。但考虑到全面了解退休人员健康状况难度较大的实际情况，健康档案内容较为有限，只限于一些必备的基本项目，主要包括个人基本资料、个人体检、既往病史、家族病史、慢性病、常见病及生活习惯等。

健康档案的建立方式主要分为两种：一种是传统纸质健康档案，一般只记录与本次疾病相关的资料，包含疾病、体检、疫苗接种等信息；另一种是网络数字化健康档案，借助计算机和网络等技术，将退休人员的相关健康信息采集录入后，传输给社会保险经办机构。数据集中存储，用以随时随地查看、检索、统计个人健康信息，为退休人员健康风险评估、疾病诊疗和有针对性的健康保健指导等提供基础数据。

2. 社区卫生服务机构的服务项目

社区卫生服务机构是指在城市范围内设置的、经区（市、县）级政府卫生行政部门登记注册并取得医疗机构执业许可证的社区卫生服务中心和社区卫生服务站。社区卫生服务机构以社区、家庭和居民为服务对象，以妇女、儿童、老年人、慢性病患者、残疾人、贫困居民等为服务重点，开展健康教育、预防、保健、康复、计划生育技术服务和一般常见病、多发病的诊疗服务，具有社会公益性质，属于非营利性医疗机构。

3. 联系社区卫生服务机构为退休人员建立健全健康档案

社区劳动就业社会保障服务站，要主动联系社区卫生服务机构，为退休人员建立健全健康档案，其一般流程如下。

（1）登记服务机构

通过向上级主管部门获取资料或开展普查等方式，了解辖区内社区卫生服务机构资质、人员、条件等情况，并对其进行登记，建立登记制度。

（2）了解机构服务情况

了解社区卫生服务机构面向社区居民，尤其是面向退休人员提供服务的情况，对相关意见和建议进行记录。

（3）初步沟通

与服务情况较好的社区卫生服务机构进行交流与沟通，了解其为退休人员建立健康档案的意向，以及可以向退休人员提供的优惠服务。

（4）商谈合作

与有意向的社区卫生服务机构商谈合作细节，如结合本社区居民情况，适当增加或减少健康档案的内容；建立健康档案；向退休人员提供优惠医疗服务等。

（5）签订协议

与提供服务的社区卫生服务机构签订合作协议，在协议上明确双方的职责。

(6) 收集健康信息

已开展免费体检的地区，可通过体检的形式一次性收集退休人员的健康信息；未开展免费体检的地区，建议通过走访或面对面交流的方式，收集他们的健康信息。还可以通过退休人员在社区卫生服务机构就诊的渠道来为其建立健康档案。

(7) 建立健康档案

信息收集后，督促社区卫生服务机构组织力量为退休人员建立纸质健康档案或电子数字化健康档案。

(8) 进行定期更新

更新方式主要有三种：一是将退休人员每年的体检结果与健康档案做比较，发生变化的要及时更新；二是通过走访来了解退休人员健康状况的变化；三是通过退休人员到社区卫生医疗机构就诊情况完成更新。

(9) 调整档案内容

定期了解退休人员对建立健康档案的需求和建议，与社区卫生服务机构一起，适时调整健康档案内容。

■ **注意事项**

1. 做好建立健康档案的监督工作，保证健康档案的细致、真实、全面。

2. 充分发挥自我管理和互助服务组织的作用，可以自我管理和互助服务组织为单位，逐个小组、逐个退休人员进行落实，保证为辖区内全部退休人员建立健康档案。

3. 通过与社区卫生服务机构的有效联系与沟通，充分发挥其优势与作用，为退休人员提供更多、更好的医疗保健服务。

4. 可以考虑引入竞争机制，同时选择几家社区卫生服务机构为退休人员建立健康档案，评估其工作情况。

五、特殊群体的管理服务

1. 特殊群体分类

当前，在退休人员社会化管理服务工作中，特殊群体主要分为六大类：高龄、孤寡、重病、特困、新中国成立前参加工作、劳模。

(1) 高龄

高龄是指年龄在 70 岁以上的退休人员。也有的地区视当地居民生活水平和老年人的平均年龄适当调高了高龄的年龄标准，如将年龄在 75 岁以上的企业退休人员认定为高龄等。

(2) 孤寡

孤寡是指男性年龄满 60 周岁、女性年龄满 55 周岁，且无儿无女的退休人员。部分地区结合本地实际情况，对年龄限制作出了变更规定。

(3) 重病

重病退休人员既包括按病退办理退休手续、享受病退待遇的退休人员，也包括退休后得了重病的退休人员。目前，已初步完成对 26 种重大疾病的标准定义，并根据受影响的群体，确定 8 种重大疾病为"核心疾病"，包括急性心肌梗死、严重脑卒中、恶性肿瘤、冠状动脉搭桥手术、重大器官移植、慢性肾衰竭尿毒症、严重烧伤、瘫痪。

(4) 特困

一般划定特困线（活命线）、贫困线（温饱线）、脱贫线（发展线）作为判定标准。目前，许多城市也以最低工资标准线、失业救济标准线、最低生活保障线作为判定城市居民是否贫困的标准。

(5) 新中国成立前参加工作

1949 年 10 月 1 日以前参加工作的统称为新中国成立前参加工作。以干部身份办理退休手续的是离休；以工人身份办理退休手续的，视其工作过程的情况确定离休与退休；曾经从事过干部工作的，干部时间长于工人时间的可办理离休，工人时间长于干部时间的仍然办理退休；一直从事工人工作的办理退休，称为新中国成立前参加工作老工人，享受100%退休工资，同时，根据参加工作时间给予增发1~2个月工资，其他待遇和退休职工相同。

(6) 劳模

作为国家授予劳动者的最高荣誉——"劳动模范"，在国家级别上评选劳模最早是从 1950 年开始的。1950 年以来，全国共召开了十多次全国劳模表彰大会，在社会上发挥了巨大的鼓舞、教育和激励作用。劳模主要有全国劳模、省级劳模、市级劳模三种。

2. 为特殊群体提供服务的有关规定

中共中央办公厅、国务院办公厅转发的劳动和社会保障部等13个部门《关于积极推进企业退休人员社会化管理服务工作的意见》明确规定，各地区要按照党中央、国务院提出的完善社会保障体系的有关目标和要求，以深化企业改革、维护社会稳定和不断提高退休人员生活质量为宗旨，因地制宜分类指导，积极探索推进社会化管理服务工作的有效途径和方法。工会、共青团、妇联、老龄等组织和机构要充分利用各自的管理服务网络，发挥自身优势，为企业退休人员特别是为高龄、孤寡、病残等生活困难的退休人员提供义务服务，在维护退休人员合法权益方面发挥积极作用。在此基础上，各地结合自身实际，制定一系列面向特殊群体提供服务的办法。

3. 特殊群体台账的建立和管理

为切实做好退休人员社会化管理工作，更好地服务退休人员中的特殊群体，各级劳动保障服务机构需建立管理台账，其一般流程如下。

（1）初步分类

以基本信息库（卡）内容为基础，按高龄、孤寡、重病、特困、新中国成立前参加工作、劳模6类人群，对退休人员进行初步分类。

（2）核实信息

建立初步分类后，通过走访慰问或退休人员自我管理和互助服务组织进行核实，发现遗漏的，要予以补充；发现错误的，要进行更正。退休人员有疑问时，要上门了解、核实情况。

（3）信息比对

与社会保险经办机构移交的退休人员基本信息有关内容进行对比，确保分类的准确性。

（4）分类汇总

依据每类台账的信息，做好各项分类的汇总工作。

（5）维护更新

通过走访慰问、自我管理和互助服务组织、社会保险经办机构移交信息变更等渠道，对与退休人员年龄变化相关的高龄人员、与退休人员身体健康相关的重病人员、与退休人员家庭成员相关的孤寡人员、与退休人员生活水平相关的特困人员的增减变化进行信息变更，做增加、减少和变更处理。依据各类台账变化情况，做好信息变更后的汇总工作。

> ■ **注意事项**
>
> 1. 调查了解退休人员情况时,要注意工作方法和沟通技巧,不可采用易对退休人员产生伤害的方式和语言。对于重病、高龄等退休人员,宜通过走访等形式了解情况;对于家庭收入等比较敏感的问题,应采取谨慎、迂回的方式提出,以免引起退休人员反感。
>
> 2. 填写台账要符合一般规范。一律用标准汉字填写,字迹清晰工整;所有数字一律用阿拉伯数字;年龄以周岁计算,出生日期用公历填写等。
>
> 3. 台账登记要及时。既能保证及时提供相关服务,也能及时发现存在的问题。

六、养老护理服务和退休人员养老信息的发布与维护管理

1. 我国养老服务业发展的方向

养老服务是社会服务的重要方面,大力发展与老年人特殊需求相适应的社会养老服务业是应对人口老龄化的重要举措。目前,我国老年群体中低龄和相对健康的老年人约占75%,他们主要选择居家养老,这是符合中国传统和现实国情的养老方式;需要长期照料护理和入住养老机构的高龄、带病、独居老人约占25%。

现阶段,我们要根据不同类型老年人的实际需求,制定养老服务基础设施建设规划,采取新建、改建、扩建、重组等方式,加快社区养老服务机构和设施建设,增加数量,扩展功能,逐步建立起布置合理、设施齐备、队伍严整、服务周到、管理规范的养老服务网络,为广大老年人提供优质便捷的服务。

(1) 积极探索养老服务业的体制机制创新

采取公建民营、民办公助、政府补贴、购买服务等多元化资金投入和经营运作方式发展养老服务业,优化资源配置,提高服务质量,建立公开、平等、规范的养老服务业准入制度,鼓励社会力量以独资、合资、合作、联营、参股、特许经营等多种方式兴办养老服务业。加大国家对老年服务机构减免税政策的落实力度。对社会力量兴办医疗、生活照料和文体活动等养老服务设施,政府要采取多种形式予以

扶持，在土地征用、设施建设、市政配套等方面提供方便条件。鼓励失业人员等创办家庭养老院、托老所，以创业促就业。政府兴办的示范性福利养老机构，具备条件的，可向非公有制经济转让产权或经营权。组织或推动制定养老服务设施建设标准和养老服务业行业规范，建立资质评估认证体系，明确管理认证机构，加强监督检查，实施定期评估，促进管理服务水平提高，保证养老服务业健康发展。

（2）深入推进医养结合

在我国正在加快建设的养老服务体系中，推进医疗卫生与养老服务相结合是重要的惠民举措。

医养结合是指医疗资源与养老资源相结合，实现社会资源利用的最大化。党中央、国务院高度重视医养结合工作，党的十八大以来作出一系列重大决策部署，医养结合的政策体系不断完善、服务能力不断提升，人民群众获得感不断增强。

今后一个时期，国家将进一步规范医疗卫生机构和养老机构合作，按照方便就近、互惠互利的原则，鼓励养老机构与周边的医疗卫生机构开展多种形式的签约合作，通过签订合作协议，明确合作内容、方式、费用及双方责任。签约医疗卫生机构要在服务资源、合作机制等方面积极予以支持。各地都要为医养签约合作营造良好政策环境，加大支持力度。养老机构也可通过服务外包、委托经营等方式，由医疗卫生机构为入住老年人提供医疗卫生服务。鼓励养老机构与周边的康复医院（康复医疗中心）、护理院（护理中心）、安宁疗护中心等接续性医疗机构紧密对接，建立协作机制。政府实施社区医养结合能力提升工程，加强医养结合信息化支撑，鼓励社会力量举办医养结合机构。通过落实各项税费优惠政策，加大政府购买服务力度，加强土地供应保障，扩大医养结合服务队伍，支持医务人员从事医养结合服务等措施，深入推进医养结合发展。

（3）探索建立长期护理保险制度

长期护理保险制度是利用社会保险制度让社会成员分担长期护理负担的一种制度设计，在日本、德国、韩国等人口老龄化较为严重的国家和地区均有采用，是应对人口老龄化的一项制度选择。近年来，部分地方积极开展长期护理保险制度试点，在制度框架、政策标准、运行机制、管理办法等方面进行了有益探索，取得初步成效。2020年9月，国家医保局、财政部印发《关于扩大长期护理保险制度试点的指导意见》，探索建立以互助共济方式筹集资金、为长期失能人员的基本生活照料和与之密切相关的医疗护理提供服务或资金保障的社会保险制度。力争在"十四五"期间，基本形成适应我国经济发展水平和老龄化发展趋势的长期护理保险制度政策框架，推动建立健全满足群众多元需求的多层次长期护理保障制度。

长期护理保险制度重点解决重度失能人员长期护理保障问题，坚持保障基本，低水平起步，以收定支，合理确定保障范围和待遇标准，做好与相关社会保障制度及商业保险的功能衔接。

2. 当前为退休人员提供社会化养老服务的主要场所

当前，我国正在加快以居家养老为基础、社区服务为依托、机构养老为补充、医养相结合的养老服务体系建设步伐，为老年人提供生活照料、精神慰藉、卫生保健、文化教育、体育健身和权益维护等服务。这个总体思路决定了面向退休人员提供社会化养老服务有几类特定的场所：一是退休人员自己的家，这也是社会化养老服务的主要场所；二是社区养老院，一般都建在退休人员居住地社区范围内，主要是向子女白天上班无时间照顾的退休人员或不愿意离开居住地的"空巢"退休人员提供服务；三是包括退休人员公寓在内的社会养老机构，一般设置在交通较为便利、自然环境较好的地方，主要是为了满足子女不在身边、子女无暇照顾、"空巢"等退休人员的需求而建设的。

3. 养老护理服务主要内容及服务流程

养老护理服务主要内容就是为健康老年人提供必要的生理、心理、社会服务；为患病老年人或有肢体、器官功能障碍的老年人提供基本生活服务、初级保健和肢体辅助功能锻炼；协助医护人员进行必要的治疗、护理活动（如常规药物治疗、清洁与消毒、个人卫生护理、皮肤清洁、褥疮的预防等），以满足老年人身心健康的需要；帮助需要临终照料的老年人减轻生理、心理等方面的痛苦，并为其家属提供心理、精神等方面的支持。当前，我国刚刚开展养老护理服务，各地发展很不平衡，能够提供的服务内容还不够全面，服务水平也难以满足退休人员的需求，大都停留在提供日常生活照料方面，深层次的服务还有待完善与提高。

具体来说，养老护理服务包括晨晚间的睡眠护理、饮食护理、排泄护理和老年人的安全保护。晨晚间的睡眠护理包括完成老年人的起床、就寝和床铺整理；饮食护理包括饭前餐具的消毒和准备，老年人的喂饭喂水及老年人噎食、呕吐的预防和处理；排泄护理包括大小便失禁老年人的清洁护理及大小便器的使用及消毒；老年人的安全保护包括老年人的各种搬运，轮椅、拐杖、助行器等其他辅助器械的正确使用。此外，养老护理服务着重于对老年人的生理疾病护理，如老年人的褥疮护理、口腔护理、鼻饲护理和紧急救护等几个方面。其中，褥疮护理包括卧床老年人的翻身及翻身护理记录，老年人的皮肤观察和按摩；口腔护理包括一般老年人和特殊老年人口腔的清洁护理；鼻饲护理包括鼻饲留置后导管通畅的观察和更换；紧急救护则要求护理员在老年人出现紧急情况时能迅速完成止血和包扎。提供养老护理服务的一般流程如下。

（1）建立更新数据库

与上级主管部门联系，建立可能为本社区提供服务的养老护理服务机构和养老护理员数据库，并进行定期更新。

（2）了解服务机构情况

与数据库中养老护理服务机构进行联系，了解其养老护理员资质水平、养老护理服务的主要内容及收费标准，查看其是否具备提供护理服务的资质，商谈向退休人员提供护理服务的细节问题。

（3）对接服务信息

将养老护理服务供给信息与本社区退休人员养老护理服务需求进行对比，找出匹配信息。

（4）匹配人员和项目

联系供需匹配的退休人员，确定护理服务项目。

（5）预约服务

联系可提供服务的养老护理服务机构，请其派遣养老护理员，并预约提供服务的时间范围。

（6）确定时间

联系需要服务的退休人员，协商确定提供服务的时间。

（7）资格审查

养老护理员提供服务前对其资格进行审查。审查提供服务人员是否具备养老护理服务资格，审查提供服务人员资质水平与预约资质是否一致。

（8）服务监督

提供服务期间，亲自或委托自我管理和互助服务组织小组长进行服务监督。

（9）评价服务

收集自我管理和互助服务组织小组长及退休人员对养老护理员提供服务的意见

和建议并进行汇总,评价养老护理员的服务水平。

(10) 汇总上报

一段时间后,将本社区养老护理员服务的情况向上级主管部门进行报告。报告内容包括需求的满足情况、提供服务的评价及退休人员的意见和建议。

4. 了解本地区养老护理员队伍建设情况

了解本地区养老护理员队伍建设情况,一般包括以下几个内容。

(1) 掌握获取养老护理员资质的政策

按照人力资源社会保障部制定的养老护理员国家职业技能标准,养老护理员是对老年人生活进行照料、护理的服务人员,分为初级、中级、高级、技师和高级技师五个级别。今后,凡直接从事养老护理工作的人员,都必须进行相应的职业资格培训,经职业技能考核鉴定取得职业资格证书后,方可就业上岗或继续从业。

(2) 了解培训机构培训养老护理员情况

全面了解本辖区内养老护理员增减变化情况。一般来说,养老护理员取得相关资质后,由当地人力资源社会保障部门、社会保险经办机构、职业培训机构对本地取得资质的养老护理员队伍建立登记制度。可通过电话、网络及文件等形式对本社区护理员队伍建设情况进行了解。

(3) 了解养老护理员工作情况

了解辖区内养老护理员工作情况,全面掌握相关从业人员的从业经验和服务评价情况,做好与养老服务对象的衔接。

5. 退休人员公寓、社区养老院等社会养老机构有关信息的采集渠道和发布及更新

(1) 采集渠道

1) 向人力资源社会保障、民政等相关部门了解全国退休人员公寓、本地区社区养老院等社会养老机构的建设情况,以及取得相关资质情况。

2) 与退休人员公寓、社区养老院等社会养老机构通过电子邮件、信件、电话、传真等方式进行联系,取得社会养老机构的详细介绍。

3) 通过计算机网络查询退休人员公寓、社区养老院等社会养老机构的详细信息。

(2) 信息发布及更新

采集退休人员公寓、社区养老院等社会养老机构有关信息的流程,一般包括以下几个步骤。

1)了解当地基本情况。通过当地人力资源社会保障部门了解本地区养老护理员培训人数、培训等级、服务内容等情况,了解全国和本地退休人员公寓建设规模、水平和服务项目等情况。

2)建立台账。对养老护理服务按照服务种类进行分类,建立台账;对退休人员公寓以地域和规模进行分类,建立台账。

3)发布信息。采取张榜公示、自我管理和互助服务组织传达、座谈会等形式发布退休人员护理服务内容、护理服务水平等护理服务信息,以及全国和本地退休人员公寓建设水平、服务项目等情况。

4)定期维护。以半年为周期,了解养老护理服务和退休人员公寓的变化情况并予以公布。及时发布退休人员公寓的供求信息,合理利用和发挥养老机构的效能,为离退休人员做好服务工作。加强和退休人员公寓信息的联系,建立相应的联系制度,定期更新退休人员公寓信息需求情况。

6. 入住退休人员公寓和社区养老院有关手续的办理程序

基层平台工作人员协助需入住退休人员公寓和社区养老院的退休人员办理有关手续时,其一般流程如下。

(1)了解基本情况

召集有意向入住社会养老机构的退休人员开会,向他们介绍所掌握的退休人员公寓、社区养老院等社会养老机构的详细情况,如规模、地理位置、内外部环境、收费标准、服务项目、是否还有能力接纳退休人员等,并征求他们的意见和建议。

(2)进行登记

为有意向入住退休人员公寓或社区养老院的企业退休人员进行登记,登记内容应包括企业退休人员姓名、身份证号码、打算入住社会养老机构的名称、打算入住时间等,并由退休人员签字确认。

(3)联系养老机构

联系退休人员公寓、社区养老院等社会养老机构,了解退休人员入住的可能性,得到确认后,准备为退休人员办理相关手续。

(4)办理入住手续

与社会养老机构进行充分沟通,了解办理入住所需的全面手续,通知退休人员做好准备,并将所需退休人员基本信息传递给社会养老机构。

 **案例**

规范化的社会养老院

C市益寿院从创办之初的12张床位发展到现在的70张床位,先后入住敬老院的老年人累计超过1 000人,其中,有100多位老年人是在益寿院里告别人生的。益寿院的服务规范化是建立在制度具体化、操作细节化、工作日常化基础之上的。

走进益寿院,首先映入眼帘的就是展示板,"入院须知""温馨提示""防火制度""伙食规定""卫生标准"等都写得清清楚楚,切实把规章制度做到了具体化。在操作方面努力做到细节化,例如,在安全方面,有的老年人出去遛弯走丢的事是经常发生的,益寿院不单纯提要求喊口号"注意别走丢",而是考虑得很细致,制作了益寿院徽标,印上益寿院名称和电话号码,每位老年人衣服上都别上徽标,即便走丢了,也能顺利联系上,走丢的老年人大都是靠徽标顺利返回的。又如,在防火制度方面,遇到突发情况谁负责背老年人,谁负责一楼二楼,谁负责报警,都具体落实到人,把每个细节都安排好。

益寿院在管理方面把制度渗透到了日常工作和生活中,把管理作为服务的手段,用服务促进管理。例如,每时每刻都在抓卫生工作,服务人员及时清扫房间、走廊、厨房、厕所,也提醒老年人随时注意保持。现在外来参观的人随时来院都感到有一个空气清新、卫生整洁的好环境。

益寿院规范化管理体现在日常生活的方方面面,老年人有档案,家属有联系,生日有安排,小病有巡诊,特护有标准,家属们反映益寿院的管理已经走上了成熟的规范化轨道。

第 5 节 企业及政府部门对退休人员社会化管理服务的责任

一、企业在社会化管理服务工作中应承担的责任

在退休人员社会化管理服务工作中，企业应做到以下工作。

（1）企业应通过召开退休人员座谈会等形式，向退休人员宣传社会化管理服务的意义，及时解决他们的生活和思想问题。

（2）加强与退休人员所在街道（乡镇）和社区劳动保障机构的联系，密切配合，共同做好企业退休人员移交的各项工作。

（3）做好有关经费（如统筹外项目费用）的筹措工作。

（4）继续按原渠道支付尚未参加基本养老保险和基本医疗保险的企业退休人员的养老金、医疗费及有关福利待遇等。

（5）企业现有的用于退休人员活动的场所、设施，应继续发挥作用，并向社会开放。

（6）对移交社区的退休人员在政治上、生活上继续给予关心，不得以社会化管理为由随意减少本单位退休人员原有的福利待遇。

二、各部门在社会化管理服务工作中的主要职责

退休人员社会化管理服务是新形势下各级党委和政府的一项重要工作。各地要切实加强领导，进一步加大对社区建设的投入，完善服务功能，为社会化管理服务工作的顺利推进创造条件。

各级人力资源社会保障部门及其社会保险经办机构应做好退休人员社会化管理服务工作的组织、推动和协调工作，加强对街道（乡镇）、社区人力资源社会保障工作的指导。社会保险经办机构要落实好退休人员的社会保险待遇。医疗保障部门积

极推进医疗保险制度改革，及时将符合条件的社区卫生服务机构纳入城镇职工基本医疗保险定点医疗机构的范围，以方便退休人员就近就医。

组织部门要加强街道（乡镇）和社区党建工作，指导街道（乡镇）和社区党组织开展经常性的组织活动，加强对退休人员中党员的教育管理。国资部门负责国有企业社会化管理服务移交工作，做好相关部门的沟通协调。发展改革部门要把社区公共服务体系建设纳入当地国民经济和社会发展计划，加快发展社区服务业，加强社区公共服务设施建设。民政部门要加强社区建设，指导社区服务坚持产业化、社会化发展方向，加快社区老年服务设施和服务网络建设，将有特殊生活困难的退休人员纳入社会扶助范围，及时提供公益性养老服务，向符合享受低保条件的退休人员家庭提供最低生活保障。财政部门在编制预算时，要统筹考虑退休人员社会化管理服务工作所需的经费。卫生健康部门要加快社区卫生服务网络建设，为退休人员就近医疗提供方便。文化、体育部门要加快社区文体设施建设，组织退休人员开展丰富多彩的文化体育健身活动。退役军人事务部门负责指导退休人员中的退役军人参加社区活动，发挥退役军人的模范带头作用。

工会、共青团、妇联、老龄委等组织和机构要充分利用各自的管理服务网络，发挥自身优势，积极组织和指导社会志愿者队伍和其他社会公益组织，为退休人员特别是为高龄、孤寡、病残等生活困难的退休人员提供义务服务，并在维护企业退休人员合法权益方面发挥积极作用。

三、建立适应市场经济要求的退休人员社会化管理服务机制

建立适应社会主义市场经济要求的退休人员社会化管理服务机制，关键是要处理好政府、企业、社会和个人的关系。由政府提供的福利项目和公共事业，政府要加大投入，承担管理服务责任；由企业组织的内部福利（如企业年金等），是增强企业凝聚力和建设企业文化的重要组成部分，应给予支持和鼓励，但在经办方式上可以逐步探索实现社会化；需要由社会服务组织或者通过互助方式提供服务的，由有关社会组织来提供。随着社会的发展和退休人员待遇水平的提高，一些应该由市场提供的服务项目和产品，应该逐步实现市场化，由退休人员个人以货币方式购买，如一些社会服务机构提供的上门送医、生活照料等。

第六部分

劳动维权

第1节 劳动关系

一、劳动关系的概念

劳动关系的概念有广义和狭义之分。广义的劳动关系泛指《中华人民共和国劳动法》（以下简称《劳动法》）、《中华人民共和国民法典》（以下简称《民法典》）等法律调整的劳动关系；狭义的劳动关系仅指《劳动法》调整的劳动关系。在工作实践中，通常从狭义角度理解劳动关系，亦即《劳动法》意义上的劳动关系。

所谓劳动关系，是指用人单位与劳动者之间，为实现劳动过程而发生的一方有偿提供劳动力由另一方用于同其生产资料相结合的社会关系，这是《劳动法》调整的最重要、最基本的关系。除了调整劳动关系之外，《劳动法》还调整与劳动关系密切联系的其他社会关系，这一类社会关系是以劳动关系为中心而发生的直接相关的社会关系。这一类社会关系范围很广，有的是发生在劳动关系建立之前，是劳动关系的必要前提；有的是发生在劳动关系终止、解除之后，是劳动关系终止、解除的直接后果；有的是发生在劳动关系运行过程之中，随着劳动关系而附带产生的社会关系。《劳动法》意义上的劳动关系可以概括为劳动力所有者与劳动力使用者之间在实现劳动过程中发生的关系。

二、劳动关系的特征

作为《劳动法》调整对象的劳动关系与其他社会关系相比，具有以下特征。

1. 劳动关系的主体

劳动关系的主体一方是劳动者，另一方是用人单位。劳动者是劳动力所有者，包括所有符合法定条件、自愿参加社会劳动的劳动者。用人单位是生产资料所有者或经营管理者，在我国，主要包括企业、个体经济组织、民办非企业单位等组织和一定范围的国家机关、事业单位、社会团体等。

2. 劳动关系产生于劳动过程之中

只有劳动者进入用人单位，接受用人单位的安排，在劳动组织内和生产资料结合，使劳动对象发生形态的变化、位置的转移、价值的增加，才会产生现实的劳动关系。

3. 劳动关系兼有人身关系和财产关系的双重属性

一方面，劳动表现为人体的一种生理机能，劳动者向用人单位提供劳动力时，也将其人身在一定限度内交给了用人单位，劳动力的使用过程带有显著的人身性质，因此，劳动关系就其本来意义上说是一种人身关系。另一方面，劳动关系又具有财产关系的属性，劳动是人们谋生的主要手段，人们通过劳动获得生活资料，劳动关系体现为劳动力的让渡与劳动报酬的交换关系。

4. 劳动关系兼有隶属关系和平等关系相互交错的特征

首先，用人单位招聘劳动者，按照平等协商的原则建立劳动关系。在法律主体意义上，在用人单位内部的劳动关系中，用人单位和劳动者是平等的法律主体，依法平等地享有权利履行义务。其次，劳动关系一经确立，劳动者须进入用人单位，使自己的劳动力归用人单位支配，服从用人单位的指挥，听从调配，遵守用人单位的劳动纪律和规章制度，用人单位与劳动者之间形成了管理上的隶属关系。

5. 劳动关系以劳动的给付为主要内容

用人单位与劳动者之间建立劳动关系的主要内容就是劳动者向用人单位提供劳动力、给付劳动，与之相对应，用人单位应向劳动者支付工资作为代价。

三、劳动关系的认定标准

劳动关系的认定标准是基于劳动关系的内涵要点所引申出可据以认定劳动关系或者辨别劳动关系与其他社会关系的标准。实践中可分为实质标准和形式标准。

1. 实质标准

劳动关系实质上是劳动者的劳动力与用人单位的生产资料相结合的关系，用人单位将劳动者的劳动力纳入其生产组织系统进行使用，劳动者成为用人单位的组织成员，从而具有组织从属性，或者称为人格从属性。在劳动立法中，组织从属性（人格从属性）被作为认定劳动关系的实质标准。《关于确立劳动关系有关事项的通知》（劳社部发〔2005〕12号）规定，用人单位依法制定的各项劳动规章制度适用于劳动者，劳动者受用人单位的劳动管理，从事用人单位安排的有报酬的劳动；劳动者提供的劳动是用人单位业务的组成部分。这些标准均属于认定劳动关系的实质标准。

2. 形式标准

形式标准是反映劳动关系形式特征的标准。实践中据以认定劳动关系的形式标准包括书面劳动合同、员工手册、工作证、工资支付凭证、劳动者资格、用人单位资格等。《关于确立劳动关系有关事项的通知》规定，"用人单位和劳动者符合法律、法规规定的主体资格"，工资支付凭证或记录（职工工资发放花名册）、缴纳各项社会保险费的记录，用人单位向劳动者发放的"工作证""服务证"等能够证明身份的证件，劳动者填写的用人单位招工招聘"登记表""报名表"等招用记录、考勤记录、其他劳动者的证言等都属于认定劳动关系的形式标准。

四、调整劳动关系的法律规范

劳动关系是《劳动法》的调整对象，《劳动法》领域的法律、法规、规章和规范性文件是劳动关系法律调整适用的主要规范。调整劳动关系的代表性法律主要包括《劳动法》《中华人民共和国劳动合同法》《中华人民共和国就业促进法》《中华人民共和国劳动争议调解仲裁法》《中华人民共和国社会保险法》等。现阶段，《劳动法》的法律体系被称为人力资源社会保障法律体系，是指全部劳动法律规范按照一定的标准组合形成的，具有体系化联系的有机整体。

第 2 节　劳动争议调解仲裁

一、劳动争议调解仲裁法

1. 《中华人民共和国劳动争议调解仲裁法》概述

《中华人民共和国劳动争议调解仲裁法》（以下简称《劳动争议调解仲裁法》）由第十届全国人民代表大会常务委员会第三十一次会议通过，自 2008 年 5 月 1 日起施行。《劳动争议调解仲裁法》是调整劳动争议问题的基本法律，共 4 章 54 条，主要内容包括劳动争议调解仲裁的一般规定、调解的启动与程序、仲裁的申请与受理、开庭与裁决等。《劳动争议调解仲裁法》与《劳动法》《中华人民共和国劳动合同法》（以下简称《劳动合同法》）一并构成了劳动争议处理的主要法律依据。最高人民法院关于审理劳动争议案件适用法律的四个司法解释在司法实践中细化了劳动争议处理的技术性问题，这四个司法解释是：《最高人民法院关于审理劳动争议案件适用法律若干问题的解释》（法释〔2001〕14 号）、《最高人民法院关于审理劳动争议案件适用法律若干问题的解释（二）》（法释〔2006〕6 号）、《最高人民法院关于审理劳动争议案件适用法律若干问题的解释（三）》（法释〔2010〕12 号）、《最高人民法院关于审理劳动争议案件适用法律若干问题的解释（四）》（法释〔2013〕4 号）。

2. 劳动争议的处理方式

按照《劳动法》《劳动争议调解仲裁法》等法律的规定，劳动争议发生后，有四种处理方式，即协商、调解、仲裁和诉讼。

（1）协商

协商是指发生劳动争议的双方当事人在没有第三人的参与下，通过双方平等对话、互谅互让并做出必要的妥协而达成和解的劳动争议处理方式。协商不是劳动争议处理的必经程序。

（2）调解

调解是指在第三人的参与下，通过说服、劝导促成争议双方达成和解。劳动争议调解一般是指在企业调解委员会的主持下，当事人双方自愿进行的调解。此外，当事人可以向依法设立的基层人民调解组织或乡镇、街道设立的具有劳动争议调解职能的组织申请调解。调解不是劳动争议处理的必经程序。

（3）仲裁

仲裁是指由公正的第三人居中裁决纠纷。劳动争议的仲裁是指由依法设立的劳动争议仲裁委员会按照法定程序对解决劳动争议所从事的仲裁活动。按照《劳动争议调解仲裁法》的规定，部分劳动争议案件实行有条件的"一裁终局"。

（4）诉讼

诉讼是人民法院通过审判程序解决劳动争议纠纷的活动。

发生劳动争议，当事人不愿协商、协商不成或者达成和解协议后不履行的，可以向调解组织申请调解；不愿调解、调解不成或者达成调解协议后不履行的，可以向劳动争议仲裁委员会申请仲裁；对仲裁裁决不服的，可以向人民法院提起诉讼。有四种例外情况：一是劳动者以用人单位的工资欠条为证据直接向人民法院起诉，诉讼请求不涉及劳动关系其他争议的，视为拖欠劳动报酬争议，按照普通民事纠纷受理，不必经过仲裁程序；二是根据《劳动争议调解仲裁法》，部分劳动争议实行有条件的"一裁终局"：因追索劳动报酬、工伤医疗费、经济补偿或赔偿金，不超过当地月最低工资标准12个月金额的争议，以及因执行国家劳动标准在工作时间、休息休假、社会保险等方面发生的争议等案件的裁决，劳动者在法定期限内不向法院提起诉讼、用人单位向法院提起撤销仲裁裁决的申请被驳回的情况下，仲裁裁决为终局裁决，裁决书自作出之日起发生法律效力；三是对劳动争议仲裁委员会不予受理或者逾期未作出受理决定的仲裁申请，申请人可以就该劳动争议事项向人民法院提起诉讼；四是仲裁庭逾期未作出仲裁裁决的劳动争议案件，当事人可以就该劳动争议事项向人民法院提起诉讼。

3. 劳动争议处理的基本原则

根据《劳动争议调解仲裁法》的规定，劳动争议处理机构处理劳动争议案件应当遵循的原则主要有以下几点。

（1）合法、公正、及时处理的原则

合法是指处理劳动争议应当以法律为准绳，并遵循法定程序；公正是指在处理劳动争议过程中，应当公正地对待双方当事人，在程序和结果上都不得偏袒其中任何一方；及时是指受理劳动争议案件后，应当尽快查明事实，分清是非，尽快调解、裁决或判决，不得违反时限方面的法定要求。

（2）着重调解的原则

在处理劳动争议的过程中，应当注重运用调解方式解决劳动争议，不仅基层调解机构应当疏导当事人达成调解协议，而且仲裁机构在裁决前、人民法院在判决前，也应当先行调解，调解不成才进入下一道程序。

（3）适用法律一律平等的原则

劳动争议当事人法律地位平等，双方具有平等的权利和义务，任何一方当事人都不具有超越另一方当事人的特权。在劳动争议处理的各个阶段，确保双方当事人享有平等的法律地位，获得平等的保护。

二、劳动争议调解

1. 劳动争议调解的概念

劳动争议调解可以区分为调解组织的调解、劳动争议仲裁程序中的调解和诉讼程序中的调解。一般而言，如果没有特别强调，劳动争议调解专指调解组织的调解，也称为基层调解，是指劳动争议调解组织对当事人双方自愿申请调解的劳动争议，在查明事实、分清是非的前提下，依据法律、法规、政策的规定和集体合同、劳动合同的约定，通过说服、劝导和教育，促使当事人双方在平等协商、互谅互让的基础上自愿达成解决劳动争议的协议。

2. 劳动争议调解机构

按照《劳动争议调解仲裁法》的规定，发生劳动争议，当事人可以到下列调解组织申请调解。

（1）企业劳动争议调解委员会。

（2）依法设立的基层人民调解组织。

（3）在街道、乡镇设立的具有劳动争议调解职能的组织。

其中，企业劳动争议调解委员会是主要的调解组织。企业劳动争议调解委员会由职工代表和企业代表组成。职工代表由工会成员担任或者由全体职工推举产生，企业代表由企业负责人指定。企业劳动争议调解委员会主任由工会成员或者双方推举的人员担任。

3. 劳动争议调解程序

（1）申请调解

发生劳动争议后，如果当事人通过协商不能解决，或者不愿意协商解决，可以自愿选择向调解组织申请调解。申请形式可以是书面申请，也可以是口头申请。口头申请的，由调解组织当场记录申请人基本情况和申请调解的争议事项、理由、时间。

（2）争议受理

调解组织在受理审查中，要审查申请事由是否属于劳动争议，申请人员是否合格，申请相对方是否明确，调解请求和事实根据是否明确。经审查认为符合受理条件的，予以受理，并通知双方当事人；如不受理的，应向申请人说明理由，并告知应向何处申诉。

（3）实施调解

调解启动后，调解组织应当充分听取双方当事人对事实和理由的陈述。依据法律法规和查明的事实，耐心疏导，帮助当事人达成协议。调解达成协议的，应当制作调解协议书。

自劳动争议调解组织收到调解申请之日起 15 日内未达成调解协议的，当事人可以依法申请仲裁。达成调解协议后，一方当事人在协议约定期限内不履行调解协议的，另一方当事人可以依法申请仲裁。

4. 劳动争议调解协议

劳动争议调解达成协议，应当制作调解协议书。调解协议书由双方当事人签名或者盖章，经调解员签名并加盖调解组织印章后生效。生效的调解协议书对双方当事人具有约束力，当事人应当履行。

三、劳动仲裁

1. 劳动仲裁的概念

劳动仲裁是指劳动争议仲裁机构对当事人请求解决的劳动争议，依法居中公断的执法行为,包括对劳动争议依法审理并进行调解、裁决的一系列活动。

2. 劳动争议仲裁委员会

劳动争议仲裁委员会是依法设立的,经国家授权依法独立仲裁处理劳动争议案件的专门机构。按照三方原则,劳动争议仲裁委员会由劳动行政部门代表、工会代表和企业方面代表组成。劳动争议仲裁委员会组成人员应当是单数。

劳动争议仲裁委员会下设办事机构,负责办理劳动争议仲裁委员会的日常工作。

仲裁庭是劳动争议仲裁委员会处理劳动争议案件的基本组织形式。劳动争议仲裁委员会处理劳动争议案件实行仲裁庭制度,依照"一案一庭"的原则组成仲裁庭,受理劳动争议案件。

3. 劳动仲裁的参加人

按照《劳动争议调解仲裁法》的规定,劳动仲裁的参加人包括当事人、第三人和代理人。

(1)当事人

发生劳动争议的劳动者和用人单位为劳动争议仲裁案件的双方当事人。

劳务派遣单位或者用工单位与劳动者发生劳动争议的,劳务派遣单位和用工单位为共同当事人。

(2)第三人

与劳动争议案件的处理结果有利害关系的第三人,可以申请参加仲裁活动或者由劳动争议仲裁委员会通知其参加仲裁活动。

(3)代理人

当事人可以委托代理人参加仲裁活动。委托他人参加仲裁活动,应当向劳动争议仲裁委员会提交有委托人签名或者盖章的委托书,委托书应当载明委托事项和权限。

4. 劳动仲裁的管辖与时效

《劳动法》规定的劳动仲裁管辖和时效,在《劳动争议调解仲裁法》中有较大变化,现行的劳动仲裁管辖和时效以《劳动争议调解仲裁法》为准。

(1)劳动争议仲裁管辖

按照《劳动争议调解仲裁法》的规定,劳动争议由劳动合同履行地或者用人单位所在地的劳动争议仲裁委员会管辖。双方当事人分别向劳动合同履行地和用人单位所在地的劳动争议仲裁委员会申请仲裁的,由劳动合同履行地的劳动争议仲裁委员会管辖。

(2) 劳动争议仲裁时效

劳动争议仲裁时效是指劳动争议当事人在法定期限内不行使申诉权,申诉权因期满而归于消灭的制度。

按照《劳动争议调解仲裁法》规定,劳动争议申请仲裁的时效期间为一年。仲裁时效期间从当事人知道或者应当知道其权利被侵害之日起计算。

5. 劳动仲裁的程序

(1) 申请

当事人向仲裁委员会申请仲裁,应当提交书面仲裁申请,并按照被申请人人数提交副本。书写仲裁申请确有困难的,可以口头申请,由劳动争议仲裁委员会记入笔录,并告知对方当事人。

(2) 受理

劳动争议仲裁委员会收到仲裁申请之日起 5 日内,认为符合受理条件的,应当受理,并通知申请人;认为不符合受理条件的,应当书面通知申请人不予受理,并说明理由。

劳动争议仲裁委员会受理仲裁申请后,应当在 5 日内将仲裁申请书副本送达被申请人。

被申请人收到仲裁申请书副本后,应当在 10 日内向劳动争议仲裁委员会提交答辩书。劳动争议仲裁委员会收到答辩书后,应当在 5 日内将答辩书副本送达申请人。被申请人未提交答辩书的,不影响仲裁程序的进行。

(3) 调解

仲裁庭在作出裁决前,应当先行调解。调解达成协议的,仲裁庭应当制作调解书,调解书应当写明仲裁请求和当事人协议的结果。调解书由仲裁员签名,加盖劳动争议仲裁委员会印章,送达双方当事人。调解书经双方当事人签收后,发生法律效力。

(4) 裁决

调解不成或者调解书送达前,一方当事人反悔的前提下,仲裁庭应当及时作出裁决。一般的劳动争议案件,劳动争议仲裁委员会应自受理仲裁申请之日起 45 日内做出裁决;案情复杂需要延期的,经劳动争议仲裁委员会主任批准,可以延期并书面通知当事人，但是，延长期限不得超过 15 日。

6. 劳动仲裁的审理

仲裁庭应当在开庭 5 日前，将开庭日期、地点书面通知双方当事人。当事人有正当理由的，可以在开庭 3 日前请求延期开庭。是否延期，由劳动争议仲裁委员会决定。申请人收到书面通知，无正当理由拒不到庭或者未经仲裁庭同意中途退庭的，可以视为撤回仲裁申请。被申请人收到书面通知，无正当理由拒不到庭或者未经仲裁庭同意中途退庭的，可以按缺席裁决。

仲裁庭对专门性问题认为需要鉴定的，可以交由当事人约定的鉴定机构鉴定；当事人没有约定或者无法达成约定的，由仲裁庭指定的鉴定机构鉴定。根据当事人的请求或者仲裁庭的要求，鉴定机构应当派鉴定人参加开庭。当事人经仲裁庭许可，可以向鉴定人提问。

当事人在仲裁过程中有权进行质证和辩论。质证和辩论终结时，首席仲裁员或者独任仲裁员应当征询当事人的最后意见。当事人提供的证据经查证属实的，仲裁庭应当将其作为认定事实的根据。劳动者无法提供由用人单位掌握和管理的与仲裁请求有关的证据，仲裁庭可以要求用人单位在指定期限内提供。用人单位在指定期限内不提供的，应当承担不利后果。

仲裁庭应当将开庭情况记入笔录。当事人和其他仲裁参加人认为对自己陈述的记录有遗漏或者差错的，有权申请补正。如果不予补正，应当记录该申请。笔录由仲裁员、记录人员、当事人和其他仲裁参加人签名或者盖章。

当事人申请劳动争议仲裁后，可以自行和解。达成和解协议的，可以撤回仲裁申请。

仲裁庭在作出裁决前，应当先行调解。调解达成协议的，仲裁庭应当制作调解书。调解书应当写明仲裁请求和当事人协议的结果。调解书由仲裁员签名，加盖劳动争议仲裁委员会印章，送达双方当事人。调解书经双方当事人签收后，发生法律效力。调解不成或者调解书送达前，一方当事人反悔的，仲裁庭应当及时作出裁决。

7. 劳动仲裁的裁决

仲裁庭裁决劳动争议案件，应当自劳动争议仲裁委员会受理仲裁申请之日起 45 日内结束。案情复杂需要延期的，经劳动争议仲裁委员会主任批准，可以延期并书面通知当事人，但是延长期限不得超过 15 日。

裁决应当按照多数仲裁员的意见作出，少数仲裁员的不同意见应当记入笔录。仲裁庭不能形成多数意见时，裁决应当按照首席仲裁员的意见作出。

裁决书应当载明仲裁请求、争议事实、裁决理由、裁决结果和裁决日期。裁决书由仲裁员签名，加盖劳动争议仲裁委员会印章。对裁决持不同意见的仲裁员，可以签名，也可以不签名。

第3节 劳动保障监察

劳动保障监察是劳动保障行政机关依法对用人单位遵守劳动保障法律法规的情况进行监督检查，发现和纠正违法行为，并对违法行为依法进行行政处理或行政处罚的行政执法活动。实施劳动保障监察对于促进劳动保障法律法规贯彻实施、监控人力资源市场秩序、维护劳动关系双方合法权益，以及推动劳动保障部门依法行政都具有十分重要的意义。作为保障《劳动法》实施的一种强制性手段，劳动保障监察广为世界各国所利用。

一、《劳动保障监察条例》概述

《劳动保障监察条例》是2004年10月26日国务院第68次常务会议通过的行政法规，自2004年12月1日起施行。劳动和社会保障部制定了《关于实施〈劳动保障监察条例〉若干规定》，自2005年2月1日起施行。《劳动保障监察条例》是我国劳动保障监察的主要法律依据，劳动保障监察的法律依据还包括《劳动法》《劳动合同法》《就业促进法》《社会保险法》《劳动合同法实施条例》《社会保险费征缴暂行条例》等法律、法规和规章。

二、劳动保障监察机构、职责

《劳动保障监察条例》确立了劳动保障监察机构及其职责。

1. 劳动保障监察的机构

劳动保障监察的主体是指劳动保障监察机构及其监察人员。劳动保障监察机构是经法律授权代表国家对《劳动法》的遵守情况实行监察的专门机构。我国县级以上各级人民政府劳动保障行政部门及其委托的组织（劳动保障监察大队）负责劳动保障监察工作。劳动保障行政部门和受委托实施劳动保障监察的组织应当配备专职劳动保障监察员和兼职劳动保障监察员。专、兼职劳动保障监察员应当经过相应的考核或者考试录用。

2. 劳动保障行政部门实施劳动保障监察应当履行的职责

（1）宣传劳动保障法律、法规和规章，督促用人单位贯彻执行。

（2）检查用人单位遵守劳动保障法律、法规和规章的情况。

（3）受理对违反劳动保障法律、法规或者规章的行为的举报、投诉。

（4）依法纠正和查处违反劳动保障法律、法规或者规章的行为。

三、劳动保障监察受理方式和范围

劳动保障监察机构受理案件的范围主要包括用人单位执行劳动保障法律、法规情况和职业介绍机构、职业技能培训机构和职业技能鉴定机构执行法律的情况。

1. 劳动保障监察受理方式

劳动保障监察以日常巡视检查、审查用人单位按照要求报送的书面材料及接受举报投诉等形式进行。

人力资源社会保障行政部门认为用人单位有违反劳动保障法律、法规或者规章的行为，需要进行调查处理的，应当及时立案。

人力资源社会保障行政部门或者受委托实施劳动保障监察的组织应当设立举报、投诉信箱和电话。

2. 劳动保障监察的受理范围

根据《劳动保障监察条例》规定，劳动保障行政部门对下列事项实施劳动保障监察。

（1）用人单位制定内部劳动保障规章制度的情况。

（2）用人单位与劳动者订立劳动合同的情况。

(3)用人单位遵守禁止使用童工规定的情况。

(4)用人单位遵守女职工和未成年工特殊劳动保护规定的情况。

(5)用人单位遵守工作时间和休息休假规定的情况。

(6)用人单位支付劳动者工资和执行最低工资标准的情况。

(7)用人单位参加各项社会保险和缴纳社会保险费的情况。

(8)职业介绍机构、职业技能培训机构和职业技能考核鉴定机构遵守国家有关职业介绍、职业技能培训和职业技能考核鉴定的规定的情况。

(9)法律、法规规定的其他劳动保障监察事项。

四、劳动保障监察的管辖

1. 地域管辖

地域管辖是指同级人力资源社会保障行政部门在行使劳动保障监察权上的横向权限划分。《劳动保障监察条例》明确规定,对用人单位的劳动保障监察,由用人单位用工所在地的县级或者设区的市级人力资源社会保障行政部门管辖。

2. 级别管辖

由于各地用人单位分布、性质、数量不平衡,各级人力资源社会保障行政部门承担的工作任务和执法力量不均衡,情况差别很大,省、自治区、直辖市人民政府可以对劳动保障监察的管辖制定具体办法。同时,上级人力资源社会保障行政部门根据工作需要,可以调查处理下级人力资源社会保障行政部门管辖的案件。

3. 指定管辖

在监察执法实践中,对同一区域中的用人单位难以确定由哪个地区哪一级的监察机构去实施监察,会出现两个人力资源社会保障行政部门认为其有管辖权而产生争议。为了妥善处理这种管辖权的争议,《劳动保障监察条例》规定,人力资源社会保障行政部门对劳动保障监察管辖发生争议的,报请共同的上一级人力资源社会保障行政部门指定管辖。

五、劳动保障监察的程序

劳动保障监察机构查处违法行为应该遵守一定的法律程序。一般而言,应依照下列程序进行。

1. 登记立案

对举报或发现的违法行为，经过审查，认为有违法事实、需要依法追究的应登记立案。

2. 调查取证

对已立案的案件，应当及时组织调查取证。

3. 处理

调查取证以后，对需要追究法律责任的案件，劳动保障监察机构应当作出处理决定。处理决定作出前，劳动保障监察机构应当听取当事人申诉。

4. 制作处理决定书

劳动保障监察机构作出处理决定，应当制作处理决定书。处理决定书应当载明当事人姓名、住所及基本情况，认定的违法事实，适用的法律、法规、规章等规范性文件，处理结论，处理决定的履行日期或者期限，当事人依法享有申请行政复议或者提起行政诉讼的权利，作出处理决定的机构名称，作出处理决定的日期。

5. 送达

劳动保障监察机构在处理决定作出之日起 7 日内，应将处理决定书送达当事人。处理决定书自送达当事人之日起生效。

第 4 节　相关法律法规

一、劳动法

1.《中华人民共和国劳动法》概述

劳动法是中国特色社会主义法律体系的重要组成部分。我国的劳动法有狭义和广义之分。狭义的劳动法是指 1994 年 7 月 5 日第八届全国人民代表大会常务委员会第八次会议通过，1995 年 1 月 1 日起施行，于 2009 年 8 月 27 日第十一届全国人民代表大会常务委员会第十次会议对第92条进行修改；于2018年12月29日第十三届全国人民代表大会常务委员会第七次会议修正的《中华人民共和国劳动法》（以下简称《劳动法》）。广义的劳动法是指调整劳动关系以及与劳动关系密切联系的其他社会关系的法律规范的总和。除非特别说明，劳动法通常是指广义的劳动法。

《劳动法》共13章107条，主要规范的问题有：促进就业、劳动合同和集体合同、工作时间和休息休假、工资、劳动安全卫生、女职工和未成年工特殊保护、职业培训、社会保险和福利、劳动争议、监督检查、法律责任等。

2.《劳动法》的基本原则

《劳动法》的基本原则是指集中体现《劳动法》的本质和基本精神，主导整个《劳动法》体系，为《劳动法》调整劳动关系和与劳动关系密切相关的其他社会关系所应遵循的基本准则。

（1）保护劳动者合法权益，兼顾用人单位利益原则

保护劳动者的合法权益是劳动法奉行的基本原则。《劳动法》《就业促进法》《劳动合同法》《社会保险法》等法律规定了劳动者的就业权、劳动报酬权、劳动保护权、休息权、职业培训权、企业民主管理权、劳动争议处理权等基本权利，并规定了用人单位必须履行的义务。在特定条件下，当对劳动者和用人单位的利益保护出现冲突时，应优先保护劳动者的利益。在突出保护劳动者合法权益的同时，劳动法也应兼顾保护用人单位的利益。劳动者只有在全面履行劳动义务的前提下，才能充分享受法律赋予的权利。《劳动法》《劳动合同法》《就业促进法》等法律规定了用人单位的用工自主权、依法自主确定工资分配方式和工资水平的权利、依法解除劳动合同的权利等。需要说明的是，在劳动者和用人单位的利益之间，保护劳动者一直是劳动法的主旨。

（2）就业促进与人力资源合理配置原则

劳动关系是劳动力与生产资料相结合产生的社会关系，是人力资源开发与配置的社会形式。从宏观角度分析，国家通过各种途径创造劳动就业条件，促进就业和保障就业，对就业前的公民进行必要的劳动就业训练，开展职业介绍、职业指导、创业指导和就业援助，建立健全就业服务体系；建立市场导向的就业机制，劳动力供求双方是平等的市场主体，通过市场实现人力资源的合理配置。从微观角度分析，通过《劳动合同法》等法律法规，调整用人单位内部人力资源的配置，通过职业培训和科学组织劳动等方式，提高劳动效率，调动劳动者的积极性、主动性和创造性，

使每个劳动者的劳动能力得到充分的发挥和使用。

（3）劳动者意思自治与劳动标准相结合的原则

《劳动法》赋予劳动关系双方当事人意思自治的权利，用人单位与劳动者作为平等的市场主体，在平等自愿、协商一致的基础上，按照自己的意愿，自主行为。但劳动法律关系双方当事人具有从属性，完全依凭当事人的意思自治不能全面、平等地保护劳动者的利益，因此，要求国家制定劳动标准，明确劳动的基本条件，制约用人单位的行为，保护劳动者的合法权益，如国家指定的职工工作时间和休假制度、最低工资制度、劳动安全卫生制度、对女职工和未成年工实行特殊保护等，均是劳动标准，是国家规定的强制性规范，用人单位必须遵守。

（4）坚持政府、工会和用人单位的三方性原则

三方性原则是国际劳工立法确立的劳动关系领域的基本原则，是指政府、工会和用人单位（组织）三方在平等的基础上，通过一定的机构和机制，共同对劳动关系中的重大问题进行规范和协调处理，如劳动政策、劳动条件、劳动报酬、职业培训、社会保险、职业安全卫生、劳动争议处理等，都应遵循三方性原则加以解决。

3. 劳动法的基本体系

劳动法的法律渊源是指我国国家制定或认可的劳动法律规范的表现形式，主要包括《宪法》、全国人大及其常委会制定的法律和一系列行政法规、部门规章、地方性法规，工会制定的有关劳动问题的规范性文件和我国政府批准生效的国际劳工组织的公约与建议书。

劳动法的法律体系是指我国的全部劳动法律规范按照一定的标准组合形成的，具有体系化联系的有机整体。现阶段，我国劳动法的法律体系被称为人力资源和社会保障法律体系，代表性的法律包括《宪法》《劳动法》《劳动合同法》《就业促进法》《劳动争议调解仲裁法》《社会保险法》等。

二、就业促进法

1.《中华人民共和国就业促进法》概述

2007年8月30日第十届全国人民代表大会常务委员会第二十九次会议通过《中华人民共和国就业促进法》（以下简称《就业促进法》），自2008年1月1日起施行，

于 2015 年 4 月 24 日第十二届全国人民代表大会常务委员会第十四次会议修正。《就业促进法》的立法宗旨主要包括三方面：一是扩大就业，创造就业条件；二是经济发展与扩大就业相协调；三是促进社会和谐稳定。

《就业促进法》共有 9 章 69 条，是调整就业促进的基本法律。

2.《就业促进法》的主要内容

《就业促进法》的主要内容包括：确立了我国的就业促进方针是劳动者自主择业、市场调节就业、政府促进就业，规定了政策支持、公平就业、就业服务和管理、职业教育和培训、就业援助等法律制度，明确了就业促进的监督检查和法律责任。

（1）明确政府促进就业的责任

政府是就业促进的最主要责任主体。《就业促进法》规定了政府在促进就业中八个方面的职责，包括：一是建立就业工作目标责任制度；二是制定实施有利于就业的经济和社会政策；三是推进公平就业；四是加强就业服务和管理；五是大力开展职业培训；六是建立健全失业保险制度；七是开展就业和失业调查统计工作；八是发挥社会各方面促进就业的作用。

《就业促进法》规定，除政府承担就业促进的基本职责之外，用人单位、人力资源市场中介机构、职业教育和培训机构，以及相关的社会团体承担就业促进的社会责任。

（2）构建促进就业的政策支持体系

《就业促进法》将经过实践检验行之有效的积极就业政策上升为法律规范，按照就业促进的要求，规定了较为完善的、有利于就业促进的政策支持体系。

1）产业政策。县级以上人民政府应当把扩大就业作为重要职责，统筹协调产业政策与就业政策。鼓励各类企业在法律、法规规定的范围内，通过兴办产业或者拓展经营，增加就业岗位。鼓励发展劳动密集型产业、服务业，扶持中小企业，多渠道、多方式增加就业岗位。鼓励、支持、引导非公有制经济发展，扩大就业，增加就业岗位。国家发展国内外贸易和国际经济合作，拓宽就业渠道。县级以上人民政府在安排政府投资和确定重大建设项目时，应当发挥投资和重大建设项目带动就业的作用，增加就业岗位。

2）财政政策。国家实行有利于促进就业的财政政策，加大资金投入，改善就业环境，扩大就业。县级以上人民政府应当根据就业状况和就业工作目标，在财政预算中安排就业专项资金用于促进就业工作。就业专项资金用于职业介绍、职业培训、公益性岗位、职业技能鉴定、特定就业政策和社会保险等补贴,创业担保贷款担保基金和微利项目的创业担保贷款贴息,以及扶持公共就业服务等。

3)税收政策。国家鼓励企业增加就业岗位,扶持失业人员和残疾人就业,对符合法定条件的企业、人员依法给予税收优惠,包括:吸纳符合国家规定条件的失业人员达到规定要求的企业,失业人员创办的中小企业,安置残疾人员达到规定比例或者集中使用残疾人的企业,从事个体经营的符合国家规定条件的失业人员,从事个体经营的残疾人,国务院规定给予税收优惠的其他企业、人员。同时,对从事个体经营的失业人员和残疾人给予经营场地等方面的照顾,免除行政事业性收费。

4)金融政策。国家实行有利于促进就业的金融政策,增加中小企业的融资渠道;鼓励金融机构改进金融服务,加大对中小企业的信贷支持,并对自主创业人员在一定期限内给予小额信贷等扶持。

5)统筹就业政策。包括城乡统筹、区域统筹和群体统筹的就业政策。

城乡统筹就业政策。国家实行城乡统筹的就业政策,建立健全城乡劳动者平等就业的制度,引导农业富余劳动力有序转移就业。县级以上地方人民政府推进小城镇建设和加快县域经济发展,引导农业富余劳动力就地就近转移就业;在制定小城镇规划时,将本地区农业富余劳动力转移就业作为重要内容。县级以上地方人民政府引导农业富余劳动力有序向城市异地转移就业;劳动力输出地和输入地人民政府应当互相配合,改善农村劳动者进城就业的环境和条件。

区域统筹就业政策。国家支持区域经济发展,鼓励区域协作,统筹协调不同地区就业的均衡增长;支持民族地区发展经济,扩大就业。

群体统筹就业政策。各级人民政府统筹做好城镇新增劳动力就业、农业富余劳动力转移就业和失业人员就业工作,尤其是做好下岗失业人员、高校毕业生、复转军人、残疾人、农民工等群体的就业工作。

6)灵活就业的劳动和社会保险政策。各级人民政府采取措施,逐步完善和实施与非全日制用工等灵活就业相适应的劳动和社会保险政策,为灵活就业人员提供帮助和服务。

7)失业保险促进就业政策。国家建立健全失业保险制度,依法确保失业人员的基本生活,并促进其实现就业。

(3)维护公平就业

我国一直重视公平就业问题。《宪法》《劳动法》《残疾人保障法》《妇女权益保障法》等法律都作出禁止就业歧视的规定。《就业促进法》以专章规定公平就业，对这一问题加以细化和深化，明确规定了以下内容。

1）政府维护公平就业、消除就业歧视的责任。各级人民政府的职责：一是创造公平就业的环境，消除就业歧视；二是制定政策并采取措施，对就业困难人员给予扶持和援助。

2）规范用人单位和职业中介机构的行为。用人单位招用人员、职业中介机构从事职业中介活动，应当向劳动者提供平等的就业机会和公平的就业条件，不得实施就业歧视。违反《就业促进法》的规定，实施就业歧视的，劳动者可以依法向人民法院提起诉讼。

3）保障妇女享有与男子平等的劳动权利。用人单位招用人员，除国家规定的不适合妇女的工种或者岗位外，不得以性别为由拒绝录用妇女或者提高对妇女的录用标准。用人单位录用女职工，不得在劳动合同中规定限制女职工结婚、生育的内容。

4）保障各民族劳动者享有平等的劳动权利。用人单位招用人员时，应当依法对少数民族劳动者给予适当照顾，不能歧视。

5）保障残疾人的劳动权利。各级人民政府应当对残疾人就业统筹规划，为残疾人创造就业条件。用人单位招用人员时，不得歧视残疾人。我国1989年颁布了《社会福利企业招用残疾职工的暂行规定》，1990年颁布《残疾人保障法》，对残疾人就业问题作出明确规定，1994年《劳动法》规定对残疾人就业实行特殊保护，2007年《残疾人就业条例》细化了对残疾人就业促进保护的制度设计。综合来看，我国残疾人就业促进的保护措施主要包括：保障残疾人平等就业；促进残疾人集中就业；促进残疾人按比例就业，实施残疾人就业保障金制度；促进、扶持残疾人自主择业、自主创业、从事个体经营，开发适合残疾人就业的公益性岗位；扶持农村残疾人从事种植业、养殖业、手工业和其他形式的生产劳动；积极开展残疾人就业服务。

6）保障传染病病原携带者的平等就业权。用人单位招用人员，不得以是传染病病原携带者为由拒绝录用。但是，经医学鉴定传染病病原携带者在治愈前或者排除传染嫌疑前，不得从事法律、行政法规和国务院卫生行政部门规定禁止从事的易使传染病扩散的工作。

7）保障农村劳动者的平等就业权。农村劳动者进城就业享有与城镇劳动者平等的劳动权利，不得对农村劳动者进城就业设置歧视性限制。

(4) 加强就业服务和管理

就业服务是指就业服务主体为劳动者实现就业和用人单位招用劳动者提供的社会服务。就业服务的对象是劳动力供求双方，即劳动者与用人单位。就业服务的主要内容包括就业登记与管理、职业指导、职业介绍、职业培训、就业援助、失业登记与管理等。

根据《就业促进法》和《就业服务与就业管理规定》，就业服务分为非营利性就业服务和营利性就业服务。非营利性就业服务又分为公共就业服务和其他非营利性就业服务。

人力资源市场是原归属于劳动行政部门管理的"劳动力市场"和归属于人事行政部门管理的"人才市场"的统称。《就业促进法》以"人力资源市场"的概念替代了"劳动力市场"与"人才市场"概念。根据《就业促进法》，县级以上人民政府在发展人力资源市场方面的职责包括：一是培育和完善统一开放、竞争有序的人力资源市场，为劳动者就业提供服务；二是加强人力资源市场信息网络及相关设施建设，建立健全人力资源市场信息服务体系，完善市场信息发布制度，为劳动者就业提供服务；三是对职业中介机构提供公益性就业服务的，按照规定给予补贴；四是加强对职业中介机构的管理，鼓励其按照诚实信用、公平、公开的原则提高服务质量，发挥其在促进就业中的作用。

1）求职与就业。根据《劳动法》的有关规定，劳动者依法享有自主择业的权利。劳动者年满16周岁，有劳动能力且有就业愿望的，符合法律规定的条件，可凭本人身份证件，通过公共就业服务机构、职业中介机构介绍或直接联系用人单位等渠道求职。

劳动者求职时，应当如实向公共就业服务机构或职业中介机构、用人单位提供个人基本情况，以及与应聘岗位直接相关的知识技能、工作经历、就业现状等情况，并出示相关证明。

为了提高劳动者的就业能力，国家鼓励劳动者在就业前接受必要的职业教育或职业培训，鼓励城镇初高中毕业生在就业前参加劳动预备制培训。

国家鼓励劳动者自主创业、自谋职业。各级人力资源社会保障行政部门应当会同有关部门，简化程序，提高效率，为劳动者自主创业、自谋职业提供便利和相应服务。

2）招用人员。用人单位自主招用人员的途径包括：委托公共就业服务机构或职业中介机构，参加职业招聘洽谈会，委托报纸、广播、电视、互联网站等大众传播媒介发布招聘信息，利用本企业场所、企业网站等自有途径发布招聘信息，其他合法途径。

招用人员的禁止行为。用人单位招用人员不得有下列行为：提供虚假招聘信息，发布虚假招聘广告；扣押被录用人员的居民身份证和其他证件；以担保或者其他名义向劳动者收取财物；招用未满16周岁的未成年人及国家法律、行政法规规定不得招用的其他人员；招用无合法身份证件的人员；以招用人员为名牟取不正当利益或进行其他违法活动；用人单位不得以诋毁其他用人单位信誉、商业贿赂等不正当手段招聘人员；用人单位在招用人员时，除国家规定的不适合妇女从事的工种或者岗位外，不得以性别为由拒绝录用妇女或者提高对妇女的录用标准，用人单位录用女职工，不得在劳动合同中规定限制女职工结婚、生育的内容；用人单位招用人员，不得歧视残疾人；用人单位招用人员，不得以是传染病病原携带者为由拒绝录用，但是，经医学鉴定传染病病原携带者在治愈前或者排除传染嫌疑前，不得从事法律、行政法规和国务院卫生行政部门规定禁止从事的易使传染病扩散的工作，用人单位招用人员，除国家法律、行政法规和国务院卫生行政部门规定禁止乙肝病原携带者从事的工作外，不得强行将乙肝病毒血清学指标作为体检标准；用人单位发布的招用人员简章或招聘广告，不得包含歧视性内容。

3) 公共就业服务。《就业促进法》明确了公共就业服务机构的性质和职责。规定县级以上人民政府建立健全公共就业服务体系，设立公共就业服务机构，为劳动者免费提供就业服务，包括就业政策法规咨询，职业供求信息、市场工资指导价位信息和职业培训信息发布，职业指导和职业介绍，对就业困难人员实施就业援助，办理就业登记、失业登记以及其他公共就业服务。

《就业服务与就业管理规定》为公共就业服务机构的职责定位是：公共就业服务机构根据政府确定的就业工作目标任务，制订就业服务计划，推动落实就业扶持政策，组织实施就业服务项目，为劳动者和用人单位提供就业服务，开展人力资源市场调查分析，并受劳动保障行政部门委托经办促进就业的相关事务。

公共就业服务机构免费为劳动者提供以下服务：就业政策法规咨询，职业供求信息、市场工资指导价位信息和职业培训信息发布，职业指导和职业介绍，对就业困难人员实施就业援助，办理就业登记、失业登记等事务，其他公共就业服务。

公共就业服务机构根据用人单位需求，为用人单位提供以下服务：招聘用人指导服务，代理招聘服务，跨地区人员招聘服务，企业人力资源管理咨询等专业性服务，劳动保障事务代理服务，为满足用人单位需求开发的其他就业服务项目。

公共就业服务机构从事劳动保障事务代理业务，须经县级以上劳动保障行政部门批准。公共就业服务机构不得从事经营性活动，公共就业服务机构举办的招聘会，不得向劳动者收取费用。

4）职业中介机构。职业中介机构是指由法人、其他组织和公民个人举办，为用人单位招用人员和劳动者求职提供中介服务以及其他相关服务的经营性组织。

职业中介实行行政许可制度。设立职业中介机构或其他机构开展职业中介活动，须经人力资源社会保障行政部门批准，并获得职业中介许可证。设立职业中介机构应当具备下列条件：有明确的机构章程和管理制度，有开展业务必备的固定场所、办公设施和一定数额的开办资金，有一定数量具备相应职业资格的专职工作人员，法律、法规规定的其他条件。

设立职业中介机构，应当向当地县级以上劳动保障行政部门提出申请，提交下列文件：设立申请书，机构章程和管理制度草案，场所使用权证明，注册资本（金）验资报告，拟任负责人的基本情况、身份证明，具备相应职业资格的专职工作人员的相关证明，法律、法规规定的其他文件。

（5）大力发展职业教育和开展职业培训

《就业促进法》明确了国家、企业、劳动者和各类职业培训机构在职业教育和培训中的职责及作用，通过职业技能培训提高劳动者的素质，以适应人力资源市场的需求，从而促进其实现就业和稳定就业。主要包括：一是明确了国家依法发展职业教育，鼓励开展职业培训，促进劳动者提高职业技能，增强就业能力和创业能力的总方针；二是规定了各级人民政府在加强职业教育和培训方面的职责；三是规定了企业在加强职业教育和培训方面的职责；四是规定了职业教育和培训机构在加强职业教育和培训方面的职责；五是建立职业资格证书制度，对从事涉及公共安全、人身健康、生命财产安全等特殊工种的劳动者，实行准入制度。

（6）实施就业援助

《就业促进法》和《就业服务与就业管理规定》明确规定各级人民政府建立健全就业援助制度。

1）就业援助的对象。就业援助对象包括就业困难人员和零就业家庭。就业困难人员是指因身体状况、技能水平、家庭因素、失去土地等原因难以实现就业，以及连续失业一定时间仍未能实现就业的人员。零就业家庭是指法定劳动年龄内的家庭人员均处于失业状况的城市居民家庭。

对援助对象的认定办法，由省级劳动保障行政部门依据当地人民政府规定的就业援助对象范围制定。

就业困难人员和零就业家庭可以向所在地街道（乡镇）、社区（村）公共就业服务机构申请就业援助。经公共就业服务机构确认属实的，纳入就业援助范围。

2）就业援助的措施。

①各级人民政府建立健全就业援助制度，采取税费减免、贷款贴息、社会保险补贴、岗位补贴等办法，通过公益性岗位安置等途径，对就业困难人员实行优先扶持和重点帮助。

②地方各级人民政府加强基层就业援助服务工作，对就业困难人员实施重点帮助，提供有针对性的就业服务和公益性岗位援助；鼓励和支持社会各方面为就业困难人员提供技能培训、岗位信息等服务。

③政府投资开发的公益性岗位，应当优先安排符合岗位要求的就业困难人员。被安排在社区公益性岗位工作的，按照国家规定给予岗位补贴。

④各级人民政府采取特别扶助措施，促进残疾人就业，要求用人单位应当按照国家规定安排残疾人就业。

三、社会保险法

1. 《中华人民共和国社会保险法》概述

《中华人民共和国社会保险法》是调整社会保险关系的法律规范的总和。它对社会保险的方针原则、项目体系、实施范围与实施对象、社会保险费征缴、待遇标准、发放办法等内容作出法律规定，并且明确了社会保险机构的性质和职能、社会保险的组织形式与地位、社会保险基金、社会保险的经办、管理与监督等事项。

在我国，社会保险法有狭义和广义之分。狭义的社会保险法是指2010年10月28日第十一届全国人民代表大会常务委员会第十七次会议通过，自2011年7月1日起施行，并于2018年12月29日第十三届全国人民代表大会常务委员会第七次会议修正的《中华人民共和国社会保险法》（以下简称《社会保险法》）。广义的社会保险法除《社会保险法》外，还包括《宪法》，其他法律、行政法规和地方性法规中关于社会保险的相关规定。

《社会保险法》共12章98条，主要内容包括：基本养老保险、基本医疗保险、工伤保险、失业保险、生育保险、社会保险费征缴、社会保险基金、社会保险经办、社会保险监督以及法律责任。

2. 《社会保险法》的功能和原则

(1)《社会保险法》的功能

1) 维护社会秩序的稳定。《社会保险法》作为社会保障法律体系的主要部分，与其他社会保障项目一道维护着社会秩序的稳定。当人们遭受年老、疾病、伤残、失业、死亡、生育等风险，生活面临困难时，根据社会保险法律制度，人们能够得到一定的物质帮助。《社会保险法》正是通过在遇到各种风险时向社会成员提供帮助起到维护社会稳定的作用。

2) 促进社会发展和进步。《社会保险法》促进社会发展和进步的作用主要表现在三个方面。就劳动者而言，由于《社会保险法》为劳动者解除了后顾之忧，使其能够专心致力于工作和生产劳动，促进劳动生产率的提高。就用人单位而言，国家通过社会保险，减轻了用人单位的压力和负担，为用人单位解除了后顾之忧，使用人单位可以集中精力从事生产经营，提高经济效益，增强市场竞争力。就劳动力再生产而言，《社会保险法》的主要功能之一是保证劳动力再生产的顺利进行，解决了劳动者本人和家庭靠自己力量难以解决的困难，使劳动者得以生息和繁衍。

3) 调节国民收入的分配和再分配。根据《社会保险法》，在筹集社会保险资金时，社会保险的费用一般由用人单位和劳动者共同负担，政府财政给予补助，当遭受劳动风险时，由社会保险基金给予物质帮助。通过调节国民收入分配的方式，《社会保险法》对国民收入进行再分配用以保障劳动者的基本生活，缩小社会成员在社会物质占有程度上的差距，使其共同分享经济发展的利益。

4) 促进社会的精神文明建设。《社会保险法》通过建立社会互助共济的法律制度，使社会成员对社会中的人道主义、对其他社会成员的生存和发展都会有更深刻的认识和更直接的关注，倡导和促进社会成员的精神文明建设，提高社会成员的精神文明程度。

(2)《社会保险法》的原则

我国社会保险制度的方针是广覆盖、保基本、多层次、可持续。这一方针确立了《社会保险法》的基本原则。《社会保险法》的基本原则是指集中反映《社会保险法》的本质，贯穿社会保险法律规范始终，并对整个社会保险法律规范体系起主导作用的根本准则、基本精神和指导思想。根据《社会保险法》的相关规定，《社会保险法》主要遵循以下基本原则。

1）普遍性原则。普遍性原则是指社会保险的适用范围包括所有社会成员，强调一切社会成员均享有社会保险权利，体现了《社会保险法》的"广覆盖"方针。

2）生存权保障原则。生存权是为维护人的生存必不可少的基本人权，是社会保险法的基本原则。在社会成员出现生活困难时，国家和社会有义务对其进行物质帮助，以保障社会成员基本生存需要。生存权保障原则要求社会保险水平限于保障基本生活需要，体现了《社会保险法》的"保基本"方针。

3）建立多层次社会保险制度的原则。多层次的社会保险制度包括以社会保险基金为主渠道的社会保险、用人单位根据本单位实际情况为劳动者建立的补充保险、劳动者个人进行的储蓄性保险。

4）可持续原则。可持续原则要求社会保险基金实现收支平衡，实现自我发展，要求《社会保险法》建立的各项制度应有利于社会保险的可持续发展。

5）社会保险水平与经济社会发展水平相适应原则。社会保险的程度和水平，不仅要考虑社会保险的目的，即保障劳动者基本生活的需要，也应充分考虑我国的经济社会发展水平。高于经济社会发展水平的社会保险，势必给经济社会的发展背上包袱，阻碍经济社会的发展；低于经济社会发展水平的社会保险，不能起到保障生存权的作用，还可能引发社会矛盾。只有社会保险水平与经济社会发展水平相适应，使社会保险水平在保证实现其基本目标的前提下，随着我国社会经济的不断发展逐步提高，建立与经济发展水平相协调的社会保险联动机制。

6）社会保险一体化和社会化相统一的原则。社会保险一体化原则是指统一社会保险的项目、统一社会保险或基本保险的标准、统一社会保险的管理与实施机制等。社会保险一体化为实现劳动者自由流动和劳动力资源的最佳配置提供了保障条件，是劳动力市场化必不可少的维系机制。社会保险社会化是社会保险自身的客观要求，应当把各部门、各单位分散管理的形式，逐步转为统一的社会化管理，将用人单位承担的社会保险方面的事务性工作转化为社会化服务，逐步健全社会统一的社会化服务组织。

7）保障功能与激励功能相结合的原则。社会保险是国家为满足劳动者的基本生存需要提供的物质保障，但劳动者不能存在依赖思想，只讲权利，不讲义务，而是要加强自我保障意识，积极参加社会保险。保障功能与激励功能相结合的原则要求

《社会保险法》应处理好公平与效率、保障与激励的关系，既要保障劳动者的基本生活，又要与个人缴费多少、贡献大小挂钩。

3. 《社会保险法》的主要内容

《社会保险法》主要规定了基本养老保险、基本医疗保险、工伤保险、失业保险和生育保险五大社会保险险种。

（1）基本养老保险

1）基本养老保险类型。《社会保险法》规定的基本养老保险包括职工基本养老保险、城镇居民社会养老保险和新型农村社会养老保险（2014年国务院发布文件，将城镇居民社会养老保险制度和新型农村社会养老保险制度合并实施，建立全国统一的城乡居民基本养老保险制度）。

2）基本养老保险基金。职工应当参加基本养老保险，由用人单位和职工共同缴纳基本养老保险费。无雇工的个体工商户、未在用人单位参加基本养老保险的非全日制从业人员以及其他灵活就业人员可以参加基本养老保险，由个人缴纳基本养老保险费。

基本养老保险实行社会统筹与个人账户相结合。基本养老保险基金由用人单位和个人缴费以及政府补贴等组成。用人单位按照国家规定的本单位职工工资总额的比例缴纳基本养老保险费，记入基本养老保险统筹基金。职工按照国家规定的本人工资的比例缴纳基本养老保险费，记入个人账户。基本养老保险基金出现支付不足时，政府给予补贴。

3）基本养老金。基本养老金由基础养老金、个人账户养老金和过渡性养老金组成。基本养老金根据个人累计缴费年限、缴费工资、当地职工平均工资、个人账户金额、城镇人口平均预期寿命等因素确定。

参加基本养老保险的个人，达到法定退休年龄时累计缴费满15年的，按月领取基本养老金。参加基本养老保险的个人，达到法定退休年龄时累计缴费不足15年的，可以缴费至满15年，按月领取基本养老金；也可以转入城乡居民社会养老保险，按照国务院规定享受相应的养老保险待遇。

国家建立基本养老金正常调整机制。根据职工平均工资增长、物价上涨情况，适时提高基本养老保险待遇水平。

个人跨统筹地区就业的，其基本养老保险关系随本人转移，缴费年限累计计算。个人达到法定退休年龄时，基本养老金分段计算、统一支付。

(2) 基本医疗保险

1) 基本医疗保险的类型。基本医疗保险是指国家为补偿参保人员因疾病风险造成的经济损失而建立的一项社会保险制度。医疗保险的目的在于使参保人员患病就诊发生医疗费用后，能够获得经济补偿，以避免、减轻参保人员因患病、治疗等所带来的经济风险。《社会保险法》规定的基本医疗保险包括职工基本医疗保险、城镇居民基本医疗保险和新型农村合作医疗。

2) 基本医疗保险费。职工应当参加职工基本医疗保险，由用人单位和职工按照国家规定共同缴纳基本医疗保险费。无雇工的个体工商户、未在用人单位参加职工基本医疗保险的非全日制从业人员及其他灵活就业人员可以参加职工基本医疗保险，由个人按照国家规定缴纳基本医疗保险费。

参加职工基本医疗保险的个人，达到法定退休年龄时累计缴费达到国家规定年限的，退休后不再缴纳基本医疗保险费，按照国家规定享受基本医疗保险待遇；未达到国家规定年限的，可以缴费至国家规定年限。

3) 基本医疗保险基金的支付。符合基本医疗保险药品目录、诊疗项目、医疗服务设施标准，以及急诊、抢救的医疗费用，按照国家规定从基本医疗保险基金中支付。

参保人员医疗费用中应当由基本医疗保险基金支付的部分，由医疗保险经办机构与医疗机构、药品经营单位直接结算。

医疗保险行政部门和卫生行政部门应当建立异地就医医疗费用结算制度，方便参保人员享受基本医疗保险待遇。

下列医疗费用不纳入基本医疗保险基金支付范围：应当从工伤保险基金中支付的、应当由第三人负担的、应当由公共卫生负担的、在境外就医的。

医疗费用依法应当由第三人负担，第三人不支付或者无法确定第三人的，由基本医疗保险基金先行支付。基本医疗保险基金先行支付后，有权向第三人追偿。

(3) 工伤保险

2010年12月20日国务院颁布第586号令《国务院关于修改〈工伤保险条例〉的决定》，修订了2003年4月27日颁布的《工伤保险条例》，修订的《工伤保险条例》于2011年1月1日起施行。2011年7月1日实施的《社会保险法》对工伤保险制度作了专章规定，工伤保险法律体系基本构建完成。

修订的《工伤保险条例》扩大了工伤保险的适用范围。《工伤保险条例》第二条规定，中华人民共和国境内的企业、事业单位、社会团体、民办非企业单位、基金会、律师事务所、会计师事务所等组织和有雇工的个体工商户应当依照条例规定参加工伤保险，为本单位全部职工或者雇工缴纳工伤保险费。中华人民共和国境内的企业、事业单位、社会团体、民办非企业单位、基金会、律师事务所、会计师事务所等组织的职工和个体工商户的雇工，均有依照条例的规定享受工伤保险待遇的权利。

1）工伤保险基金。工伤保险基金是国家为了实施工伤保险制度而通过各种渠道筹集的专项资金。工伤保险基金由用人单位缴纳的工伤保险费、工伤保险基金的利息和依法纳入工伤保险基金的其他资金构成。

按照《社会保险法》和《工伤保险条例》的有关规定，用人单位应当按时缴纳工伤保险费。职工个人不缴纳工伤保险费。用人单位缴纳工伤保险费的数额为本单位职工工资总额乘以单位缴费费率之积。我国工伤保险费率采取的是行业差别费率与浮动费率相结合的模式，按"以支定收，收支平衡"的原则，征缴工伤保险费。

2）工伤事故的认定范围。工伤认定是指工伤认定机构按照法定的程序，依据一定的标准对职工遭受事故伤害或者患病是否属于工伤进行确认的行为。

根据《工伤保险条例》第 14 条的规定，职工有下列情形之一的，应当认定为工伤：在工作时间和工作场所内，因工作原因受到事故伤害的；工作时间前后在工作场所内，从事与工作有关的预备性或者收尾性工作受到事故伤害的；在工作时间和工作场所内，因履行工作职责受到暴力等意外伤害的；患职业病的；因工外出期间，由于工作原因受到伤害或者发生事故下落不明的；在上下班途中，受到非本人主要责任的交通事故或者城市轨道交通、客运轮渡、火车事故伤害的；法律、行政法规规定应当认定为工伤的其他情形。

《工伤保险条例》第 15 条规定，职工有下列情形之一的，视同工伤：在工作时间和工作岗位，突发疾病死亡或者在 48 小时之内经抢救无效死亡的；在抢险救灾等维护国家利益、公共利益活动中受到伤害的；职工原在军队服役，因战、因公负伤致残，已取得革命伤残军人证，到用人单位后旧伤复发的。

《社会保险法》和《工伤保险条例》规定了因故意犯罪、醉酒或者吸毒、自残或者自杀等行为导致本人在工作中伤亡的，不得认定为工伤或者视同工伤。

3）工伤保险待遇的项目和标准。工伤保险待遇项目因工伤事故后果不同而不同。工伤事故可能造成职工受伤、患职业病、残疾或者死亡。相应地，工伤保险待遇主要包括三种类型：工伤医疗期间待遇、工伤伤残待遇和工亡保险待遇。

①工伤医疗期间待遇。工伤保险基金支付的项目包括：符合工伤保险诊疗项目目录、工伤保险药品目录、工伤保险住院服务标准的治疗工伤所需费用；职工住院治疗工伤的伙食补助费，以及经医疗机构出具证明，报经办机构同意，工伤职工到统筹地区以外就医所需的交通、食宿费用；符合规定的，工伤职工到签订服务协议的医疗机构进行工伤康复的费用。

所在单位支付的项目包括：职工因工作遭受事故伤害或者患职业病需要暂停工作接受工伤医疗的，在停工留薪期内，原工资福利待遇不变，由所在单位按月支付。停工留薪期一般不超过 12 个月。伤情严重或者情况特殊，经设区的市级劳动能力鉴定委员会确认，可以适当延长，但延长不得超过 12 个月。工伤职工在停工留薪期满后仍需治疗的，继续享受工伤医疗待遇。生活不能自理的工伤职工在停工留薪期需要护理的，由所在单位负责。

②工伤伤残待遇。工伤职工已经评定伤残等级并经劳动能力鉴定委员会确认需要生活护理的，从工伤保险基金按月支付生活护理费。生活护理费按照生活完全不能自理、生活大部分不能自理或者生活部分不能自理三个不同等级支付，其标准分别为统筹地区上年度职工月平均工资的 50%、40% 或者 30%。

职工因工致残被鉴定为一级至四级伤残的，保留劳动关系，退出工作岗位，享受以下待遇：从工伤保险基金按伤残等级支付一次性伤残补助金，标准为：一级伤残为 27 个月的本人工资，二级伤残为 25 个月的本人工资，三级伤残为 23 个月的本人工资，四级伤残为 21 个月的本人工资；从工伤保险基金按月支付伤残津贴，标准为：一级伤残为本人工资的 90%，二级伤残为本人工资的 85%，三级伤残为本人工资的 80%，四级伤残为本人工资的 75%。伤残津贴实际金额低于当地最低工资标准的，由工伤保险基金补足差额；工伤职工达到退休年龄并办理退休手续后，停发伤残津贴，按照国家有关规定享受基本养老保险待遇。基本养老保险待遇低于伤残津贴的，由工伤保险基金补足差额。

职工因工致残被鉴定为五级、六级伤残的，享受以下待遇：从工伤保险基金按伤残等级支付一次性伤残补助金，标准为：五级伤残为 18 个月的本人工资，六级伤残为 16 个月的本人工资；保留与用人单位的劳动关系，由用人单位安排适当工作。难以安排工作的，由用人单位按月发给伤残津贴，标准为：五级伤残为本人工资的 70%，六级伤残为本人工资的 60%，并由用人单位按照规定为其缴纳应缴纳的各项社会保险费。伤残津贴实际金额低于当地最低工资标准的，由用人单位补足差额。经工伤职工本人提出,该职工可以与用人单位解除或者终止劳动关系,由工伤保险基金支付一次性工伤医疗补助金,由用人单位支付一次性伤残就业补助金。一次性工伤医疗补助金和一次性伤残就业补助金的具体标准由省、自治区、直辖市人民政府规定。

职工因工致残被鉴定为七级至十级伤残的,享受以下待遇:从工伤保险基金按伤残等级支付一次性伤残补助金,标准为:七级伤残为13个月的本人工资,八级伤残为11个月的本人工资,九级伤残为9个月的本人工资,十级伤残为7个月的本人工资;劳动、聘用合同期满终止,或者职工本人提出解除劳动、聘用合同的,由工伤保险基金支付一次性工伤医疗补助金,由用人单位支付一次性伤残就业补助金。一次性工伤医疗补助金和一次性伤残就业补助金的具体标准由省、自治区、直辖市人民政府规定。

③工亡保险待遇。职工因工死亡,其近亲属按照下列规定从工伤保险基金领取丧葬补助金、供养亲属抚恤金和一次性工亡补助金:丧葬补助金为6个月的统筹地区上年度职工月平均工资。供养亲属抚恤金按照职工本人工资的一定比例发给由因工死亡职工生前提供主要生活来源、无劳动能力的亲属,标准为:配偶每月40%,其他亲属每人每月30%,孤寡老人或者孤儿每人每月在上述标准的基础上增加10%。核定的各供养亲属的抚恤金之和不应高于因工死亡职工生前的工资。供养亲属的具体范围由国务院社会保险行政部门规定。一次性工亡补助金标准为上一年度全国城镇居民人均可支配收入的20倍。

(4) 失业保险

1999年1月,国务院颁布《失业保险条例》和《社会保险费征缴暂行条例》,明确了失业保险基金的筹集、征缴、管理、待遇给付等内容。2010年10月28日,全国人大常委会通过的《社会保险法》,专章规定了失业保险,包括失业保险的适用范围、失业保险待遇的给付条件、失业保险金的给付期限、失业保险待遇的申领程序及失业保险待遇的停止支付等,进一步完善了我国失业保险制度。

1) 失业保险基金。失业保险基金是社会保险基金中的一种专项基金,是国家通过立法建立的用以保障失业人员基本生活的资金。我国失业保险基金由下列各项构成:城镇企业事业单位、城镇企业事业单位职工缴纳的失业保险费,失业保险基金的利息,政府财政补贴,依法纳入失业保险基金的其他资金。

根据《社会保险法》和《失业保险条例》的规定,我国失业保险基金用于下列支出。

①失业保险金。失业保险金是指失业保险机构按规定支付给符合条件的失业人员的基本生活费用，是最主要的失业保险待遇。

②领取失业保险金期间的医疗补助金。失业人员在领取失业保险金期间患病就医的，可以按照规定向社会保险经办机构申请领取医疗补助金。医疗补助金的标准由省、自治区、直辖市人民政府规定。

③领取失业保险金期间死亡的失业人员的丧葬补助金和其供养的配偶、直系亲属的抚恤金。

④领取失业保险金期间接受职业培训、职业介绍的补贴，补贴的办法和标准由省、自治区、直辖市人民政府规定。

⑤国务院规定或者批准的与失业保险有关的其他费用。

2）失业保险待遇的支付条件。根据《社会保险法》第45条和《失业保险条例》第14条的规定，失业人员符合下列条件的，从失业保险基金中领取失业保险金：失业前用人单位和本人已经缴纳失业保险费满一年；非因本人意愿中断就业；已经进行失业登记，并有求职要求。办理失业登记是失业人员领取失业保险金的必经程序。失业人员只有办理失业登记，接受相关机构的培训和指导，才能证明其主观上有再就业意愿，并且客观上积极寻求就业。

3）失业保险待遇的给付期限。失业保险金的给付期限是指失业人员可以申领失业保险金的时间。失业保险金给付期限的长短与参保单位和被保险人的参保期限的长短具有密切联系。根据《社会保险法》《失业保险条例》的规定，我国失业保险给付期限为：失业人员失业前用人单位和本人累计缴费满1年不足5年的，领取失业保险金的期限最长为12个月；失业人员失业前用人单位和本人累计缴费满5年不足10年的，领取失业保险金的期限最长为18个月；失业人员失业前用人单位和本人累计缴费10年以上的，领取失业保险金的期限最长为24个月；重新就业后，再次失业的，缴费时间重新计算，领取失业保险金的期限与前次失业应当领取而尚未领取的失业保险金的期限合并计算，最长不超过24个月。

4）失业保险待遇的给付标准。根据《社会保险法》的规定，失业保险金的标准，由省、自治区、直辖市人民政府确定，不得低于城市居民最低生活保障标准。失业人员在领取失业保险金期间，参加职工基本医疗保险，享受基本医疗保险待遇。失业人员应当缴纳的基本医疗保险费从失业保险基金中支付，个人不缴纳基本医疗保险费。失业人员在领取失业保险金期间死亡的，参照当地对在职职工死亡的规定，向其遗属发给一次性丧葬补助金和抚恤金，所需资金从失业保险基金中支付。

5）失业保险待遇的停止支付。失业保险待遇的发放必须满足法定条件。失业人员在领取失业保险金期间有下列情形之一的，停止领取失业保险金，并同时停止享受其他失业保险待遇：重新就业的；应征服兵役的；移居境外的；享受基本养老保险待遇的；无正当理由，拒不接受当地人民政府指定部门或者机构介绍的适当工作或者提供的培训的。

（5）生育保险

生育保险是指女职工因怀孕、分娩等而暂时中断劳动时，获得生活保障和物质帮助的一种社会保险制度。我国《劳动法》明确规定应为女职工建立生育保险制度。1994年12月劳动部发布了《企业职工生育保险试行办法》，对生育保险作出了规定。《社会保险法》第六章专门对生育保险作出了规定。

1）生育保险费。职工应当参加生育保险，由用人单位按照国家规定缴纳生育保险费，职工不缴纳生育保险费。

2）生育保险待遇。用人单位已经缴纳生育保险费的，其职工享受生育保险待遇；职工未就业配偶按照国家规定享受生育医疗费用待遇。所需资金从生育保险基金中支付。

生育保险待遇包括生育医疗费用和生育津贴。生育医疗费用包括下列各项：生育的医疗费用，计划生育的医疗费用，法律、法规规定的其他项目费用。

职工有下列情形之一的，可以按照国家规定享受生育津贴：女职工生育享受产假，享受计划生育手术休假，法律、法规规定的其他情形。

生育津贴按照职工所在用人单位上年度职工月平均工资计发。

四、劳动合同法

1.《中华人民共和国劳动合同法》概述

《中华人民共和国劳动合同法》（以下简称《劳动合同法》）是为了完善劳动合同制度，明确劳动合同双方当事人的权利和义务，保护劳动者的合法权益，构建和发展和谐稳定的劳动关系而制定的一部法律。2007年6月29日第十届全国人民代表大会常务委员会第二十八次会议通过《劳动合同法》，自2008年1月1日起施行。2012年12月28日第十一届全国人民代表大会常务委员会第三十次会议通过《关于修改〈中华人民共和国劳动合同法〉的决定》，对《劳动合同法》进行了修正。

2012年修正的《劳动合同法》共8章98条，主要内容包括：劳动合同的订立、劳动合同的履行和变更、劳动合同的解除和终止、集体合同、劳务派遣、非全日制用工、监督检查和法律责任。

2. 劳动合同的订立

劳动合同是劳动者与用人单位确立劳动关系，明确双方权利和义务的协议。劳动合同的订立，是指劳动者和用人单位经过相互选择和平等协商，就劳动合同条款达成协议，从而确立劳动关系和明确相互权利义务的法律行为。

（1）订立劳动合同的原则

根据《劳动合同法》的规定，劳动合同的订立应遵循五个原则：合法原则，公平原则，平等自愿原则，协商一致原则，诚实信用原则。

（2）劳动合同的形式

劳动合同的形式是劳动合同内容赖以确定和存在的方式，即劳动合同当事人双方意思表示一致的外部表现。《劳动法》和《劳动合同法》明确规定，建立劳动关系，应当订立书面劳动合同。已建立劳动关系，未同时订立书面劳动合同的，应当自用工之日起一个月内订立书面劳动合同。

用人单位自用工之日起超过一个月不满一年未与劳动者订立书面劳动合同的，应当向劳动者每月支付两倍的工资。自用工之日起满一年不与劳动者订立书面劳动合同的，视为用人单位与劳动者已订立无固定期限劳动合同。

（3）劳动关系的建立

用人单位自用工之日起即与劳动者建立劳动关系。用人单位与劳动者在用工前订立劳动合同的，劳动关系自用工之日起建立。

（4）劳动合同的期限

劳动合同分为固定期限劳动合同、无固定期限劳动合同和以完成一定工作任务为期限的劳动合同。

1）固定期限劳动合同。是指用人单位与劳动者约定合同终止时间的劳动合同。

2）无固定期限劳动合同。是指用人单位与劳动者约定无确定终止时间的劳动合同。有下列情形之一，劳动者提出或者同意续订、订立劳动合同的，除劳动者提出订立固定期限劳动合同外，应当订立无固定期限劳动合同。

①劳动者在该用人单位连续工作满10年的。

②用人单位初次实行劳动合同制度或者国有企业改制重新订立劳动合同时，劳动者在该用人单位连续工作满10年且距法定退休年龄不足10年的。

③连续订立两次固定期限劳动合同，且劳动者没有《劳动合同法》第39条和第40条第一项、第二项规定的情形，续订劳动合同的。

3）以完成一定工作任务为期限的劳动合同。是指用人单位与劳动者约定以某项工作的完成为合同期限的劳动合同。

（5）劳动合同的内容

劳动合同应当具备以下条款。

1）用人单位的名称、住所和法定代表人或者主要负责人。

2）劳动者的姓名、住址和居民身份证或者其他有效身份证件号码。

3）劳动合同期限。

4）工作内容和工作地点。

5）工作时间和休息、休假。

6）劳动报酬。

7）社会保险。

8）劳动保护、劳动条件和职业危害防护。

9）法律、法规规定应当纳入劳动合同的其他事项。

劳动合同除前款规定的必备条款外，用人单位与劳动者可以约定试用期、培训、保守秘密、补充保险和福利待遇等其他事项。

（6）试用期

试用期是指包括在劳动合同期限内的，用人单位和劳动者彼此进行考察、了解的期限。试用期的成立条件如下。

1）试用期与劳动合同期限并存，不得仅约定试用期。劳动合同仅约定试用期的，试用期不成立，该期限为劳动合同期限。

2）试用期包含在劳动合同期限内，且与劳动合同期限同时开始。

3）试用期未超出法定的适用范围。同一用人单位与同一劳动者只能约定一次试用期。以完成一定工作任务为期限的劳动合同或者劳动合同期限不满3个月的，不得约定试用期。

4）试用期未超出法定的最长期限。劳动合同期限3个月以上不满1年的，试用期不得超过1个月；劳动合同期限1年以上不满3年的，试用期不得超过2个月；

3年以上固定期限和无固定期限的劳动合同，试用期不得超过6个月。

劳动者在试用期的工资不得低于本单位相同岗位最低档工资或者劳动合同约定工资的80%，并不得低于用人单位所在地的最低工资标准。

3. 劳动合同的履行和变更

劳动合同的履行和变更是劳动关系运行过程的重要内容，《劳动合同法》对此做了详细规定。

（1）劳动合同的履行

劳动合同的履行是指劳动合同双方当事人完成劳动合同约定的义务，实现劳动过程和各自合法权益的行为。

劳动合同履行应遵循的原则是全面履行、实际履行和协作履行。在劳动合同履行过程中，用人单位应当按照劳动合同约定和国家规定，向劳动者及时足额支付劳动报酬。用人单位拖欠或者未足额支付劳动报酬的，劳动者可以依法向当地人民法院申请支付令，人民法院应当依法发出支付令。用人单位安排加班的，应当按照国家有关规定向劳动者支付加班费。

用人单位变更名称、法定代表人、主要负责人或者投资人等事项，不影响劳动合同的履行。用人单位发生合并或者分立等情况，原劳动合同继续有效，劳动合同由承继其权利和义务的用人单位继续履行。

（2）劳动合同的变更

劳动合同的变更是指劳动合同当事人双方或单方依法修改或补充劳动合同内容的法律行为。用人单位与劳动者协商一致，可以变更劳动合同约定的内容。变更劳动合同，应当采用书面形式。变更后的劳动合同文本由用人单位和劳动者各执一份。

4. 劳动合同的解除和终止

《劳动合同法》区分了劳动合同的解除和终止，赋予其不同的法律效力。

（1）劳动合同的解除与劳动合同终止的概念

劳动合同的解除是指劳动合同当事人提前消灭劳动合同关系的法律行为。劳动合同的终止是劳动合同确立的劳动关系因劳动合同解除以外的法律事实而消灭。

（2）劳动者解除劳动合同

有下列情形之一的，依照《劳动合同法》规定的条件、程序，劳动者可以与用人单位解除固定期限劳动合同、无固定期限劳动合同或者以完成一定工作任务为期限的劳动合同。

1）劳动者与用人单位协商一致的。

2）劳动者提前30日以书面形式通知用人单位的。

3）劳动者在试用期内提前3日通知用人单位的。

4）用人单位未按照劳动合同约定提供劳动保护或者劳动条件的。

5）用人单位未及时足额支付劳动报酬的。

6）用人单位未依法为劳动者缴纳社会保险费的。

7）用人单位的规章制度违反法律、法规的规定，损害劳动者权益的。

8）用人单位以欺诈、胁迫的手段或者乘人之危，使劳动者在违背真实意思的情况下订立或者变更劳动合同的。

9）用人单位在劳动合同中免除自己的法定责任、排除劳动者权利的。

10）用人单位违反法律、行政法规强制性规定的。

11）用人单位以暴力、威胁或者非法限制人身自由的手段强迫劳动者劳动的。

12）用人单位违章指挥、强令冒险作业危及劳动者人身安全的。

13）法律、行政法规规定劳动者可以解除劳动合同的其他情形。

（3）用人单位解除劳动合同

有下列情形之一的，依照《劳动合同法》规定的条件、程序，用人单位可以与劳动者解除固定期限劳动合同、无固定期限劳动合同或者以完成一定工作任务为期限的劳动合同。

1）用人单位与劳动者协商一致的。

2）劳动者在试用期间被证明不符合录用条件。

3）劳动者严重违反用人单位的规章制度。

4）劳动者严重失职，营私舞弊，给用人单位造成重大损害。

5）劳动者同时与其他用人单位建立劳动关系，对完成本单位的工作任务造成严重影响，或者经用人单位提出，拒不改正。

6）劳动者以欺诈、胁迫的手段或者乘人之危，使用人单位在违背真实意思的情况下订立或者变更劳动合同。

7）劳动者被依法追究刑事责任。

8）劳动者患病或者非因工负伤，在规定的医疗期满后不能从事原工作，也不能从事由用人单位另行安排的工作。

9) 劳动者不能胜任工作，经过培训或者调整工作岗位，仍不能胜任工作。

10) 劳动合同订立时所依据的客观情况发生重大变化，致使劳动合同无法履行，经用人单位与劳动者协商，未能就变更劳动合同内容达成协议。

11) 用人单位依照企业破产法规定进行重整。

12) 用人单位生产经营发生严重困难。

13) 企业转产、重大技术革新或者经营方式调整，经变更劳动合同后，仍需裁减人员。

14) 其他因劳动合同订立时所依据的客观经济情况发生重大变化，致使劳动合同无法履行。

(4) 劳动合同的终止

有下列情形之一的，劳动合同终止。

1) 劳动合同期满。

2) 劳动者开始依法享受基本养老保险待遇。

3) 劳动者死亡，或者被人民法院宣告死亡或者宣告失踪。

4) 用人单位被依法宣告破产。

5) 用人单位被吊销营业执照、责令关闭、撤销或者用人单位决定提前解散。

6) 法律、行政法规规定的其他情形。

(5) 解除与终止劳动合同的经济补偿

1) 经济补偿的情形。有下列情形之一的，用人单位应当向劳动者支付经济补偿：劳动者依照《劳动合同法》第38条规定解除劳动合同的；用人单位依照《劳动合同法》第36条规定向劳动者提出解除劳动合同并与劳动者协商一致解除劳动合同的；用人单位依照《劳动合同法》第40条规定解除劳动合同的；用人单位依照《劳动合同法》第41条第一款规定解除劳动合同的；除用人单位维持或者提高劳动合同约定条件续订劳动合同，劳动者不同意续订的情形外，依照《劳动合同法》第44条第一项规定终止固定期限劳动合同的；依照《劳动合同法》第44条第四项、第五项规定终止劳动合同的；法律、行政法规规定的其他情形。

2) 经济补偿的计算。经济补偿按劳动者在本单位工作的年限，每满1年支付1个月工资的标准向劳动者支付。6个月以上不满1年的，按1年计算；不满6个月的，向劳动者支付半个月工资的经济补偿。

劳动者月工资高于用人单位所在直辖市、设区的市级人民政府公布的本地区上年度职工月平均工资 3 倍的,向其支付经济补偿的标准按职工月平均工资 3 倍的数额支付,向其支付经济补偿的年限最高不超过 12 年。

劳动者的月工资是指劳动者在劳动合同解除或者终止前 12 个月的平均工资。

5. 劳务派遣

劳务派遣已成为社会关注的热点问题。《劳动合同法》对劳务派遣作出了规定。

(1) 劳务派遣的概念

劳务派遣又称为劳动派遣,是指由劳务派遣单位与被派遣劳动者订立劳动合同,由被派遣劳动者向用工单位给付劳务,其报酬由用工单位以劳务费向劳务派遣机构支付并代发的一种用工方式。劳务派遣一般在临时性、辅助性或者替代性的工作岗位上实施。

(2) 劳务派遣单位与被派遣劳动者

劳务派遣单位与被派遣劳动者形成劳动关系,劳务派遣单位应当履行的义务如下。

1) 被派遣劳动者是劳务派遣单位的职工,劳务派遣单位应当向被派遣劳动者履行用人单位对劳动者的义务。

2) 劳务派遣单位与被派遣劳动者订立的劳动合同,除应当载明一般的必备条款外,还应当载明被派遣劳动者的用工单位以及派遣期限、工作岗位等情况。

3) 劳务派遣单位应当与被派遣劳动者订立两年以上的固定期限劳动合同。

4) 劳务派遣单位应当按月支付劳动报酬;被派遣劳动者在无工作期间,劳务派遣单位应当按照所在地人民政府规定的最低工资标准,向其按月支付报酬。劳务派遣单位不得克扣用工单位按照劳务派遣协议支付给被派遣劳动者的劳动报酬。

5) 劳务派遣单位应当将劳务派遣协议的内容告知被派遣劳动者。

(3) 用工单位与被派遣劳动者

用工单位应当履行下列义务。

1) 执行国家劳动标准,提供相应的劳动条件和劳动保护。

2) 告知被派遣劳动者的工作要求和劳动报酬。

3) 支付加班费、绩效奖金,提供与工作岗位相关的福利待遇。

4) 对在岗被派遣劳动者进行工作岗位所必需的培训。

5) 连续用工的,实行正常的工资调整机制。

6) 用工单位不得将被派遣劳动者再派遣到其他用人单位。

7) 按照同工同酬原则向被派遣劳动者支付劳动报酬,用工单位无同类岗位劳动者的,参照用工单位所在地相同或者相近岗位劳动者的劳动报酬确定。

6. 集体合同

集体合同是集体劳动关系运行的基础。《劳动合同法》规定的集体合同制度主要内容如下。

(1) 集体合同的订立

企业职工一方与用人单位通过平等协商,可以就劳动报酬、工作时间、休息休假、劳动安全卫生、保险福利等事项订立集体合同。集体合同草案应当提交职工代表大会或者全体职工讨论通过。

集体合同由工会代表企业职工一方与用人单位订立;尚未建立工会的用人单位,由上级工会指导劳动者推举的代表与用人单位订立。

(2) 集体合同的类型

1) 专项集体合同。企业职工一方与用人单位可以订立劳动安全卫生、女职工权益保护、工资调整机制等专项集体合同。

2) 行业性集体合同、区域性集体合同。在县级以下区域内,建筑业、采矿业、餐饮服务业等行业可以由工会与企业方面代表订立行业性集体合同,或者订立区域性集体合同。

(3) 集体合同的报送和生效

集体合同订立后,应当报送劳动行政部门;劳动行政部门自收到集体合同文本之日起15日内未提出异议的,集体合同即行生效。依法订立的集体合同对用人单位和劳动者具有约束力。行业性、区域性集体合同对当地本行业、本区域的用人单位和劳动者具有约束力。

(4) 集体合同的履行

集体合同中劳动报酬和劳动条件等标准不得低于当地人民政府规定的最低标准,用人单位与劳动者订立的劳动合同中劳动报酬和劳动条件等标准不得低于集体合同规定的标准。用人单位违反集体合同,侵犯职工劳动权益的,工会可以依法要求用人单位承担责任;因履行集体合同发生争议,经协商解决不成的,工会可以依法申请仲裁、提起诉讼。

7. 非全日制用工

随着经济社会的发展,新的就业形式越来越多,非全日制就业对于促进人力资源市场的灵活性发挥了重要作用。

(1) 非全日制用工的概念

非全日制用工，是指以小时计酬为主，劳动者在同一用人单位一般平均每日工作时间不超过 4 小时，每周工作时间累计不超过 24 小时的用工形式。

(2) 非全日制用工的形式、试用期、报酬与终止

非全日制用工双方当事人可以订立口头协议，不得约定试用期。

从事非全日制用工的劳动者可以与一个或者一个以上用人单位订立劳动合同；但是，后订立的劳动合同不得影响先订立的劳动合同的履行。

非全日制用工小时计酬标准不得低于用人单位所在地人民政府规定的最低小时工资标准。劳动报酬结算支付周期最长不得超过 15 日。

非全日制用工双方当事人任何一方都可以随时通知对方终止用工。终止用工，用人单位不向劳动者支付经济补偿。

第七部分

综合服务

第1节 社会保障卡

一、社会保障卡应用的指导思想

社会保障卡应用的指导思想主要体现在以下几个方面。

1. 整体规划，分步推进

坚持"需求导向"，从满足人民群众最迫切的需要出发，明确"一卡通"发展目标，全面规划社会保障卡应用目录。结合各地工作基础和实际情况，分地区、分业务、分阶段稳步有序地推进社会保障卡应用工作，逐步开通各类应用项目。

2. 网卡结合，统一规范

统筹推进社会保障卡、信息系统、信息网络的协调发展，做好各级各类应用系统用卡环境建设。统一社会保障卡应用、服务、管理的业务和技术规范，为"一卡通"提供运行保障。

3. 拓展功能，广泛用卡

充分发挥社会保障卡身份凭证、信息记录、缴费和待遇领取、结算和支付工具等作用，突出主体功能和重点业务，逐步实现社会保障卡在个人直接办理人力资源社会保障各项业务、享受相应公共服务中的广泛应用。

4. 服务民生，一卡通行

在保持主要功能、标准规范、密钥体系、管理主体不变的前提下，在更大范围和更深层次推进人力资源社会保障部门与相关部门的信息共享，鼓励以社会保障卡为载体，以保障和改善民生为目标，加大社会保障卡集成应用力度，逐步加载政府其他公共服务功能。

二、社会保障卡的应用功能

充分发挥社会保障卡在标准统一、功能兼容方面的优势，重点开发六项基本功能。

1. 电子凭证功能

将社会保障卡作为持卡人办理就业登记、失业登记、参保登记、工伤认定、职业培训、技能鉴定等人力资源社会保障业务，享受各项就业扶持政策和就业服务、社保服务、人才服务的主要电子身份凭证。

2. 信息记录功能

在社会保障卡内或相关后台系统记录个人基本信息、人力资源社会保障关键业务信息，形成电子形式的证件副本。

3. 自助查询功能

通过社会保障卡在自助服务一体机或其他服务渠道连接后台系统，方便持卡人查询个人的人力资源社会保障权益信息及办理相关业务。

4. 就医结算功能

通过社会保障卡实现本地和跨地的医疗保险、工伤保险、生育保险医疗费即时结算，支持挂号、诊疗、妊娠登记、住院登记、购药等就医过程的信息服务，实现就医一卡通。

5. 缴费和待遇领取功能

通过社会保障卡的银行账户实现各类缴费和待遇领取，包括个人各项社会保险缴费、人事人才考试缴费，各项社会保险定期待遇和一次性待遇领取、报销费用领取、就业扶持政策补贴资金领取、重点行业（企业）农民工工资领取等。

6. 金融支付功能

通过社会保障卡的银行账户办理存取款、转账、代收代付等业务。

三、社会保障卡应用的发展趋势

1. 完善业务规程，逐步推进用卡

结合各地业务开展情况，研究确定社会保障卡在各业务领域中的具体应用场景和使用机制，在现有业务规程基础上补充完善用卡相关办法。制定全国统一的通用业务基础规程和用卡技术标准，确定跨省用卡业务模式。省级人力资源社会保障部门确定省内用卡业务模式，制定卡应用实施细则。新开展的业务，在起步实施时即

应安排好业务办理的用卡模式；原有的业务，应从新服务人群起步，实现充分用卡；对原有的服务人群，可结合自愿选择、设置过渡期等方式逐步实现向业务办理的用卡模式过渡。

2. 建设服务体系，完善服务制度

充分利用各级人力资源社会保障部门各类经办服务大厅等场地设立社会保障卡服务窗口，受理社会保障卡日常服务事项。各地应在各类经办服务窗口，结合业务经办，同步办理社会保障卡关联服务事项，有条件的地区应在街道（乡镇）、社区（村）等基层服务网点普遍开通主要服务事项。各级人力资源社会保障部门应充分利用合作商业银行的服务网点和服务设施，开展联合服务，拓展服务渠道，畅通跨地区服务，具体服务事项及相关优惠政策由省级人力资源社会保障部门与合作商业银行以协议形式确立。探索建立即时发卡机制，切实缩短制发卡和补换卡周期，提升服务满意度。积极采用12333电话、互联网、自助服务一体机、移动应用等方式，创新社会保障卡电子服务渠道。制定社会保障卡服务规范，建成全国范围内统一、完备、便捷、优质的社会保障卡服务体系，为持卡人提供从社会保障卡申领、使用到注销全程便利服务，实现省内跨地不换卡，形成社会保障卡省内和跨省服务机制。

3. 统一技术标准，升级应用系统

精心做好服务人群的信息采集、更新和共享，加快部、省两级社会保障卡持卡人员基础信息库建设步伐，实现全国联网比对查询。各地执行全国通用的技术要求，统一社会保障卡的认证流程、接口标准、终端和系统接入方案、跨地区用卡技术方案、入网联通测试标准等规范；同时，加快各类业务管理和公共服务系统建设步伐，不断完善业务数据，新建系统要统筹设计并实现用卡功能，原有系统要按支持用卡的要求进行功能升级和接口对接，各类跨地区业务系统在建设时就要同步实现用卡接口开发。

4. 广泛布设终端，完善用卡环境

在所有使用社会保障卡的物理网点广泛布设柜面和自助服务的读写终端，做好终端的入网管理，实现终端和后台业务系统的规范连接。全面建设省—市—区（县）—街道（乡镇）—社区（村）网络，特别要加快信息网络向乡镇、行政村及基层医疗机构的连接。省级人力资源社会保障部门与合作商业银行实时联网，实现合作商业银行各类服务终端对社会保障卡应用的支持。逐步推进与其他政府部门的联网工作。

提高联网的实时业务交互和数据交换能力,为社会保障卡应用提供安全、可靠的网络环境。

5. 加强应用监管,保障应用安全

严格遵循全国统一规范,建立应用安全保障体系,加强社会保障卡、各类密钥载体、终端设备、后台业务系统的安全管理。加强对工作人员在社会保障卡操作流程、服务规范等方面的培训,制定社会保障卡应用的内部控制制度,规范社会保障卡信息读写操作。建立信息安全监督机制,加强用卡重点领域、关键环节的安全检查和问责机制,确保社会保障卡应用中的信息与资金安全。加强对持卡人用卡的宣传引导,调动用卡积极性,规范用卡行为。加强行政监督执法,严肃查处违规使用社会保障卡欺诈、骗取社会保险待遇和社会保险基金的行为。加强人力资源社会保障部门与合作商业银行、协议管理的医院和药店间的联网安全,共同做好相关金融服务终端的安全保护。

第 2 节 人力资源社会保障服务系统(12333)

人力资源和社会保障工作关系到社会公众的切身利益,历来受到党和国家的高度重视和全社会的广泛关注。"十二五"时期,党中央、国务院大力推进简政放权、放管结合、优化服务,12333 电话咨询服务作为人力资源社会保障部门面向群众提供公共服务的重要窗口,在政策解疑释惑、沟通社情民意、化解社会矛盾、提升服务能力等方面发挥了重要作用。但也存在人员配备不足、区域发展不协调、服务手段不丰富等问题,与人民群众的服务需求相比仍有不小差距。"十三五"期间,12333 电话咨询服务被列入《国民经济和社会发展第十三个五年规划纲要》的"基本公共服务项目清单"。为贯彻中共中央办公厅、国务院办公厅《关于深入推进审批服务便民化的指导意见》精神,落实国家"十三五"规划纲要要求,进一步提升公共服务能力,加强行风建设,人力资源社会保障部办公厅、财政部办公厅发布了《关于深入推进 12333 发展促进人力资源社会保障公共服务便民化的意见》,对 12333 电话咨询公共服务便民化工作提出了更高要求。

一、总体要求

以习近平新时代中国特色社会主义思想为指导,践行以人民为中心的发展思想,以促进人力资源社会保障系统审批服务便民化、加强行风建设为导向,充分发挥12333热线专业性强、集成度高、咨询服务量大的优势,秉承"倾听民意、服务民生"的服务理念,全力构建上下联动、专业规范、高效优质的电话服务体系,以多种方式增加服务供给,全面提升人力资源社会保障公共服务能力,增强群众获得感、幸福感。基本原则如下。

1. 坚持服务便民

聚焦群众办事的堵点难点热点,畅通12333服务渠道,用最快的速度、最优的服务,提高电话服务效率和质量,确保群众问题及时解答、电话服务优质高效。

2. 坚持服务创新

拓展多元化的服务渠道,运用语音识别、智能客服、大数据等技术,形成智能化的服务能力,创新服务方式,向群众提供主动服务、精准服务、智慧服务。

3. 坚持共享协同

持续完善知识库,开放共享数据,加强12333与各类业务的协同联动,逐步提供全业务、全流程的咨询办事服务。

4. 坚持全国一体化

推进全国12333电话服务系统互联互通,使用全国统一标识,以12333一个号码对外提供人力资源社会保障电话服务。

二、主要任务

1. 加强咨询服务

对"人力资源社会保障领域基本公共服务项目清单"中的服务事项,提供5×8小时人工咨询服务和7×24小时自动语音服务。

2. 推广电话办事

有条件的地方通过12333电话,开通账户信息、社保待遇、就业信息、办事进度和办理结果等信息查询,办理基本信息登记、社保卡挂失和密码修改、在线预约、备案登记等业务,让群众少跑腿;接收劳动保障监察投诉举报信息,开通案件办理情况自助查询功能,受理劳动人事争议调解仲裁组织机构查询等事项,方便劳动者维权。加强与各业务系统的集成贯通,按照"先易后难"的原则,逐步将网上办理的公共服务事项纳入12333电话办理业务范围,积极探索12333业务办理全国联动,力争实现更多事项"办事零跑路"。

3. 注重政策法规解读

发挥12333电话直接服务群众的优势,用群众听得懂的语言宣传政策法规、解读文件,引导群众正确理解人力资源社会保障政策法规。

4. 开通投诉举报电话

各地人力资源社会保障部门统一在12333服务热线的首层功能菜单开设投诉举报的选项,畅通群众通过12333表达诉求的渠道。健全投诉举报工作机制,明确在线受理、转办、会同督办、结果反馈等服务流程,12333要如实记录群众反映的问题,及时转交有关部门处理,及时向群众反馈处理结果,实现群众投诉举报件件有落实、事事有回应。

5. 加强12333与业务的协同联动

各地要强化12333咨询数据收集和分析利用工作,根据群众来电中的热点难点问题,积极开展专题研究,加强数据分析,洞察民生需求,编制分析报告,为机关业务部门研判形势、完善政策、监控舆情提供决策参考。结合业务重点,通过12333电话开展社会调查和民意调查,为业务部门提供全面真实的一手资料,了解社情民意,及时回应社会关切。业务部门应在政策法规向社会公布前,主动向12333电话咨询机构进行宣讲,做好培训,明确解答口径;对12333转办的疑难问题,要在规定时限内答复。

6. 做好政务热线间的衔接服务

12333专业性强、集成度高、咨询服务量大,各地人力资源社会保障部门要按照"并行接听、联动服务"的原则,做好12333自身建设及12333与其他政务热线间的衔接服务,各地市的衔接方案须向省级人力资源社会保障部门报告后实施;省本级和支持多个地区系统的衔接方案须向人力资源社会保障部信息中心报告后实施。

第3节 基层平台信息化建设

一、基层平台信息化建设的目标

信息系统覆盖城乡就业创业服务、社会保险、劳动关系等各项人力资源社会保障业务，覆盖城乡所有劳动力资源、参保人员及外来务工人员和用人单位。

大力开展人力资源社会保障基层信息平台建设，在街道（乡镇）、社区（行政村）建立综合的就业创业和社会保障窗口，实现人力资源社会保障业务在基层劳动就业社会保障公共服务平台的统一管理和服务，将尽可能多的服务功能通过网络延伸到街道（乡镇）、社区（行政村），为开展就业创业、社会保险和劳动维权等服务提供技术支持。

二、互联网+基层平台建设

人力资源社会保障部于2016年11月发布《关于印发"互联网+人社"2020行动计划的通知》（以下简称《行动计划》），全面部署人力资源社会保障领域的"互联网+"行动计划。"互联网+人社"是贯彻落实"互联网+"、大数据等国家重大战略，推进"互联网+政务服务"，加快人力资源社会保障领域"放、管、服"改革的重要举措，也是"十三五"期间人力资源社会保障信息化工作的行动纲领，对于增强人力资源社会保障工作效能，提升公共服务水平和能力，具有重要意义。

根据人力资源社会保障部、国家发展改革委、财政部《关于推进全方位公共就业服务的指导意见》的有关要求，要打造全国统一的智能公共就业服务信息化平台，加快应用大数据、云服务技术，全面推进"互联网+公共就业服务"。联网发布就业创业政策信息和各地公共就业服务机构招聘、见习、培训等服务信息。全面开展就业失业登记、社会保险登记、劳动用工备案业务协同，实行就业创业政策受理、审核、实施一体化办理。全程记录落实政策和提供服务信息，全面推进信息数据向上集中，实现跨地区、跨部门交换共享和动态管理。推进流动人员人事档案信息化建设，建立完善基础信息资源库和管理服务运行平台。积极推动电子社保卡线上业务领域应用。在这些智慧化服务浪潮中，作为公共人力资源社会保障服务的前沿阵地，基层平台必将会率先发力。

下面介绍部分城市"互联网+人社"的经验做法。

案例 1

山东省淄博市"无形认证、政策找人"就业服务

近年来，山东省淄博市利用信息系统进行大数据比对分析，通过"无形认证"工作模式，改变过去"人找政策、企业找政策""先申请、再审批、后拨付"的传统方式，现在是"政策找人、政策找企业"，实行"免打扰"服务，有效解决了因对政策了解不到位，享受不到优惠政策或享受政策慢的问题。

淄博市就业服务"无形认证、政策找人"主要通过四个步骤：一是综合运用山东省就业、社会保险，淄博"智慧人社"等信息系统数据，对企业和个人享受政策条件进行比对分析，把好数据比对"认证关"；二是通过"信用中国"平台和行政审批对有关数据逐一进行比对，把好享受政策资格"确认关"；三是联合财政部门，开辟资金拨付"绿色通道"，建立资金调度一体化办理机制，把好资金联动"发放关"；四是通过就业系统、人力资源社会保障系统等系统比对发放信息，同时，聘请第三方对资金发放流程进行审计，抓好资金安全"监督关"。变"被动等申请"为"主动送服务"，为服务对象提供"零见面、零跑腿、零等待"的全方位就业服务，政策落地时限大幅压缩，企业和群众满意度大幅提升。

以高校毕业生生活补贴为例介绍"无形认证、政策找人"的流程。

1. 数据提取

从就业登记系统筛选提取首次登记人员名单→将名单与人力资源社会保障系统比对，筛选出缴纳社保的人员名单→与合同备案系统比对，筛选签订合同小于 1 年或未签订合同的人员→将名单与学信网、学历网数据比对，筛选出专科及以上学历人员→将名单导入补贴系统（见图 7-1）

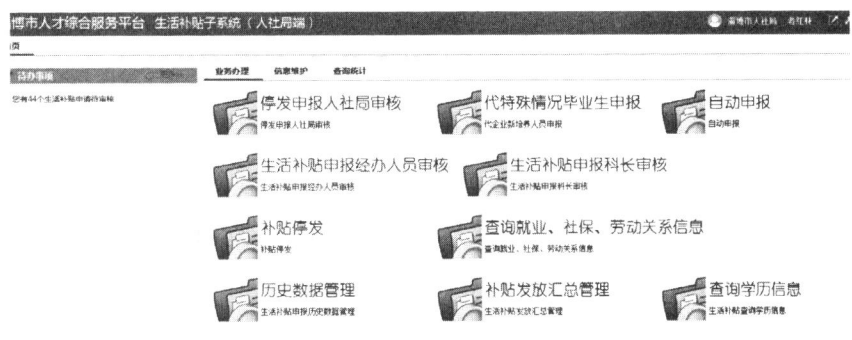

图 7-1　数据提取

2. 信息确认

登录人力资源和社会保障局官网→系统登录→个人信息确认（见图 7-2）

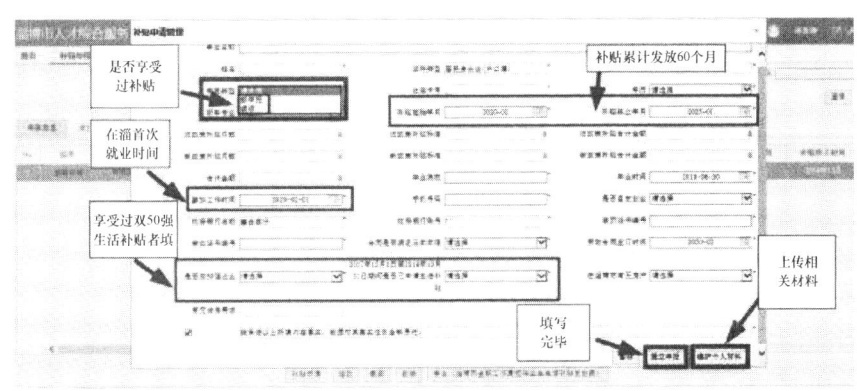

图 7-2　信息确认

3. 审核、公示和发放（见图 7-3）

图 7-3　审核和公示

案例 2

内蒙古自治区呼伦贝尔市 968966 创业就业直通车服务平台

为迅速掀起大众创业、万众创新新高潮，进一步推动创业就业工程的实施，充分利用"互联网+"等现代手段，呼伦贝尔市人力和社会资源保障局打造了 968966 创业就业直通车服务平台。

968966 办事直通车于 2017 年 12 月起运行，贯彻国家"放管服"要求，积极推进"互联网+人社"，改善传统的服务模式，再造流程，简化手续，通过互联网、手机客户端实现创业就业工作网上办理，解决了以往存在的办事难、办事慢、办事繁的问题。目前业务内容主要为：职业培训，线上可了解相关课程的内容与开课时间，并且可直接线上进行报名课程；求职招聘，为企业提供招聘与求职者求职模块，在线上解决企业人才需求和人员就业问题；创业贷款，创业担保贷款线上办理平台，线上进行申请，足不出户完成贷款流程，轻松办理；创业项目，强大的创业项目库，为企业提供有力的项目支撑；业务查询办事，可线上办理其他就业业务，如失业保险金申领，查询办理就业创业证以及失业人员档案查询等；新闻动态与就业政策，可以了解到最新的政策消息与新闻内容等。用户可以通过"创业就业直通车"网站和 App 找到相关的业务，线上了解各业务的办事细节并进行线上申请办理业务提交资料，直通车平台不光实现了电子政务的智能化，还具备人脸识别、电子签章及自动归档的功能。

第 4 节　突发事件和信访

一、突发性事件

1. 什么是突发事件

突发事件是指突然发生，造成或者可能造成严重社会危害，需要采取应急处置措施予以应对的自然灾害、事故灾难、公共卫生事件和社会安全事件。

突发事件预警级别一般依据突发事件可能造成的危害程度、波及范围、影响力大小、人员及财产损失等情况，由高到低划分为特别重大（Ⅰ级）、重大（Ⅱ级）、较大（Ⅲ级）、一般（Ⅳ级）四个级别，并依次采用红色、橙色、黄色、蓝色来加以表示。

人力资源社会保障突发事件主要指辖区内的企业职工、失业人员及企业退休人员因劳动和社会保障问题引起的集体上访、静坐、游行、停工等重大突发事件。

2. 突发事件处理的原则

突发事件处理一般遵循以下原则。

（1）以人为本，减轻危害。

（2）统一领导，分级负责。

（3）社会动员，协调联动。

（4）属地先期处置。

（5）依靠科学，专业处置。

（6）鼓励创新，迅速高效。

人力资源社会保障突发事件处理原则，除遵循上述一般原则外，还应当坚持预防为主、区别对待、教育疏导、重在调解、快速处理、就地解决的原则，依法维护用人单位和劳动者的合法权益。

3. 处理突发性事件的基本程序

处理突发性事件的基本程序一般包括：制定突发事件处理的工作预案和突发事件发生后的处理。

（1）制定突发事件处理的工作预案

基层人力资源社会保障工作机构要提高对预防和处理突发事件重要性的认识，要按上级部门的要求，制定突发事件处理的工作预案，结合本辖区情况，提出相应的突发事件预防和处理的工作程序和方法，做到提前预防、及时处理、努力消除不稳定因素。

（2）突发事件发生后的处理

1）突发事件发生后，基层劳动保障协理员应在规定时间内及时向当地政府和上级人力资源社会保障部门报告，并赶赴现场进行处理。

2）对不了解政策和提出不合理要求的人员，要做好政策解释和教育疏导工作；对符合劳动争议仲裁范围的，应释明当事人可以到劳动争议仲裁机构申请仲裁；对明显违反劳动和社会保险法律法规，严重侵害职工和退休人员合法权益的企业，应向劳动保障监察机构报告；对重大事项和疑难问题，应动员当事人恢复工作和社会秩序，然后将有关事项和问题提交人力资源社会保障部门或其他相关部门处理解决。

3）突发事件应急处理工作结束后，基层劳动保障协理员应当协助当地政府和上级人力资源社会保障部门做好善后处置工作，搞好调查处理和总结评估工作，并按上级部门要求写出事件情况的专题报告。

4. 协助处理突发事件工作程序

协助处理突发事件工作程序一般包括：突发事件发生前的预防工作和发生后的处理工作。

（1）突发事件发生前的预防工作

1）做好人力资源社会保障法律法规和政策的宣传。

2）协助处理日常上访，尽可能及时地使上访问题得到明确答复。

3）开展走访活动，掌握信访动向；对存在的问题隐患要及时化解，无法解决的要及时上报有关部门。

4）建立重点信访登记备案制度和排查制度。

5）建立预警机制，采取预警监控措施。

（2）发生后的处理工作

1）获悉辖区内发生突发事件后，应迅速了解突发事件的有关情况，包括发生的时间、地点、单位、人数、起因、经过、社会反响等，及时反映、上报突发事件的情况。上报的方式一般为书面报告，紧急情况下可选择电话等快捷的方式报告。

2）在职责范围内，采取措施防止事态扩大，减少或避免损失和不良影响。

3）协助有关部门处理事件。有关部门到场后，应及时汇报已掌握的有关事件信息、处理进度和结果。

4）协助有关部门形成事件处理报告。事件处理结束后，应协助有关部门将事件处理结果形成书面报告，按规定上报。

5）结案归档。收集、整理突发事件资料，按立卷内容和要求归档。

二、信访

1. 信访的有关内容

信访是指公民、法人或者其他组织采用书信、电子邮件、传真、电话、走访等形式，向各级人民政府、县级以上人民政府工作部门反映情况，提出建议、意见或者投诉请求，依法由有关行政机关处理的活动。

（1）信访工作的原则

信访工作应当在各级人民政府领导下，坚持属地管理、分级负责，谁主管、谁负责，依法、及时、就地解决问题与疏导教育相结合的原则。

（2）信访渠道

信访工作机构应当组织相关社会团体、法律援助机构、相关专业人员、社会志愿者等共同参与，运用咨询、教育、协商、调解、听证等方法，依法、及时、合理地处理信访人的投诉请求。

（3）信访事项的提出

信访人提出信访事项，一般应当采用书信、电子邮件、传真等书面形式；信访人提出投诉请求的，还应当载明信访人的姓名（名称）、住址和请求、事实、理由；信访人采用走访形式提出信访事项的，应当到有关机关设立或指定的接待场所提出；多人采用走访形式提出共同的信访事项的，应当推选代表，代表人数不得超过5人。

（4）信访事项的受理

有关行政机关收到信访事项后，能够当场答复是否受理的，应当当场书面答复；不能当场答复的，应当自收到信访事项之日起15日内书面告知信访人（信访人的姓名、住址不清的除外）。公民、法人或者其他组织发现可能造成社会影响的重大、紧急信访事项和信访信息时，可以就近向有关行政机关报告。

（5）信访事项的办理和督办

行政机关及其工作人员办理信访事项，应当恪尽职守、秉公办事，查明事实、分清责任，宣传法制、教育疏导，及时妥善处理，不得推诿、敷衍、拖延。信访事项应当自受理之日起60日内办结；情况复杂的，经本行政机关负责人批准，可以适当延长办理期限，但延长期限不得超过30日，并告知信访人延期理由。法律、行政法规另有规定的，从其规定。

2. 处理信访的基本规定

(1) 信访人反映的重要问题经国家机关负责人批示或批准的，要向有关机关立案调查处理；对匿名的重要信访案件，交有关单位处理。

(2) 不得将控告、检举信件转给被控告、被检举人；不得将上级机关或负责人对控告、检举材料的批示透露给当事人。

(3) 信访人对国家机关、单位处理的信访案件结果不服的，应当在接到处理决定后向其上一级机关或主管部门申请复查。复查机关确认正确的，维持原处理决定，并做好信访人的思想疏导工作；发现确有错误的，责成原处理机关、单位重新处理或直接作出处理。

(4) 信访部门对信访人提出的要求，暂时不能解决的，要进行解释；对提出无理要求的信访人，进行批评教育；对越级上访的信访人，做好说服劝阻工作，并督促承办单位认真办理。

(5) 复查确定处理正确的信访案件，信访人经说服教育仍长期滞留、无理纠缠的，信访部门出具公函，公安机关协助处理。

3. 来信的处理程序

(1) 拆封。收到来信，要当日拆封，不能拖拉。

(2) 阅信。拆封后应及时阅信，阅信时要认真仔细，要理解和掌握来信者的意图、要求及反映情况的全部过程。

(3) 登记。将来信者的姓名、性别、工作单位、通信地址和反映的问题、要求等内容，逐项在群众来信登记卡上登记。对重复来信者，应加以注明。

(4) 处理。根据来信所反映问题的性质，按照"分级负责、归口办理"的原则，及时、妥善处理，对于需要其他部门处理的问题，应及时转办或交办。

(5) 复信。群众来信处理完毕后，原则上都应复信，向群众宣传政策，做思想工作，告知处理情况，答复处理结果，做到件件有回音。

4. 来访的处理程序

对来访者陈述意见，反映情况，提出要求、建议、批评，以及申诉、控告、检举等，要以对来访者负责的态度，热情接待，耐心听取，并对来访者反映的问题和要求予以办理。办理群众来访的基本程序如下：

(1) 登记。了解来访者的基本情况，并将来访者的基本情况，在群众来访登记卡上登记。登记的主要内容有：来访者姓名、性别、年龄、职务、工作单位、联系电话等。

（2）接谈。接待人员与来访者直接交谈，听取陈述、询问情况、解答政策，并做好思想工作。在接谈中要做到"一听、二问、三记、四分析"，要了解清楚来访者反映问题的实质，对来访者陈述的问题、提出的意见和要求，简明扼要地记录在群众来访登记卡上，并对照政策和有关规定，进行判断，明辨是非。

（3）处理。对属于询问政策规定的，接待人员应耐心解释，给予明确具体答复，使来访者明了政策规定；对应该和可能解决的政策问题和实际问题，要积极予以解决，属于职能部门职权范围内的，则转交有关职能部门予以处理；对来访者反映的问题，凡属现行政策不允许或按现行政策无法解决的，应以明确的态度向来访者解释清楚；对要求过高或有无理要求的，要做好思想工作，并说服他们主动降低要求；对于重要、紧急问题，要派人直接到有关单位调查处理，并写出书面报告送领导阅批。